让学生爱上作业

小学作业布置、查收和批改的技巧

（第二版）

刘春生　著

中国轻工业出版社

图书在版编目（CIP）数据

让学生爱上作业：小学作业布置、查收和批改的技巧/刘春生著. —2版. —北京：中国轻工业出版社，2019.1（2022.7重印）

ISBN 978-7-5184-2064-3

Ⅰ. ①让… Ⅱ. ①刘… Ⅲ. ①学生作业－教学研究－小学 Ⅳ. ①G622.46

中国版本图书馆CIP数据核字（2018）第179145号

总 策 划：石　铁

策划编辑：孔胜楠　　　　责任终审：杜文勇

责任编辑：孔胜楠　　　　责任监印：刘志颖

出版发行：中国轻工业出版社（北京东长安街6号，邮编：100740）

印　　刷：三河市鑫金马印装有限公司

经　　销：各地新华书店

版　　次：2022年7月第2版第3次印刷

开　　本：710×1000　1/16　印张：27.75

字　　数：255千字

印　　数：7001—9000

书　　号：ISBN 978-7-5184-2064-3　　定价：68.00元

读者热线：010-65181109，65262933

发行电话：010-85119832　传真：010-85113293

网　　址：http://www.chlip.com.cn　http://www.wqedu.com

电子信箱：1012305542@qq.com

如发现图书残缺请拨打读者热线联系调换

180368Y1X201ZBW

第二版前言　新学期，你还想被作业折磨吗？

这是2018年年初我发表在微信公众号“好好教师”上一篇文章的标题。那天正是传统的元宵节，我给大家送去最诚挚的祝福，同时准备了一封“英雄帖”，号召老师们开启新的思考：一起来研究作业，改变作业！

请来接帖

- 如果您是小学老师；
- 如果您有想分享的关于作业研究的想法或实践；
- 或者如果您仅仅是对作业有话要说；

……

请接收这封英雄帖！

作业研究　爱上作业

我是江苏省南京市的一名小学语文教师，教书至今已满30年。从教以来，我喜欢做一些教学研究和探索，也取得了不少的成果，尤其是在作业设计与评价、课堂教学设计与创新等方面，在国内有一定的影响力。我和我的同事研究作业，让学生爱上作业，我们坚持了20多年，还倡导了“作业革命”的教学改革试验。我们的成果曾引起国内外较大的反响，先后出版了《作业的革命》和《让学生爱上作业》等专著。

《让学生爱上作业》（第一版）是我编写的一本关于作业教学的专著，2010年9月由中国轻工业出版社出版。该书比较全面地介绍了我和我的同事在1996—2010这10多年

中作业创新与实践的经验和成果，呈现了关于小学作业设计、布置、收交、批改、订正以及管理等方面的大量案例，是一本实用的教师案头书。

这本书的出版，不仅为广大一线教师提供了许多作业教学的有益参考，更给学生带来了许多耳目一新的作业学习活动。另外，全国各地教师在此基础上又进行了积极的再创造，在很大程度上给学生带来了作业愉悦和更好的成长，创造了展示与分享的作业学习文化，有效提升了师生教与学的品质。因此，在一定程度上它也为促进基础教育改革提供了许多鲜活的案例。2011 年暑期，该书即入选《中国教育报》“影响教师的 100 本图书”（教师专业成长类）书目，后来也成为很多地区小学教师在职研修的参考书籍之一。

作业研究 新的想法

八年来，我和我的同事在作业教学实践中又有了新的发现和创造，有了更多的思考和研究。全国也涌现出许多致力于作业改革创新的学校和老师，他们的探索和试验也在蓬勃生长着，值得我们学习和借鉴。

与此同时，随着社会和时代的发展，学校教育和学生课业负担问题越来越成为关注的焦点，从中央到地方都在积极寻求改革，作业问题更是首当其冲。教师作为作业活动的主要参与者，应当积极贡献出自己的智慧！

这时，我们想到了要做两件事：一是联手更多的老师更广泛、更深入地研究作业，积极推动作业的改革。改变作业从我们自己开始，从我们的教室开始！二是邀请大家一起来修订和增补《让学生爱上作业》（第一版）：把我们八年来的作业新思考、新案例、新经验充实进去；把全国近年来关注和研究作业的朋友们的好经验、好方法、好成果汇聚进来。

由此，修订过的《让学生爱上作业》（第二版）将会是一本更加翔实、百花齐放的作业教学文集，是我们草根老师智慧碰撞、教学交流的好园地，让更多的同行分享我们的思考和创造，分享我们的经验和方法，更是分享我们因为积极发展了学生而获得的那些点点滴滴的成就和幸福。

作业研究 修订方案

修订时间：2018 年 1 月 1 日—2018 年 5 月 31 日。

作业理念：自主、趣动、个性、合作、发展、时代。

写作目标：为老师们提供一本值得不断翻阅的作业参考书。

修订模式：一花独放不是春，百花齐放春满园。在对原著自我完善的同时，将更多地汇集来自各地老师和朋友们的作业创新实践案例。

撰稿原则：读者是老师，受众是学生。写给他们要突出现实性、操作性。不必空谈理论理念，也不要为了标新而立异，更不要满纸牢骚抱怨。成果可大可小，经验可多可少，但求来自教室和书包的原创案例，来自您真实的思考和探索。

作业研究 广交英雄

一粒米可以改变斤两，一个英雄会决定战争的胜负。每一项创造，都源自一份小小的勇气，在这里，您将会是我们师生心中的英雄。

（1）学校老师。您每天都在和作业的设计、布置、批改打交道，有直接的酸甜苦辣体会，更有丰富的作业经验，作业活动各个环节、作业创新中的得失案例信手拈来。来吧，期待您的来稿。

（2）校长、教导主任或教研人员。您是学业质量的直接管理者，对各类学科作业看得多，了解不同教师的作业经验，有着最深刻的观察和思考。有的学校还开展过专题的研究。所以，您一定希望帮学校和老师把宝贵的案例、经验推广出去。那么，来吧！

（3）学生家长。您是最直接看到孩子作业过程和其中甘苦的人，不知道为孩子的作业操碎了多少心，最期待作业的改变。我们倡导改革作业、关注学生成长，您一定有话要说，为了更多的孩子，来吧！

（4）教育主管。您身为一个地区的教育管理者，对社会反响强烈的学生学业负担问题一直关注着、行动着，对作业矛盾和问题也一定有着政策层面的考量，欢迎您也来说说！

（5）专家学者。哦，您是某个专业领域中贡献突出的人士，是孩子们和老师们的榜样，能否回顾您在专业成长过程中的体会，说说您对小学作业练习与学业进步和能力爱好发展之间的关系，给大家一点启发？欢迎您！

（6）热心朋友。哈哈，您总归是做过学生、做着学生（啊，您该不会就是小学生吧！），感谢您的关注。您的作业体会和记忆是什么？您在记作业、写作业和订正作业方面有哪些“独门秘籍”？如果您信任我们，说来给大家听听吧！

邀您支持

任选如下任务。

（1）回顾近年来在设计、布置、批改等作业指导和管理中比较有成效的好做法、好经验和新思考，选取一定的主题或话题，整理成介绍性的文稿。以案例为主，字数篇幅不限。最好能附一些典型作业（或作业活动）的图片。

（2）介绍您的学校或地区在作业研究方面比较突出的成果、有特色的案例。也欢迎其他国家和地区的老师来稿交流，我们互相借鉴。

（3）我们不完全期待成功的案例，如果您在作业教学中有郁闷、纠结、懊恼、失败的案例，也可以写来与我们一同研究。

（4）请向您的同事或关心教育的朋友转发此“英雄帖”，让更多的好老师和好作业来到书中，来到你我的身边！

（5）您也可以从现在开始关注和琢磨作业改革，从你们班开始进行新的试验。边探索试验边积累整理，我们愿意为您提供一些参考，并随时期待您的消息。

附选题参考：中小学作业研究与实验项目指南。（注：参见本书第五章有关内容）

我的邮箱：aniu_ok@126.com。来稿请将图文一起打包发送，并标注您的姓名、具体学校和联系方式。

您也可以关注我的“好好教师”微信公众号，与我们进一步联系和交流。

作业研究 成果形式

我们将采用以下方式来呈现您的来稿。

（1）选择典型的案例和内容，编写进书稿。书籍出版后，会给您寄赠样书，我个人会给予您一定的红包作为稿酬。

（2）如果您的改革创新卓有成效，撰写的文稿篇幅能达到 3 万字以上，将为您设定单独的章节，以后可以以此参与相关成果评定。

（3）因篇幅限制或主题相似没有被选编的，在征得您的同意后，我们会以适当的方式发布在我的“好好教师”微信公众号上，供大家学习。

（4）对于较为优秀的案例和论文，我将为您提出修改建议，协助您参与当地的论文案例评比，或向教育类期刊投稿。

作业研究 真诚邀约

分享教育故事和情怀，用教学创造幸福，期待您的加入，期待您的分享，期待您的传递！

新学期，爱作业；改变，我们一起出发！

以上就是那封“英雄帖”。

不过，诚如您所想的一样，我并没有得到热烈如潮的回应。仅仅是我所认识的几位志同道合的好友，悄悄给我发来了稿件，毫无保留地介绍了他们在作业改革实践中的思考和创新。在此，我对他们表示感谢。我没有得到名师大咖们的青睐，没有得到更多教师的参与，更没有得到来自权威机构的支援。这样的处境是我在十多年前就遭遇过的，如今只是变得更加冷清。

我知道，大家为什么选择了沉默。

我更知道，大家又赋予了我们更多的期待。

那么，我只能尽可能将这本书写得更好，让更多的教师和学生从中获得启发和借鉴，用教学去创造属于我们自己的学习幸福！

所以，我对原书做了反复、详尽的阅读和修改，适当调整了一些篇章的位置，对过去一些不太适当或是时过境迁的表述也做了调整。然后，尽可能地把这几年做过的新思考、新尝试和新感悟梳理、提炼出来，把朋友们的来稿进行修改，一并充实到书中。

现在，这本书已经是一本更加翔实的作业教学参考书了，希望能给您和您的学生带去一些收获。

对了，前面那封英雄帖，你还要来认领吗？

我现在修改了它的截止日期：从现在，到未来！

等你！

刘春生

2018 年 9 月

第一版前言

今年的春节是在老家过的。响亮的鞭炮，热闹的敬酒，一大家子人沉浸在欢乐吉祥的祝福声中，处处洋溢着浓浓的亲情。这个时候，是轻松愉快的，振奋而又充满希望，一切显得那么可贵和美好。真希望这样的时刻能够过得慢一点、再慢一点。

就在去老家的火车上，我遇到了两个小孩，两个“作业小孩”。

火车上人很挤，人们带的大包小包塞满了车厢，但是人人脸上都是笑容。车开了十多分钟的时候，对面的一位妈妈就从包里取出来一些书本，摆在车窗边很窄的茶几上，摊开来，吩咐身边的女儿：“来，快做吧！”

小姑娘是在做练习卷。我看了看一边的数学书，小姑娘读五年级，还是我们区一所名校的学生呢。厚厚的一本，看样子在家已经写了很多了。这孩子很认真，虽然车厢里非常吵，却丝毫没有影响到她。说实话，我很喜欢这样用功的小孩。

过了一会儿，小姑娘收起练习卷，交给妈妈，然后又拿来另一本英语课外阅读题集继续认真做起来。旁边的妈妈从包里拿出几张活页，好像是答案，一边对照着，一边在卷子上做记号，给她批改。

看着这娘俩的举动，旁边的人直夸奖说：“这丫头好刻苦啊！”那位妈妈笑笑，一脸无奈地说：“不然怎么办呢？作业太多了。”说着，她抚了一下女儿的肩膀，摇摇头。小姑娘真好，并不理会我们的关注，皱着眉头继续写着。

初五下午，在从老家回来的火车上，我的对面是母子俩。儿子大概三四年级的样子，憨厚可爱，透着一股聪明劲儿。他在给妈妈讲一些事，妈妈大概累了，有一句没一句地搭着话。不知怎的，母子俩说到了开学，男孩忽然没了笑容，沉默了。妈妈见好久没声音，问他怎么了。

“妈妈，寒假怎么这么短啊，”男孩说，“后天就要开学了。”

妈妈笑了:“开学不好吗？又能见到你的老师和同学了。”

男孩苦着个脸说:“才不呢！老师都凶死了。开学了，一天到晚都要做作业。”

妈妈也不说话了。

我坐在他们的对面，一直没说话，我怕自己被孩子认出来是个老师。

作业怎么就成了孩子最不喜欢的事情了呢？

一名初三男生从四楼家中的阳台跳了下来，幸亏被三楼的雨棚和二楼的晒衣架挡了两下，落地后只造成了骨折。在医院的抢救室里，苏醒过来的孩子看到妈妈的第一句话是:“妈妈，我希望你要理解我。”又说:“我想上学但不想做作业，我压力太大了，实在受不了。”

（扬子晚报，2009-11-04）

令人恸彻的，是因为“作业”！这让我想到班上有个学生曾在日记中写道:“老师、父母，他们逼我们学习，就像一个个凶犯，作业就是他们的凶器。”我当时看了，就觉得孩子是在说真话，说了一句对成人世界失望万分的真话，他们感受到了被摧残的痛苦和无奈。如今，这个“凶器”不又在逞凶了吗？

这只是个偶然事件吗？请往下看：

一位9岁女孩独自在家赶寒假作业，因为数量大、难度也大，就在她赶得焦头烂额之时，恰巧碰到一道难题，想破脑袋也解不出来。眼看就要开学了，作业还是完成不了，心里一懊恼，就从药箱里翻出20颗泰诺（一种治疗感冒的药物），全都吞进了肚子。随后，她拨通了妈妈的电话，说:“妈妈，我已经吃了20颗泰诺，你帮我买口棺材吧。”后来她被紧急送往杭州市中医院，接受洗胃急救。还好抢救及时，女孩没有生命危险，但还需要留院观察。

（钱江晚报，2010-02-23）

还是因为作业！寒假尚且如此，平常作业又是怎样的呢？

不说别人，就说说我的女儿吧。女儿自从进了中学后，就从来没有在晚上 11 点前睡过觉。三年来，日复一日。我自己是一名老师，深知当老师的辛苦和苦衷，所以我从来没有埋怨过女儿的老师。布置了这么多作业，老师批改的日子更不好过，他们也都扛着千钧的学业压力。

这让我想起东方卫视一个节目对青年作家兼顶尖赛车手韩寒访谈中的一个片段。被问到高中为什么退学时，这位特立独行的青年笑着说："我喜欢读书，我也喜欢学习，但我就不喜欢在学校里，我也不知道为什么。我觉得人肯定要不断地学习，你不学习一定会被淘汰嘛，但我觉得学校反而是一个特别不适合学习的地方。"我不知道当时观众们是怎样思考这个回答的，大概是一笑了之吧。可我是个老师，听了这话觉得很难堪，人家说得一点都没错。虽然我认为自己不是一个让学生讨厌的老师，但学生的感受呢？他们是不是在私下里也有和韩寒一样的想法呢？

为什么一些学生不喜欢上学、不喜欢学校、不喜欢老师、不喜欢作业？我们的教学怎么就教出了这么多的"不喜欢"呢？

考量一下教室里每天发生的事情吧。

很多教师教书只是照本宣科，上课、背书、作业、考试，每一样都是那么死气沉沉，让人精疲力竭。学生看不出学习这门知识有什么乐趣，感受不到任何学习的魅力，只感觉到无穷尽的负担，以为学习就是受罪，将来还要应付中考、高考的折磨，工作更是劳劳碌碌……一切都是负担，人生还有什么意思？哪里是尽头？

很多教师喜欢教许多应对考试、检查的办法，带领学生不停地闯过各种各样的考试、检查，并沾沾自喜、引以为豪。但是，学生从形形色色的权宜之计中也不断地学会了"讨巧""欺骗"。将来这些学生走向社会、走上工作岗位后，是不是也一样会巧言令色、欺上瞒下？

教师（还有家长和一些媒体）不断地对学生灌输盲目的竞争意识，告诫他们只有通过残酷的竞争，才能得到更好的名次，拿到更多的证书，上更好的学校，获得更好的工作，方为人上人。"人生能有几回搏，今日不搏何时搏"，这是励志的；"活着何必多睡，死后自会长眠"，这是不理智的；"提高一分，干掉千人”，这是将同龄人变成了仇人！学生从这一路拼杀中，也不断地学会了排斥和怨恨，学会了不择手段，学会了冷酷——对别人，也包括对自己。

到学校读书学习，原本学生可以尽情地阅读，可以不懈地探索，可以耐心地实践，可以悉心地观察，可以大胆地质疑，可以热烈地讨论，从而对书本、自然、社会、老师、朋友，对生活中的一切都充满好奇和热爱。但是，学生是为了吟诵品赏而背诵诗文的吗？是为了抒情寄思而写日记的吗？是满怀着好奇和挑战在学数学吗？很糟糕，都不是，他们是被老师和家长押着，为了考个好分数而奋战！

2010 年 2 月，在温哥华冬季奥运会上，中国女子冰壶队在赛场上表现低迷，一再失误，一支原本很强大的队伍，却没有发挥出应有的水平。加拿大籍教练丹尼尔很不满意，抱怨队员在比赛中缺少应有的激情，甚至气愤地指责“她们只爱金牌不爱冰壶”，“她们只把比赛看成是工作，并不热爱这项运动，不能全身心地投入其中”。是啊，反观我们开展各种运动项目的目的，我们给公众（特别是孩子）灌输的思想就是要拿成绩、夺名次，捧上金光闪闪的奖牌，虽然也宣传严酷训练中的汗水和伤痛，却很少告诉孩子体育对于生命幸福的意义，很少带领孩子去领略体育运动给人们带来的精神上的愉悦。“只爱金牌”不是偶然的，这已经成为一种趋势，在各行各业漫溢着。这和我们多年以来的教育难道没有关系吗？或者可以这样说：我们的学校教育也不能幸免，我们的学校也一样急功近利吧？

哈佛大学“积极心理学”课程的讲授者泰勒·本－沙哈尔博士在《幸福的方法》一书中批评道：“许多教育家所注重的，与其说是帮助学生寻找有意义和挑战性的活动，让他们体会学习的乐趣，不如说是帮他们拿到更好的分数。”他这样写道：

> 最佳的教育，应该是教会学生在物质和精神领域同时成长。只关注技术上的东西是不够的，学校还必须突破 3R（wRiting，写；Reading，读；aRithmetic，算术）。我觉得要再加一个 R：Revelry——狂欢（我认为用“inteResting，乐趣”更合适——作者注）。教师必须为学生创造一个快乐的学习环境。我们通常都会在教室里花上许多时间，而我们人生

中的很多习惯，也正是在这些时间里培养出来的。如果允许学生在学校里去追求幸福，去从事获取这至高财富的活动，则他们在人生中就更可能养成这个好习惯。但是，如果他们在学校里只是按着“忙碌奔波型”的模式去学习，那他们的人生也很可能就是如此。

（泰勒·本－沙哈尔，2007）

热爱，才是生活啊！

只有热爱才会勤于思考和实践，用学到的知识去理解很多问题，体会到生活的多姿多彩；只有热爱才会勤于改变和创造，努力地学习和运用知识去解决身边的问题、帮助更多的人克服苦难，感受到生命存在的意义；只有热爱才会勤于分享和担当，活学活用知识和技能，去改善工作和学习，追求向往的卓越，用自己的智慧和勤劳的双手去创造更加美好的生活……

老师，当你正在备课的时候，当你走进教室的时候，当你走上讲台的时候，当你开讲的时候，当你布置作业的时候，你应当告诫自己：教会学生热爱是最重要的事情。

我坚信，既然像我这样的一名普通教师都能如此去想，那么一定有更多的人也在执着地思考着、探索着、奋斗着，越来越多的人会以实际行动来改变教育教学现状，开创一个崭新的教育教学新局面，还孩子以美好的学习天地、美好的精神家园，给孩子美好的未来。

作业问题是我从教以来一直关注和研究的问题，特别是近年来，我努力不断思考和改进作业活动，并不断向人们宣扬——作业，也可以是可爱的；老师，也可以是可爱的；而孩子永远是可爱的，因为我曾经也是个孩子，我也有个可爱的孩子。

十多年来，我和我的学生、同事共同倡导“作业的革命”，不断创造新鲜可爱的作业。我们有趣而为，汇融趣动*，努力去实现常规作业的优质和高效。

* “趣动”，系我自造词，是我于 2007 年元旦在回顾总结自己多年作业（及教学）改革实践经验时“提炼”出来的一个词语。它比较形象化地描述了在新型作业模式（及教学活动）中教师、学生以及教材等教学要素之间相互作用的一般规律。——作者注

我们师生一起不断收获知识、智慧和幸福，我们将作业当成是一件开心的事情来分享。

所以，今天我也要对各位老师说：指导小学生做好作业，是一门十分有趣而又迷人的学问。让学生爱上作业，跟随我一步一步地分享快乐吧！

刘春生

2010年5月

目　录

第一章　面对作业

第二章　布置作业

第三章 批改作业

第四章 查收作业

第五章 改革作业

第一章

面对作业

作业是一个人在学生阶段重要的学习活动。只要上过学，你就没办法忘记作业中的恩恩怨怨。但是很奇怪，关于作业的研究不多，或是即使有一些成果，也很少被学习和推广。尽管我们的学生和老师现在每天都被作业包围着、折磨着，但在作业面前，人们常常摇头不语，更多的人则避而不谈。这种漠视不正常，我们有必要重新认识和理解作业。

没人喜欢做作业

学生都不喜欢做作业，老师也不喜欢批改作业。作业，感觉就是劳作之业，是加于学生玩乐之上的一个差事，需要动手劳心，真是一件让学生很烦恼的事情。

另外，作业大概也是让学生感到最有负担的事情，他们必须对作业中的所为负责，最终会有一群不容侵犯的人要对这些行为和结果进行评判，或是表扬，或是责罚。这样的事情，对于任何人来说都是心不甘情不愿的。

从情绪上来说，做作业也是一件很被动的事情。就是大人也一样——如果单位领导每天都给你安排一个任务，并要求你下班后完成，而你要用一个晚上才能做完，第二天还要及时上交，做不好还要挨批评，你会不闹心吗？这个单位你还愿意待下去吗？但是，学生就没你这么幸运了——因为他根本没有跳槽的权利和机会。

没人喜欢作业，这是作业的被动性，是教师了解作业活动特点的大前提。

但是，反过来看，我们发现，在这个社会上，无论什么事情，都有人乐在其中。他们在做这些事情的过程中获得了什么？乐趣、利益，还是某种需要的满足？

一言以蔽之：有趣而为。

作业，如果是一件能满足学生好奇心或求知欲的事情，如果是能让学生体验到成长和趣味的事情，会怎么样？

新的问题又来了：抄抄写写，想想算算，必须趴在桌子边坐着，一个字一个字地写，做作业就必须这样啊，能有什么乐趣？趣从何来？

亲爱的老师，如果您也是这样想，我真的要说您了：您自己都觉得作业是乏味的，找不到其中的乐趣，又怎么能叫学生去喜欢呢？己所不欲，勿施于人啊。

我还要说：您恐怕一直也不喜欢您所任教的学科吧？俗话说得好，“情人眼里出西施”，您对自己任教的这门学科喜欢不起来，又拿什么向学生“吹嘘”其善、其美呢？

从这个角度，我们可以这样来看教师每天都要面对的作业：

- 不要勉强学生，学生不喜欢或反感作业是很正常的事情；
- 如果有学生不愿意做作业，也不要大动肝火，先想想是什么原因；
- 教师自己首先要去寻找作业中的乐趣，才能在作业中传递给学生；
- 设计有趣味的作业内容或完成作业的方式，才能让学生感受到他们可以从作业中有所收获；
- 让学生感受到学科（包括教师本人）是值得喜欢的。

亲爱的老师，您、您教的课、您布置的作业，有这样的吸引力吗？

费力不讨好的差事

学生的学习热情是被慢慢消磨掉的。他们可能在做作业的时候做过努力，但是老师没有看出来，或是因为忙碌而忽视了。那些试图引起老师注意而做出努力的学生一般比较敏感，从老师潦草的“√”“×”批改和得分等第书写中，会发现自己被老师忽略了。

教师都是专业性很强的人，眼睛里揉不得沙子，所以，学生作业本里任何小小的错误都会被发现，然后再加以指责。这样一来，学生会认为老师很严格，也会认为自己再努力也没用，老师怎样都能挑出毛病。学生因作业上出现的问题可能会被惩罚，老师往往会有意无意地将一些不满的情绪带进对学生的惩罚中。

所以，许多学生认为写作业是一件费力不讨好的差事。

对老师而言，也是一样，花了很多精力和时间找来经典的题目，熬红双眼批改完几十本作业，真是觉得把自己完全奉献给了学生，但是，学生依然故我，对老师的谆谆教诲转头就忘。真是费力不讨好啊！

简单的认识

从以上的分析中，我们不难看出，师生在作业活动中的矛盾，大多是围绕对作业的态度问题而产生的。

（1）学生一般不会直接对作业本身产生反感。因为他们知道这些都是他们分内的任务，他们有责任去完成。

（2）作业的分量只要不过度挤占学生的休息和玩乐时间，学生并不反感老师布置作业。

（3）学生对作业的要求比较明确时，或是学生正在写作业时，他们不喜欢老师在一旁指手画脚。

（4）学生的作业出错时，老师和蔼耐心的讲解会让学生学会自责和自觉。

（5）学生对老师的作业反馈方式很敏感，直接点名批评、点名进行错题分析，或是扔作业本，会让学生难为情，引起他们的抵触情绪。

（6）老师的一次不公正的批评，会在很长一段时间内影响学生的学习和对老师教学能力的判断。

作业问题真不少

我没有做过完全和详尽的调查分析，仅就自己的观察和思考，归纳作业中的问题主要有以下几个方面：

（1）作业量过大，作业成为学生沉重的负担，学生很抵触。不同学科的老师在布置作业时，一般不会特意商量，所以学生的作业总量不定，有时很多，要做到很晚才能休息。有的家长还会给学生额外安排作业，这时，学生就希望老师少布置一些作业。

（2）作业内容枯燥无趣。作业形式单调，统一任务多，自主选择少；作业内容中知识巩固题多，应用实践题少；作业现成内容多，教师自编内容少；作业活动缺少乐趣，导致学生厌烦。

（3）很多作业活动为了迎合考试的需要，违背学生身心发展规律，人为拔高、故意兜圈，或是越俎代庖等，学生“求”而不“得”，自信心大受影响。

（4）作业随意性大，缺少常规，不能张弛有度。学生天天都在应付作业，认为老师只知道布置作业和订正作业，学生是完成作业的机器。

（5）作业评价方式单调，等第走过场，评语刻板教条，缺乏感染力，缺乏人情味。很多老师有个习惯做法——叫家长签字。本意是要求家长配合监督，学生却认为是自己不被老师信任。而且，作业本上的错误和红叉，学生是不愿意让家长看到的，所以，动不动就叫家长签字让学生很紧张、很反感。

（6）作业成效不显著，差生还是差生，有的甚至越来越差。有很多学生虽然在课内课外都被要求做了很多作业，但成绩还是提不上来。每天都有一些学生被呵斥着罚订正作业，但是到期末复习时，被罚写的还是那几个学生。

（7）学生在作业上没有交流，更没有合作。很少有老师布置需要同伴合作、共同探讨的作业，学生被告诫要独立完成作业、超越同伴，学生在订正作业时，出错、挨罚的学生会被随意讥笑。

（8）教师批改作业的任务繁重，陷入恶性循环。班级人数较多的老师，经常是一周五天在校时间有四天是在应付批改作业。同时，很多批改机械重复，纯粹眼过手过，对老师而言枯燥无味、毫无乐趣。

（9）一些学校作业管理死板，作业活动只能按照条条框框来做，阶段检查的结果都要计入绩效考核，容不得教师搞个性化，不出错、守规矩，就是保住了绩效。这在很大程度上抹杀了教师的作业创新热情，结果让作业的布置、批改死气沉沉。

家庭的和谐被作业“绑架”

作业的费力不讨好，不只是学生抱怨，不少家长也为孩子的作业郁闷不已。

很多家庭天天都在重复这样的一幕：孩子上学后（特别是到了高年级以后），作业就如山一样压了过来。孩子每天吃过晚饭就开始写作业，中途偶尔会到客厅喝水，然后继续写。实在写不完的第二天一大早五六点钟起来，继续写。孩子早上晕晕乎乎去上学，一天的上课状态可想而知。晚上回来，又是新的劳作。受罪的还有做父母的，孩子没睡，大人哪里能睡？虽然忙碌了一天，但是看到孩子在台灯下那无助的身影，还是得陪着到深夜，同样也得不到休息。

仅仅是这样也就罢了。实在熬不过去的时候，家长就会嘟嘟囔囔抱怨，作业太多了，老师欠考虑，或是孩子太笨啦，写得太慢，别人家的孩子为什么那么快……家长的抱怨和孩子的委屈交织在一起，怒火和泪水搅和在一起……孩子真需要做这么多的作业吗？做了这么多的作业，最终又有什么成效呢？白天孩子在学校忙着上课，晚上回家后忙着做作业，哪里有时间休息和锻炼身体？他们长时间坐着，长时间用眼用脑，得到的是缩水的睡眠、缩水的阅读、缩水的运动……这如何保证孩子以健康的体魄去迎接未来社会更加残酷的竞争，更不用谈未来幸福地生活了。

家庭是社会的缩影，一家人在一起，健康生活，彼此关爱，家庭才会和谐。可是，好像越来越多的家庭，为了孩子的学习，为了孩子做不完的作业，没有了欢声笑语。

教师批改作业时没了笑脸

在课堂上，很多教师是很严格的，要求学生回答要完整，发言要响亮，讲话要有条理，不许做小动作，不准开小差等。但是，即便是这样，教师也常常笑对学生。可是，在作业活动中，教师的要求比课堂上要严格得多，批改作业时就常常没了笑脸。

作业和课堂，处在两个不同的阶段，所担负的使命也不一样，所以，教师的心里好像天然地形成了一种不对称的观念。

首先是训练内容上的不对称。教师都说作业是课堂的延伸，但是一般来说，作业内容与课堂教学的内容联系非常少。课堂上没学到位的知识，作业中又很少会加以巩固。数学和外语作业相对好一些，语文作业和语文课堂的关联度并不大。课堂上以讲说为主，课后作业以书写为主；课堂上以群体思考为主，课后作业则反映了个人掌握知识的水平。

其次表现为训练要求上的不一致。课堂上要求学生保持安静，学生不举手回答问题也没关系。课堂上教师一般不会和某个差生就某个关键知识点的掌握较真，有学生答出来了，让没答出来的学生重复一遍也就过去了，往往一些差生的需求在课堂上就被教师“无意地”忽视了。而对待作业就不一样了，教师对每个学生的作业订正都极端“重视”，寸步不让。对作业的这种要求就显得有些苛刻，因为，学生作业不会做，做不对，和课堂上掌握不了知识直接相关。

我们曾经做过小范围的学生问卷调查，很多学生认为教师批改作业时没有注意到学生努力的成分，一些学生反映，在看了教师的作业批改后很沮丧，当然，也有不少学生认为无所谓。

现行的等第评分法“自由度”很大，个别教师批改作业敷衍了事，等第评判很随意。另外，个别教师为了减轻批改压力，还采取课代表、班干部代为批改的做法，甚至要求家长给孩子批改，然后签上名字上交……

一位叫“娃娃”的网友说：“刘老师，看了您批改的作业和文章，我觉得很感动。想当初我的小学老师每次发完卷子，都要叫那些考了不到 80 分的同学站起来，挨个用小木棍打，打屁股、打手、打脸、打头……有时候学生没有完成作业，还会把他们的作业本撕了，撒得满教室都是，然后把学生从讲台踢到后墙……还好我没挨过打。但是，每次老师发卷子时我都很紧张，真的怕死了……一直到现在我都怕老师，也一直以为老师都有自己的架子，不喜欢和学生沟通。”

真的，批改作业的时候，教师的“师道尊严”有意无意地膨胀了。

让学生这样订正作业的作用何在?

很多人在回忆学生时代的时候，记忆深刻的，往往不是老师在他们作业本上打的红红的钩叉，而是被老师罚订正时的种种情景。这确实是让很多学生或曾经是学生的人惊怵不已，甚至成为追随其终生的噩梦。

这种现象之普遍是惊人的。今天，在很多教室里，这一幕仍然在不断地上演着。当学生做错题、没考好、拖了班级平均分的后腿等时，平日斯文的老师就会大为恼火：去订正 ×× 遍！老师也许只是说气话，但对于惶恐不已的学生来说，是什么呢?

图 1–1 是某位学生的订正作业。学生按老师的要求把作业中的错误订正了 20 遍。还不错，他写得还算认真，看得出，他没什么怨言。学生在心中认

识到自己的错误了，心甘情愿接受惩罚。但是，老师们有没有想过，这个学生只错了 3 道题，订正 20 遍还是可以挨过去的——那些错了四五道题、七八道题甚至更多的学生，要写多少遍呢？他们又将度过一个怎样的夜晚呢？

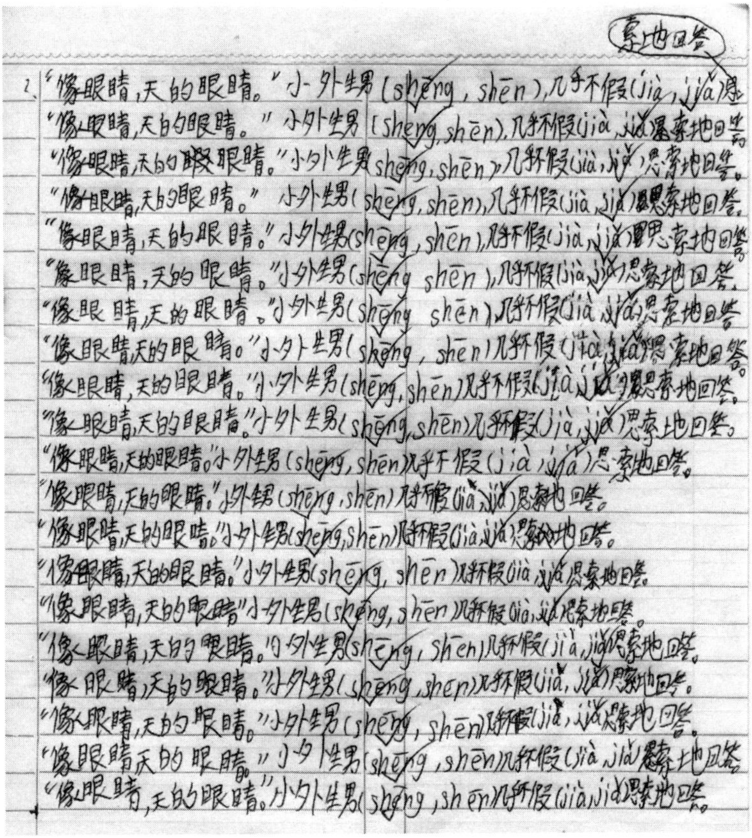

图 1–1

图 1–2 也是一份订正的作业：词语订正 10 遍，词语搭配订正 1 遍，词语排序订正 1 遍，缩句练习订正 5 遍，词语填空订正 1 遍，短文句子摘抄订正 1 遍。这样的订正，还是比较合理的。但是，细心的老师，您注意到这页作业纸左上角的日期了吗？ 7 月 31 日，这是小学生暑假中第一个月的最后一天。原来，按照教师的要求，学生要将这份订正从 7 月 3 日写到 7 月 31 日，再到 8 月底临开学前的一天，整整一个暑假。每天订正一次。一共 50 多次，用了

两本作业本！——“要让你们能够记住，看你们以后还敢粗心！”

图 1–2

实际上，真的能记住吗？其中，“休闲”的订正仍然没有写对，7 月 3 日写的是“修闲”，50 多次以后的最后一页，还是“修闲”。一个错误，被“认真地”巩固了 50 多次！

上面的例子，相对于体罚来说还是比较温和的。学生心中有怨言，但还是完成了。可以想见，越是比较听话的学生，这种惩罚越是残酷，因为，他不敢像一个调皮的学生那样干脆与老师顶着干、不写，最终也就罚站小半天，腿脚受苦或皮肉受苦也就罢了；他只能在自责与怨恨、窝囊与隐忍的交织中，“认真地”默默接受惩罚。老师的一句话，有时真的可以“驯服”一个幼小的心灵，让他成为终生只会听命于人的“好人”。

也有学生是桀骜不驯的，越是被处罚越会挑起他们心中的愤恨与冲撞，他们越是愿意在看着老师的恼羞成怒和同学的惊惶失措中体会一点被扭曲的快感和自尊，这只会带来更严重的后果。我们今天所看到、听到的一些较为过分的教师失察、失德或是学生自残、自杀的事件，十有八九是由于作业问题引起的，准确地说，是在作业矛盾激化的过程中酿成的。

为什么布置这么多的作业?

我们都知道任何事情都需要适度，作业也一样。但是，在实际教学中，作业一再成为学习负担重灾区。我们为什么要提出改变作业策略，减少时间、激发学生作业兴趣？作业负担、作业兴趣对学业成绩的影响是怎样的呢？

上海的研究人员（上海市教育委员会教学研究室）在 2013 年前后对全市的作业进行了大样本的调查，其中关于作业负担和作业兴趣的研究表明：

> 进一步比较可知，无论是小学还是初中，作业兴趣对于学业成绩的标准回归系数极为明显地高于作业负担对于学业成绩的标准回归系数。也就是说，对提高学业成绩而言，作业兴趣的影响要比作业负担的影响更为明显。对于此结果，可能的解释是：兴趣是完成作业的动力源泉。有了兴趣，完成作业时就会更加投入，也就会减轻完成作业时的负担感，提高完成作业的效果。
>
> 可见，在优化作业设计与应用时，通过减少学生作业时间来减轻作业负担只能起到治标的作用。要把激发学生的作业兴趣放在更为重要的位置，这样才能使得学生有完成作业的持续性愿望，从而起到标本兼治的效果。
>
> （王月芬、张新宇，2014）

那么，教师为什么会布置如此繁重不堪的作业呢?

1. 课业形势所迫，教师不敢放松

当前严峻的课业形势是哪个教师都不敢低估的。作业不仅是教师用来巩固知识、训练能力的工具，更是教师用来控制学生学习态度的紧箍咒。抓牢了学生每天的作业，教师心里才觉得踏实些。有一天因为什么事情耽搁了布置作业，教师会紧张一个晚上。当然，很多学生机灵又调皮，只要瞅准机会，你松一松，他就懈怠了。

2. 不同任课教师之间缺乏协调，不同学科的作业相互抢占时间

不少学校主要以学生的考试分数来考核教师，并与教师的工资、奖金挂钩。教师都想把自己教的学科抓紧一些，都会尽量多布置作业。虽然不一定是存心抢占时间，但是由于相互之间并无沟通，所以几门课的作业加起来常常多得离谱。每个教师认为很少的作业对于一个学生来说却成了重担，有苦无处说。

3. 学生主体意识增强，作业稍多就会引起抱怨

一位中学数学特级教师原来是在一所县中学教书，他班上的学生十分刻苦，“读书改变命运”，再苦他们都不会抱怨。他也非常疼惜学生。后来他被调到市区中学教书，教的还是学校里的重点班，可不到一个月，这位教师就满口抱怨:“城里的娃儿太娇惯，吃不了一点儿苦，能有什么出息!”他费了许多口舌说教，用了许多业余时间辅导，但是学生不理解，拈轻怕重，作业稍多，就怨声载道。

今天的学生与过去的学生相比，在生活条件上优越了，见识广了，可玩的东西多了，所以，他们的内心世界也和这纷繁的世界一样变得浮躁，要让他们定下心来做一件事很难，定下心来学习、做作业，对他们来说好像是在服劳役一般。在主观上，今天的孩子对传统的教学方式和作业练习充满了反感和抵触。

4. 教师布置作业的水平有限

真正具有丰富教学经验与较高教学水平的教师，在学校里还只占少数。一般教师对于布置作业总是处于心中无底的状态，特别是对作业量和训练难度以及作业时间的分寸往往把握不准，经常为了心里踏实而多布置一些。

同样是上海市教育委员会教学研究室的研究表明：教师对书面作业的时

间估计明显低于学科专家。“在收集四年级、八年级学生作业文本时，研究小组同样要求相关的教师对自己布置的每天的书面作业的时间进行了预估。通过比较七个学科专家和教师预估的作业时间来看，绝大部分学科教师预估的作业时间都明显低于专家预估的作业时间，而且有些样本甚至达到2倍以上的时间差距……教师能否精确地估计作业时间，决定了教师布置作业的质与量，也直接影响学生的负担问题。上述通过对不同学生群体差异的分析发现，教师预估作业时间基本按照学业成绩优秀的学生来进行判断，说明教师对于学业成绩中等和学业成绩较靠后的学生关注不够，缺乏对学生差异性的关注。另一方面，教师对作业时间预估普遍偏低，也可能与教师对作业的功能认识有关。在认为作业越多越好、多做作业有助于提高学科地位等潜在观念的影响下，教师会在无意识的状态下增加作业量。无论是哪种情况，都会导致作业负担的明显增大（王月芬、张新宇，2014）。

有时候，看见其他老师、其他班作业做得多了，自己就急躁起来——“哎呀，我班上的学生练少了，考试时不会吃亏吧？”于是，也如法炮制，甚至布置更多的作业。好心办坏事，更让人无奈。

5. 家长课外加量又加价

著名家庭教育专家尹建莉写过一本书叫“好妈妈胜过好老师”，她在自己的博客上也就家庭教育问题提出了许多崭新的观点。“好妈妈胜过好老师”真的是一句良言啊。但是，大多数的妈妈并不像“尹妈妈”那样睿智，只是盲目地着急，看到别家妈妈怎样做，自己也就跟风那样做。其他妈妈带孩子去学钢琴了、学围棋了、学“奥数”了，听到同事眉飞色舞地炫耀，哪里还坐得住啊？现在，各种辅导班多如牛毛，虽然良莠不齐，却家家生意红火，这和每家妈妈的“无私贡献”与“鼎力支持”是分不开的。

俗话说“马无夜草不肥”，有的家长对学校里老师教的那一点点知识不放心，于是就给自家孩子额外买了很多练习卷，逼孩子每天做一些。也有的家长认为，勤能补拙，笨鸟先飞，自家孩子既然学习很吃力，就应该在课外多练练。所以，很多孩子都要做“家庭作业”。这个时候，老师哪怕布置一丁点儿作业，对于这些孩子来讲也会成为额外的负担。很多时候，你会看到这样一个场景：你布置作业，那些成绩比较好的学生抱怨："啊，能不能少布置一点啊！"而很多后进生却在观望，不以为然。

我班上一个男孩隔三岔五就在日记中抱怨妈妈逼着他做功课。他说作业无穷无尽，让他感到崩溃——"我总是在做作业！"国庆假期过后，他苦着个脸告诉我："妈妈在我的卧室装了摄像头……"

还有一个男孩，每天总会跟着我问："还有什么作业？"因为妈妈规定他必须在学校就把所有作业完成，回家以后才有工夫完成"家庭作业"——他报读的辅导班还有一大堆作业等着他。所以，中午吃过饭，放下碗筷，别的同学冲到操场玩耍，他就开始摇笔杆写作业了……

做得多就能考得好吗？

俗话说"养兵千日，用兵一时"，这里的"用兵"通常被理解为考试，所以教师安排作业训练，大多是冲着考试进行设计的，多数的题型就是考卷试题的翻版。所以，师生在平日作业里进行各种"战术"训练和大规模的"演练"，就不足为奇了。

做"暴力作业"有用吗？

"暴力作业"是家长为教师布置给孩子的那种高压态势的作业起的绰号。实际上，这是一种教师突击布置大量练习题，并规定错一罚十的作业管理方法。

首先来看下面一则报道。

> 家住虹口区的陈女士反映，女儿媛媛就读于本市某小学三年级，最近两周，媛媛的作业量明显增加，每天晚上都要做到10点左右，而且有些作业在陈女士看来完全是没有必要的："默写古诗错了一个标点，回家就要订正10遍，再重新默写1遍，并罚抄一个单元所有的古诗名言和词语5遍。英语默写错一个订正10遍，再重新默写1遍。昨晚，孩子作业

写到10点，除了吃饭没离开过书桌。今天早上，孩子瞌睡得眼睛都睁不开，早饭也没来得及吃就去学校了。”

高女士也反映，最近儿子做了大量重复性劳动。“现在孩子的新课都全部教完了，每天的复习就是做试卷。卷子错一题，订正5遍。有的时候错的少，就订正在卷子的背面，有的时候错的多，背面写不下了，就附张答题纸贴上去。”很多家长都在抱怨，这样的“暴力作业”不仅浪费了孩子的时间，而且让孩子感觉老师是以惩罚他们为主。

（新闻晚报，2010-01-15）

我们再来看一封一位小学三年级学生的家长写给我的电子邮件，反映的是她孩子语文老师的教学方法问题，希望我能和这位老师沟通一下。其中关于作业一段的描述如下：

考试前要求不停地抄写或者默写课文中的词语或课文，孩子现在已经明确表示不喜欢语文。孩子告诉我，考前因为作业多，班上的同学一大半是在晚上10点以后睡觉，像我家孩子9点前睡觉的不多。知道孩子为了写得快怎么办吗？字飞了起来；课间和中午的时间也用在了写作业上，如此才能做到9点前睡觉。临考前的一天，孩子在抄词的时候突然哭起来了，他对于这样的抄写很烦躁，已经到了要哭出来发泄的地步了！我们虽然是站在老师的立场劝孩子，可我们的心里也是非常不情愿的。后来我发现这样下去，孩子连平时根本不可能错的字都写错了，而平时会写错的字照常出错。不瞒您说，后来我也不给孩子默写了，我让他以他认为最快的方式完成作业，同时我将他平时出错的地方全部整理出来，空出来的时间就查缺补漏，效果不错。考试后知道了语文分数，孩子没有说话，我知道他非常不满意所得到的分数。一直到睡觉前，他非常不服气地对我说，分数太低了，虽然他的分数也排在了班上的前10名，但是他不服气，因为他付出了很多却并没有得到想象中的回报。卷子发下来后我们得悉，实际出错的地方并不是字词，而是理解类的题目。我觉得老师应多花点时间在孩子的理解类、写作类方面，而不应该过多地花在死记硬背的字词方面。因为语文作业多，挤掉了其他学科的复习，结果其他的学科反而比语文考得好得多，孩子说今后考试不复习了，复习了反而考不好。这样的结果该不是老师的初衷吧？

“暴力作业”给学生带来的是辛苦、压力甚至是身心的伤害（给家长带来的是怨恨和无奈，给社会带来的是不解和质疑），未必是有效的。如果练习不当，还有可能使学生陷入一种僵化的或错误的思维模式，更加难以取得优良的成绩。

只有苦劳，没有功劳

教师有自己的苦衷：练多练足，不一定全有效，但一定能“捞到”一点，所谓广种薄收嘛。教师会说：试卷总是在变化，我只能以“地毯式轰炸”来消灭潜在的缺漏。就算我全面发展学生了，我哪里能保证教给学生的东西足以应付考试？还有，别人都在练我不练，不是吃亏了吗？事实就是如此，所谓水涨船高。就拿应对语文的课内阅读检测来说吧，教材的要求是“背诵”，试卷不是录音机，当然就会把它变成“默写”，有老师就要求学生“凡是要背的一律要会默写”。期末试卷要考全册课文，要背诵的句段很多，于是，老师就坐在教室门口，要求学生全默写对了才可以走人，默不出来，还有狠招，一定会让你过。如果不这样“练”，教师认为学生在课文默写这个题项上就必然会丢分，并且，丢的还远不止是单纯的平均分。

有位老教师语重心长地对我说：“舍不得孩子套不到狼啊！”为了让学生在考试中胜出，老师们也拼了，出很多题，找很多试卷，不顾学生的厌倦或他们背地里的痛骂，批改着，然后也毫不留情地惩罚那些“没有出息”的学生。在这场持久战之后，经过一次没有硝烟的战役，虽然可能损兵折将，但是只要有学生金榜题名，那种大获全胜的喜悦，终将让老师和学生这一对“难兄难弟”消弭一直以来的怨恨。

做了那么多的习题，学生的考试成绩却未必显著。道理再简单不过了——学习是脑力活动，是情智互动的高级形式，却被用体力劳动的模式来训练，只有苦劳，哪能有功劳？

我国香港地区家庭与学校合作事宜委员会在2005年委托浸会大学访问了2442名学生、1499名家长及327名教师，调查小学生做家课（即家庭作业）的情况。调查显示，香港小学生平均每天约有6项家庭作业，初小学生需约2小时完成，高小学生则需约1.5小时完成。不过，学生用于家庭作业的时间，与学业成绩不成正比。调查发现，学生的学业表现愈优异，他们用于完成家庭作业的时间愈少。《全球研究结果证实：家庭作业越多考试分数越低》一文指出："据《科学》报道，基于对全球学术研究的全面审查结果，研究人员对老师布置过多的家庭作业持否定态度。研究人员指出，在日本、捷克和丹麦，老师布置的家庭作业相对较少，然而学生的学习成绩却很好。而在泰国、希腊、伊朗，老师布置的家庭作业非常多，然而学生的平均分却非常低。""一个出人意料的后果是，那些家庭作业负担太重的孩子掌握的知识反而更少，增加家庭作业的负担只会导致家庭内部关系更加紧张，最终使整个教育层次和质量遭到破坏。"

再看上海市作业项目研究的报告例子："学生作业负担带来了不良后果。一是导致睡眠时间明显减少，二是影响了学生身心健康发展，三是对于提高学业成绩起负面作用，四是弱化了学生的作业兴趣，五是阻碍了作业育人功能的发挥。在任何一个方面，初中生受到的负面影响都要比小学生更大，学业成绩靠后学生受到的负面影响均要比学业成绩靠前的学生更大。"（王月芬、张新宇，2014）

但是，我们不能由此说作业越少越好。作业，只有在适当、适量和适时的时候才有效。那些遵循学生认知规律、切合课程标准要求、符合知识建构原理的练习和作业，那些充分调动学生积极性、进取性、创造性的作业，才能够真正发挥其巩固、强化和拓展的价值，才能更好地应对考试。否则，只会使学生劳其身心、伤其心智。所以，适量的、有效的作业才能够提高考试评价的成效。

同时，我们还应该把眼光放得长远一些，学校考试只是"小试牛刀"，真正的"用兵"在于学生在未来生活情境中对知识的实际运用。我们应当摒弃那些盲目应试、急功近利的做法，扎实、灵活地为学生打好基础，如充分的识字量、基本的语言能力、基本的计算能力、广泛的阅读积累、基本的解决问题的技巧、生活感受与思想情感的积累、灵性的养成和发展等。我们不能忽视学生最基础的知识积累，但也不能裹足不前，忽视了学生更为广阔的训练空间，造成学生发展的先天不足。

不要让字数浇灭了写作热情

作文是语文作业中最让人费心的。师生谈及作文，基本是两件事：写什么和字数。

国庆节期间，我去兄弟家，看到刚刚读三年级的侄女写的作文，觉得挺好。但是，侄女说每次写作文总怕字数达不到——三年级，必须超过 300 字。我听了也无奈，因为我没机会去说服她的老师，估计也说服不了。

其实，所谓作文，旨在表情达意，得意总在只言片语间。一件事能说得清楚，也就可以了，对于动笔写作文的好事情，不要让字数浇灭了写作热情！

回看语言发展的历史，究其本源，会作文和会写字是两种不同的境界，从会写字记事到愿意写作文给别人看，更是两种不同的生活情调。如果给李白或是苏轼规定字数，他们大概宁愿醉死在酒坛子里。一般人，愿意提笔写些字句，就算是有些雅兴了。难得有些小小得意，或是些许回味，记下来便好。脾气慢的，写些啰唆的铺陈，也不要紧；肝火旺的，三言两语，撒完气就丢掉笔。一句话，笔随心动，情致和思想的天马行空，只在于无拘无束的字里行间。

教学生写作文，说到底，就是教一种情动辞发的意识和精气神。小孩子才开始学写作文，要拿笔多写很多字，本来就不那么情愿，你非要规定字数，为什么要先给小孩子下套子呢？

上有政策下有对策。有个小男孩，他的作文结尾那一行的下面，总有一道铅笔画出的横线，你猜为什么？因为，他在每次写作文前，总是先数好老师规定的字数，在这一行下面画出线，然后动笔写作文。写到接近画线的地方时，他就结尾，绝不多写一行。够“聪明”吧？但也够“可悲”！

字数虽然很重要，重要到让一些根本不爱写作、甚至根本不会主动去动笔写作的人能给判一个好分数。但是，我们老师可别把自己看扁了，只要你的学生愿意写，以至愿意去为字数编一下，字数那点技巧根本就不是什么问题。开始练习作文时，能把话说完整，并且努力做到文通字顺，就很好。而这个能力的基础，则是学生的有话可写，甚至是有丰富的话语可写。那么，学生头脑中怎么才会有愿意写成字句的东西呢？教会学生从平常单调的生活中去发现值得与人分享的事情，教会他们自觉体味生活细节、体验内心的感受，应该是作文教学的开端任务吧？

限定字数，不如教给学生字数变多的技巧。让学生在家一边写一边战战兢兢数字数，不如在课堂上，或是面批的时候，“现场办公”，让学生明白字数是怎样变多的，让学生发现自己其实完全可以成为造句专家，岂不一举多得？老师啊，当裁判，更要当好教练员！

能不能不布置作业？

“不布置作业”大概是每个学生的心声。关于这个话题的争论，从来就没有停止过。学校、教师、学者还有家长都各有主张，见仁见智。但是，我们唯一没有进行“听证”的，是作业的直接承担者——学生。

根据我对我所接触的学生的调查，尽管他们嘴上会说“最好不要布置作业”，但是，真要让他们填写匿名问卷谈对作业的接受程度时，几乎无一例外地都会写“要布置作业”。进一步了解，他们会告诉你他们不是拒绝作业，而是反感作业活动的繁重和冷漠。

我们先来看看不布置作业的实例。

“零作业”

山东省潍坊市潍城区的韩兴娥老师，一学期的教材，她只用两周就教完了，剩下的时间，她用来讲《中华上下五千年》。每篇课文开始是一段古文，后面是一段有趣的故事。最令学生高兴的是——没有任何的作业！可是学生写出来的作文，文辞优美，自然从容，水平直逼初三的学生。韩兴娥和学生一块读了很多经典名著，背了很多经典的篇章，所以她比一般的语文老师上课从容得多。也有人对韩兴娥老师的这种语文教学改革持怀疑态度。韩兴娥班的家长开始也很有意见，认为不布置作业，课本两周就学完了，孩子能学好吗？但是一学期下来以后，学生成绩不但没有下降，反而更好了。

（陶继新，2005）

再来看一则报道：

江苏教育学院附属小学校长王九红（就是作者所在学校原校长——作者注），大胆取消了他教的四年级某班学生周一至周五的数学作业，两年来，学生的成绩不降反升，班级成绩从当时的落后其他班级四五分，到如今超过其他班级四五分，最高时要超出近十分。

（新闻晨报，2009-12-15）

像这样“零作业”的事例还有很多。再比如，山东杜郎口中学已经连续8年取消家庭作业，并一直保持100%的升学率。“零作业”对学校的升学率并没有根本上的影响。该校崔其升校长介绍说，杜郎口之所以取消家庭作业，就是坚持从根本上减轻学生学业负担。他说以前有些教师总是抱着“堤内损失堤外补”的想法，不重视课堂40分钟内的教学效率，拿课后作业去弥补课堂的低效，学生作业负担十分繁重。取消家庭作业，就是逼迫教师高度重视课堂教学的质量，切实达到“增效减负”的目的。

像上面所述“一学期的课文两周上完，课外没有作业”“两年不布置家庭作业，考试成绩不降反升”“零作业换来好成绩”这样的事例还真不少，只是在我们身边不容易看到罢了。这一定让老师们艳羡不已，更让看到报道的学生和家长愤愤不平——凭什么我们就没遇到这样的学校和老师！

“零作业”的背后

当真他们就不需要布置作业吗？我们一起来分析一下。

（一）语文“零作业”

我们首先来看韩兴娥老师的语文“零作业”。

1. 不布置常规作业不等于没布置作业

我们理解的和看到的作业，大多是拿起笔抄抄写写、算算答答的书面作业，有的老师还会让学生去书店买练习卷来做。也有比较轻松一点的作业，比如朗读背诵，然后让家长签字以示督促。韩老师没有布置这样的作业，而是让学生回去多阅读，这个任务叫不叫“作业”呢？

这个作业不需要怎么动笔，也不会在第二天被课代表催着交，韩老师更不会在课间拿着点名册气呼呼地来班上“捉拿逃犯”。

但这依然是作业，因为它是老师布置的，是有计划、有组织、有明确的任务要求的课外学习活动。只不过，这个学习任务是长期的建构和积累，检查和反馈是温和的，是调动学生积极性、自主调控的，于无声处见精神。

2. 将语文作业的训练要素整合到阅读和主题写作里面

对于语文的学习，没有相当数量的真正意义上的读写实践，学生只能停留在会认字、能读报、能写信的阶段，或者说，充其量只能应付几张语文试卷而已，还根本谈不上是真正的语文学习。

开卷有益，落笔有情，教师有意识地启发学生进行广泛、深入的阅读，无论对词句还是对语境的感知和摄入程度，都远远超过单纯的教科书学习。学习语文，类似于一种操练，必须在实际的、生动的语言活动中方能显示其趣味和力量。多方面的、大量的阅读，不仅可以增加学生的知识积累，还为学生将从课本中习得的知识和技能用之于实践提供了验证和借鉴的机会，促进学生读写能力的进一步提高。这一切，是单靠在课堂学习那一本薄薄的教科书所不能比拟的。韩老师的智慧在于，积极地把学生从课本温房带进更广阔的语言天地。

我们可以看出，韩老师没有布置常规式的作业，而是用大量阅读以及附带的相关写作作为替代，虽然完成这个任务需要投入更多的时间和精力，但是，由于整个过程基本上由学生自主掌握，所以，学生主观上容易接受，并不会觉得勉强，更不会认为是负担。部分语言能力较差的学生，开始的时候在选书、读书方面会有些被动，但是阅读时间长了，语言能力上来了，就会尝到甜头。学生不用应付那些琐碎枯燥的抄写读背作业，还能考出好成绩，当然也会喜欢上这种形式的“作业”了。

（二）数学“零作业”

我们再来谈谈数学的“零作业”。

数学是最需要通过不同类型的题目来强化和巩固课堂所学知识的学科，靠什么来强化或检验学得好不好？不做作业，怎么行？

王校长敢于不留家庭作业也的确是有胆识的做法：“置换”，用课内时间的集约式练习，来替换课外散乱时间中的作业应付。

1. 课堂上的当堂学会、当堂巩固

数学和语文的学习在学习方法上有很多的不同。数学也很强调量的积累，但是，这种积累必须建立在“理解”和“学会”的基础上。王校长也说“数学是靠思维，数学成绩好往往不是靠题海战术，而是要把思路弄通”。数学知识前后关联性非常强，前面的知识学会了，后面的知识就容易学会，适当强化，便可巩固。数学题在课上不会做，出了校门回到家，依然不会做。所以，在这种情况下，布置的家庭作业越多，学生做起来就越有挫败感，时间长了，就会产生厌烦情绪。而如果教师在课堂上讲解得比较透彻，学生都掌握了，教师再布置很多家庭练习，难免画蛇添足。所以，聪明的数学教师会将主要精力放在课堂讲授和课堂练习上，力求当堂见效。他们会精讲多练，精讲精练，每道题力求切中要害，让学生当堂学会，当堂巩固，而不会让学生把遗憾和问题留到下课以后。为了激发学生做课堂练习的兴趣，王校长还特意设了做题优胜排行榜、表扬卡、奖状等。

这样做，即使课后不布置作业，也不会损失什么，还会赢得学生的爱戴，因为学生能多出不少时间做其他自己喜爱的事情。学生学得轻松，积极性就高，学得更好就在情理之中了。

2. 教师深厚的学识功底和教学能力

课堂的效率主要取决于教师对课程的有效设计和实施水平。教的内容是不是重难点，用的是不是聪明的方法和技巧，练的是不是有价值的题目，学生是不是能够及时得到教师的指点，这都有赖于教师的专业素养和业务能力。教师要能够精当地把握教材内容和学生水平，准确地把知识点、能力点和训练点连接起来，还要有优秀的课堂驾驭能力，才能提高学生的课上学习效率，为学生赢得宝贵的时间让他们进行课内知识的强化巩固训练。为了让课后不留作业成为可能，王校长在精心分析数学教材后发现：一个学期的学习内容共需 100 课时，他可以花 60 课时用于教学，其余 40 课时让学生用来做课堂练习，这样一来，课后的作业完全可以取消。

3. 在校内、课上将“提优补差”做实做好

对那些学力充沛的学生，可以不留常规作业，鼓励他们多参加一些数学实践性活动，也可以鼓励他们去做一些具有挑战性的题目，让他们从中获得思考的乐趣和成功的快意。而对于后进生，还是要辅以一些基础性的练习，让他们在校内抽时间做，因为他们对知识的巩固并非课堂上的一两次练习就能完成的。

教师不留常规作业，也就少了很多批改订正的工作，这为教师给学生进行“提优补差”赢得了宝贵的时间和精力。“减负”了，“增效”了，也就良性循环了。

“零作业”模式切勿简单模仿

尽管我对上述的“零作业”现象做了比较深入的分析，但这并不是我切身的经验，所以，对于“零作业”，我们都是局外人，都要审慎对待。一般的老师不要简单模仿，尤其是青年教师。

每一项教学创新成果的背后，都有一位教学经验丰富的教师，或是一个优秀的教学团队，都有一条他们曾经走过的艰苦卓绝的探索之路。所以，我们会看到很多先进的教学创新实践都有一个共性——无法复制。

例如韩兴娥老师的方法，并不能简单地理解为“减负增效”。如果这样的命题成立，那么，现行教材的编写和传统意义上的教学就都没有意义了。其实，造成这种差距的原因并不仅仅在于教材的建设和教师能力的修养，更多源于当前单一的测评模式和机械的测试方法。以两周的学习时间便可以从容应对需要 20 多周学习才能应付的试卷，不是很值得反思吗？

就语文来讲，语文能力和语文素养的高低绝不是一张卷子所能考查的，是要靠日复一日的“浇灌”和“培养”的。韩老师把这个道理理解得很清楚，所以，三下五除二就解决了那些无聊的东西，然后用节约出来的大量时间和精力去培养学生的语文能力，为学生打牢终生受用的语文能力根基。从这个意义上说，韩老师比任何照本宣科的老师都更加“急功近利”——学生语文能力的进步就是教师的“功”和“利”，为发展学生的语言实践能力，绝不搞花架子，绝不浪费一分钟的课时，绝不在没有意义的“试卷语文”这棵树上吊死。

观察这种需要进行大量阅读和开放写作的“零作业”模式，我们发现，它比正常的教材学习要投入更多的精力，这怎么能是“减负”了呢？不仅没“减负”，反而“增负”了。所不同的是，这种“负重”激发和挑战了学生的潜力，而且是以一种静悄悄的方式进行的，因此学生乐此不疲。这再次证明：满足学生需要的，才是适当的。

所以，我们要向这些老师学习，其实是学习他们的探索精神，并以同样的精神和力求卓越的干劲对待自己手中的工作，慢慢来，做出属于自己的精彩。

学生喜欢做什么样的作业？

学生是不是从来就不喜欢动笔抄抄写写呢？我原先也是这样认为的，但是，当我看到一些学生的另类“作业”面孔时，哑然而笑。

《火影忍者》和作业

这是在班上一个男生的草稿本中看到的（如图 1–3 所示）。字并不好看，书面也有些乱，但是，和他平时的作业相比，我惊讶了。这个学生平时的作业要么不及时交，要么写得很潦草，常常错别字一大堆。但是，你看这页，竟然只错了一个字！是什么原因让他把这些被老师斥为再“无聊”不过的东西认真地抄下来的呢?《火影忍者》，这个在男孩中流传甚广的动漫故事，奇异、纷繁、刺激，让多少男孩如痴如醉呀！

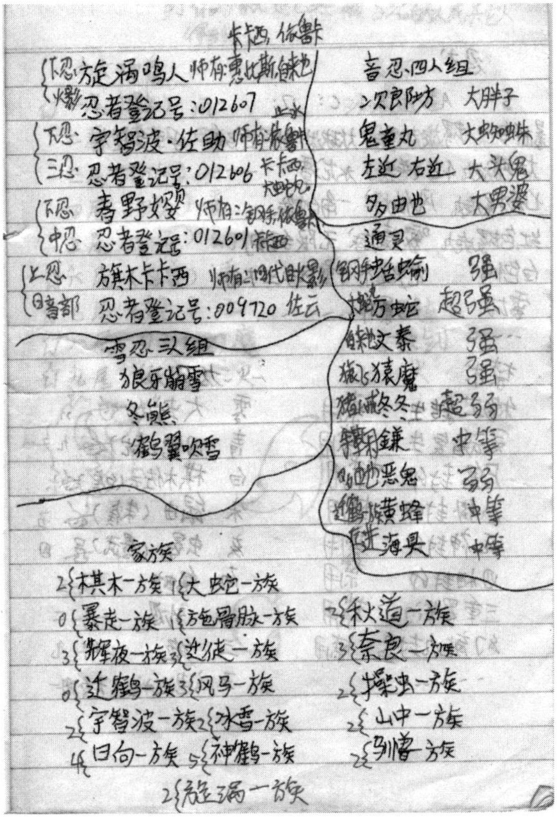

图 1-3

我在另一个男生的草稿本上看到了一张他画的游戏地图。那是他自己设计的一款桌面游戏，两个人可以拿着铅笔在纸上以圈注的方式对战。在这张写画得密密麻麻却又错落有致的战图上，游戏中的人物角色、武器道具、力量值、经验值以及条约规章等都写得清清楚楚。我真的感叹：这般心思缜密的创作可不是哪个小男孩都能完成的，这劲头要是用在作业上该多好！可是，他的作业每次都是凑合出来的……

像这样的事例还有很多，比如，你还会看到一些小女孩作业写得很糟糕，可抄起歌词来有板有眼，画起美少女漫画来活灵活现。为什么呢？

我们今天的教材有这样的魅力吗？我们今天的课堂有这样的魅力吗？我们要学生做的作业有这样的魅力吗？兴趣对于左右一个孩子的注意力和意志力有着多么重要的作用啊！

教师能不能设计一些既能深化课堂学习，又好玩有趣、具有一定的挑战性的作业呢？能不能让学生爱做，能动脑筋，又可以合作完成，有不同的答案，又可以选择做或者不做，老师批改起来也轻松愉悦呢？

让作业可爱起来吧！学生喜欢了，就会自觉地去做，想着去做好，不需要你唠叨，不需要你步步紧逼，再苦再累，他也会乐在其中。学生自己才是学习的主人，我们就当好他们的服务生，随时提供帮助就可以了！

早在十多年前，我们就开始探索语文作业改革。十几年来，围绕作业体系中的作业内容、呈现形式、完成过程、批改策略、订正反馈以及作业评价与管理等要素，积极引入现代课程理念，构建人文交互性作业评价机制，形式上追求活泼多样，内容上体现个性化、生活化和社会化，形成了“以程序性自主学习为主线、以师生人文信息互动为主体”的趣动式作业设计与指导策略，使作业的设计、指导与评价模式产生了质的飞跃，我们让学生爱上了作业。

作业问题背后的问题

细致盘点一下作业中出现的种种问题，稍加考量，就不难发现这些问题的种种幕后推手。

1. 作业策略的动因问题

我们布置什么样的作业与我们的成才观直接相关。以作业为载体，我们的目的是旨在甄别优劣，还是期待发现；是终端选拔，还是勤于培养；是把作业当成暂时的应试工具，还是计之长远……教师在这样的观念框架中持有什么样的态度，直接决定了教师扮演的角色，进而决定了教师会将什么样的教学、什么样的作业呈现给学生，并影响他们。

2. 反复无常的教学观问题

随着课程改革的深入和推进，以课堂教学为主的各类教学活动，呈现出百花齐放、百家争鸣的热闹场面，层出不穷的教学法、争奇斗艳的教学理论、各领风骚的名师，让人心潮澎湃。但是，在这繁荣的背后，特别是一线的普通教师，却是越来越困惑和迷茫——到底要操持什么样的教学理念？今年一套，明年又一套；昨天还要工具性，今天又谈人文性；台上刚刚在讲课程改革，台下又在搞调研排名……叫人头晕目眩。莫衷一是的教学观念和行动策略，最终反映在作业上的问题更是特别突出。

3. 师生角色互动问题

师生在校内外的学习和生活的交往，与一般形态下人们之间的交往虽然有很多相似之处，但是也存在许多不同。教师往往处于支配地位，在交往中占很大的优势。不过，这种优势，又会成为师生交往中最大的障碍，使得教师与学生的沟通常常陷于被动。作业作为一种师生交往的特殊形式，同样面临这个问题。如果师生能够以主动的心态参与作业活动，那么，作业活动就是一种探寻过程、尝试过程、体验过程、渐进过程；如果师生在作业活动中是被动应对，那么，作业活动就会充满排斥、应付、厌倦以及责罚。

4. 漠视学生思维差异问题

尺有所短，寸有所长，教师虽然知道因材施教，但是真正要做到很困难。课堂上还好一些，师生的问与答比较和谐，或许实质上是教师不想把宝贵的时间和精力浪费在后进生身上，不想为了一两个人而影响课堂演绎的完美。作业是一对一的，容不得滥竽充数，虽然学生确实存在思维力、学习力等诸多差异，但是教师在批改作业时往往不够宽容，放弃了很多可以给予学生悉心指导的机会，丢弃了许多可以赢得的影响力。学生因此而受到不公正的待遇也就可想而知了。

5. 焦虑和危机干预技巧缺失问题

撕作业本、罚抄写、辱骂、讥笑等，在教学活动中，教师和学生经常会处在错误、不端等行为的包围中，窘迫的现场、糟糕的对话，常常让教师或学生不知所措。这时，师生就处在焦虑和危机之中。矛盾的双方都很容易以偏激的方式说话、行动，甚至导致不良的后果。虽然教师大都毕业于师范院校，但是关于焦虑和危机干预的方式方法及常规处理策略通常没有涉猎，更没有经过专门的培训，缺乏专业的应对技巧。事到临头，只能以自己积累的经验、方法去应对，难免不出状况。教师需要学会焦虑和危机处理的“抑扬顿挫”策略。通常情况下，可以被动接受现实，并宣布相关的惩罚措施；或是尝试站在学生的立场，解析或体验矛盾，寻求解决办法；也可以给予原则范围内的宽容，缓和紧张局面，同时给予恰当的指导，解决矛盾；偶尔也可有意运用发火的策略，进行事前预警，防范矛盾升级；当然，最好的方法还是要在平时进行积极疏导，规范学生行为，防患未然。

6. 忽略学生学习能力障碍问题

随着社会的进步，我们发现，很多学生存在朗读、阅读、识图、计算、言语、听记等学习能力障碍。这些学习能力障碍往往被学生较为一般的日常行为特征所掩饰，不容易被发现。绝大多数的教师往往会忽视这一点，因为他们缺少这方面的学识和经验；或者被外部的一些非理性动因驱使而放弃了这种观察。忽视，就意味着不能发现问题，遇到问题时有意无意地蛮干，结果是显而易见的——放弃，甚至伤害。如果教师能够加以重视，就会对学生的情况进行充分掌握和区别，就会针对学生的不同需要，积极帮助学生进行能力矫正，使其扬长避短、各尽所能。

7. 学业评价观惯性思维问题

很多一线教师几乎从来就没有真正执行过摊派到每个人头上的认识、策略或是具体的规章要求。大家根本不在乎课程标准或教学大纲中的规定、建议或要求。在作业教学中，几乎是完全凭自己的主观意愿、一点经验，甚至是个人好恶，去评判作业。这种对作业没有科学依据的设计、实施、评判，当然会冲击学生的价值判断，使教师失去公信力，损害学生的利益，作文的评判尤其如此。因此，很多学生不喜欢作业。

为什么要让学生做那些作业？

这是教师必须要清楚的事情。你可以不去埋头苦读那些理论书籍，但是，弄清手头要做的事情的原因是头等重要的。要知道你做的事情有什么作用，会影响哪些人，对你自己有什么好处……

苏联著名教育家苏霍姆林斯基在《和青年校长的谈话》中，谈到“教师应该怎样布置家庭作业”的问题时强调，不能把课外作业当成课内作业量的追加，“课外作业应该使学生的知识向广度和深度发展，能提高他们的学习能力，是他们掌握课堂知识的准备，应该让学生在课外去观察自然界和社会现象，发现个人的爱好和多方面的智力需求”，并且指出，“分析、研究、比较——这些积极的思维活动应该贯穿在做家庭作业的整个过程中，这样学生就能把读书跟观察、劳动结合起来”。

从这段话中，我们不难看出，布置作业的目的主要包括以下几个方面。

（1）认知和思维方面。通过作业对课堂学习进行必要的巩固，包括一定的强化、反复，促进知识技能的运用；通过作业延伸课堂学习，鼓励探究，使学生获得更多的知识和经验；通过作业进行阶段性复习，暴露问题，查缺补漏。

（2）技能和方法方面。通过作业让学生经历尝试、操作等实践，形成稳定的技巧和能力。

（3）情感和态度方面。通过作业对学生的情感志趣进行启发和引导，促使学生积累丰富的内心体验。

（4）行为控制方面。第一，通过作业实现能级控制。即完全达标，满足学生“双基”（即基础知识、基本技能）达成的需要；基本达成，基本满足不同学生的实际需要；部分通过，考虑一定程度上有所提高的需要；少数冒尖，推动部分学生的潜质的高端开发；整体推进，控制学生能力的循环上升。第二，通过作业达到态度控制。比如，了解学生对待作业的态度，寻找积极态度的维持和消极态度的转变的策略。第三，通过作业进行精力控制。主要是期望学生形成较为持久的注意力，学习得尽力一些，也包括相对于其他学科的精力资源的控制，让学生更重视本门课程的学习。

比较全面地理解作业的目标，可以使我们在布置作业时更加明确作业的针对性，更有效发挥作业的促进作用，也能减少非理性的作业安排，减少学生对作业的排斥。

从以上的分析不难看出，我们布置作业的目的比较单一，主要围绕学习展开，没有其他方面的过多考虑。相对而言，欧美国家或是中国香港地区学生的作业就包含了更为丰富的内容。

美国中小学作业的目的

（1）提供练习机会；

（2）做好课堂准备；

（3）参与实践活动；

（4）发展学生个性；

（5）改善亲子关系；

（6）加强家校交流；

（7）促进同伴互动；

（8）执行有关政策；

（9）树立学校形象；

（10）惩罚问题学生。

（朱仲敏，2003）

中国香港地区学生家课的目的

（1）实时学习及达到的成效。

①帮助记忆所学的知识；

②帮助明白所学的知识；

③帮助培养独立思考能力、形成概念、积累知识；

④帮助学生重温所学的技能；

⑤给学生提供练习的机会；

⑥增加学生在学习过程中的参与程度；

⑦给学生提供机会完成课堂上未完成的工作。

（2）长远的学术性成效。

①培养学生的学习技巧及习惯；

②培养学生在空闲时主动学习的能力；

③增强学生对学校的归属感。

（3）非学术性成效。

①增强学生的自主性；

②增强学生的自律；

③增强学生的责任感；

④培养学生的时间分配技巧；

⑤培养学生独立解决问题的能力；

⑥培养学生探求事物的兴趣；

⑦提醒学生有关学校对他们在学术上及行为上的要求。

（4）让家长参与。

①让家长了解子女的学业情况；

②加强家长与子女的沟通。

（香港三水同乡会刘本章学校网站）

可以看出，美国及我国香港地区学生作业的目的是非常丰富的，围绕知识和技能的训练以及人文品质的养成做了很多事情。相比较而言，当前我们很多学校的作业活动目的显得较为单薄。

综上，在安排作业活动（简单说就是布置作业）时，我们一般要考虑以下问题：

（1）让学生温故知新：巩固课上所学的内容，并连接旧课和新课，这是教师教学计划的重要组成部分，也是对学生学习进行全面评价的重要部分。

（2）让学生触类旁通：促进学生所学知识的融会贯通，开阔学生的视野，拓展学生的能力，有力促进学生的全面成长。减轻学生伏案书写的负担，促进其实践活动的开展，让学生感受到作业的乐趣。

（3）让学生业精于勤：让学生在运用中检验和巩固所学的知识，为学生提供自我学习和自我反思的机会。

（4）沟通家校关系：以作业本为纽带，为学校和家庭提供更有意义的对话平台。

作业要紧密联系生活

作业以及课堂在学生成长的过程中起什么作用？不同的学科教学或不同类型的作业，究竟能给学生带去什么样的启发和教导？这值得每位教师思考。例如，在数学启蒙阶段，学生应该做怎样的作业呢？下面我们来看一道由一位美国教师出的一年级数学题。

> 通过活动让学生认识一些常见的几何图形。
>
> 活动过程：
>
> （1）在商店，通过提问让学生留意观察几何图形，如让他观察箱子的一侧是长方形。
>
> （2）购物时，指出一些物品并与学生讨论它们各自的形状，如卷纸筒的形状、瓶子的形状等，还可以让学生区别卷纸筒与面巾纸的形状，让他们去找金字塔形状的商品。
>
> （3）让学生思考特定的商品为什么以特定的形状出现。（如为了节省空间，为了放稳等）
>
> （胡庆芳，2008）

上述例子中的这位美国教师并没有简单地把学生困在书桌前画图、填表，而是带领学生（或是由家长利用去超市购物的机会带领孩子）在自由的观察活动中完成了教学内容。也许这个活动的用时要超过半个小时，比几分钟就能写好数学本上的看图填空题要费更多的时间，但是，这却不会构成学生的作业负担，对学生来说反而是件轻松的事情。

我们的很多教师也很注重带领学生在生活化的情境中了解数学概念，发动学生课前去观察身边各种事物的形状特征，课上还会运用实体教具、图片、动画等多种方式帮助学生认识和了解几何形状，学生学得也比较轻松。

这里，我想请教师留意上述例子中活动的最后一个步骤——让学生思考特定的商品为什么以特定的形状出现。

想一想：如果是我们布置一年级的作业，会多这一步要求吗？

再想一想：即使是我们今天的中高年级学生，思考过并能一下回答出这个问题吗？

长久以来，我们教学生学几何似乎只是为了解答考卷中出现的题目，和生活没有任何关联，学生更不需要知道学的最基本的“几何形状”的生活意义。

所以，相比较而言，那位美国的小学教师在教学中更关注学科学习的核心意义和生活价值。即便是对一年级的学生，也会启发他们去思考正在学习的知识和实际生活之间的联系。这种形式的学习、作业，在帮助学生掌握知识的同时，也培养了学生积极认识生活、社会和善于思考的习惯，懂得了学习数学是为了能够更为理性地认识生活、理解生活，将来去创造更美好的生活。

观察我们在数学上的教学成果会发现，我们更注重教学生解答书本和试卷上的题目，却很少真正地引领他们去面对生活。学生对抽象的数字、图形很重视，能够解出很多艰深的数学题，但几乎不会主动去观察和思考生活中的数学现象。而整天只沉浸在书本和算式中的人，要让他学会热爱现实生活，对纷繁复杂的生活中的人和事保持敏感，或是热爱他将来的工作，表现出良知和爱，是非常困难的。

我相信，我们的数学教师在专业水平上同样比肩国外的同行，只要我们的数学教师能够立足学生发展、着眼于传承数学文化，就一定能有一番作为，一定能教出更加优秀的人才。

因此，教师在设计作业时，应该让学生感受到抽象的知识源于生活，和生活紧密联系。这样，学生就不会觉得学习是一件枯燥乏味的事情了。

作业改革就从自己班上做起

作业是大多数教师经营得最没有成就感的事情。教师每天最为忙碌的事情就是布置作业、批改作业。外出参加教研活动时，我常看到一些教师把作业本带着，一边听台上专家絮叨，一边飞快地批改。我自己也有几次生病了去医院打点滴的时候，找输液室最拐角的地方安顿好，把作文摊开来批改……不是高尚，是忙不过来啊。

面对作业问题，我们往往会觉得很沮丧，因为反映在作业上的问题其实由来已久，教师也都盼望能够有所改变。很多学校、教师在试着进行改革，取得了不少的经验和成果，值得我们去学习和借鉴。但是，严峻的教育现状又让很多曾经致力于创新实践的教师最后又纷纷偃旗息鼓了，因为教师个人或是一个小小的团队的力量实在太渺小了，教学效能的滞后性让很多教师来不及等待就匆匆地放弃了努力。

所以，谈到作业的研究和改革，周围的人大多摊手摇头，或是一副事不关己的样子，让我们也常常感到自己没有任何办法，我们的努力显得微不足道。

是“安于”现状、默默地随大流，还是立志改变、闯出一条路来?

不要等待，就从自己班上做起，慢慢地改变。困惑和压力并不会因为叹息而淡化和消失，不要指望别人给你一些现成的方法，因为他们也许和你一样也在观望和彷徨。与其无望地等待，不如主动出击，办法总是会有的，看你愿不愿意去做——你不太容易去改变别人，但是你可以改变自己。

所以，请跟随我们一起，慢慢地改变，就从自己班上开始。你今天的一小步也许就是成就他人未来的一大步，行动起来吧!

第二章

布置作业

美好的想法，需要用具体的行动去实现。作业如此重要，值得深入地探索和研究。那么，从作业的哪些方面去思考，从作业的哪个环节着手实践呢？以我的经验，我认为可爱的作业应该从教师用心的设计开始——增强课程意识，充分发挥作业促进学生学习力发展的功能，精心设计具有较高训练价值的作业，提高作业布置的有效性。

下面就开始我们的思考和行动之旅吧！因为我是教语文的，所以，主要以语文作业的实例来说明，相信其他学科的教师或多或少也能从中有所借鉴。

【特别思考篇】

作业设计的方向

一节课，一篇教案，一份试卷，好与不好，大致都有个相对固定的设计方向和评价标准，几条或是几十条，总能说得出来。而且，一般还会有比较成熟的评价表，作为打分或给出等第的依据。

那么，一次作业的设计，好与不好的标准是什么？需要训练和考察哪些项目？每一项包括哪些要素？设计的标准是什么？这些要素的权重是如何考虑的？哪些是有效的权重，哪些是无效的权重？

同时，评价是为了给予实践以积极的导向作用，哪些作业活动现象会被你关注和调研？例如，作业中产生的矛盾主要集中在作业数量、题目难度、练习的机械反复性和订正反馈行为上，那么，在评价表里对这些问题是否都有所反映？

所以，思考和明确这个问题，能够帮助教师树立正确的作业观，以简便易行的方式，让教师的作业活动科学、规范和有序地开展。

好作业的标准是什么？

作业可行性的考量指标一般包括以下几方面：

（1）作业的内容是否值得做，教师对作业所涉及的知识范围是否有较充分的了解。

（2）作业是否能发展学生的思维和能力，是否能够激发学生的学习兴趣，学生是否了解做作业的真正意义。

（3）作业要求是否清晰明确，作业任务是否具体，学生是否了解完成作业的方式，课堂上教给学生的方法和内容是否能被有效地利用。

（4）作业是否是根据学生的不同能力、兴趣和个性特点来安排的。

（5）作业的数量和难度是否适当。

（6）学生是否有（或能否查找或搜集到）完成作业所必需的资源和背景知识。

作业评价指标

上海的同行针对作业设计的质量进行了评估，研制了一个比较通用的评价指标（如表 2–1 所示），对于我们设计作业有着指导意义（王月芬、张新宇，2014）。

表 2–1　作业评价指标

指标名称	指标解释
解释性	作业的实际要求与作业目标是否一致？
科学性	作业是否具有科学性？是否存在概念、文字、数据、答案等方面的错误？
难度	不同难度的作业题比例是否恰当？是否存在作业偏难或偏易的现象？
选择性	是否为学生提供选择性的作业？或为学生提供不同层次的作业？
多样性	是否适当设计口头、合作、实践等类型的作业？是否适当设计预习、复习等不同功能的作业？
完成时间	学生完成作业所需时间是否合适？
结构性	作业时间分配是否合理？作业内容之间是否存在关联性？不同类型、难度分布是否合理？

作业设计的一般原则

（1）具体性——作业内容要贴近学生生活，可以被学生的生活经验接受，其中包含的知识、技能在学生的生活和视野中有所体现，学生对其比较熟悉。

（2）基础性——作业的内容和形式必须符合学科框架内基本的质和量的

要求。完成这些作业，有助于学生基本掌握学科的知识和技能。

（3）整体性——通过作业练习，使学生达到巩固知识和拓展知识的统一，思维训练和技能养成有一定的深度和广度。

（4）优选性——作业内容和形式具有针对性、典型性，训练价值较高，单位时间内的练习效果显著。

（5）层次性——根据学生的学力层次、年段差别，设计不同的作业，使不同学力学生都有较好的发展。

（6）多样性——作业的呈现方式依据学科特征而表现出多样性。将作业设计为学生喜闻乐见的方式，克服单调、机械、繁杂等弊病。

（7）自主性——创建自主学习氛围，建立良好的学习模式，促进学生养成良好的自学习惯和其他学习习惯。

（8）探究性——作业作为一种训练形式，应当鼓励和促进学生在学科领域内进行适当的探索，进一步深化和巩固学科知识、技能。探究性的作业一般具有观察角度的多样性、资源信息的丰富性、一般结论的多元性以及思维过程的开放性等特征。

（9）信息化——充分考虑不断更新的学习理念，适应新时代、新技术手段对教育教学的新要求，适当运用现代化学习手段，提高作业效能。

“做菜”和作业的有效性

如何理解“作业的有效性”问题呢？下面就拿“做菜”来做一个比喻。

1. 准备做什么菜？（明确作业内容）

我们对菜要做成什么样子、具体什么口味，应该有一个明确的认识。学生对于作业内容的要求应该是明确的，学生能够领会题目的要求，基本会做，否则就不能用来让学生巩固课堂所学和进行能力迁移。会做和做不出来当然是有区别的，但学生一开始做不出来，经过思考和努力，或许能够做出来；即便做不出来，也应该知道从哪里寻求解决的办法，学会质疑和求助。作业如果没有这样的属性，有效性就先天不足了。

2. 拿什么做？（了解完成作业所需的资源）

要配齐做菜的辅料和炊具，也就是要有充分的手段和资源。做作业也需要一些必要的方法和手段，有关的材料准备是必需的，比如工具书、网络资源等。不少教师喜欢让学生在课外查阅一些资料，但很多时候，只有固定的几个学生拿着打印的资料读，其他学生都成了看客。因为目前有些家庭还不具备丰富的藏书、随时可打印的上网条件等，大部分社区街道附近也没有图书馆可供学生查阅资料。教师在布置作业时，要考虑到学生完成作业所需要的条件，这样，作业的有效性才能有所保证。

3. 怎么做？（掌握完成作业的方法）

做菜还要掌握基本的做菜步骤和方法，然后才能熟能生巧。完成作业同样如此，学生在做作业时如果没有掌握正确的方式方法，就会越做越迷糊。通过作业练习学会一些方法，在实际运用或是考试的时候，就能够应对自如了。而且，作业要对后续的学习有基础铺垫性作用，有人称之为“前置性学习”。温故而知新，做了要得益，才能叫具有有效性。

4. 需要怎样一个火候？（调整完成作业时的心态）

做菜非常讲究火候，而做作业也需要合理把握“火候”，比如，要有积极的态度、集中的注意力、一定的耐心、适当的细心，以及面对失败和错误善于调整情绪等。我们面对的学生是具有能动性的个体，学生完成作业时的心理和行为特征，对作业成果会有很大的影响，如果不加以控制，就很难保证作业的有效性。

5. 做出来的是不是这道菜？（评定作业完成程度与要求的一致性）

我们还要考虑做出来的菜的样子和口味与预期是否一致，也就是要对学生交上来的作业与我们的作业要求是否一致进行评定。在布置作业前，教师就要想到批改作业时的依据，给学生一些具体的任务指导，最好不要秋后算账。这也是保证作业有效性的必要准备。

6. 好吃不好吃？（赋予作业的内容和形式以趣味性）

以上所说的都是家常菜的要求，一般不计较色香味问题，但是如果能做得色香味俱全，就会大受欢迎。也就是说，布置作业时如果能做到生动活泼，学生会更愿意投入精力，所以，我们应该赋予作业一定的趣味性，这也是保证作业有效性必须考虑的因素。

7. 算不算时新口味？（创新作业的内容和形式）

天天吃同样的几道菜，即使味道再好，过不了多久，也会吃腻的。所以，即便是家常菜，也要考虑经常换换新。这个道理用到作业上也是一样，教师在布置作业时要有创意，这样，学生在完成作业时才会有新意。这是保证作业有效性的一个较高要求。

对于厨师来说，做菜的有效性体现在上述的每一个步骤上，所以，他会格外关注每个环节。对于食客来说，一般只在乎端上来的是不是自己点的菜，吃到嘴里的味道对不对，或者吃得开不开心。至于前面的几个步骤，一般不会考虑。

作业虽然比做菜要复杂，但是流程还是差不多的。对于学生来说，每一步的完成都很重要，都要努力思考，实实在在地去做。而对教师来说，只需要对照标准批改，在对错的勾画之间就能看到作业是不是“有效”。同时，教师还要评定学生完成作业的认真程度，这也算是一个重要的有效性指标。

崔允漷教授在《有效教学》一书中提到：“所谓‘有效’，主要是指通过教师在一段时间的教学后，学生所获得的具体进步或发展。教学有没有效益，并不是指教师有没有教完内容或教得认不认真，而是指学生有没有学到什么或学生学得好不好。如果学生不想学或者学了没有收获，即使教师教得再辛苦也是无效教学。同样如果学生学得很辛苦，但没有得到应有的发展，也是无效或低效教学。因此，学生有无进步或发展是教学有没有效益的唯一指标。”

“有无进步和发展”由谁来评定呢？显然，“作业的有效性”不是由哪个教师个人的主观感受决定的。人们评价厨师的手艺，是通过食客去品尝，点头或摇头，说句好或不好，基本上是比较模糊的。而作业作为学生（包括教师）重要的认知活动，要对其过程和成果进行评估，就复杂得多了。布置的作业和做的作业是不是有效，不能只看教师和学生的主观体会，还要通过考试的检验。所以，目前很多教师并不看重作业过程，而是以考试成绩来论英雄，通过平常的各种作业练习，帮助学生提高学习成绩，这是教师应该做到的事情。但是，这些教师又恰恰把“部分”当作了“整体”，学生的“发展”不仅包括新的知识和技能的习得，还包括学生思维能力的发展以及情感、态度和价值观的形成，是获得知识与积累个人体验的统一。教师应当充分认识到考试只占师生教育生活的很小一部分，教师和学生都还有许多更重要的事情要做。

作业也来“变变变”

一成不变的东西总会让人渐失兴趣，新奇的事物才能给人带来各种不同的快乐体验。

我曾非常喜欢看一档由日本引进的电视节目，叫作“超级变变变”。节目很精彩：可以是一个人，也可以是一个小组，或是一家人、一个班级组合，任你想象和创造，只要你的“作品”有创意，就可以上台表演，赢得观众的喝彩和评委的嘉许。那场面有趣极了，表演者、欣赏者，共同沉浸在奇妙的创作和展示表演的过程中。演出的人一本正经，观众忍俊不禁，评委妙语连珠，让我们这些坐在电视机前的人也都喜不自胜。

我们的作业也有很多年的历史了，是不是也该“变变变”呢?

1. 变个样子：从单一的文本书写变为图文并茂的活泼布局

“三分天生样，七分靠扮相。”一个女孩就算不是天生丽质，稍作装扮也会令人赏心悦目。所以说，形式的变化是非常动人的。其实，这个变化很简单，你只要翻翻报纸杂志，或是看看网页，就能知道我们的作业是可以更有趣味的。报纸杂志图文并茂，有的网页可以同时呈现视频资料，这一切，从表面上看是形式上的丰富和扩展，但从本质上来讲是人们对世界的认识和体验越来越多元化了，促使人们越来越习惯于运用多种感官来感知、理解和参与客观世界。

这样的变化也反映在学生的学习内容和学习方式上，今天的作业越来越呈现出多样性的特征。作业格式的变化、版面的变化，甚至是作业本的变化，都是趋势。更主要的变化，则是反映在学生的内心感受和需求上，学生需要用活泼的形式呈现思维，也需要在活泼的练习中获得愉悦的体验。

所以，画个小插图，贴上小贴画，涂个小笑脸，描条波浪线，或是别上一片红叶等，都是一个小小的改变，却都可以赢得一份大大的趣味。

2. 变个内容：从单一的笔头作业变为立体化的多元练习

所有的知识和技能都是从生产实践中生发出来的，是可以被琢磨和体验的。但是，今天，我们的学校和教师却愈发试图将学生禁锢在并不宽阔的校园里、教室里，让学生以为知识就是知识，就是排列在教材中和试卷上的那些东西。拿语文来说，学生所必须掌握的语文能力，包括听说读写、字词句篇——听什么，说什么，读什么，写什么，我们真的教给学生了吗？我们是否只是在训练一只只智商较高的八哥或是制造一台台能讲话的复读机呢？

学生需要动口，不仅包括课堂上的朗读和答问，还需要和父母、伙伴及社会上的其他人说话，说有主题性的话，说得体的话。

学生需要动手，不仅包括作业本上的抄抄写写、课堂上的读写算，还需要翻翻图书馆里的书，看看网上的资料，听听收音机，看看电视，做做剪报，练练演讲，搞个调查，做个寻访等，需要在各种生活的场景中学会主动运用语言。

也就是说，学生的学习应该是立体化的，我们的作业也应该是多元化的。学生只有在不断地和生活打交道的过程中才能充分感受学习的实际意义，并感受知识和技能在具体生活中的运用。

3. 变个名称：让作业名称更符合学生口味

比如，将“质疑问难”改为“求助信箱”或“小不懂”。变了什么呢？变的是心情。前者是一个干巴巴的任务要求，让学生去做；而后者则是让学生成为阅读的主人，自己提出困惑，并期待解答。

作业名称的变化其实是作业任务内涵、任务机制的变革，是为了促进学生主动面对作业，成为作业的主人。

我们经常让学生做“抄写词语”的练习，虽然很有必要，但很枯燥。我的学生将它命名为“生词传真机”或“拷贝不走样”，不仅有现代气息，更富有趣味，学生自己成为自觉的主体，自然会爱上作业。

以前，我们常让学生做这么一道题：读课文，说说（实质是写写）你对故事中人物形象的理解。对于这种题型，怎么写？写什么？写到什么程度？

学生往往答不到要点上，教师就会把要点抄给学生要求其背诵。所以，这种题对小学生来说，算是比较难又没意思的题目。实际上，这是教师机械地拔高了答题要求。教材的编写者原本是以此题型启发学生讨论，只要能围绕人物形象言之有物、言之有序就好。所以，我将这样的题型命名为“和主人公聊聊天”“我眼中的 ××”或“假如我是 ××”等，训练内容没有变，但可以改变学生完成作业时的参与心理，使其以积极的心态细读课文、揣摩人物并表达自己的见解，这样，作业活动才会有积极的意义。

再比如，“仿写”“续写”“补充情节”“改写”等练笔内容，学生总会苦脸相对，我将它们改为“时报头条”“珍贵日记”“请看下集”等，学生从态度上就容易接受多了。

所以，你会发现，这些变化无非是积极创造一种机制——将学生从被动完成作业的角色转变为作业练习的积极参与者，从态度上、情绪上减少或消除厌烦、抵制和对立情绪，学生不仅能很好地完成作业，同时还能积累丰富的学识体验，在完成作业的过程中获得乐趣。

4. 变个数量：让作业以少胜多

你可能会说这不是在玩“朝三暮四”的把戏吗？耍猴的人告诉猴子：早上给你们吃三个桃，下午吃四个桃。猴子们不答应。耍猴的忙改口：好好好，改一改，早上多一点，四个，晚上吃三个吧。猴子们皆大欢喜。世间很多事情还真是如此奇妙，数量没变，感受却不一样了。

这个道理用在作业中，尤其是作文练习中，就会让繁冗的“堆字”（写作文）练习产生意想不到的变化。

仔细分析一下就能看出，习作的训练要点虽然多，但属于篇章结构训练的并不多，不少教师为了让学生掌握“想象”“抓住特点”“学会对比”等，要求学生动不动就写上 400 ～ 500 字，有必要吗？合理吗？所以，从整篇训练的数量上，我们可以减少习作次数，多抓一些片段练习。还可以将教学单元里整篇作文的练习分解为平时的“小日记”“小小日记”“三言两语”等，表面上减少了字数的要求，但是文章结构、叙述条理、详略安排、遣词造句等依然得到了训练，而且训练机会多了，针对性更强了，生动有趣了。

这种作业机制并不是我个人的创造发明，其实大多数人也是这样实践的，比如，现在写信的人少了，发手机信息的人多了；写网络博客的人少了，写微博的、发微信的人多了，这些都表明人们愿意更加快捷地传情达意，文随心动，而不拘泥于篇幅的多少。当然，作为教师，我们对学生的习作要求还是要中规中矩，但是，变个花样，练习起来岂不更具吸引力？让我们一起尝试着开放作业呈现形态，创造丰富多彩的作业形式，一起来提升作业的意趣品质吧！

变，是为了不变！这里所谓的“不变”，就是我们在作业活动中应该坚守的东西，也就是一种品质追求，即在做作业时所必须保持的认识和态度等方面的精神努力，包括认真、自觉、创造和分享。具体来说，就是能够自觉自愿地投入心力，能够悉心严谨地对待劳动，能够精益求精地做好事情，能够持之以恒地学习进取，能够跃跃欲试地有所创新，以及能够主动热情地与人分享……用一句话概括就是，“认识求真，做事致善”。这些是学习活动中需要进行不断训练和培养的不变主题。

克服作业布置的随意性

随意布置作业的的事情经常发生，大多数教师都这么做过，或是还在这么做着。但常态的存在并不意味着是合理的存在。教师要明确：随意布置作业是一件很糟糕的事情，具有很强的破坏性。

这种做法经常使得必须的训练得不到落实，并用不必要的劳作耗费了学生许多宝贵的时间和精力，费力不讨好，越练越拙手笨脚；使得原本应该循序渐进的训练变得无序，不利于学生的知识建构和能力塑造；使得常态训练量没有恒定性，忽多忽少，而且基本上是偏多，造成学生产生厌烦情绪；使得训练节奏变得紊乱，不利于学生的身心调适，降低了作业训练的活动美感；潜移默化地使学生习得了散乱的作风，严重影响其良好学习品质和整体学风的形成。学生从教师散漫随心的做法中，不断感受到一种对工作、对事业的得过且过的心态。

所以，布置作业是不应该随意的。那么，怎样克服作业布置的随意性呢？

研究并细化作业题目

1. 提前规划

教师要对整个学期的作业训练进行测算，并按教学单元分解，然后进行整体设计，统筹安排各个训练点，统筹安排各训练点的层级目标和训练重、难点，并大致进行相关资源配置。这个过程，最好是在学期之初进行，以便于对后续教学做到有备无患。当然，还需要在过程中不断加以修订，增强针对性和即时性。

2. 细化题项

对于落实在每个教学单元或是每篇课文学习中的作业，最好是能够落实到教师备课的教案中。教师在熟悉教案的时候，必须对作业各题项进行细化设计，使得训练内容针对性强、操作性强，题量适中，并能够积极调动学生进行训练。

例如，认真推敲作业题目的呈现方式。我们都知道，作业的呈现方式也能反映出题者的教学思维模式，也就是出题者想通过一道题训练什么。福州金山中学的陈蕾老师在一次教学讲座中分享了我国台湾地区老师的一个出题例子。

> 题目：小明今天在游泳池游了两个来回，一共游了 200 米，请问泳池有多长？
>
> 选择：（1）100 米 （2）50 米 （3）200 米

这是一道典型的选择题。再看同题的另一种呈现：

> 选择：（1）200 ÷ 2 ÷ 2 （2）200 ÷ 2 （3）200 ÷ 2 × 2 （4）200 × 2

两种呈现方式，有什么不同？你看，前者是结果思维，注重的是答案结果；后者是过程思维，把答案换成算法，激发学生积极思考。

陈老师说，还可以加一个选项：（5）其他。这就把只有唯一答案的题目变成激发学生思维的工具了。

3. 有张有弛

提前规划并不是要求我们把每一次作业都设计得满满的，而是要求把握好各个训练内容的训练节奏。有的时候需要进行专题强化训练，有的时候需要渐进渗透，有的时候需要间隔反复，还有的时候需要安排“无作业日”，就如同一篇乐章中的休止符。很多事情就是这样，没有节奏，就没有愉悦，没有美。

4. 亲自做题

教师多习惯于直接使用教材配套作业或其他现成的练习册。很多教师在布置作业前没有亲自做题的习惯，认为小学生的那些题目很简单，没有必要做一遍。其实，这种对作业盲目轻视的态度，从根本上反映出教师松垮的治学作风。很多时候，练习册上的许多题目如果让我们教师来做，也未必能做得对、做得好。有些题目不仅需要学生在课堂上认真听讲，还需要学生善于组织语言，才能做得完整。教师做起来都很难，学生又该如何应付？对于哪些题目可以给学生做，哪些题目最好不要布置给学生做，我们必须做到心中有数。

对于要布置给学生做的作业，有经验的教师都会先进行“火力侦察”，自己先把题目做一遍，以了解题目所涉及的课文内容、知识要点和难度分布，预计学生可能会遇到的困难，从而较为妥当地准备好辅导策略，做好题目的挑选，而不是把繁杂琐碎的作业一股脑儿都派给学生。备课时如果提前做练习，还可以在课堂上渗透某些内容的教学，让学生课后容易完成作业，这样学生也能感受到课上认真听讲的重要性。另外，提前亲自做作业还能使教师充分熟悉题目，批改中也能很轻松地发现和归纳学生的错误及其原因，提高批改的效率。

加强教师自身修养

上述要求说来容易做来难。教师虽然可以马上树立作业要有针对性的意识，但是真正做到还需要教师不断修炼自己的教学功力。

1. 善于调研格局

这里所谓的“格局”，就是当前以及较为长远的一段时间内，学生作业活动的基本状况。构成这个状况的要素很多，基本的就是学生、教材、教师和连接他们的课程要求等。

（1）研究学生的需要：学生当前的学习情况如何？已有知识储备和能力结构的情况怎样？哪些作业内容和形式适合他们的认知特点？他们知识的空白点在哪里？增长点在哪里？一些非智力因素的年段特征有哪些？等等。认识和把握这些内容就能够在设计和安排相关作业时，把适合的作业布置给学生。

（2）研究教材的要点：教材是学生学习的重要依托，既可以称之为蓝本，又可以喻之为起点，它为学生提供了了解、解读、思考或是学习指引的材料。教师要能充分解读教材，挖掘和罗列其丰富的作业训练资源。所以，一个好教师是把教材用足，一个糟糕的教师是被教材奴役。

（3）研究课程的要求：教师的教学随意性有时候并非故意，而是对政策的不恭，认为自己才是本学科的专家，不需要别人指指点点。不信你可以随便走进教室去问问，看看有几个教师对课程要求耳熟能详。凭想当然做事，怎能不随意呢？又怎能让课程要求通过课堂、通过作业去实现呢？

（4）研究考试的历史：不必讳言，考试是教师和学生都绕不过去的坎儿。无论平时说得如何天花乱坠，最后考试没有出色表现，你就没有出头之日。所以，通过平常的作业教给学生一些应对考试的方法和技巧是必需的。教师要了解自己任教学科的内容：以前考过哪些内容、哪些类型的题目？周围的教师都出过哪些样式的试卷？预计期末考试会有怎样的变化？

（5）研究自己的学养：我们在布置作业的时候，为什么总是没有自己的设计？是不是我们一直以来没有真正驾驭作业的实力？我们在实施课程的能力和水平上与那些优秀的教师之间还有哪些差距？怎样通过学习和训练来弥补这些不足？我们自己还有哪些可以再进步的空间？

2. 善于学习经验

学习同行的经验，学习文献资料，学习前沿动态……教师教学的个性化和独立性很强，所以，即使是常态下的校长推门听课，教师也是不情愿的。作业的布置与批改也常具有这样的特点，但是，教师常常意识不到：教学从来不是孤立的——因为有许多同行将优秀的教育方法和成果无私地与我们分享。我们应当珍惜这种分享，潜心学习，提高自身能力。

例如，对于作业的方式和训练时间，从来没有定论。教育行政部门规定，中小学作业时间不得超过 1 小时或 1.5 小时，这也是比较模糊的规定。究其本质，作业量与完成作业时间的关系是很复杂的，因学科而异，因人而异。一般来说，语文需要布置适量的家庭作业，而现在很多优秀的数学老师已经尝试取消数学家庭作业，他们把主要的精力转移到了课堂上，强调充分发挥课堂 40 分钟的效益，让学生在注意力和思考力最容易集中的时间段内完成必要的训练和反馈，不留遗憾到课外。这是比较成功的教学实例。教师应当主动学习和再研究、尝试，提高学生作业的针对性和时效性，也尽量减少教师用于课外辅导和批阅的时间，给教师自己“减负”。

3. 善于完善策略

教师要常观察作业得失，常诊断作业问题，常狠抓作业落实，常听取学生关于作业的意见……很多时候，作业的随意性是由于先前作业任务没有落实好造成的，心中无数，病急乱投医……教师要善于在各个教学阶段及时清理和归纳作业练习中出现的问题和错误，对矛盾比较突出的问题要及时进行查缺补漏，及时矫正和强化。“错题集”等学习资料，就是很好的日常作业辅助形式，不仅可以减少学生因反复做作业产生的厌烦情绪，同时也可以减少教师频繁批改作业的负担。

韩愈说：“业精于勤，荒于嬉；行成于思，毁于随。”让我们一起努力，克服布置作业的随意性，勤思勤为，将作业的有效性再提高到一个新的水平！

作业布置要做好加减乘除

作业量的问题是围绕师生课业负担首当其冲的问题。但是，对于作业量多少的衡量又没有一个固定的标准。教育行政部门综合各方面意见，规定小学生做作业的时间不超过 1 小时，中学生做作业的时间不超过 1.5 小时。这种刚性的管理迅速、明快地为教师和学校画出了底线，为切实解放学生和教师做出了努力。

但是，没有负担，就没有训练，一味“减”也是不科学的。“减负”，必然要伴随着“增效”，不然，如何保证质量？

那么，对于小学生来说，如何用好这 1 小时呢？

建议教师把作业布置的事情也来盘算盘算，做好作业布置的“加减乘除”。

1. 加

加强作业有效性的研究，科学合理地安排作业，提高作业的训练价值。通过充实作业内容、精心设计作业等方式，实现作业训练价值的增量。

比如，针对不同学生，我们可以增加作业的可选题。为优秀的学生适当增加生动活泼的拓展题，让其从挑战自我中获得乐趣；为后进生适当增加一些“回头题”，以不断巩固，打牢基础，让他们在每次完成作业的过程中也能够得到“优”的满足，不断拾得信心。

再比如，教师要善于“锦上添花”，为学生适当增加链接性阅读，或是操作性练习，在不动手不动笔中让学生轻轻松松深化学习。

我在本书中所列举的绝大多数作业案例都是对这种“加法”的运用。

2. 减

充分做好作业的规划，做好作业的调控，去粗取精，努力削减作业中高耗低效的内容。

教师可以在单期的作业中减少重复的训练内容，达标即可，作业练习中的强化训练也不是指过多的重复，那样反而会消耗学生宝贵的精力，令其生厌。

比如，有个数学教师教百分数，课后留了一道作业题：写出下面的百分数。该题有 10 道小题。其实，只要 4 ～ 5 小题就够了，多写 5 个小题没有任何意义。

语文作业要敢于减轻学生的书写负担。但是，没有一定量的语句，就很难表情达意，所以，语文教师常常规定学生写作文要达到 400 字、500 字。手臂的疲劳经常会让人的精神处于倦怠状态。很多学生不爱写作业，有时候会抱怨：几分钟就可以讲完的话，为什么非要写下来？学生宁愿教师发试卷、做练习卷，也不愿写日记、写片段练笔，教师本能地认为是学生态度不好，是不是呢？就像我在电脑前坐了好几个小时，手指在键盘上一个字一个字地敲击，真的很枯燥，很累。我的很多同事这个时候可能在看电视，或是逛街，他们可能会想，写东西，有什么意思？还是免了吧。成年人尚且如此，何况孩子？因此，首先，我们要尽量减少学生抄题的麻烦。

其次，减少大段叙述。即便是作文，我也不一味追求字数，我只看重学生是否能以恰当的语句和恰当的修辞来表述，只要文通字顺，只要形象生动，能把该讲的意思讲明白，就算是好作文。当然，字数要求作为一种外在的刺激，对于一些依赖教师督促才用功的学生来说还是很管用的，这要另当别论。

最后，还要减少课堂上讲述过或讨论过的话题出现在作业中。学生在课堂上可能讨论得热火朝天，但那是在课堂情境中，换到作业本上，就不是那么回事了。学生的热情随着情境的改变已经过去，再让他们埋着头写，他们很难再有那种热情，除非必要，教师要尽量避免再安排书面描述类的作业。不过，为了不放弃“趁热打铁”的机会，我有个“坏点子”——不写叙事，改让学生写写议论。你想，要议论，不先得简单描述事情吗？要表达观点，不也要说清事由吗？学生很踊跃地写了，你也就可以偷着乐了。

3. 乘

善于通过作业创新、作业研究提高作业训练效率。

比如，教师要善于小题大做，放大小题目的训练意义。2009 年 11 月，我国北方大部分地区突降暴雪，南京也很快像掉进了冰窖一般。天气预报说有大雪。学生没有成年人的那份忧虑，都盼望下雪后能痛快地玩一玩，但是第二天，雪没有在南京上空飘舞，学生好不失望。下午快放学的时候，我给学生安排了一个写随笔的作业，题目叫“没有下起来的大雪”。下不下雪虽然是一件小事，但是教师从中一“挑拨”，就成了学生“恩恩怨怨”的大事了，学生很快在作业本里热议起来，写出来以后又相互交流了一番，心里痛快多了。

还可以把个人问题上升为大家的问题。还是那场没下起来的雪，又让我“挑拨”了一下学生——写一篇小小日记，题目是“雪仗中我最想砸到的三个人”。这可不得了了，你就去慢慢欣赏学生的短文吧，喜怒哀乐，爱恨情仇，只要你能忍住不笑。

再比如，有一次晓明在朗诵比赛中忘了词，不少学生当场笑了，晓明却哭了起来……后来，我给学生布置了一道题目，让他们写写对这件事的看法和感受，题目是“假如我是晓明……”。每个学生都写了自己的体会，进一步思考了待人待己的德行。

教师在课文中偶然注意到的一个词，或许就能成为一个活泼的话题，成为一次有趣的作业。我们学陆游的诗《示儿》时，要求学生背诵并默写这首诗。后来，再读到“死去元知万事空”时，我给学生布置了一道课堂作业，填空：

> 古人对“死”十分避讳，常常会在作品中用“_____、_____、_____”等词语来代替，或是以“____________________”等说法进行喻示。但是，陆游在《示儿》中，开篇就用了一个“死”字，是因为________________，他是想告诉孩子______________________________________。

这样的练习，就将简单的诗句翻译练习放大为对诗人精神境界的理解，还锻炼了学生的表达能力。同时，潜移默化地教育学生读书要善于咬文嚼字，于平常中见精神。

作业的乘法策略，是建立在作业的减法策略基础上的，敢于做减法，才能为乘法赢得宝贵的时间和精力。

4. 除

积极化解作业在总量上对学生造成的压力，调整日常作业运行模式，使学生在有限的空间里能做更多的事情。比如，平时就多带着学生默写词语、背诵片段，并经常回顾，这样，就不必挨到期末考试前进行突击了；将成篇的习作训练转化为平时灵活机动的片段练习，学生就不会一到作文课就唉声叹气了。

能够做除法，取决于教师对作业规模和训练策略的整体把握，没有经验，是没办法做起来的。

再比如，将刻板的同一题目转化为可以自主选择的题型。作文中经常会要求进行人物心理活动的描写训练，所以教师一般要求学生写一件难忘的事情。可是从三年级到六年级，几乎每个学期都会被要求写同题作文，学生就厌烦了。不如做一个除法，让题目本身来个分身术：

（1）那天我可真后悔啊　　（2）那次我可真乐开了花

（3）你别问，我不想告诉别人　　（4）当时你为什么没说像上面这样，文章的习作要求并没有多少改变，但解析后的题目给了学生有效的选材提示和自由的选材空间，学生会觉得有话可写，随手就能写来。

教师还可以让学生变“一枝独秀”为“花团锦簇”。一些实践性较强的题目，比如新闻剪报、资料查找、主题小报等，与其让每个学生自己完成，不如鼓励几个学生合作完成，这样，学生不仅完成得快，收获也更多。

学生不同，作业不同

学生不同，学生的学力水平也不同。一部分学力优秀的学生，可以轻松完成课程的基本要求，知识储备和能力表现都比较显著，有较强的优越感；很多时候，他们虽然有较高的提升自己的要求，基础却不够扎实。而学力基础薄弱的学生，知识能力的基础比较差，往往在反复的被打击中逐渐失去了对学习的兴趣，开始否定自己，自信心不强。

虽然学习内容一样，但是在作业的布置方面对他们的要求还是要有区别的。对学力优秀的学生，给他们布置的作业就要严格要求，让他们全心投入，使其打好基础，鼓励其完成一些具有挑战性的练习，让他们能够提升自己，获得乐趣。而对于学力薄弱的学生，给他们布置的作业更要讲究生动活泼，能够引起他们的兴趣，同时又在他们能力可完成的范围之内。

给学力优秀的学生布置什么作业？

1. 基础性作业

这些学生一般拥有较好的综合能力，但是，很多时候，他们的基础又不够扎实，不太注意细节，“大风浪里前进，小河沟里翻船”，所以，一些基本的课文朗读、抄写、背诵默写、简单计算等，还真的要适量反复，严加批改。这既是帮助他们夯实基础，又可以帮助他们戒骄戒躁。

2. 比较型作业

以单元主题为线索，进行比较型的阅读、分析、讨论，引导学生从不同的角度去观察课文、梳理知识点，在比较和重组中学习，以期融会贯通。

3. 操作型作业

课本中的知识和技能来源于生活。学生学到的知识和技能只有放到实际的运用中验证，才能真正体现其价值；只有在运用中发现得失，才能真正的掌握。所以，要创造机会，启发和带领学生学以致用，学会询问、合作、质疑、探究以及论证。

给学力薄弱的学生布置什么作业？

1. 自主性作业

这种类型的作业包括基本字词句的识记、课文的抄写和背诵等。同时，教师应耐心教给他们必要的学习技巧，例如，教会他们在学习程序的引导下，自主选择和安排一些基础性练习，发挥他们的主观能动性，激励他们积极地对待学习，自觉地完成学习任务。

2. 阅读性作业

他们通常做作业比较吃力，花在作业上的时间比较多，读书也比一般同学要少，学识相对较浅。教师可以给他们留一些阅读性的任务，既能让他们增长见识，又能收服其散心。学生在看似漫游般的阅读中，感受着书籍中的形象和语言，没有烦琐的写字写句训练，他们在书籍潜移默化的影响下也会得到提高。

3. 竞赛型作业

这种类型的作业在读、写、抄、算、背等方面都可以有所体现，以竞赛的方式可以直接激发其斗志，并能及时得到反馈。比如，课堂写作文时进行计时，比比看在一节课内谁先写完作文草稿。这时候，他们虽然字写得不好看，但常常会写得比那些所谓的“好学生”快很多；还有，在完成自主学习作业的抄词和抄段时，他们抄写的词、段往往会比一般学生多很多。这时，他们得到表扬的机会就会更多，小小的成就感也会激励他们逐步培养起对学习的兴趣，让他们慢慢地爱上学习。

4. 主题式作业

教师还可以选择与课文学习内容相关的、学生喜闻乐见的主题、课本剧、小调查等，组织他们以小小学习小组的方式，围绕一个主题，分工合作，各尽所能，充分展示其水平。同伴的相互促进也会起到良好的激励作用。

其实，针对不同学生布置不同作业是教师比较熟悉的一种方法，即“抓两头，带中间”，只不过我把这种方法具体化、策略化了。运用这种谋求整体推进的方法，教师还是比较辛苦的，要足够精明地去调动学力充裕的学生学得更棒，还要有足够的耐心帮助后进生赶上队伍。只要坚持不懈地做下去就会发现，需要你投入的维持性的劳动会越来越少，教学越来越轻松，而收获的学生进步所带来的乐趣会越来越多。

我喜欢“自助餐作业”

又到期末复习了，各科练习卷在学生手中轮换着，学生的心也随之浮躁起来。看着他们懒懒翻书的样子，我陷入了深思。

下午放学的时间到了，我走进教室问学生：“今天你们想让老师布置什么作业呀？”

“不——知——道。”学生还是那副懒懒的样子。

我微笑着看着学生：“老师有个提议，我们来改变一下作业如何？”

顿时，几个学生眼睛亮了：“好！”

“我们同意。”又有学生回应了。

“那怎么改呀，说说看。”我趁热打铁地问。

学生七嘴八舌地议论开了：“老师，我们可以分类布置作业。”头脑灵活的小伟先开了腔。

“老师，作业也可以用过关法，每次作业全对，就可以得到你发给我们的达标章。”

“老师，下个星期，级部不是要进行应用能力测试吗？现在你可以让我们自己选应用题做呀。”平时很有主意的阳阳的一番话得到了大家的赞同。

“好，我同意。”

“对，好主意。”

“这样我们就可以自己选题做了。”学生兴致很高。

我说：“这个想法挺不错，根据个人口味，自由选择。”

“老师，这就像吃自助餐。”

“那就叫自助餐作业吧。”

学生都笑了。

“那自己选作业，你们会选吗？”我有些不放心地问。

“会呀，选自己平时总出错的题。”

“选不同类型的题。”

“那好吧，同学们，今天的家庭作业就是选出 10 道适合你自己口味的应用题做出来。”我的话一说完，伴着放学的铃声，教室里沸腾了……

第二天，41 份“自助餐”作业一份不少地交上来了。我认真地批改着学生的作业，脑海里想象着学生昨晚一页页地翻书寻找“自助餐”的情景。基础较差的小琦选做了基础题，做得很认真；学习优秀但有些马虎的小铭选了相遇问题中特殊的速度差应用题；聪明的安安选做了“计划与实际”应用题中的典型题……这一份份作业饱含着学生的真诚，效果比预想的还要好。

我在心里暗暗高兴，学生的学习态度正由“被动接受”转为“主动探究”，在数学学习中获得成功的体验。而我，正在和学生一起成长、体验。

后来，我们又在课堂上进行了作业的展示和交流，大家可开心了。欣赏、复习和巩固三不误，真好。

回到办公室，我和几位同事说起这件事，他们觉得这种做法不错，也打算尝试一下。是的，换换方式，其实孩子们很喜欢。

（山东威海市南山小学　孙华丽）

做好教材上的课后练习

教材是我们向学生传授知识的重要媒介。吃透教材、把握教材和用好教材，是教师设计和布置作业的重要前提。老师们虽然捧着教材摸爬滚打了几年或几十年，但真正潜心研读教材的人并不多。所以，尽管课程和教材一再改革，课堂教学和作业练习的高耗和低效仍然是悬而未决的难题。

教材上的题目一般看起来很简单。很多教师不重视对这些题目的指导，有的教师认为这些题目反正在将来的考试中不会再出现，不必细究；有的教师觉得这些题目过于单调，比起考卷上的题型显得过于单薄。有些教师喜欢在教材以外找作业题，拼命地搞拓展题、提高题，导致学生该学的东西没学完，印的一大堆卷子也没做完，考试依然得不到好成绩。

那么，课本上的题目是不是就这么没意思呢？如果教师这么认为，就说明教师没有看懂教材，也没看懂自己。

1. 教材上的课后练习是有序列的，包含了基本训练的层级和要点

教师需要统观各册教材，不能如流水线上的机械手只应付眼前。教材结合不同年段学生的身心发育和发展特点，制订了详尽的学习和教学序列，在每册书的每个单元都安排了典型课文和相应的训练点及层级要求。教师如果能认真、审慎地对待教材，自然能够发现教材练习编排的特点。这些恰是教师合理安排作业练习的基本依据和内容保障。

看懂教材上的题目，可以明确本课讲授的知识点，分清重点和难点，对于给学生练什么、练多少，才能做到心中有数。让学生做好教材上的练习，而不要盲目把学生推到题海中去，学生做适合他们的作业，才不会觉得老师布置的作业是个无底洞。

2. 教材上的课后练习是有范型的，可以教会教师一般的训练方法

课程的实施虽有一定之规，但具体到教师和学生这样鲜活的生命个体上，必然千变万化，千差万别。如何在保证基本的教学质量的同时，又鼓励和激发师生教与学的创新，这也是很重要的内容。教材上的题目，每课虽然少，但通观全册或是更多内容就会发现，教材为教师提供了许多鲜活的作业内容和形式方面的范型，既让教师有所依据，又给教师以启发。为什么布置这些题？为什么只有一题？与通常的作业形式的差别是什么？这样的设计要训练什么？怎样批改？这些都值得教师琢磨。普通教师单是着力研究教材，便可等同于获得许多资深教师的悉心示范，并照葫芦画瓢学会许多新鲜的练习样式以及命题的基本策略。

教师如果有这样的认识，直接的受益者就是学生。学生只要用心做好课后的练习，就能得到较好的训练，只要做得扎实，完全没有必要再做那些大同小异的重复性习题。

所以，教师要立足于教材，带领学生扎实、巧妙地用好、做好教材上的题目，然后再谋求更广阔的训练空间，如此才能有效杜绝繁冗复杂的作业，让学生做得少而精，做得愉快，喜欢上作业。

怎样用好配套练习册？

练习册（也叫“补充习题”“配套练习”等）的使用，帮了教师的大忙——让教师从繁重的作业题设计和烦琐的作业题布置（很费事地将作业题抄写在小黑板上）中解放出来，更让学生从枯燥的作业题抄写中解放出来。

不过，在实际的使用上，教师和学生都会遇到很多麻烦。

（1）练习册中的训练内容基本上是由一些富于教学经验的教师和教学专家编制的，训练形式和知识要点的统一性，对教师指导学生巩固迁移所学、学生及时巩固课堂所学起到了很好的辅助作用，对保证大多数学生得到基本水平和主要形式的练习起到了很好的服务作用。但是，对于每位教师各自所带的班级学生来说，针对性就不明显了。有的题目难度过高，或是题目形式过于活泼，都会让教师和学生有很多的不适应。在实际使用中，很多教师都反映，练习册题目偏难，不少题目教师自己做都要想半天，还有一些是教师一下子也做不出来的。这样一来，教师是带着自己的学生去投靠它，还是把它放在一边，自己布置作业另立山头？左右为难。

（2）练习册中的很多题目具有较强的灵活性，能够很好地启发和调动学生思考，但是也有不少题目过于刻板，必须查阅过教学参考书中的相关叙述才能准确做出来。这逼着教师上课前就必须对照练习册翻看教学参考书，课堂上必须把相关练习讲过、讲到，然后才能布置作业。这原本是件好事，反映了编写者试图改变现在课堂和作业严重分家的局面，以练习来引领教师将课堂学习做得实实在在。但是，不少教师为了应付学校对作业批改的检查，把正常上课变成了为做题而讲的课，甚至干脆是练习课，一节课只是让学生做做题，对对答案，结果课堂毫无活力，学生不喜欢上课。一些学生摸到了规律，上课也不用听，跑到教材书店也买一本教学参考书或“课课通”，回家照着抄，第二天还能得“优”，实际上是什么也没有记住、弄会。所以，很多教师反而不喜欢让学生用练习册。

（3）练习册上的题目都是统一难度和格式的，答案的位置都是相同的，勾勾画画批改起来比较顺手。但是它用一把尺子衡量，这让后进生更难堪，难一点的题，他们没有办法自己解决。教师讲评和订正起来变得更加烦琐，必须投入更多时间和精力来帮助他们。这样就会浪费大量的时间，而有的学生为了省事而抄袭，不断地做无用功。

提到练习册，用到练习册，多数教师就莫名地有火气上来，学生也厌烦做练习册。

静下心来看，练习册和其他作业一样，都是教师教学和学生学习的辅助手段。只要正确理解，做好规划，完善批改，就能发挥其积极作用，让师生都喜爱。

1. 做好规划，让学生有选择地做

教师在布置作业前，要认真分析练习册中的题目，甚至可以自己先试着做一做，然后对每课安排的题目做一个拣选。选用适合本班学生学习特点的题布置给学生；或将一些题目作为不同难度或训练重点的可选题目，让班上不同的学生选做，从教师教学实际出发，对于那些训练价值不大的题要舍得放弃，不全搬全做。

2. 课堂渗透，讲读到位，不让学生错过课堂学习

练习册中的题目，有不少出题巧妙，将它们放在课后做，训练价值就被冲淡了。所以，不妨在课堂上让学生一块儿做，以提高练习的效率。这就要求教师在备课的时候，先认真分析练习册中的题目，看它们能否和课堂学习有机地结合起来，尽可能让练习的内容成为课堂学习的生长点，还可以适当让后进生当课堂的主角。这样既能让课堂变得生动有趣，又于无形之中对学生进行了听说读写的综合训练，课堂教学变得更丰富，学生写起作业来也会感觉更轻松。

3. 补充练习，让作业更活泼

教师要学会见缝插针，根据自己班级学生的学习特点和学习进度，适当布置一些基础性较强但又形式活泼的题目，并允许学生自主安排，成为练习册作业的有效补充。作业丰富了，学生就会喜欢了。

作业题目的表述要有指向性

所谓“指向性”，简而言之就是，教师设计的作业题要能让学生看了就能明确自己将做什么以及怎样做。

我们通常都会训练学生学会审题，所以，一般情况下，学生能够根据作业题目表述的要求顺利完成作业。但是，也经常会有学生对某些题目束手无策，或是答题混乱，这是什么原因造成的呢？

下面来看一个例子。苏教版《语文》六年级下册《补充习题》第21课《莫泊桑拜师》中有这样一道阅读题：

阅读课文中福楼拜说的三段话，完成练习。

（1）这三段话讲的都是怎样观察，第一段话讲要写好文章首先要勤奋观察，第二段话侧重讲____________，第三段话侧重讲____________。

（2）用“____”画出第二段话中的反问句。这段话全部用问句来表达，这样写的好处是什么呢？

____

（3）福楼拜是一位怎样的老师？

____

上面的三道题，出题教师别具巧思，题（1）练习“概括能力”，题（2）练习“品鉴能力”，题（3）练习“归纳能力”，三道题目所呈现的能力训练要求层次非常明晰。

题（2）显得有些难度，原因在于“这样写的好处是什么”比较难回答。教师是要学生回答什么？是就问话方式回答，还是针对表现人物（福楼拜）的作用回答，还是两者都要讲到？题（3）比较含糊一些，学生回答起来也不容易，好在此题给了学生一定的表达空间，言之有理即可。

所以，设计具体作业题目的表述方式或呈现格式（以下简称“题型”）时，一定要考虑其对学生完成作业所需要的思维的指向性。这里说的“指向性”主要包括以下几个方面：

（1）题目表述的操作性。题目应该是具体的、明确的，而不是笼统的。学生审题后，能够比较清楚地理解教师的练习要求，明白从哪里或以什么方式获得答案。不要让学生看了不知所措，或是容易产生歧义，做题时乱答一气。

（2）题目表述的启发性。要在题目中设置较为明确和具体的提示，激发学生抓住主要问题开动脑筋，并按照正确的思维方向思考问题、解决问题。

（3）题目意趣的深刻性。作业题目要有一定的思维深度。过于浅显的作业引不起学生的兴趣，不能激发学生进行有深度的思维训练；艰涩深奥的题目又会让学生云里雾里，也难以培养学生思维的力度。作业题目要从学生“已知”与“未知”的结合点上设计，把握年段目标，设计由浅入深、由易到难的作业练习。

当然，出题时想面面俱到也不可能，我们只要尽量考虑了就好。

“金蝉脱壳”

我曾经给五年级的学生出过这样一道读写结合的练习题（相关课文是苏教版《语文》五年级上册《金蝉脱壳》），不妨来看看。

默读下面一段话，想象并填写出当时的对话情景。（14分）

我最爱捉蝉。有一天，我无意中捡到了几个透明发亮的壳。叔叔们说，那是蝉虫脱的壳。夜幕降临，蝉虫就从土里钻出来，偷偷地爬到树干上，脱掉它身上的旧衣，换上华丽的新装。

填空：

有一天，我无意中捡到了几个透明发亮的壳。________________？

于是，我就________________________________。

叔叔们说：“________________________________。”

我______地说：“________________________________？”

一个叔叔神秘地说：“________________________________

________________________________。”

我听了，心想：这是多么神奇有趣的事啊！我________________。

这道题，需要学生仔细阅读片段，并充分想象当时的对话情景。光想象出来还不够，还需要学生能够有条理地将想象的内容写下来。这个过程还是比较复杂的。如果出题没有一定的指向性，比如，题型写成“阅读片段并想象情景，然后用对话的方式写下来”，就比较为难学生了，练习效果也不会很好。而像上面这样设置题型，学生在想象的范围和语句的选择上都会专注一些。最值得一提的是，学生根据提示，还能联想到自己对一些新鲜事物好奇时的情态，对完成这道题也很有帮助。

“我的2009”

年末回首，畅想新年，是很多教师会用来布置语文综合作业的时机。如果五年级的语文教师借此机会要布置一道题目为“我的2009”的习作作业，会以怎样的题型出示给学生呢？

（1）同学们，新年就要来到了，回顾即将过去的这一年，一定有很多值得我们回忆的事情，请以“我的2009”为题，写一篇作文。

（2）盘点2009，都有哪些喜怒哀乐的事让你记忆犹新？拿起你的笔，选几件写下来，然后我们一起分享。

（3）新年感怀——我的2009。根据以下的主题（也可以自己创建别的主题），盘点一年来的生活，每项列出3～5条记忆犹新的事情。然后再想想，我的2009年过得快乐吗？

［我的快乐］［我的遗憾］［我的感悟］……

在进行上述三种作业题型的指向性比较之前，有必要先弄清此次习作的目标，这是比较的标准。一般来说，以“我的2009”为主题，训练重点是放在了素材选择上。那么，怎样让学生一看题目，就能进行我们需要的训练呢？对于题型（1），学生虽然能够明白要回顾，但是并不明确要写什么，拿到题目就会很茫然。题型（2）中的“喜怒哀乐”是一个很好的提示，学生稍微有了选材的方向感。题型（3）对学生是比较关照的，不仅给学生以素材提示，而且协助学生梳理脑海中一下子涌出来的记忆，对文章的布局也有了基本提示。

我用的是题型（3）。在后来学生交上来的作文中，看到他们精彩纷呈的“2009”，也为我这个教师的“2009”又画上了浓墨重彩的一笔！

一年级小学生课后不做作业做什么？

有教学就必然有作业。国家和各地教育主管部门从关注孩子身心健康和积极推进课程改革的角度出发，要求各级各类学校贯彻课程标准的要求，切实减轻学生的课业负担。很多地方以行政命令或条例规章等方式，要求学校对低年级学生课后不布置书面作业，其他年级学生的家庭作业也有时间上的控制规定。

虽然这个政策暂时解放了学生，很多学校和教师却陷入了慌乱——不写作业，学的东西怎么巩固啊？特别是任教低年级的教师更是茫然，那么多的拼音字母和音节要会默写，那么多的生字要会读会写，课文还要求朗读和背诵，光靠在学校课堂那点时间，哪里够啊？这些必要的巩固练习，课后不准做，那什么时候做？如果课后不做这些作业，课后做什么？

很多学校和教师或许没有很好地理解这个政策的真正用意。

（1）减少或减免低年级阶段学生的课后作业，遵从了低年段儿童身心发展的基本规律，将学生从单纯、枯燥的书面作业中解放出来，放开孩子们的手脚，让他们能够自由地参与到以活动为主的游戏、社会实践中去，在动手动脚的过程中，增强身体机能，发展肌体活动能力，培养活动、交往与合作等实践能力。

（2）促使教师认真反思过去的课堂教学，努力完善教学行为，减少不必要的教学环节，节约更多的时间和精力，加强基础知识和基本技能的教学，摒弃以前指望课后慢慢消化、课后反复强化等散漫的教学方式，不断提高课堂教学效率。

（3）优化课后作业模式，减少纯粹以抄抄写写为主要手段的作业方式，积极调动学生的多种感官参与实践性学习。

所以，不应该茫然，而应该积极行动起来。

低年级的学生处于语言快速发展的准备时期，这时，教师最重要的任务是呵护他们对语文学习的热情和让他们养成爱读书、爱表达的好习惯。关于态度、兴趣、动手动口的练习可以多一些，而固定格式的动笔作业则不宜多，每天作业量不宜大，作业的内容和形式也要丰富多彩一些。也就是说，在数量上，不要硬性苛求，要让他们觉得有意思，愿意做。比如，常规要求的识字写字作业格式单一、繁杂，学生都觉得头疼。那么，你可以放一点小小的权利给学生——让他们选择其中难记易错的生字写一写，那些一看就会的就不必要求他们抄写了。再比如，在简单地做做近义词、反义词的基础上，让学生自己选一两个词语写写句子，长短不限，句子完整就可以。

还有个好办法，可以让一年级学生的作业日臻完善——抽空经常在班上做些小的展评，这既是对那些优秀作业的肯定，也给了那些毛手毛脚的小家伙们学习、模仿的机会。下面我就以低年段两个典型的教学实例来说一下。

比如，掌握拼音音节的任务在何处落实？识字的重任怎样完成？

我想，至少有两条路可走：一是课堂强化，二是课后活化。

所谓“课堂强化”，就是努力提高课堂40分钟的教学效率，力求使学生课内掌握，基本达标。通过灵活有趣的教学及科学的训练方法，让学生做好课内的练习和作业，使其扎扎实实学习、巩固基本知识和基本技能。

比如生字的掌握问题。很多教师会花很长时间讲读课文，花很长时间进行听说读写的综合训练，虽然我们感觉课上得很活泼，学生也参与得很活跃，但是如果堂堂课都这么上，不知道要浪费多少宝贵时间。要知道，现在的学生，在课外耳濡目染获得的知识已经很多，很多学生进小学之前就已经学过画画、唱歌、书法、轮滑、围棋、钢琴等，我们不能再一味地用像哄婴儿一样的态度教学，不要事无巨细，更不要条分缕析。低年级的课文是给学生一道彩虹，教师不用非告诉他那是太阳穿透密密的水滴，学生只要知道故事很美好，知道小鸟会唱歌，知道说谎以后鼻子会变长，就可以了。然后，教师可以多花一点时间教他们认字和写字，会写，写端正，写好看。对于学习拼音字母以及音节，也是一样的道理。

当然，越是强化训练，就越要讲求方法，尽量让练习过程生动、有趣和高效。比如，识记一个生字，可以采取认一认、口诀记、写一写、抄一抄、组个词、扩扩词、造句子、赛一赛、找一找、填一填、辨一辨等形式，另外，还可以运用以旧带新、学新忆旧、生字开花、打开族谱等方法辅助学生学习。你看，一个生字或一组生字，仅在课堂上就可以用不同的方式在不同的语境中被重复运用好多次，学生也就基本学会了，而且在下一次的课上会被复习到，所以，课后不安排书面作业也是可行的。

再如，很久以来，一年级的教师都为学生不能很好地掌握拼音和音节的拼写而苦恼。课堂上讲得口干舌燥，学生似懂非懂，第二天认读和默写还是一塌糊涂。有不少教师就干脆复印很多音节表，要求家长在课后逼着学生背诵、抄写、默写，最后搞得家长也怨声载道。

其实，教师只要肯动动脑筋，办法就在眼皮底下。我们教学生学字学词的时候都经常会用到一个方法：“字不离词，词不离句”，其实就是充分认识到了语境对词语理解的影响。把词语和具体的句子（也就是典型化的语境描述）结合在一起理解，识记的效率会大为提高。那么，想想看，学拼音、音节是干什么用的？不就是为了给说（或写）出来的句子中的那个字进行读音标注吗？它不就可以看作那个字吗？既然音节和字是一体的不同变身，我们就有办法看穿它。靠什么？简单，字典。我们可以将拼音学习和字典识字结合起来，让学生指着学会的音节，在字典里翻看，指读生字家族，找找“脸熟”的“生字朋友”；对于学生认识的字，则可以让他们试着写出音节，再翻翻字典，查查拼音，找到后对一对，再写写、读读。这样，学生既是在学习拼音，学习普通话，又是在悄悄地学习生字，而且二者相辅相成，一举两得。所以，只要找到了训练的接合点，这种问题就有办法解决了。

另外，教师在具体教学时还有一个重要任务，就是努力指导学生将知识与技能等学习要素充分理解与运用，使之“意义化”，有用，能用，好用！

所谓“课后活化”，就是放手鼓励学生关注和参与生活，在活动中消化和延展课堂所学，并获得新意。

看——教师可以向学生推荐一些浅显易懂、生动活泼的注音读物（我并不赞成注音认读，因为汉字本身是很具生长力的文字，好认好记），如童话故事、绘本读物、浅显的儿童杂志等，以及一些适合孩子观赏的、画面和故事情节都比较有意思的经典电影作品。这就要求教师平时要做有心人，善于向同行及一些有想法的家长讨教。

听——教师可以请家长来当一个朗读者，在课外讲故事给孩子听。给孩子朗读故事对于儿童的语言启蒙是十分重要的。

说——一方面，教师可以教学生把课文编成故事讲给爸妈听；另一方面，教师还可以鼓励学生在课下搜集故事或是自己编故事，到学校后讲给同学和老师听。

读——这个要求和看的要求很相似，但是更强调语言的规范和优美。教师可以为学生推荐一些古今中外经典的文章、获奖的儿童文学作品，或是一些优美的诗歌，让学生有感情地诵读。当然，教师要先保证学生可以有感情地朗读课文。还可以将课文的朗读录音分发给学生，让他们自己听，模仿着朗读。

记——教师可以要求学生在朗读课文时，随时在课文旁边记下感想或是疑问，随时请教老师或同学。让学生准备一个漂亮的小本子，每天写一两句话，记录自己的生活见闻和感受，请学生的家长也坚持经常翻阅并点评。小班化教学的教师，还可以经常把小本子收上来看看，写写点评，分享学生的喜怒哀乐。

演——布置任务，让学生把课文里的对话表演给伙伴或家长看，或是将课文改编成儿童剧（不必写出剧本），在小组里演一演。教师可以给学生找一些妙趣横生的儿童剧剧本，让他们自己读、自己演，教师只要当一个最热心的听众、观众就好。

可能有教师会问，为什么不建议学生到社区或是其他地方进行实践性的活动呢？这是因为，当前我们的社区资源还不够丰富，学生可以安全、自由、健康活动的地方太少，热心于公益助学的机构、人员也较少，学生能够活动的范围不大。还有，当前双职工家庭比较多，能够抽出时间陪伴孩子的家长较少，所以，更建议多组织学生进行伙伴间互动的游戏、玩乐。

【精彩实例篇】

前面，我们对作业布置涉及的一般性问题做了简单介绍，多为理性分析和概念描述，不一定能给教师带来比较直观的认识和感受。下面，我将分别从小学阶段比较典型的字词句练习、课文内容巩固、阅读练习、作文训练、口语交际练习、古诗词拓展、主题性作业、日记练习、课文预习以及课外读书等方面，以具体的实例来谈谈教师在作业布置方面的思路与技巧，希望能够给广大教师以切实的启发。

识字

学生不喜欢写字怎么办?

对于一二年级的小学生来说，生字和新词的掌握尤为关键。需要抄写强记的作业较多，学生小小的年纪经不起这般约束，不免反感写字和做作业。学生不喜欢抄词、造句，还会影响到其今后的写日记或作文。一般来说，学生怕动手写字，通常是对书面表达的畏惧。

在我的班里就有这样一个学生，一年级时就嫌写字枯燥而反感写字。到了三年级，她不烦数学作业，不烦英语作业，就烦语文作业，怎么都不肯做。我刚接班时不了解，有一次下午临放学时留下她补写语文作业。没想到她又哭又闹，我教了这么多年书，还是第一次碰到这样的学生。

孩子为什么会不喜欢写字呢？按理说，孩子应该是对任何活动都充满好奇的，好多孩子都为又认识了新字而自豪。

其实，喜欢某种事物，首先要对这种事物好奇和感兴趣才行。方块汉字如果仅仅作为一种符号对小孩子能有什么吸引力呢？

我们一定还记得：孩子开始说出第一个字的时候，或是歪歪扭扭地画出第一个字的时候，是多么开心，那是因为他们发现了这个汉字在生活中的意义，比如，日、口、人、南京、超市等。而教师告诉孩子每天要把当日学到的汉字抄写许多遍——他不是学到了这个汉字，不是领会到了这个汉字的意义和情趣，而是领到了又一份加班通知，久而久之，孩子当然就没有兴趣了。

不如这样：开始教生字的时候就和学生一起聊聊这个字的来历，或者说说这个字在生活中的用法，然后再由学生决定抄写几遍，会了就行。比如“哭”字，可以这么说：“你看，‘哭’这个字，就像一个人，真伤心啊，把小手伸出来擦眼泪，眼睛揉得红红的，眼泪都流到了手上。来，写一个‘哭’

字看像不像。你看见过哪个小朋友这样伤心地哭过？是为什么事这么伤心呢？你也这样哭过吗？……”再比如“步”字，这个字的字形很难记准确，可以启发学生说：“步，就是前后两个脚印（象形字，画示意图给学生看），两个脚印之间就是一步。你走一步看看。我也走一步，为什么我们俩的步子不一样长呢？我走一步，你要走几步呢？你能想象着把小鸟的一步画出来吗？并写上‘小鸟的 jiǎo 步’……”

这样，每个生字里面都有一个故事，每个生字都能串起一个小小的活动，多有意思啊！学生就不会不喜欢写字了。当然，开始的时候，教师要有耐心，要善于动脑筋。不用多长时间，学生自己就会习惯于这种思维方式，也就不会把认字、写字当成差事了。当生活成为教材，作业就成了一项好玩的活动。

一课一词

在低年级阶段的课文学习中，生字词的认、读、写等基础任务比较重，也非常枯燥，大多数孩子不喜欢。怎样才能让学生既识字又识事、愉快而充实地学习呢？这就需要引导学生关注词语概念和生活中具体事物的密切联系，所谓“字不离词，词不离句”。这里说的“词”“句”不是简单的抄写、默写，而是使用词语进行说话和交际。

我们设计了一种典型化、主题性的识字练习策略，叫作“一课一词”，让识字练习更加集约化。具体来说，就是在一次课文学习时，选取课文中最具生活形象和趣味的词语，紧扣它的内涵和外延进行话题说话训练，将这个词语的学习效能放大。

例如，教学“人、口、手、足”，我们可以选“手”作为典型字（词），与学生一起完成话题练习：

> 不同的手：我的手，你的手，他的手；爸爸妈妈的手，老师的手，爷爷奶奶的手……咦，我们的手为什么不一样？

再如，教学“虫、贝、鱼、鸟”，做这样的“一课一词”：

不同的虫：不同样子的虫；不同颜色的虫；让人喜欢的虫，让人讨厌的虫，让人害怕的虫……

“一课一词”通常放在课堂进行，也可以让孩子回家先观察和说话，第二天再在课堂上说写：在课堂上边说句子边书写有关的字词，巩固字音字形。这样积少成多，每天一个词，一个学期就可以说写许许多多的词汇和句子。

词句

遣词造句学问多

造句练习，就是教会学生在恰当的语境中运用相应的词语。一般的形式为给一个词语，让学生说、写一句话，在句子中运用这个词语。通常，教师只要看到该词语被用到了句子中，而且语句通顺，就算通过了。

但是，教师可能忽略了一个很有价值的训练，那就是，以该词语为纽带，用造句的机会训练学生描述典型生活现象的能力。我们可以用这些学生新学到的词语（或是已经很熟悉的词语），不断提示学生留心生活，经常观察和思考生活，点拨学生不断发现生活的意趣。

学生的生活是丰富多彩的，但是学生往往并不领情，他们依然会觉得枯燥、厌烦。这不是他们的错，主要原因还在于我们成年人，因为我们很少会身体力行地教会孩子如何发现生活中的种种乐趣，更很少引领孩子将生活中的点滴体会、经验、教训表达出来与别人分享，并以此获得新的愉悦和成就感……教师的职责，该是利用好可能的机会和载体，给予学生自由表达方面的熏陶和指导。造句练习就是一种最简单实用的方法，用最普通的词语串联起多彩的生活。

这样，小小的造句练习就会成为微型的习作训练：词语让学生联想起（或是想象到）生活中的某个情境，再用一句或两三句话对这个典型的情境做具体通顺的描述。词语和典型生活情境的比照（头脑中相关表象的搜索和比对）和对接（相关表象的提取和整合），正是我们习作训练的主要模式。

从形式上来看，教师可以按学生低中高不同年段准备一个序列的造句练习，并经常性地进行训练。

例如：单词造句→双词造句→多词造句。

或是：选词造句→填词造句→词造为段。

从内容上来看，造句已经体现出简单习作能力训练的特征，随着低中高年段的递进，造句练习更体现着层次性和发展性的变化。

低年级阶段，造句要求句子完整，主谓清楚，能描述自己或身边的事情。对造句中出现“缺胳膊断腿”的现象要适当指导。

中年级阶段，要在句子完整的基础上，强调事情的缘由，把事情的经过表述清楚。我的做法就是告诉学生——“现在，造句只写一行的，就算错啦！”

高年级阶段，要更进一步地要求学生能够描绘具体情境，给人以现场感。高一点的要求，还建议学生表达情感体验或是有关思考。同样的，我一般会告诉学生——“高年级学生的造句才写两行，真是水平有限哦！”

举一个例子，造句：这到底是怎么回事呢——

班上（五年级）有个学生是这样写的：

> 这到底是怎么回事呢——我们垂头丧气地回到班上，一个个无精打采，这到底是怎么回事呢？

按五年级的要求来看，这个句子就没有很好地完成。这是一个很容易找到生活场景的句子，也很容易写具体。但是在这个句子中，时间、人物都没有写清楚。这不够具体的句子还反映了造句人敷衍的心理，他可能比较聪明，能迅速应对，但做不精彩——真的，生活中的他还真是这样的个性。批改之后我把他找来，给他指出了问题所在，期望他能注意，包括做事也要踏踏实实。

当然，以上按阶段划分的方法并不是固定的，应该是个动态的、循环的过程，特别是对班级里的后进生，更要注意适当的调节。

实现这样的序列训练，不会是一帆风顺的，学生没有这种自觉性，需要教师在不同时期、不同年段有意识地进行提示，最好是以生动的作业形式进行调节。

（1）经常以课文中典型的句子或语段为范例，进行迁移性练习。教师要善于发现课文中的语言训练点，特别是一些常用的词语，它们本身很通俗、浅显，但是它们所提供的训练机会很难得。例如：

朗读下面的句子，然后用带点的词语造句。

①眼看太阳渐渐下山，飞鸟归林，师徒俩不免焦急起来。

眼看……不免……——____________________________

②李时珍轻轻推开门，只见里面到处是灰尘，断垣残壁上长满了青苔，中间的神像蒙上了厚厚的蜘蛛网。

只见——____________________________________

当然，这里还有个出题技巧的问题。上面例子中的第一题，我本可以直接用“焦急”这个词来让学生造句，他们一样可以写出许多有关“焦急”的事情，还会说出不少体现“焦急”的场景。但是，我发现，如果用“眼看……不免……”让学生造句，学生不仅可以写出以“焦急”为内容的事例，还可以写出诸如以“惭愧”“开心”“骄傲”“伤心”“兴奋”等为内容的更多事例来。这不是更有训练价值吗?

而上面例子中的第二题，文中那段句子还暗含了一个“全景＋特写”的写作技巧，是指导学生进行场景描写的优秀范例。学生如果只写了“只见”什么，我会提示学生，这是怎样的景象呢?例句中可是写了“到处”“断垣残壁”“神像”等不同的地方，你的句子中能不能也写几处来表现呢?以此为例，教会学生观察（以及描写）的顺序性和全面性。教师可以用手势比画来让学生理解和学习这个写法。先伸出手臂在身体前面画一个圈，表示整体看到的情景。然后把手摊向一边，说两边事物的样子。再指着眼前一物说跟前这个事物的形态。这样，就教给学生一个场景观察的行动模型，写起作文来，自然就能写通顺、写具体了。

（2）用来自课文句子中的一些典型的短语所携带的情境意象来激活学生的记忆，引导学生的表达。例如：

再也忍不住了——今天我不小心犯了个小错误，正巧被妈妈抓到了，她就狠狠地批评了我一顿。我一开始默不作声，妈妈却说个没完，我再也忍不住了，向妈妈发出了抗议。

（我的批语："我小时候被爸爸责骂的时候，都不敢哭呢，555！"）

慷慨激昂地说——看着爸爸在台上发言的照片，可以想象出来，爸爸当时一定是在慷慨激昂地说着自己的观点。

（我的批语："爸爸当时一定很帅！"）

埋藏在心底——李老师对我们一向很严格，我们有一小点做得不对，李老师便会严厉地要求我们改正缺点。虽然她是好心，但我还是希望她能对我们稍微放松一点，但是谁也不敢提出来，就只能把这个愿望埋藏在心底。

（我的批语："写给我看了，不就分担一些了吗？"学生回复："没什么，谢谢！"）

像上面这些从课文语句中撷取的短语虽然简单，但它们不是被孤立抽取（如写"忍不住""慷慨激昂""埋藏"等）以至从原来的语境中完全剥离的，所以依然可以为学生呈现一个话语情景，能够自然地开启学生头脑中丰富但沉睡着的表象资源，让学生迅速围绕相似语境的主题进行重组，形成属于自己的语言材料，这样写出来句子就很容易了。这其实也是作文训练的雏形，所以，我很重视这样的练习，积少成多，聚沙成塔，造句练习可以为将来的作文练习打下坚实的基础。

（3）造句内容力求新鲜活泼，应反映师生当前的学习和生活，表达的话题和趣味越新鲜、越真切越好。教师也可以补充一些刻画典型场景的词语，引导学生表达。

例如，用"念叨"造句。

原题：念叨——

我的出题：念叨着——

念叨着——有一次，因为轩轩同学上课表现好，所以，李老师给他发了一张表扬卡。我的同桌晓明很不服气，便小声地念叨着："有什么了不起的，不就是一张表扬卡吗？"

（批改的时候，我还点评了一句："呵呵，妒忌啦！"）

为什么要加一个"着"字呢？因为所有的词语都不是单独存在的，它们都是从具体的社会生活情景中被抽象成符号的。加一个"着"字，就初步还原了"念叨"这个词语的具体动作形态，帮助学生联想具体的生活场景，这样写出来的句子，就有了真切的生活内容。另外，如果不加"着"字，学生还很有可能将"念叨"作为名词来用，出现在句子的末尾。

再如，造句：含着泪水说——

流泪是生活中常见的情感宣泄方式。对于小学生来说，不同的年龄，不同的时间，不同的地点，流泪的原因各有不同。拣选这样的词语让学生造句，就是要给学生一次选材表达的机会。

有的学生还会以此展开想象，编故事，例如：

含着泪水说——抗战时期，一支八路军队伍在同日军交战时，退到一个村子里。村子里的人看到他们很饿，便给他们送鸡蛋吃，他们坚决不收。老百姓便想了一个办法：把南瓜挖了一个洞，把瓤掏出来，放进煮熟的鸡蛋，再把"南瓜"送给战士们。战士们只好收下了。当战士们把南瓜剖开后，发现里面全是鸡蛋时，都含着泪水说："乡亲们呀，我们一定要把日本鬼子赶出中国！"

（我的批语："军民鱼水情啊！"）

（4）采用趣动式的批改，即教师积极响应学生造句中的事情、观点、情绪，用简单的批语（譬如以上一些例子中我写的批语，在后面的章节中还将具体介绍）和学生进行交流，这样会让学生喜欢上这种三言两语式的书面表达，并乐于和老师、同学分享。

课文

指导学生学会朗读

小学语文学习中的一项很重要的能力训练是朗读。这是训练普通话、培养基本语感以及背诵记忆大量经典文章所必需的一种手段。所以，流利并有感情地朗读，是小学生必须掌握的语文能力，需要教师带领学生扎实、认真地坚持训练。

教师一般喜欢把朗读作为家庭作业布置给学生让他们在课外去做。很多学校的教师很少挤出时间带领学生进行朗读训练，更不会留时间给学生自由地朗读。作为家庭作业，学生回家又很少会真正用心去读，反正老师也没时间一一抽查，能混就混。如此，越是不练，就越是糟糕；越是不像样，就越是没有练习的劲头，不仅学生自己觉得枯燥无味，教师也听得没了信心和心情。

在小学阶段，能够放开声音朗读，读得比较流畅，读得有感情，达到这些基本要求的学生非常少。同时，还有很多中学生、大学生、成年人，根本不能开口朗读，更不要说朗诵了。由此可见，我们语文教师的责任重大，我们要带领学生走的路还很长。

激发学生朗读热情的方法很多，只要坚持，就会有所收获。多教给学生一些朗读技巧，培养学生的听众意识，是提升学生朗读水平的好办法。

学会倾听自己的朗读

我在指导学生朗读时，经常采取个别读、其他学生点评的办法，效果很好。但是，我们很少会启发学生倾听自己的朗读。其实，在朗读的时候，只需要把很少的一部分注意力放在读出词句上，其他富余的注意力可以留意自己朗读时声音和语调的变化，体会吐字是否清晰、语速是否适中、口吻是否合适，以及体会自己用心朗读时情绪的表现效果等。这种体验很重要，尤其是将朗读作为课外作业时，没有了同伴的听读和评价，学生更需要经常训练，增强自己在朗读时的自我倾听能力。

配合这样的训练，还可以使用复读机或录音笔以及手机 APP 等工具进行录制和回放，或是分享在班级群里，同学之间互相倾听和学习，效果也会很好。

用高雅的朗读、朗诵样式来影响学生

除了大喊大叫以外，人们可能会自然地形成一些巧妙的表情达意的说话方式，但是，几乎没有人能自然地掌握较好的说话、朗读、吟诵技巧。这些都需要向别人学习。听录音，看录像，欣赏一场诗文朗诵比赛，都是很好的学习过程。学习的目的很简单，就是我们也能自然而然地像那样说话、读书，品味文字。教师在布置家庭朗读作业时，除了让学生读课文外，还可以让他们搜集朗诵作品，或参与校园文艺节目中朗诵节目的排练，组织一些诗文朗诵会等。

“第二套朗读方法”

这个方法很简单：请学生一手拿着书，另一只手自然摆放，眼睛自然地看着老师或同学。读课文时，目光快速扫视要读的句子，一句，或一行，然后读出句子。此时，学生要努力让自己将目光离开词句，并将目光投向听众（老师、同学，或是镜子中的自己），眼神和他们的眼神有所触碰。目光移动的速度总比口读的速度快一些，口中的句子快要念完时，很自然地将目光移向课文，扫视后面的句子。

这个方法是不是似曾相识？对了，很多播音员、主持人就是以这种方式朗读的。我把这种朗读方法称为“第二套朗读方法”。这个方法的好处是，首先，可以训练文字进入视线、进入头脑的速度，培养学生快速的文字识别和记忆能力；其次，进一步训练学生理解词句的速度，很适合背诵前的朗读练习；最后，强化学生的听众意识，让学生学会根据现场适度调控语音语调，增强朗读的表现力。

怎样出课文阅读拓展题?

课堂上学习课文，课后要布置巩固作业。教师布置给学生的许多零碎作业，对形成学生的语文能力能起多大作用呢？还有不少教师喜欢把课文丢在一边，让学生在练习册和辅导讲义里忙碌，这未免有点本末倒置了，至少是舍近求远。为什么手头上的课文不用好呢？

学习《林冲棒打洪教头》（苏教版《语文》五年级上册）一文，课文的结尾是：

洪教头恼恨林冲，又想赢得这锭银子，便用了浑身的功夫，使出个“把火烧天”的招式。林冲把棒一横，还了个“拨草寻蛇”的招式。洪教头跳起来大喊：“来！来！来！”举起棒劈头打来，林冲往后一退。洪教头一棒落空，他一个踉跄，还没有站稳脚跟，就又提起了棒。林冲看他虽然气势汹汹，但脚步已乱，便抡起棒一扫，那棒直扫到他的小腿骨上。洪教头措手不及，“扑”的一声倒在地上，棒也甩出老远。众人见此情景，哈哈大笑起来。

洪教头满面羞惭，灰溜溜地走开了。

我布置的相关家庭作业是：

洪教头走开之后……（提示：后来又发生了什么？想象，并写一段话。）

这是一个续写类型的小练笔。看看我班港升同学写的：

洪教头满面羞惭，忍着痛，灰溜溜地走开了。他边走边想：“这回可亏大了，没想到林冲这臭小子这般厉害，唉——”

再说那林冲，也算是可怜，木枷才开了一会儿又合起来了。柴进把那二十五两重的大银递给林冲。林冲推辞说：“我一个犯人，身上怎能带银两呢？”但柴进坚持要给，林冲不好拒绝，就将那银两分了些给两位差人，然后大家继续喝酒。

林冲在柴进庄上住了几天，每天日子过得倒也清闲。

这天，林冲要上路了，柴进对他说："林兄，沧州离这里不远，有空的话，可以回来坐坐，柴进随时欢迎……"

怎么样，还挺有味道的吧？相比普通的抄抄写写来说，这样的题目更强调对课文的深入阅读和对语言素材的综合运用，是一种比较灵活的实践性练习，有助于学生语文能力的实际提升。

再比如，学习《师恩难忘》（苏教版《语文》五年级上册）一文，课文中有这样一段文字：

那时候的语文叫国语。田老师每讲一课，都要编一个引人入胜的故事。我在田老师那里学习四年，听到上千个故事，这些故事有如春雨点点，滋润着我。

有一年我回家乡去，在村边遇到了老师，他拄着拐杖正在散步。我仍然像四十年前的一年级小学生那样，恭恭敬敬地向他行礼。谈起往事，我深深感谢他在我那幼小的心田里，播下了文学的种子。

十年树木，百年树人。老师的教诲之恩，我终生难忘！

学完这节课，我给学生布置了以下的作业：

（1）写一则小剧本：村头，师生相遇。（提示：阅读课文，想象文中的人物形象，然后想象几十年后师生村头相遇的情景，并以独幕剧的方式表现出来，写好后和同伴演一演。）

（2）写一则小采访稿《我的老师》。（提示：朗读课文，体会作者对老师的怀念。回家做个采访，问问爸爸妈妈或爷爷奶奶，请他们回忆他们以前的老师，谈谈他们的感想。）

对于这两小题，学生可任选一题来做。布置这样的作业，是想让学生将语文课文知识学习的成果落实在现实生活的交际运用中。以这些题目为由头，让学生能够找机会与长辈交流，进一步了解不同身份和年龄的人对师生情谊的独特感受，同时获得实际的语言感受。

这种题型教师应该比较熟悉，就是“读写结合”。对于语文课文学习来说，最好的巩固方法莫过于读写结合的训练方法。

但大多数教师理解的“读写结合”，可能是一种简单的“手拉手”的办法：读什么样的课文就写什么样的作文。一些教师发现某篇课文与本学期中某篇习作类型的要求相似，或是比较符合某种写法，与一些布局谋篇的样式很贴近，就会让学生进行仿写，以此来锻炼学生的写作能力。这个方法有一定的好处，但是比较片面，容易让学生产生误解，以为学课文就是为了写作文。

其实，我们可以把“读写结合”理解为“边读边写，读写协作”，即在课文中发现和发掘可以演绎成练习的切入点、增长点、生长点，进行点滴的读写实践。既可以是写作的，也可以是促进深层次阅读的。

（1）体会文章、故事的留白，从空白处想象那些没有记叙的内容；插写生动的片段，演绎某个细节，练习充分想象。

（2）为其创作开头，训练对事件交代性的描述；追随尾声，缀写事件结尾，继续想下去，根据生活经验进行合理的推想，延展故事情节。

（3）提取关键词，复述课文。这个做法，已经被普遍用于第二课时对上节课所学课文内容的回顾。

（4）有感而发，以文章、故事开启学生的思考，让学生写出感受、联想。

（5）照猫画虎，比照优秀的描写、构段方式、修辞手法进行片段仿写。

（6）变换角度，重新思考，写出新的故事。

只要教师在备课时能够充分阅读课文，自然会发现课文里处处藏有读写训练的宝藏。

当然，这类读写结合作业的设计意图很明显，就是把训练目标瞄准了想象和写作，通过对语境的还原或创设，活化文字和形象，让学生体验其中的情感和意趣。

在引导学生进行读写结合的同时，也不要忽略学生在阅读中的品鉴，要积极引导学生从阅读中学习写作，从阅读中获得更多的写作智慧。

“我们都是大陶艺师”

真正有效的课程实践，即便是小到作业本上的几道题目，也应当出自系统的思考。在设计作业时，我们应当对题目的“从哪里来，到哪里去”做比较成熟的规划。

这样的要求，对于基层教师来说几乎是不可能的事情，因为这需要具有丰富的学科教学经验和较高的学识修养。一般来说，从教材编写者的角度，倒是可以汇聚业界名师和学者，为广大教师提供更系统、更实用的作业参考。

我国香港地区启思出版社编撰的小学教材《语文新天地》的教师用书（胡燕青等，2010），在这件事情上做得非常出色。基层教师几乎可以拿着教学参考书就直接进入课堂，开展非常有效的听说读写的课程学习。

例如，三年级上册有这样一课——《杰作》。这是一首小诗，改编自印第安荷比族诗人珀林格希·戈雅维玛的作品。

杰　作

我们都是大陶艺师
精心塑造的黏土人，
经过造物火窑的烧烤，
产生了不同的颜色。

人人的色彩都不同，
我们又怎能把某种肤色的人，
称作“有色人种”？

只要设计得当，
只要有它的用途，

又何必在意
这个碗儿啊，是闪亮的黑，
还是纯净的白？

对于这样一篇人文性极强又体裁明显的课文，而且是放在三年级学习，通常情况下，我们的教材或老师会布置哪些作业？这些作业将会以哪些形式呈现呢？

该教材的编写者对这一课的练习进行了主题系列设计，可以说堪称完美，尤其是课前课后的作业。请看：

预习作业

（1）（提供了黑种人、白种人和黄种人等的照片）请你选择，你喜欢做什么肤色的人？为什么？

（2）根据你的观察，同学会因为大家有某些不同而不喜欢对方吗？说出来和大家分享。

课堂讨论

（1）大陶艺师塑造的黏土人经过火窑烧烤后，产生了什么结果？

（2）据你所知，“有色人种”是指什么人？诗中的“有色人种”又是指什么人？何以见得？

（3）作者透过这首诗表达了什么信息？为什么你有这种想法？

（4）你同意人是“大陶艺师”的“杰作”吗？为什么？

课后练习

（1）我的“杰作”：假如你是“大陶艺师”，你会在地球上创造什么“杰作”？试着把你的“杰作”画下来，填上颜色，为它命名，并说说你创造它的目的，以及它有哪些功能。

（2）看看另一位同学创造的“杰作”，说说你和他的“杰作”有什么不同。你欣赏他哪些设计？又欣赏自己哪些设计？

你看，课前的预习作业并不是简单地让孩子到书桌前坐下来，摊开本子，查字典，写拼音和偏旁部首，也不是枯燥地写字、抄词、抄课文等“语文”训练，而是将孩子的注意力从只顾吃喝玩耍引导到关注社会现象上来，并以儿童“喜欢”“不喜欢”的语言特点，进行简单的思考和表达准备。

这是什么作业？这是真正的语文预习作业。

课后，学生将会从课文的情境中走出来。我们通常会要求学生抄记背诵关于“种族”“人权”“神话”“比喻”等概念化的文字，以应付不久的将来那张期末考试卷。而这里却完全是尊重儿童和发展儿童的用心：我们也是“大陶艺师”！我们也来玩这个特别的“过家家”游戏，我们也会创造和分享，欣赏和接纳别人，尊重和悦纳自己。

这是什么作业？这是真正发展学生的课外作业。

不得不佩服编者老师的理念：今天的儿童不就是未来世界的“大陶艺师”吗？

这样的作业是怎样设计出来的？显然，不是简单粗暴地从文本解剖中得来，更不是牵强附会地玩弄题目游戏，而是从诗歌文本主题中生发而来，从优秀的课程理念中走来。编者希望学生通过阅读小诗，并结合自己的生活经验，认识不同肤色的人种，接纳和欣赏“不同”之美，进而更明白地走进纷繁复杂的生活。

但是，即便是有这样的认识，怎样依据课文设计出符合这个年龄段儿童的作业，仍然是需要动脑筋的。

诗歌中含有深刻的隐喻，这是儿童看不出来的。但是，孩子们知道“陶艺师”，也听说过或看过“不同人种”。编者先搁置关于种族歧视和自尊这个主题，转而让学生说说生活中因为“不同”而产生的情绪经历。

在学生学习了诗歌和初步读懂诗歌表达的意思的基础上，课后练习则指向“陶艺师造物”这样一个学生很感兴趣的话题。因为多数孩子对“陶艺”很熟悉，对捏泥人更是跃跃欲试。但是，编者不是简单停留在让学生“造物”的游戏上，那就变成手工课程了，而是让学生“画”“命名”“阐释”以及“分享创造成果”，更精彩的，是让学生去与同伴交流，主动地进行言语实践，“欣赏别人、接纳自己”。在这样看似简单的读写活动中，启发和培养学生对身边人和事的“尊重”“理解”“包容”“欣赏”等重要的认识与思考，以及交往的意识和能力。

从这样的作业（和练习）设计中，我们可以看出，编者是充分地将教材当作“例子”，将作业当“手段”，让课程学习真正看得见地发生着。

你可能会说，这是中年级语文课，总要有一些具体到词句的“基本”作业吧？当然有，你再看。

语文运用

句子：“是……还是……？”

注意：小朋友，你学过这种疑问句吗？

例：这个碗儿啊，是闪亮的黑，还是纯净的白？

选择项目　　选择项目

提示：这个问句包含两个或以上的项目让人选择，在选择项目之间常用“还是”来连接。

学习：下面是一首《还是诗》，试高声朗读出来。

美是什么？
是蔚蓝的天空，还是翠绿的湖水？

美是什么？
是风前的花朵，还是雨后的彩虹？

美是什么？
哦，美是湖边不起眼的小亭！

作业：小朋友，试模仿《还是诗》，以“__________是什么？”开始，写作另一首《还是诗》。

这个练习，就是以句式模仿为手段，实现一次“从课文的文学认识，走向自己的文学创作”这样的一次读写协调发展的过程。

这套作业的设计，在照顾了学生课堂基本读写训练的基础上，又从学生的生活经验和价值建构方面做了引领，带领学生经历一次“从生活中来，到生活中去”的过程。这样的过程，才是课程。

这只是这部教材中的一例，对我们的阅读教学和作业设计有很大的启发作用。

老师们，看完这篇文章，您是不是和我一样有很多的感慨？不如我们也来试试吧！

让我们来一次穿越吧！

除了课堂创设情境引导阅读外，作业题该怎样促进深度阅读呢？

我们想到了“角色置换”和“虚拟情境”的方法。这就像电影里面的“穿越”情节，让孩子认真地阅读和想象故事中的人和事，然后将自己置身于当时的情境和事件中间，去感触故事人物的体验、思考、说话、情绪，让“我”就在那一天，“我”还会怎么想、怎么做。然后，写成一篇“珍贵日记”，记下那一年、那一天和那一刻在那件事情里的经过，写下心路历程。例如，“诺贝尔，那次失败的爆炸”（如图 2-1 所示）、“海伦·凯勒，学单词时间”以及“李时珍，夜宿古寺”等。这些要比让学生抄写教学参考书里概括出来的人物特点和名词概念深刻得多、生动得多。

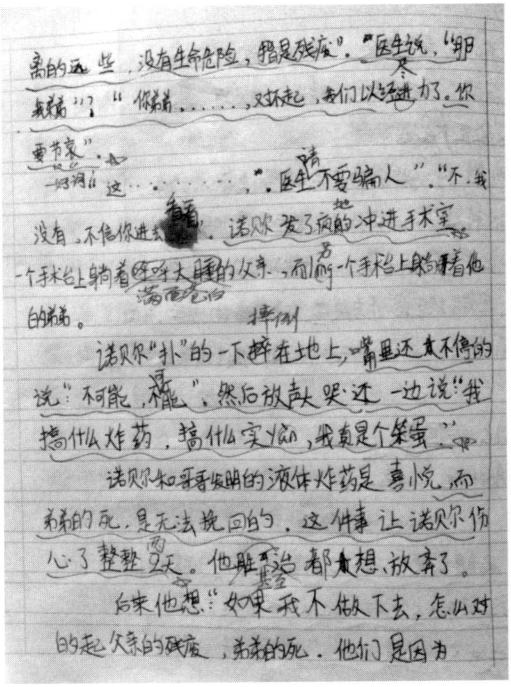
离的远些，没有生命危险，但是残废"。"医生说，"那我弟弟"？"你弟弟……，对不起，我们已经尽力了。你要节哀"。

"这……"，"医生请不要骗人"。"不，我没有，不信你进去看看"。诺贝尔发了疯的冲进手术室，一个手术台上躺着呼呼大睡的父亲，而另一个手术台上躺着他的弟弟。

诺贝尔"扑"的一下摔在地上，嘴里还不停的说"不可能，不可能"，然后放声大哭，还一边说"我搞什么炸药，搞什么实验，我真是个笨蛋"。

诺贝尔知道发明的液体炸药是喜悦，而弟弟的死，是无法挽回的，这件事让诺贝尔伤心了整整两天。他甚至都不想，放弃了。

后来他想："如果我不做下去，怎么对的起父亲的残废，弟弟的死。他们是因为

图 2–1

对于 3—4 年级的学生，可以让他们写“和主人公聊聊天”“和作者说说话”；对于 5—6 年级的学生，可以让他们写这样的“珍贵日记”，那些可能真的存放在纪念馆里的珍贵文物，还可以写“珍贵书信”，以课文主人公的身份，给我们的同学写上勉励学习的寄语。在这些随课文进行的趣动读写中，让学生感受到语文学习的意义，关联过去，连接未来。

再比如，学习《林冲棒打洪教头》时，我们还补充了《水浒传》中《花和尚倒拔垂杨柳》《智取生辰纲》等其他好汉的故事，让学生将林冲和花和尚做个人物比较：林冲比花和尚多了什么，少了什么？还有，对于两个人的描写用词有什么不同？等等。学完这一课，我们又让学生设想：假如我是梁山第 109 将，我是谁，我的外号是什么？在施耐庵的笔下，我有怎样的故事？这样一系列的练习，都是带领着学生积极思考和阅读。不管学生怎么说，都是对人物形象的再认识，对《水浒传》这样的名著有了更多的理解。最重要

的，是通过这样的练习，学生的读写、想象和文学理解能力都得到了延展（如图 2–2 所示）。

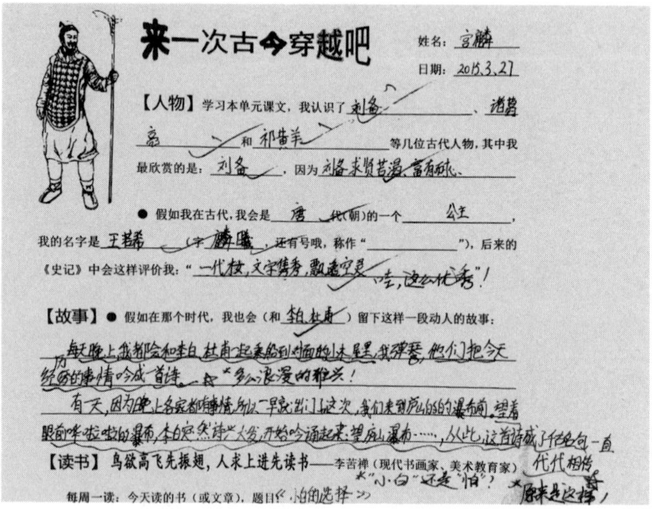

来一次古今穿越吧

姓名：宫麟

日期：2015.3.27

【人物】学习本单元课文，我认识了刘备、诸葛亮和祁黄羊等几位古代人物，其中我最欣赏的是：刘备，因为刘备求贤若渴、富有耐心。

● 假如我在古代，我会是唐代（朝）的一个公主，我的名字是王若希（字麟曦，还有号哦，称作“　　”），后来的《史记》中会这样评价我：“一代才女，文字隽秀，飘逸空灵”！哇，这么优秀！

【故事】● 假如在那个时代，我也会（和李白、杜甫）留下这样一段动人的故事：

每天晚上我都会和李白、杜甫一起乘船到对面的小木屋里，我弹琴，他们把今天经历的事情吟成一首诗。多么浪漫的雅兴！

有一天，因为晚上各家都有事情，所以一早就出门了。这次，我们来到庐山的瀑布前。望着眼前哗啦啦的瀑布，李白突然诗兴大发，开始吟诵起来：望庐山瀑布……，从此，这首诗成了千古名句，一直代代相传。

【读书】鸟欲高飞先振翅，人求上进先读书——李苦禅（现代书画家、美术教育家）

每周一读：今天读的书（或文章），题目《小白的选择》

“小白”还是“怕”？原来是这样！

图 2–2

福楼拜与苏格拉底，你更喜欢谁的课？

名人逸事类的文章因为故事性和人文性都很强，所以成为各版本教材中的宠儿，所占比例很大。但是，作为教材课文，它们就好看不好教了。因为师生对文中的人物、事情、精神等要素，有着太多格式化的知识概念和主题思想。学生在教师还没有教之前，通过基本的预习就已经把教材要教的知识猜得差不多了。如果他们再去翻一翻教辅材料，那么教师能在课堂上教的东西就所剩无几了。

实际上，教师在这方面需要灵活一点。那些只需要抄、记、背、默等简单练习就能够完成的东西，又何必总留在课堂上过多地消磨时间呢？难得 40 分钟大家聚在一起，为什么不做一些让学生的思维和表达火力全开的读写训练呢？

例如，如果学生满足于知道，我们就讨论他们的喜好。如果学生能说出喜好，我们就深究他们知道多少。如果学生有了更深的认识，我们就启发他们进行比较。如果对于这些都很熟悉了，我们就来讨论生活的需要，联系生活，谈谈如果你是他，又会如何去做……也就是说，带着学生在平常的文字中去发现独特的意趣和价值，让教学活动和学习活动始终指向真切的生活现象和思考，体验更加真实、深刻的学习和乐趣。

不要放过每一个能够让学生开动脑筋、启动嘴巴和纸笔的机会，让他们去见识不一般的语文学习和不一般的语文生活吧！

我们来看一组基于课文的阅读练习设计。

课文内容：苏教版《语文》六年级下册第21课《莫泊桑拜师》、第16课《最大的麦穗》，以及之前学过的关于教师的课文。

学习主题：感受老师们独特的教学方式，体会他们对教学的执着。

讨论话题：老师们的教学方式有哪些异同？你更喜欢哪一种？

拓展习题：

（1）深度理解。

①默读文中福楼拜的三次说话，思考：为什么他不一次就把写作技巧教给莫泊桑呢？

（结合课文中的语句来说一说，感受福楼拜教导的循循善诱。）

②既是莫泊桑的老师，他的写作秘籍对我们写作文有哪些启发？

（例如，勤观察，从身边开始；广泛观察；善于发现和比较；注重细节等。）

（2）比较学习（如图2–3所示）。

联系前面学的第16课《最大的麦穗》，同样是教导学生在生活中观察和学习，福楼拜和苏格拉底的教学方式有什么不同？可以互换吗？你更喜欢哪一个老师？

（比较“实践中领悟”和“不厌其烦教导”以及“因材施教”等，体会“别具一格的教学方法”。）

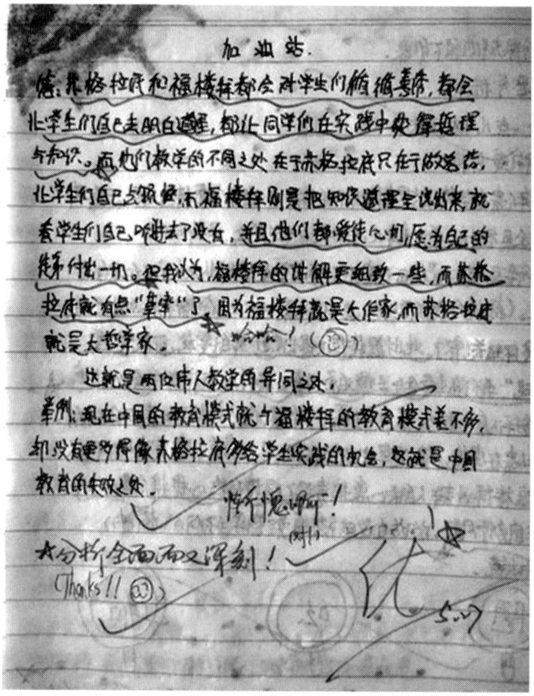

加油站

答：苏格拉底和福楼拜都会对学生们循循善诱，都会让学生们自己去明白道理，都让同学们在实践中获得道理和知识。而他们教学的不同之处在于苏格拉底只[illegible]，让学生们自己去领悟，而福楼拜则是把知识道理全说出来，就看学生们自己听进去了没有，并且他们都是[illegible]，愿为自己的徒弟付出一切。但我认为，福楼拜的讲解更细致一些，而苏格拉底就有点“草率”了。因为福楼拜就是大作家，而苏格拉底就是大哲学家。

哈哈！

这就是两位伟人教学的异同之处。

举例：现在中国的教育模式就和福楼拜的教育模式差不多，却没有更多得像苏格拉底那给学生实践的机会，这就是中国教育的失败之处。

惭愧啊！

分析全面而又深刻！

Thanks!!

5.27

图 2–3

（3）延伸读写。

①我们即将毕业，一年级的新生已经开始报名，校长要给他们招聘一位优秀的老师，你会从他们几个中推荐哪一位？其他的为什么不推荐呢？

（理解独特的教学方式对应着不同的学生，因材施教，也要因材请师。）

②阅读和讨论了这一系列“师生·学问”的故事，你还有什么感想，或是什么期待？再如，很快就要毕业念中学了，以后我会遇到怎样的一位老师呢？

（老师和学生也会是真挚的伙伴，我们携手向前。）

你看，基于课文学习，又超越课文学习，给学生创造一些表达见解的机会，学生会毫不吝啬地给你一份惊喜！

我们也来推敲推敲

课文学习的意趣，不仅在于它为儿童展示了包罗万象的社会生活和人物故事，还在于其丰富多彩的表达形式以及背后的文字故事。所以，我们在备课和设计作业时应当充分考虑课文行文的特点，在作文表达方面给予学生一定的训练和指导。

五年级的一篇课文《推敲》，就不仅是有趣的文人逸事，还包含了很多的文字技巧。对于这一课的阅读练习设计，我们就从复习、理解和运用等几个方面展开，带领学生从人物出发，向文本看齐，说说自己的经验。

【课文温习】

（1）贾岛推敲的那首诗，题目是“__________”，这首诗完整的诗句是这样的：

闲居少邻并，草径入荒园。__________，__________。

过桥分野色，移石动云根。暂去还来此，幽期不负言。

（2）哎呀，可真不巧，贾岛上次去深山访友，也没遇到。他留了一首诗，题目是“__________”，诗句是：

__________，__________。__________，__________。

诗句中，一定有个字也做了推敲，你发现了吗？在上面圈出来，说说他可能用过哪些字，最后用的这个字好在哪里？

____

（3）文学和艺术创作中的推敲故事还有很多，比如王安石写“春风又绿江南岸”的故事等，自己在课外查阅一些吧。

【推敲思路】

（1）推敲，其实就是进行多方面的考虑，探索最恰当的方式或思路。我们来看韩愈的建议：

过了一会儿，他对贾岛说："还是用'敲'字更好些。月夜访友，即使友人家门没有闩，也不能莽撞推门，敲门表明你是一个懂得礼貌的人。再说，用'敲'字更能衬托出月夜的宁静，读起来也响亮些。"

读读看，他就是从生活经验和文学技巧两个方面进行思考，并给贾岛提出建议的。

（2）刘老师想选一张照片投稿参加学校"快乐秋游"主题摄影展，这两幅（如图 2-4、图 2-5 所示）都不错，挑哪一幅更好呢？推敲一下给刘老师一些建议吧！

图 2-4

图 2-5

____

____

【我的推敲】

回忆一下，你经历过的一次"推敲"，还记得当时的原因和情景吗，好玩吗？写下来，我们互相分享。

____

____

来看一张完成的作业（如图 2-6 所示），真的很好。

● 刘老师想选一张照片投稿参加学校《快乐秋游》主题摄影展，这两幅都不错，挑哪一幅更好呢？推敲一下给刘老师一些建议吧！

嗯：我认为选择第一幅比较好，每一个人有每一个人的表情欢乐、团队、家庭、不离不弃、美满、和协，第二幅图虽然体现出了孩子们的童年、欢乐但是不足以表现出温暖，另外，不知道她们在玩什么，看不出团队的欢乐，所以用第一个图比较好。很有道理！

【我的推敲】回忆一下，你经历过的一次“推敲”，还记得当时的原因和情景吗，好玩吗？写下来，我们互相分享。

图 2-6

再来看一张完整的作业（如图 2-7 所示），真的很好。

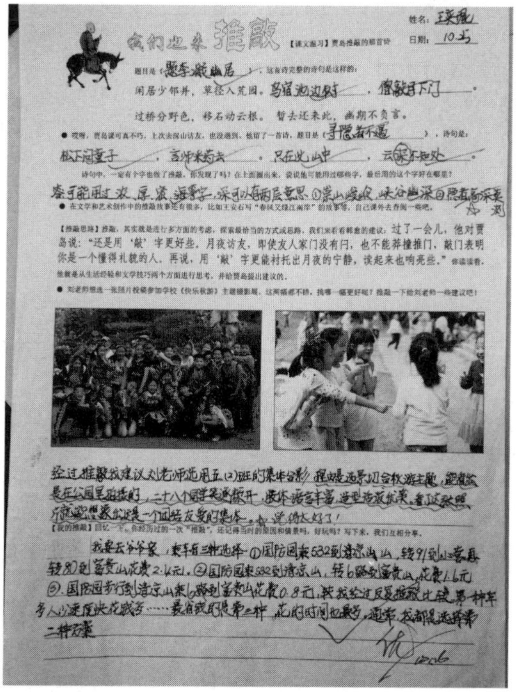

我们也来推敲　【课文练习】贾岛推敲的那首诗　姓名：王奕晟　日期：10.25

题目是《题李凝幽居》，这首诗完整的诗句是这样的：

闲居少邻并，草径入荒园。鸟宿池边树，僧敲月下门。

过桥分野色，移石动云根。暂去还来此，幽期不负言。

● 哎呀，贾岛谋可真不巧，上次去深山访友，也没遇到，他留了一首诗，题目是《寻隐者不遇》，诗句是：

松下问童子，言师采药去。只在此山中，云深不知处。

诗句中，一定有个字也做了推敲，你发现了吗？在上面圈出来，说说他可能用过哪些字，最后用的这个字好在哪里？

考子能用过浓、厚、浓、海等字，深可以有两层意思①崇山峻岭，峡谷幽深②隐者高深莫测

● 在文学和艺术创作中的推敲故事还有很多，比如王安石写“春风又绿江南岸”的故事等，自己课外去查阅一些吧。

【推敲思路】推敲，其实就是进行多方面的考虑，探索最恰当的方式或思路。我们来看看韩愈的建议：过了一会儿，他对贾岛说：“还是用‘敲’字更好些。月夜访友，即使友人家门没有闩，也不能莽撞推门，敲门表明你是一个懂得礼貌的人。再说，用‘敲’字更能衬托出月夜的宁静，读起来也响亮些。”你读读看，他就是从生活经验和文学技巧两个方面进行思考，并给贾岛提出建议的。

● 刘老师想选一张照片投稿参加学校《快乐秋游》主题摄影展，这两幅都不错，挑哪一幅更好呢？推敲一下给刘老师一些建议吧！

经过推敲我建议刘老师选用五（2）班的集体合影，理由是选景切合秋游主题，地点是在公园里拍摄的，二十八个同学笑逐颜开，肢体语言丰富，造型活泼抗衰。看了这张照片就能想象到这是一个团结友爱的集体。说得太好了！

【我的推敲】回忆一下，你经历过的一次“推敲”，还记得当时的原因和情景吗，好玩吗？写下来，我们互相分享。

我要去爷爷家，乘车有三种选择①国防园乘532到清凉山，转91到山西路转80到富贵山花费2.4元。②国防园乘532到清凉山，转6路到富贵山，花费1.6元③国防园步行到清凉山乘6路到富贵山花费0.8元。我经过反复推敲比较，第一种车多人少速度快花钱多……最省钱的是第三种，花的时间也最多，通常，我都是选择第二种方案

1026

图 2-7

针对语文课文内容的作业选例

例 1　苏教版《语文》六年级下册《三亚落日》之根据课文内容填空练习

提示：“根据课文内容填空，并完成练习”是比较常见的课文复习性练习，要求学生把课文再好好阅读一遍，有提醒学生做进一步思考的作用。但是，设计这种类型的题目，也要注意方法。

“活跃了一天的太阳，__________。它，__________，__________潇潇洒洒地，__________在大海上溅出无数夺目的亮点。于是，天和海都被它的笑颜感染了，__________，__________。”

（1）这样的景象是作者在________看到的。这段话的第一句是一句［比喻、拟人］句，第二句是一句［比喻、拟人］句。（提示：用斜线画去前面括号中不正确的选项。）

（2）作者这些生动的描写，让原本很平常的事物在我们眼前“__________”了起来，让它们也有了喜怒哀乐，读起来觉得很有趣。

思考：这道题主要是检验学生对课文掌握的情况。但是，教师出题不是给学生发出错误的信号——暗示学生死板默写，而是主动给予若干原文句子作为提示，减轻了学生匆忙死背硬记的压力。填空后面的附属练习目的是引导学生回顾课堂上的学习内容，体会原文巧妙的写作手法。所以，设计此类作业题时，教师应该明确，我们着重检查的是学生对文本中写法最为活跃的词句的记忆和领会。

题目中配图，是让作业卷面显得轻松活泼一些，免得学生看到作业就产生抵触情绪。

例 2 苏教版《语文》五年级下册《望月》之类似词语练习

教学生字词的时候，有一个“多如繁星”的词语。原句是：“描写月亮的诗多如繁星……”

设计成练习，是这样的：

想一想，再填空。

“多如繁星”，在本课中是形容________________很多，这个词还可以形容________________多。

“多如牛毛”，一般可以形容________________多。

形容人多，可以用________________；

形容说话多，可以用________________；

描写高楼大厦多，我会用________________；

描写________________多，我可以用________________。

思考：“多如繁星”是一个比喻，形容很多。这个词语不需要解释学生也能懂。但是，稍稍注意，便会发现：这个词语是一个非常有训练价值的生长点。

①描述事物多，可以有许多不同的词语。

②描述不同的事物很多，所用的词语也各不相同。

③学生在写日记或作文时，遇到描写或形容事物很多时，常常不会选择恰当的词语。

④如果平时多给予学生类似词汇的辨析，有助于学生在恰当的词语和具体的印象之间建立联系，写作时就会自然运用。

这道题可以放在课外做，更可以在课堂上做，这样就可以让学生练习说话，一举两得。我在课上让学生练习时，学生都普遍表现出很强的表达欲望。

这样的“小题大作”，好玩，又有竞争性。出题，就要追求训练价值！

例 3　苏教版《语文》五年级上册《艾滋病小斗士》之体验性作业练习

课文中有这样几段文字：

恩科西是一个黑人男孩。1989 年，恩科西一出生就携带艾滋病病毒，不久母亲又被艾滋病夺去了性命，仁慈的白人妇女基尔·约翰逊收养了他。

在南非，每天都有近 200 名携带艾滋病病毒的婴儿降生，这些孩子中有四分之一活不到自己的第二个生日。小恩科西的生命力也许是南非所有患艾滋病的孩子中最强的，他竟然一直挺到了上学的年龄。

9 岁那年，当养母带着恩科西到一家小学报名上学时，遭到全校大多数老师、学生和家长的反对，还在当地引起了一场轩然大波。后来，由于媒体的干预以及养母的不懈努力，小恩科西才得以背上书包去上学。

阅读该篇课文，学生应该学什么？当然有两点，一是了解这个黑人男孩与病魔、与歧视顽强抗争的故事，二是学习课文描写人物的语言特点。现在的学生都比较聪明，你要说到人物形象的时候，他们也会套用一些现成的词语来概括。但是，我没有满足于这些浮光掠影般的知识点扫描，因为，那样的学习无法让学生真切、具体地从心灵上有所感触或觉悟。所以，除了课堂，我还在作业中带领学生去“目击”恩科西上学的第一天。

从以下的题目中选择一题完成：

（1）南非当天的报刊是怎样报道这件事的？出一份《南非星报》。

（2）如果你是《焦点访谈》的记者，你采访到哪些有价值的新闻？请写成报道稿。

（3）记者手记——《小恩科西上学了》。

——友情提醒：可以学学报纸杂志的编排样式和新闻稿的格式。

布置作业的时候，我提示学生：虽然经过不懈的努力，恩科西能够上学了。但是，上学的第一天，会是顺利的一天吗？他遇到了哪些事情……

思考：尽管课文中有了很多描述，但是，小斗士的处境究竟会怎样呢，以至他和养母要顽强地斗争？这样的设计就是要还原一个情境，让学生从一个目击者或是伙伴的角度，感受和记录发生在平常生活中的人和事。这样的作业涉及想象、同情、考证和抒情等多种高级的思维活动和最基本的语言运用实践。

那么，这样的作业，学生能够做出来吗？下面我们来看看学生作业的实例吧。

首先来看这份《南非星报》（如图 2–8 所示）。

电话:(000)1234567

每日一报，不可错失
5角一份，周六1元，周日2角

南非星报
The star in South Africa reports

南非星报

199[illegible]年9月1日 [illegible]

星期二
september
今日晴
西北风2-3级
最高温度:26°C
明晨最低温度:22°C

一女子拉一黑艾滋儿冲校　今日头条　A01

今日，一女子拉着一黑人进入学校，与南非州立小学校长产生冲撞事件，原因为黑人小孩带有艾滋病。目前，已对女子加以审问，估计校长安鲁罗·贝斯先生已造成轻伤。

后续加强：

女子名叫基尔·约翰逊，曾干过医生，黑人小孩名叫恩科西，一出生因母亲有艾滋病而中艾滋，现9岁，1989年出生，在出生不久母亲死亡，后以基尔女士收养。

今日基尔女士带着恩科西来到教一教二的南非州立小学，由于校长安鲁罗·贝斯张口骂人，基尔一起打住了安鲁罗校长，导至[illegible]，现已认为过错在于基尔，现已关押3天。

实习记者 [illegible]

事情证实：

根据基尔交代，的确如此。现已判基尔有期关押3天，思想教育一天。安鲁罗有期关押一天，思想教育2天。恩科西[illegible]上学，关押200元南非币给他。

目前还有许多孩子[illegible]，不要这样了，不会太大传播至您的孩子的，看看下面就知道了。

实习记者·周[illegible]

警方猜想：

基尔女士乃医生，应该知道艾滋病，可校长不知，误以为会大面积传播，张口骂小恩科西，养母基尔气不打一处来，于是冲撞校长先生。

——吴[illegible]

实习记者[illegible]

⚠艾滋病小资料：

获得性免疫缺陷综合征的通称，是一种传染病。病原体是人类免疫缺陷病毒，通过性接触或血液、母婴等途径传播，侵入体内使人体对病原微生物的免疫能力[illegible]，死亡率高。

（艾滋=AIDS = acquired immune deficiency syndrome）

图 2–8

这里有头条标志性的加黑加粗的标题，有新闻图片，有简约的多角度报道，还链接了一则小资料。最具创意的是他将课文中一句话带过的事实“还原”成了当时发生的一次校园冲突事件，并进行了深度报道。看看，像不像中规中矩的头版？

其次来看下面这则新闻专稿（如图 2-9 所示）。

请爱护艾滋病患者

本报讯　昨日上午，一位名叫恩科西的艾滋病小病人到我市的（一所）私立小学报名，遭到大多数老师、家长和学生的反对。本报记者对此展开了调查。

恩科西的养母基尔·约翰逊见到记者后，对记者说：“真是气人，这些老师、家长、学生也太自私了，不让患艾滋病的孩子上学，这还叫人吗？上帝保佑，让小恩科西上学吧！”本报记者听了这一席话后，立即到本市的（这所）私立小学进行了采访。

大多数的老师、家长和学生拒绝接受采访。也有少部分的老师和家长接受（了）采访。采访中，记者了解到，大多数老师或家长反对小恩科西到这所学校来上学，理由几乎都是怕传染给学生和老师。但是，据记者了解，拥抱和与艾滋病人说话是不会被传染的。

对此，记者还对小恩科西进行了采访。采访中，小恩科西用尚且稚嫩的声音说：“我希望学校能接受我。因为拥抱艾滋病人是不会被传染的。我希望老师

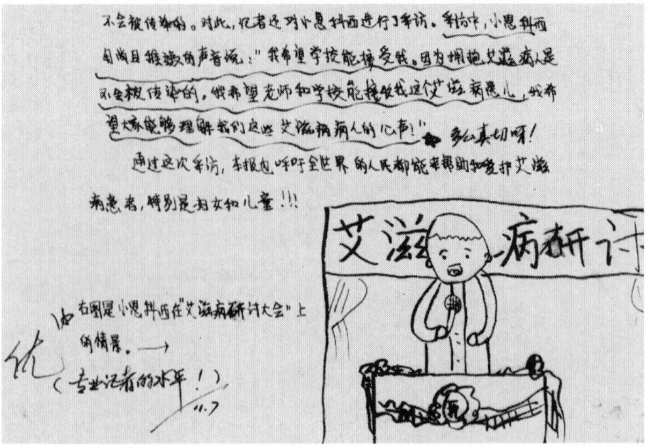

图 2-9

和学校能接收我这个艾滋病患儿，我希望大家能够理解我们这些艾滋病人的心声！”

通过这次采访，本报也呼吁全世界的人们都能来帮助和爱护艾滋病患者，特别是（深受病魔残害的）妇女和儿童！

特约记者　王睿

最后再来看看这篇特稿。

小恩科西上学了

杨东弘波

今天是9月1日，正当别人高高兴兴地背着书包去上学时，小恩科西却很苦恼。

小恩科西此刻正端坐在家里，他确实非常想上学，想获取很多的知识。但他受不了同学们那种排挤和冷落他的感觉。他本来就是一个黑人，在当时社会地位很低。而且他居然患上了艾滋病，这种病当时无法医治，是人们眼中的传染致死病。小恩科西踟蹰不前，不知道是去好，还是不去好。养母对恩科西说：“你一定要上学！无论别人怎么笑话你，你都不要去理会。你要把这种悲愤化为力量，好吗？”小恩科西点了点头，跟着养母向学校走去。

可当养母带小恩科西报名时，不出所料，遭到了大多数人的反对。小恩科西非常伤心，打算就此放弃。养母却安慰他：“没事，我一定要让你上学！”后来，因媒体干预及养母的不懈努力，他才得以上学。

小恩科西心情沉重地来到自己的教室。同学们见小恩科西来了，都掩上口鼻，为他“让”开一条路，生怕被传染。小恩科西难过极了，他忍住没有哭。老师给小恩科西安排了一个“特座”——教室后面的一个角落，而且两排以内都没有人。老师又在课上宣布，提醒大家远离小恩科西，千万别跟他玩。然后，又讥讽了小恩科西一番。小恩科西再也忍不住了，眼泪大滴大滴地流了下来。老师又叫同学们把门窗全部打开，生怕空气不流通，大家被传染。

在课上，无论什么问题，老师从来不请小恩科西回答，就算是只有小恩科西一个人举手，老师也当没看见，直接讲题。小恩科西见状，就慢慢放下了手，听老师讲课。

下课了，同学们一下子都跑了出去，生怕留在教室里会被传染。老师也不许小恩科西出教室，他只能在自己的座位旁活动一下。

中午吃完饭，大家一起把脏东西向小恩科西那儿扔，让他来扫。小恩科西默默地扫掉垃圾。有一个调皮的男生向小恩科西扔了一个纸团，大家见了，也纷纷学着向他砸去。小恩科西再次默默地捡起纸团。

好不容易到了放学时间，老师又让小恩科西等全校人走光了再离开。

小恩科西多么希望同学们能友好地和他相处，老师能正常地对待他啊！

我的评语和评分：

写出了小恩科西受到歧视和欺侮的心酸经历，让人心痛！优*。

这次的作业，不仅引导学生回顾了课文，同时，还以此为契机，让学生体味“真实生活情境”，体验“真实心路历程”，感受“真实人情冷暖”，用多种形式引导学生进行想象，进行读写训练，成效是十分显著的。学生试着将自己化身为一个有社会责任感的新闻工作者，向人们报道事实，并启发公众尊重科学，尊重人权。也许你可以从他们的行文中挑出不少问题，但是，我没有，我从中看到的是他们鲜活的思想和严肃的目光，我敬佩他们！

例 4　苏教版《语文》五年级下册《天火之谜》之课后小练笔

充分依据课文的语言素材为学生创造生动活泼的训练实践，其实是很容易的事情，只要你肯去发现（发掘）教材中的语言训练点。

越是到高年级，越是会经常接触到人物的事迹和形象描写。通常，学生被要求记住的多半是一些应试的概念，学生能在考卷里填空没写错别字就万事大吉了。说实话，对这样的学习要求，我既感到被投进牢笼般的难受，又充满了不屑，我不希望我的学生在读到那些人物描写的时候只是形成如此浅薄的印象。我希望他们能够透过文字，看到一个实实在在的人，是和我们一样讲话做事的人。

怎样带领学生去走近那些人？课堂上靠的是朗读和讨论，作业中呢？当然也有很多途径。我会让学生写一种特殊的日记，我们师生称之为“珍贵日记”。珍贵何在？因为这些日记是课文中的“那些人”写的，或是“他们的亲朋好友”写的，当然，实际上就是我的学生以他们的身份来写的。

学习《天火之谜》一文，我给学生布置了这样的作业：

（1）如果你是富兰克林，“风筝实验”成功了，你很兴奋，你会记下怎样的日记？

（2）如果你是富兰克林的儿子，在“风筝实验”那天，你也一定很兴奋，你会记下怎样的日记（学生日记如图 2-10 所示）？

（提示：任选一题写。注意把事情的经过写具体，可以用上课文中的语句；字里行间要流露出自豪感。）

思考：这样的练习能够引导学生进一步阅读课文，体会人物的情感、思想，感受到人物活生生的形象。我个人比较喜欢第二小题。以富兰克林儿子的身份来记述“风筝实验”，观察的角度和思想感情一定不同于课文的作者。叙事的完整性是第一位的；其次要写出孩子特有的语气和自豪感；另外，表述的人称、词句也会有所改变，教师可以以此了解学生灵活运用语言的程度；在叙述中，还可以加入一个孩子才会有的感受，使文章更加具体生动。

当然，也不一定非要写下来，如果课上有时间，也可以让学生以人物访谈的形式来呈现，锻炼学生的口头表达能力，使课堂更加生动活泼。

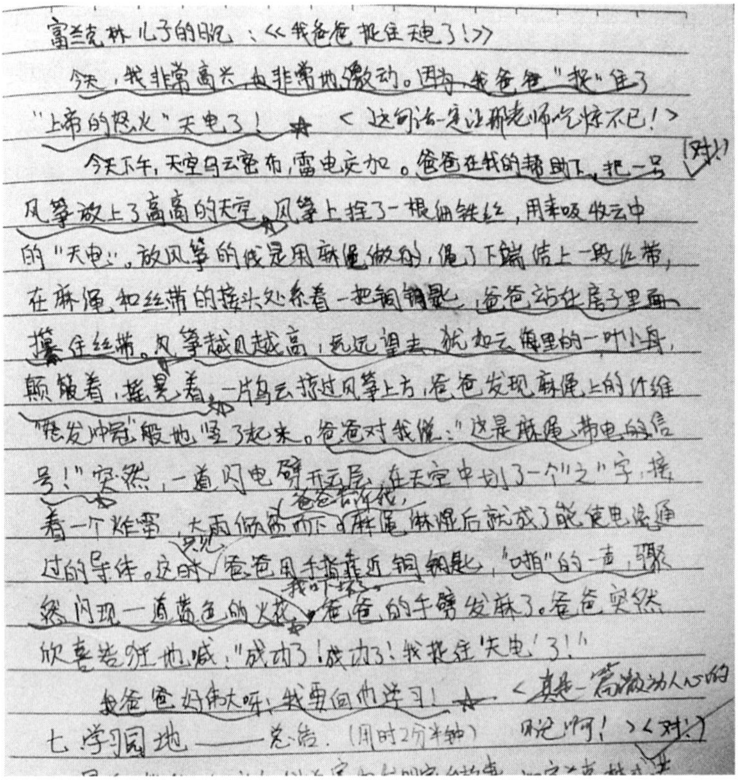
富兰克林儿子的日记：《我爸爸捉住天电了！》

今天，我非常高兴，也非常地激动。因为，爸爸"捉"住了"上帝的怒火"天电了！☆ 〈这句话一定让邢老师吃惊不已！〉〈对！〉

今天下午，天空乌云密布，雷电交加。爸爸在我的帮助下，把一只风筝放上了高高的天空。风筝上拴了一根细铁丝，用来吸收云中的"天电"。放风筝的线是用麻绳做的，绳了下端结上一段丝带，在麻绳和丝带的接头处系着一把铜钥匙。爸爸站在房子里面攥住丝带。风筝越飞越高，远远望去，犹如云海里的一叶小舟，颠簸着，摇晃着。一片乌云掠过风筝上方，爸爸发现麻绳上的纤维"怒发冲冠"般地竖了起来。爸爸对我说："这是麻绳带电的信号！"突然，一道闪电劈开云层，在天空中划了一个"之"字，接着一个炸雷，大雨倾盆而下。麻绳淋湿后就成了能使电流通过的导体。这时，爸爸用手指靠近铜钥匙，"啪"的一声，骤然闪现一道蓝色的火花，爸爸的手臂发麻了。爸爸突然欣喜若狂地喊："成功了！成功了！我捉住'天电'了！"

我爸爸好伟大呀，我要向他学习！☆ 〈真是一篇激动人心的日记啊！〉〈对！〉

七、学习园地——总结（用时2分半钟）

图 2–10

"珍贵日记"也不尽然记述别人的事情，我还会要求学生从课文走向自己的生活。要学生明白学语文，不仅是为了在卷子上拿个好分数，更重要的是学习课文所传扬的文化、精神、智慧，并学会做一个善良、乐观、对社会有所贡献的人。

例 5　苏教版《语文》五年级下册《爱因斯坦和小女孩》之情景想象扩写练习

作业：你想到爱因斯坦等候小姑娘的情景了吗？他会怎么做？会说些什么？

提示：在课文中，我们共同领略了这位伟大的科学家在生活中富有趣味的一面。读到“爱因斯坦等着小女孩放学”一句时，我就在想：当时会是怎样的一个场景呢？——对了，不如就让学生展开想象吧。

请看一位学生写出来的短文：

下午，爱因斯坦来到路边，等待凯丽放学。他不时地看看手表，又看看自己的装束：一头柔顺的头发，一件衬衫，一套西装，一条领带，一双光亮的皮鞋。

爱因斯坦轻轻地用手把西装上的灰掸去。他边掸边想：我昨天特意把衣服熨了一遍，把鞋子擦了一遍，希望小教授（小姑娘）能满意。

正想着呢，一群孩子从校门口挤了出来，嘴里还高兴地说：“放学了！”

凯丽也出来了。爱因斯坦急忙跑了过去，蹲下来说：“小教授，我的这身打扮怎么样？”

小女孩不敢相信自己的眼睛，惊奇地说：“是你吗？爱因斯坦先生，你比昨天年轻了20岁。”

爱因斯坦听了后，几乎跳了起来，说：“太好了，谢谢你，凯丽！”

（我的评语：“这简直就像是在看电视剧！”）

思考：发掘一点小小的矿石，学生就能炼出灿灿的金子！所谓作业的意识，完全在于教师想利用什么对学生进行训练。教师要勤于留意课文中那些普通句子里面裹藏的“好文章”，善加发掘，点石成金。课文中原先的句子虽然普通，它所能提示的信息却很多，能引起学生生动的想象。即便是学生没有这样的经历，他们在电视、电影或是小说中也会看到有关的“镜头”，这些都是学生的语言素材资源。而教师的任务，就是让这些资源活跃起来，把它们整合起来。虽然不是每个学生都能写得这么好，但是，通过交流，学生在脑海中对那个动人场景的印象会丰富起来。这种锻炼对作文的构思也是大有裨益的。

例 6　苏教版《语文》五年级下册《郑和远航》之“航海日志”练习

作业：此次远航，郑和或是船员都有哪些见闻？请以他们的身份来写下航海日志，让他们回到故乡后也能和家人分享远航壮举。

提示：对于课文的学习，识词读句、了解大意虽然比较重要，但是，能够借助课文内容让学生开动脑筋想象和写作，则是一个更好的语言实践目标。要让学生对课文感兴趣，必须要让学生学会进入课文角色。

结果，学生写得还真不错。几个学生是以船员的身份，用日记的方式来记述船队起航、乘风破浪、游历各国、大战海盗、胜利回航，写得有声有色。多数学生是以郑和的身份来写的，字里行间充满了自信与自豪。

钱启超同学还写了一份“回师表”，以郑和的身份给皇帝“汇报工作”，而且是模仿古代奏章的写法来写的：

吾皇陛下

臣郑和恭请圣安！今吾奉天远航，首下西洋，与海外诸侯交往，圆满而归。赖陛下鸿福，臣成功与暹罗、高丽、印度、泰国、爪哇等海外诸国交往。所到之处，臣先展天朝之威，再递文书、礼物，示要与各国往来。臣奉命前行，大小诸国数十个。一路之上，臣一行抵达各国，皆无损伤。后逢爪哇东西开战，我将士被误杀数人。今彼等已认罪，臣亦与之交好。途中，我船队又遇海盗。群贼凶悍至极，见物即掠。仗众将士勇猛，除恶者被诛外，全部擒拿。今已押往京都，望陛下定夺。今先递此表，臣不日还朝矣。

臣　郑和　印

乙丑年秋

例 7　“哈哈，果然是走出了自己的路”

苏教版《语文》四年级下册有一篇课文叫“最佳路径”，讲述了设计师为了迪斯尼乐园的路径伤透脑筋，后来受到葡萄园主老人自由采摘的启发，让施工人员“撒下草种”，“提前开放”，最后根据游客自由踩踏出来的道路完成路径施工，这个方案被评为“最佳设计”。

我在上完这篇课文时，对“自由踩踏形成路径”产生了疑问：我们都知道“小草青青，踏之何忍”，游客们也会遵守这样的公德。那么，当公德自律（不践踏草坪）与设计需要（让游人踩出道路）矛盾时，怎样告知游客又不说穿设计意图呢？乐园管理人员会怎样“提示”游客来参与“踩踏设计”呢？

于是，我在黑板上以简笔画了一块告示牌（如图 2-11 所示），请学生来设计一份乐园的门口通告。

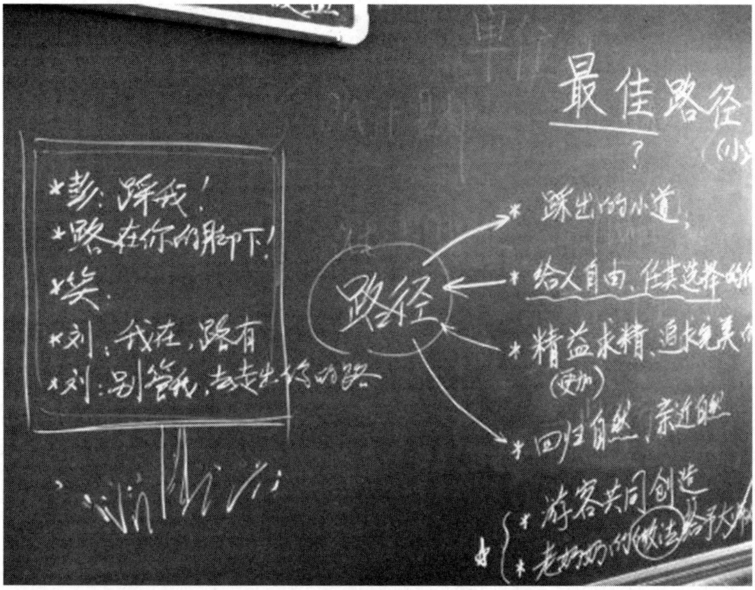

图 2-11

学生在课堂上马上讨论起来。当他们汇报的时候，我就随手把回答要点记录在“告示牌”上。

下课了，我们又把它当成课后作业。

第二天交来的“设计稿”五花八门，例如，小彭同学的告示牌是这样写的（如图 2-12 所示）：

图 2–12

对了，您再对照图 2–11 中我的板书，发现有什么不对劲儿的地方了吗？

是的，我在记录学生的发言时，确实没管那个木牌有多大，把几个字写到了木牌以外的地方，呵呵，不合常理，不严谨啊！

其实，孩子们在课堂上是没有在意的。当我写完那几个字的一刹那，就知道出错了。因为觉得很好玩，就没说穿。后来孩子们发现了："刘老师，你的字写到外边去啦！"于是，我们又开心了好一阵子。

我的同事点评说：哈哈，果然是走出了自己的路！

阅读

怎样设计阅读题？

这里所说的"阅读题"，不是指课文学习中的练习题，而是为了巩固和拓展知识，从课外选择短文进行阅读训练的题目。

如何训练和考查学生的阅读能力一直是比较难厘清的问题。在没有很好地把握这些问题的情况下，我们给学生的阅读作业练习，难免会差强人意，让学生厌烦。从更深层面上来看，它还会扰乱学生良好阅读习惯和思维品质的养成，学生做得越多越糊涂，成绩越上不来。

选文有讲究

教师在选文之前，必须明确出题训练（或考查）的目标。比如，考查和训练学生读书仔细的习惯；引导学生主动复习和运用以前所学内容；启发和锻炼学生的想象力和表达能力；促进学生前后知识或课内课外知识的融会贯通……目标越明确，考虑越细致，选文就越具有针对性。

选文是件很讲究的事情，但也不难，可以用“对对碰”的形式——把要考查的项目了然于心，然后广泛阅读和收集资料，就能找到有训练价值的好文章。

（1）与课文相似或相关。体裁、主题思想、人物形象、写作手法等相类似，让学生能够较好地进行类比阅读，进一步深化和巩固对课文的学习。

（2）篇幅要大于课文。课外的阅读应当适当增加阅读量，进一步训练学生的阅读速度，提高学生的阅读效率。

（3）行文要规范。满足了上面的要求，并非就是很恰当的阅读素材，还要考虑语言学习的规范性，尽量避免一些过于通俗或是不太规范的口语化词句出现，最好能对选文做适当的修改。

（4）能够使学生增长见识，赋予学生新的学习机会。新的阅读应该是新的学习起点，是新的知识积累的过程。所以，要选新鲜的文章——鲜活的生活乐趣、新鲜的人物活动、新鲜的情怀品质……

（5）显著的练习价值。并非只有新的才好，一些经典美文，教师觉得老掉牙，但学生没有看过，仍然可以呈现给学生。

掌握好分层阅读的出题机制

所谓分层阅读，其实就是引领学生经历“字句阅读”“内容阅读”“形式阅读”“情绪阅读”的阅读过程，让学生每读一遍都有不同的关注角度，发现不同的训练点。

（1）再次确定阅读考查的项目和具体要求。例如，顺利读文、理解词语、明白内容、缘由梳理、主题思辨、修辞运用、文学赏析等。这个过程还要求教师回顾自己过往的教学，以前教过哪些，进行过哪些相关的练习，学生大致掌握到什么程度。

（2）分层阅读，从短文中寻找训练的契合点，进行题目设计。

（3）教师试做，用以确定题目在措辞、答案可行性、时间规划、留空长短、分数配比以及排版处理等方面的问题。还可以体会学生在完成这些练习时的心理状态，减少因为出题不当而造成学生时间浪费或思路不畅的局面。

（4）确定题目和参考答案。

出题也要变变花样

阅读题的生命力通常表现在选文上，针对不同的选文，可以设计出不同答案的阅读题。但是，阅读题的变化也很少，归结起来就那么几种类型，所以，学生做阅读题时也很容易因为形式上的无变化而倦怠。同时，阅读题中关于主题概括一类的小题（一般放在系列小题的后面），往往要求学生写很多概念性的话语，既难总结表述，又让阅读索然无味。

我们可以改变这样的出题方式，在形式上稍微变一变，促使学生认真阅读，这样既能锻炼学生提炼主题思想的能力，又可以激发学生的书面表达欲望。

例如，我曾经让学生阅读一篇题为“修车人”的短文并要求学生完成相关练习。文章塑造了一个朴实的修车人的形象，修车人老蒋即使在半夜接到电话求助也会赶过去修车。这篇短文的结尾是这样的：

> 十几分钟后，车胎补好。我们问他：“多少钱？”心想着，这么深的夜，这么寒的风，他多收点钱也是应该的。他却让我们先把车子启动好了再说，当看到我们的车子能顺利行驶了，这才说：“好了，车没问题了，你们就给五块钱吧。”
>
> 我们很意外，要多给他，他不肯要，只收下五块钱。“以后若车子坏

了，随时可以打电话找我。”他跟我们挥挥手，走了。瘦小的身影，依然瘦小，却那么让人感动。风吹在身上，再不觉冷。

（扬子晚报，2010-04-06）

平常我们出题，一般会要求学生说说人物形象：

读了这篇短文，你觉得修车人老蒋是怎样的一个人？

其实，这样的题型是学生最不喜欢又最难回答周全的题型。我改变了出题方式，没有出上面的题型，而是将原文末段的最后两句掩去，换用“望着他的背影”作为引导句，另起一行成为一个新的结尾自然段，让学生想象，自己写完这段结尾：

望着他的背影，____

____

这种出题方式不仅需要学生认真阅读短文所描写的情境，然后想象可能的尾声情景，同时，还需要学生从作者的角度思考对修车人的总体印象，这比要求学生概念性地用“助人为乐”“无私奉献”等来表述人物会更具体，学生的情感抒发也会更真挚。

批改的“善后”也重要

对于阅读练习的批改，没有特殊的要求，关键是做好善后。

（1）做好对学生订正的指导，特别是对后进生的订正讲解和二次批改，将会促进其将认真阅读进行到底。

（2）适当统计分析，并结合实际情况对题目进行完善，然后归类存档，甚至还可以附优秀作业若干。好题目是教师教学智慧的结晶，是教育学生学习的优质资料，既可以作为同行的出题参考，又可以减少二次出题时的随意性。

通过阅读练习让学生学会关注细节

英国剑桥大学心理学家弗雷德利克·巴特利特在1932年做过一个著名的实验，他首先让一些参与实验的人阅读一个简短的散文故事（如《鬼魂之战》），然后在某段时间后，让他们自由回忆出所能记住的内容；或是讲一个故事给某人听，这个人再讲给另一个人，如此下去。他想通过检查该故事经过“复制”后的内容，分析人们遗忘的特点。

大约20小时后，一个被试做了第一次复述。总体上复述的内容较短，用语比较通俗，有相当数量的省略和词语转换，比如用一些常用词替换了不熟悉的词语，例如，用“船”代替了“独木舟”等。

8天后，同一被试再次复述这个故事。这次的复述更加简略，原文中的一个专用名词被漏掉了。但是第一次复述时漏掉的“我可能被杀死”这个理由出现了。

6个月后，又一次测试回忆的结果。在这次极短的复述中，所有不常用的术语、专用语，以及那个超自然力量的提法都被漏掉了。

最后，让一个被试在两年半后回忆这个故事（这两年半的期间，他没有再看原文，也没有再想过这个故事）。结果怎样呢？只有故事中最简单的梗概被保留了下来，几乎没有细节方面的详细阐述，几个主题似乎与被试认为应该发生的事情有关联，而不是与故事中确实发生了的事情有关联。例如，原文中的描写是别人说主人公被击中了，“而他却没有感觉”，最后，他是“在太阳升起的时候”倒下了。而被试回忆说，主人公“最后受伤死了，是在太阳落山的时候”。你看，不同吧，但他认为这样的结局才是自然的。巴特利特推测是被试将以往看过或听过的民间故事的情节揉进了对故事的回忆之中，而且成为记忆中具体的事实。

另外，巴特利特在其实验分析中还说，被试对材料的态度也决定了回忆的程度。

（罗伯特·L.索尔索，2006）

这个研究给我们指导学生开展阅读以及指导学生完成阅读作业一些启示：

（1）有时候我们认为学生阅读不够耐心细致，并把原因归为学生阅读态度不端正。这个分析也许不对，在阅读中，学生对故事不能够细致地描述是很难避免的，并不是因为学生的阅读态度造成的。所以，帮助学生提高记忆水平，需要我们耐心指导。

（2）小学生阅读时虽然对动人的情节能够津津有味地看，但那些主要是想象层面的乐趣，并没有和已经学过的词汇及经验对应起来，比如，对描述细致情节的语言形式就注意不够，或是与曾经的语言积累产生混淆。学生做阅读练习的时候，除了容易忽略一些细节的描写，还比较容易想当然，把以前在课文中学到的内容和正在阅读的内容混淆，影响正确地解答。这个在高年级阶段“粗心学生”的身上体现得尤为明显。

（3）中年级阶段布置阅读作业，不要设置对全文概括性描述的题目，因为强迫这个年龄段的学生进行大规模概括和记忆是很不现实的，写错、写不全都很正常。中高年级的阅读作业应该训练学生关注文章的具体结构、修辞和对关键性细节的描写，因为一篇好文章必然是由这些要素体现出来的。用那些生动、形象、精辟、动情的语言材料，不断刺激学生的头脑，使学生积累一定的阅读鉴赏经验，对其今后更广泛地阅读和自由地写作都有好处。

（4）上面提到的不熟悉的概念和说法很有可能被熟悉的信息所代替的说法，也给了我们另一个启示：有意识地扩大学生的阅读量，可以扩展学生的认识视野，提高学生的理解能力，为其更广泛、深入地学习奠定学识基础。

例1　“全场的听众静默了”

适用范围：小学高年级

阅读并完成练习。（25分）

我心飞翔

朱世杰

这个周六下午，学校召开家长会，其中的一项议程是聆听教育专家孙宝平教授关于“让孩子爱上学习”的专题讲座。讲座临近结尾，孙教授讲述了一对父子读书的故事。

那是一个寒冷的冬天，孙宝平教授与专家团一行人应邀去内蒙古一所普通中学做报告。户外正大雪纷飞，会议室内却人头攒动。一个穿着非常破旧的中年男子，牵着两只羊，也挤在人群中听课。孙教授当时还笑着说了他几句：“呵呵，这位家长怎么把羊也牵来了，难道它们也听得懂讲座吗？”

会议结束后，专家团开始有偿派发一些关于家庭教育的学习资料。那中年男子牵着羊挤到孙教授面前说：“你好，孙老师！我的儿子因为一场交通事故，脚落下了残疾，但他非常热爱读书。我希望也能得到这些资料，可我没钱买，能不能用这两头羊换呢？”孙教授一听，笑了笑说：“书，我可以免费赠送给你，但羊就免了，我总不至于牵着两头羊上飞机吧。我只有一个要求：你能带我去你家看看吗？”

孙教授跟着中年男子来到他的家，进门第一个感觉：这个家真的是太穷了，简直一贫如洗。不过他儿子的书房里装满了“财富”：侧面的墙壁上全部“挂”的是书。他家没有书柜，书放在木板上，木板是一层一层钉在墙壁上的。趁那男子忙着烧水的工夫，孙教授和孩子拉起了家常。

坐在轮椅上的孩子一拉开话题，讲的全是他爸爸的故事。因为不识字，孩子小时候，爸爸经常让儿子给他讲故事。儿子为了完成这个看上去有些滑稽的任务，不停地阅读以满足爸爸的好奇心。后来，儿子明白过来了：爸爸是通过这种方式激励他多读书、读好书。爸爸真是用心良苦啊！

有一次，儿子说，他想读我国台湾地区某著名作家的书。爸爸二话没说，马上冲出房门，在县城的书店满世界找。当时天快黑了，外面又下着大雪。书买齐后，爸爸把书塞在衣服的最里面。可没想到，回来的路上一不留神摔了一跤，他疼得一时无法行走，只能一下一下在雪地上爬着回家。

儿子开门的那一刹那，几乎不认得自己的爸爸了。而爸爸站起身来讲的第一句话，竟是："儿子，你看，我身上虽然弄脏了，但这些书，没有一本是脏的。"这句话，儿子发誓说他将铭记一生。

孙教授讲，现在那个孩子已经是内蒙古相当有名气的少年作家了，他出版的第一本书的名字是"我心飞翔"。

故事讲完后，全场的听众静默了几秒钟，然后报以热烈的掌声。

（扬子晚报，2009-06-04，出题时有删改）

①孙教授讲述了一对父子的读书故事。用简短的话概括这个故事。

____

____

____

②联系文中的描述，在第二段的横线上补上一段当时场面的描写。

③家长会上，孙宝平教授做了"让孩子爱上学习"的讲座。他在最后讲述了那对父子的读书故事。孙教授是想对家长们说：____________

____

④"故事讲完后，全场的听众静默了几秒钟"——家长们静默了，因为他们想到________________________________

____

____

老师们，请设想一下选定这篇短文作为阅读练习的理由是什么？能够训练学生的什么能力？对学生的见识有哪些扩展？

上面例子中的第二小题，就是典型的根据语境进行想象的练习。人们在面对幽默玩笑时，会自然地显出窘迫的样子，这在生活中很常见，但是，这样的情景要写得很形象也比较难。这里让学生写，既是考查学生对想象情景的写作能力，也是在帮助学生积累作文素材。第四小题的出题思路是一样的，只不过换了一个角度，启发学生回想平时家长的生活情景和做事风格等。这也是对作文素材的提取训练。

例 2 “孩子，我为什么打你”

适用范围：小学高年级（考虑到小学生的阅读情况，对原文有删改。——作者注）

课外读写。（18 分）

孩子，我为什么打你

毕淑敏

有一次与朋友聊天，我说，我这一辈子，从没打过人……你突然插嘴说：“妈妈，你经常打一个人，那就是我……”那一瞬，屋里很静很静。那一天，我继续同客人谈了很多的话，但一直心不在焉。孩子，你那固执的一问，仿佛爬山虎无数细小的卷须，攀满我整个心灵。面对你的眼睛，我要承认：这个世界上，我只打过一个人。不是偶然，而是经常；不是轻描淡写，而是刻骨铭心。这个人就是你。

在你很小很小的时候，我不曾打你。你那么幼嫩，好像一粒包在荚中的青豌豆。我生怕任何一点儿轻微的碰撞，都会将你稚弱的生命擦伤。我为你无日无夜地操劳，无怨无悔。我向上苍发誓：我要尽一个母亲所有的力量保护你，直到我从这颗星球上离开的那一天。

你像竹笋一样开始长大。你开始淘气，开始恶作剧……你摔破盆碗、折毁玩具、遗失钱币、弄脏衣服……我都不曾打过你。我想这对于一个正常而活泼的儿童，都像走路会摔跤一样应该得到原谅。

第一次打你的原因，已经记不清了。总而言之那时你已渐渐懂事，初步具备童年人的智慧，你像一匹顽皮的小兽一样我行我素，而我则要你接受人类社会公认的法则……为了让你记住并终生遵守它们，在所有的苦口婆心都宣告失效，在所有的夸奖、批评、恐吓以及奖赏都无以建树之后，我被迫拿出最后一件武器——殴打。

如果问我为什么要打你，我只能说，假如你去摸火，火焰灼痛你的手指，这种体验将使你一生不会再去摸它。孩子，我希望虚伪、懦弱、残忍、狡诈这些最肮脏的品质，当你初次与它们接触时，我能够通过打让你感到切肤的疼痛，从此与它们永远隔绝。

我谨慎地使用殴打。每当打你的时候，我的心都在轻轻颤抖。我一次又一次问自己：是不是到了非打不可的时候？不打你我还有没有其他的办法？只有当所有的努力都归于失败，孩子，我才会举起我的手……每一次打过你之后，我都要深深地自责。假如惩罚我自身可以使你吸取教训，孩子，我宁愿自罚。但我知道，责罚不可以替代，它如同饥饿中的食品，只有自己嚼碎了咽下去，才会成为你生命体验中的一部分。

我从不用工具打人。打人的人用了多大的力气，便会遭受到同样的反作用力，这是一条力学定律。我愿在打你的同时，我的手指亲自承受力的反弹，遭受与你相等的苦痛。这样我才可以精确地掌握力量，不至于失手将你打得太重。

我知道打人不对，但这个世界给了为人父母一项特殊的赦免——打是爱。世人将这一份特权赋予母亲，当我行使它的时候臂系千钧。我毫不犹豫地认为：每打你一次，我感到的痛楚都要比你更为久远而悠长。因为，重要的不是身累，而是心累……

孩子，听了你的话我终于决定不再打你了。因为你已经长大，因为你已经懂了许多道理。毫不懂道理的婴孩和已经很懂道理的成人，我以为都不必打，因为打是没有用的。唯有对半懂不懂、自以为懂其实不甚懂道理的孩童，才可以打，以助他们快快长大。

孩子，打与不打都是爱，你可懂得？

（1）联系上下文，写出下列词语的意思。（4分）

“我行我素”指的是________________。

“臂系千钧”指的是________________。

（2）根据文章内容用简要的话填空。（6分）

“你那么幼嫩，好像一粒包在荚中的青豌豆。”“我”舍不得打你，因为________________；“你像竹笋一样开始长大。”“我”不会打你，因为________________“你像一匹顽皮的小兽一样我行我素。”“我”第一次打你，因为________________。

（3）作者为什么说“打与不打都是爱”？（4分）

________________。

________________。

（4）你的妈妈（或爸爸）打过你吗？读完这篇短文，你一定有了新的认识。你想对妈妈（或爸爸）说些什么？简单地写一段话。（4分）

____

____

____

要真正读懂短文，需要让学生形成一个情绪情感共鸣的“场”，所以首先要让学生带着思考去读，作者为什么说“打与不打都是爱”？学生要去读短文中描写作者内心感受的语句，再做比较，然后讲出自己的理解。

同时，还要让学生主动联系自己的生活经历，去体验作者的感情，并联想自己的经历。移情，是一种很好的写话训练手段，可以让学生从读文章中联想自己的生活。在题目中，学生比较父母对待自己的态度，回忆一些难忘的经历，让原本留在记忆中的认识和情感得以升华，达到体会真情、笔抒胸臆的目的。

作文

怎样设计作文题?

作文是小学生语文学习中十分重要的一个方面，作文的训练大概要占到整个小学生语文作业的一半左右。作文训练综合性强，常常是学生最为头疼的作业，不仅要有字词句篇的知识积累，还要有观察思考的能力涵养，甚至还要有又好又快的书写水平。正因为如此，教师在布置作文练习时，必须要明确习作目标，充分考虑练习方式，引导学生以积极活跃的心理状态投入到每一次的作文写作中。

小学生的习作，无非是记事写人。记事写人也无非是写好事情经过，写好人物举止，写好环境场面，写好自己的感想。教师切记不要人为地将小学生作文的要求拔高，让学生感觉自己写的作文很差劲。有时候真是老师自己在折腾自己：明知道学生达不到要求，却故意刁难；学生做不来，又大为恼火；把学生搞得灰头土脸，自己又唉声叹气。

教师要通过作文让学生练什么？学生可以通过写什么来实现？作文题目就是这些要求的具体呈现者，所以，教师要讲究作文命题的策略。在前文《作业题目的表述要有指向性》一节，我列举了主题为“我的 2009”的习作出题方式，就是希望教师明白这样一个道理：出一个好的作文题目，等于指导学生习作取得了一半的成功。

用题目指引学生动笔

1. 命题作文

这一类习作是最常见的。建议在题目中出现的关键词要能唤醒学生脑海中的相关情境。例如，“我笑了”，就会比“记一件愉快的事”更容易激活学生的记忆；“那一次是我错了”，就会比“记一件印象深刻的事”更容易触动学生的回忆，学生选材也会更加准确一些。

2. 半命题作文

我们出题让学生写作文，不是让他们写不出来，而是看他们能写得怎么样。针对小学生比较在意事情发展的结果的认识特点，除了题目要有情境启发性外，作文的题目留空处要填的关键词要能唤醒学生典型的情绪。比如，“说起这件事，我就________”，教师设计的时候就会考虑到需要学生填空的词语要具有典型性，让学生一看就能引发对过往事情、具体情绪的回忆，写起来就容易“有血有肉”了。

3. 给材料作文

给材料作文是越来越被广泛使用的出题方式，教师主要是看重材料实例本身具有典型性，能够为学生提供生活经验、情感经历等相似的情境。所以，给材料作文一般能够比较具体地提示和约束学生写作的方向和范围，学生一般比较容易落笔。

（1）续写：这是最常见的写作要求，一定要提醒学生认真阅读材料，认真想象事情的来龙去脉，以读促写。

（2）插叙：这种练习比较少见，但是要求较高，有一定的挑战性。

（3）仿写：这种写作要求在考试的时候比较少见，但是可以让学生在平常练习。

（4）读后感：这种练习经常被使用，但是难度很低，关键是学生要能把握好作文结构，并联系自己的生活实际，才能写得充实。

（5）自由写作：适用于小学中高年级——要求在把握实例的主旨之后，联系自己的生活和体验自由写作。

（6）看图写话：看图写话的实质就是用图画为学生提供一个情境，以及相应的人物关系和事件要素。学生根据这些信息，充分想象和联想，在头脑中“还原”场景、“经历”过程、“体验”情绪以及“感悟”道理等，以此为依据，写成一篇作文。进行看图写话时，很多学生不容易观察完整，所以，常常会出现读图偏差、错误理解图中描绘的事情、对事情的来龙去脉不太容易讲清楚等。练习看图写话，可以把握这几点：认真看全图，上下左中右，想象时地人，推测事前后，画面眼中动，描写紧随后。

题目的私人订制

即便是全班共同参与和经历的活动，学生动笔记叙的出发点和描写意愿也是不一样的。例如春游、艺术节活动、班级委员改选等，如果我们只是布置“回去写日记吧”，大部分孩子会按照作文的常规要求顺利完成作业，但是仍然会有一些孩子茫然不知所措。他们多数是因为不知道从何入手，不知道该选哪些事写，在他们看来，好像都有印象，又都没有印象。所以，除了进行选材和构段方法的指导外，我们还可以改变一下出题策略，来化解这样的尴尬。

一次春游，在玩“桥世界”时，一群学生欢欢喜喜过桥，不料一个女孩不小心落水了。好在水池不深，很快我们就把她拉上了岸。这个场面也把前后的学生吓坏了。这件事当时轰动了全班，自然也是当天活动中的最大插曲。回来在做春游日记的写作指导时，我们就采取了题目“私人订制”的方式（如图 2-13 所示），用一组题目来激活全班学生的写作热情。

我落水了！
我也落水了！
有人落水了！
听说有人落水了！
幸亏我没有落水
我也想落一次水

图 2-13

题目一出来，每个学生都可以对号入座。第一个题目，是为那位落水女孩准备的。我们也希望她用放松的心态来叙写这件事，不至于留下阴影和未来的畏惧。第二个题目，是给另一个小男孩准备的，他当时调皮，在另一处滑到了水里，然后被体育老师拎了上来。“有人落水了！”是给在一旁的目击者准备的，他们看到了整个过程。“听说有人落水了！”是给不在场的同学准备的，他们是后来听说的，一定有他们的好奇和关注。“幸亏我没有落水”和“我也想落一次水”这两个题目是对孩子们内心体验的挖掘，我们试图以此来引导孩子进行深度的却又很有趣的想象，完成一篇不一样的日记作文。

结果，学生很快就乐滋滋地完成了作文（如图 2-14、图 2-15 所示），然后，我们互相交流，大家可开心了。

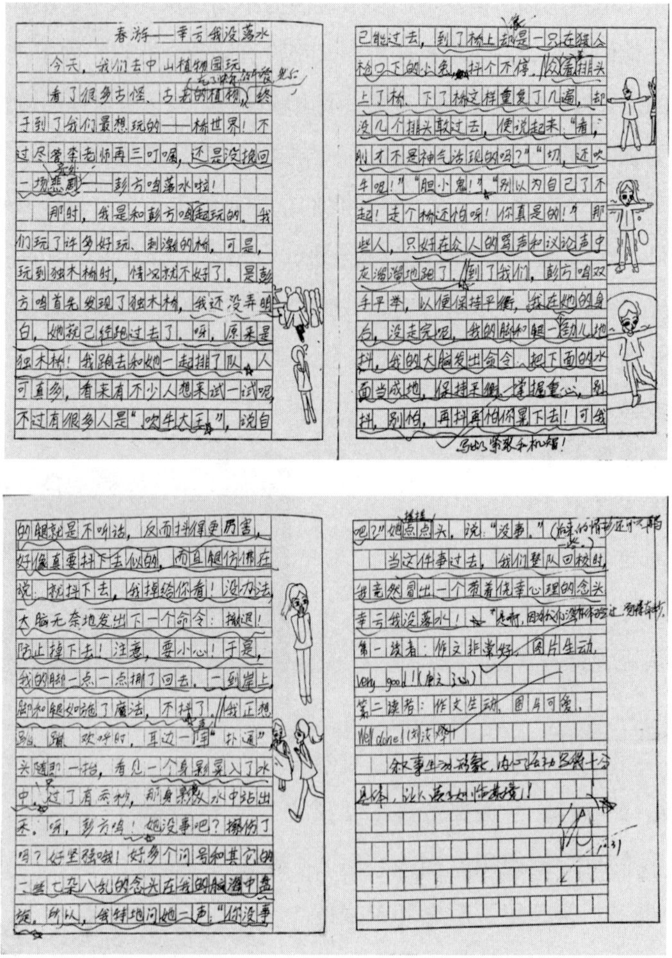

春游——幸亏我没落水

今天，我们去中山植物园玩，看了很多古怪、古老的植物，终于到了我们最想玩的——桥世界！不过尽管李老师再三叮嘱，还是没挽回一场悲剧——彭方鸣落水啦！

那时，我是和彭方鸣一起玩的。我们玩了许多好玩、刺激的桥，可是，玩到独木桥时，情况就不好了。是彭方鸣首先发现了独木桥，我还没弄明白，她就已经跑过去了。呀，原来是独木桥！我跑去和她一起排了队，人可真多，看来有不少人想来试一试呢，不过有很多人是“吹牛大王”，说自己能过去，到了桥上却是一只在猎人枪口下的小兔，抖个不停。队伍排头上了桥、下了桥这样重复了几遍，却没几个排头敢过去，便说起来，“看，刚才不是神气活现的吗？”“切，还吹牛呢！”“胆小鬼！”“别以为自己了不起！走个桥还怕呀！你真是的！”那些人，只好在众人的骂声和议论声中灰溜溜地跑了。到了我们，彭方鸣双手平举，以便保持平衡，我在她的身后，没走完呢，我的脚和腿一个劲儿地抖，我的大脑发出命令，把下面的水面当成地，保持平衡，掌握重心，别抖，别怕，再抖再怕你掉下去！可我的腿就是不听话，反而抖得更厉害，好像真要抖下去似的，而且腿仿佛在说：就抖下去，我掉给你看！没办法，大脑无奈地发出下一个命令：撤退！防止掉下去！注意，要小心！于是，我的脚一点一点挪了回去，一到岸上，脚和腿如施了魔法，不抖了。我正想跳，蹦，欢呼时，耳边一阵“扑通”，头随即一抬，看见一个身影晃入了水中，过了有两秒，那身影从水中站出来。呀，彭方鸣！她没事吧？摔伤了吗？好坚强哦！好多个问号和其它的一些七杂八乱的念头在我的脑海中盘旋，所以，我特地问她一声：“你没事吧？”她点点头，说：“没事。”

当这件事过去，我们整队回校时，我竟然冒出一个带着侥幸心理的念头：幸亏我没落水！

第一读者：作文非常好，图片生动，Very good！（康文沁）

第二读者：作文生动，图片可爱，Well done！（刘沁婷）

叙事生动形象，内心活动写得十分具体，让人惹如临其境！

图 2-14

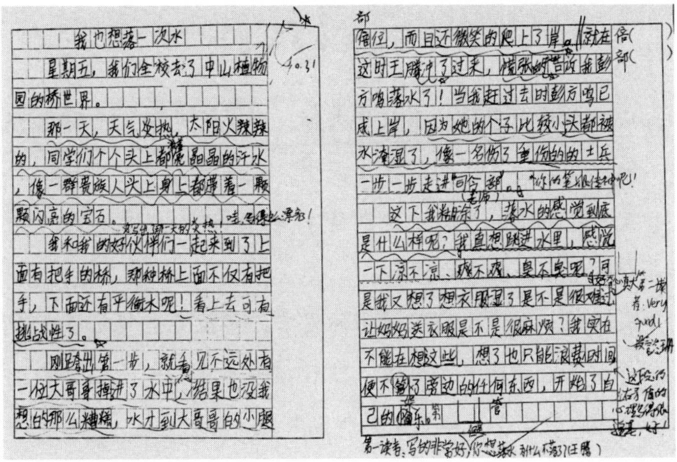

我也想落一次水

星期五，我们全校去了中山植物园的桥世界。

那一天，天气炎热，太阳火辣辣的，同学们个个头上都渗满晶晶的汗水，像一群贵族人头上身上都带着一颗颗闪亮的宝石。

我和我的好伙伴们一起来到了上面有把手的桥，那种桥上面不仅有把手，下面还有平衡木呢！看上去可有挑战性了。

刚踏出第一步，就看见不远处有一位大哥哥掉进了水中，结果也没我想的那么糟糕，水才到大哥哥的小腿部位，而且还微笑的爬上了岸。就在这时王腾冲了过来，慌张地告诉我彭方鸣落水了！当我赶过去时彭方鸣已成上岸，因为她的个子比较小头都被水淹湿了，像一名伤了重伤的的士兵一步一步走进"司令部"（老师）。

这下我糊涂了，落水的感觉到底是什么样呢？我真想跳进水里，感觉一下凉不凉、爽不爽、臭不臭呢？可是我又想了想衣服湿了是不是很难过，让妈妈送衣服是不是很麻烦？我实在不能在想这些，想了也只能浪费时间便不管了旁边的任何东西，开始了自己的旅途。

第一读者：写的非常好，你想落水那么不落了？（王腾）

图 2-15

多角度、多维度揣摩学生心理，用题目话题来引导学生进行写作训练，这是常规写作指导的有益尝试，让学生更容易找到写作的源泉。

教师用试写来推敲作文题

对于需要学生练习的作文，比较有经验的教师会事先自己尝试写作，我们称之为“下水作文”。

教师试写，或是仅仅在脑海中进行构思尝试，可以推敲习作命题的可行性。这个过程，有很多好处：首先，可以体会学生在完成作文过程中的甘苦，了解学生在完成此次作文时会遇到哪些困难，进一步完善命题或习作提示，让学生能够比较轻松地驾驭习作。其次，通过试写，教师也能熟悉各种纯粹习作（区别于写论文、研究报告、工作小结等）的写作方法和技巧，不至于工作了多年以后就把文笔荒废了。另外，写得好还可以作为学生的范文，带动学生的写作热情，赢得学生真诚的掌声，并获得小小的成就感。

所以，教师要不断告诫自己：拳不离手，曲不离口，只有自己勤奋，才能带出高徒来！

留一点掌声给自己

我从一个初出茅庐的小伙子老师，到今天两鬓染上白霜还在讲台上滔滔不绝，在二十多年的教学生涯中，我迎来又送走了一届又一届的学生。每天除了教书，最多就是期待掌声的响起——我和我的学生一起用掌声来表达学习和生活的快乐。

每次遇到一个学生有了精彩的发言，甚至完全超越了我的思考和预计，我都由衷地朝他点头微笑，然后招手示意全班为之鼓掌，并看着他涨红了脸开心地坐下，享受掌声所带来的欣喜。

前年毕业的一个大个子女孩儿，刚到班上时还很胆怯，从不敢举手。但是，慢慢地，我和同学们发现了她写作业很工整，又发现她读书很好听，再发现她听课时很会思考，还发现她能讲小故事……于是，我们就一次次地给她鼓掌。后来，她的演讲很精彩，她的朗读、朗诵得了全校第一……这些掌声也让我难忘。

当然，最让我时时心动的，还是学生送给我的掌声。我有时激情朗诵，或是现编一段小品，偶尔讲一段肺腑心得，甚至是和学生来一次诗句接龙，常常赢得学生的阵阵掌声。每到这时，我也会涨红了脸，像个孩子，傻笑。

给学生掌声，也留一点掌声给自己，开心呢！

上面的短文，原是一张五年级语文单元练习卷的作文（如图 2–16 所示）。对，是我以前写的，现在我已经教书满 30 年啦。

写它，仅仅是因为觉得我想给学生做个表率，写所谓的“下水文”。那天发下练习卷后就放学了，然后是周末。我想估计一下学生怎样去构思，用多长时间完成，会遇到什么困难。于是，就抽空写写看，体会一下其中的甘苦，顺便在下周一收卷子时，可以显摆显摆为师的本事——我也写了！

这样的题目，一看就是议论性的，填进题目中的那个词，就会是文章的主题。留什么？这个词，可以是具体的物件，也可以是虚指。物件，就是自己也想要的东西。虚指，可以是时间、心情，是自己感受得不够、缺少的东西。这样的分析，对于我容易，对于小学生来说，就不那么容易了。他们不擅长从生活的纷繁现象中聚焦一样事物，更不擅长用条分缕析的方式加以论述。有没有比较轻便的技巧，足以应付这样一篇作文呢？

其实，如果把它写成记事的文章，也是可以的，具体讲述一件事的来龙去脉，最后的结尾一定要熬一匙心灵鸡汤，不然不合体例。但是，这样的好看文章，我不太喜欢。

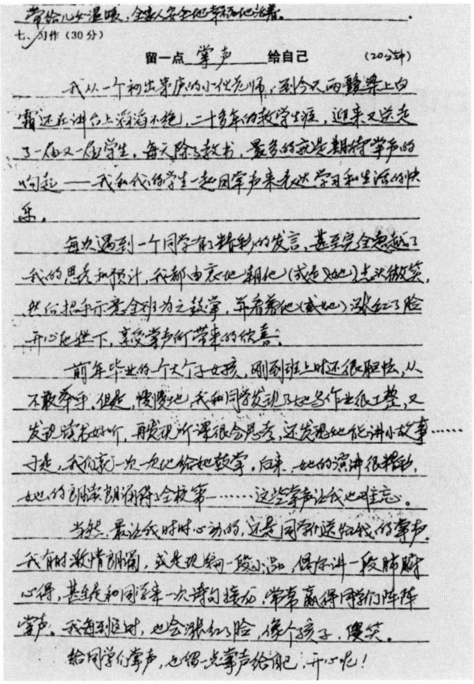

常给儿女温暖，全家人安全地幸福地活着。

七、习作（30分）

留一点掌声给自己（20分钟）

我从一个初出茅庐的小伙老师，到今天两鬓染上白霜还在讲台上滔滔不绝，二十多年的教学生涯，迎来又送走了一届又一届学生，每天除了教书，最多的就是期待掌声的响起——我和我的学生一起用掌声来表述学习和生活的快乐。

每次遇到一个同学们精彩的发言，甚至完全超越了我的思考和预计，我都由衷地朝他（或是她）点头微笑，然后把手示意全班为之鼓掌，并看着他（或她）涨红了脸开心地坐下，享受掌声所带来的欣喜。

前年毕业的一个大个子女孩，刚到班上时还很胆怯，从不敢举手。但是，慢慢地，我和同学发现了她的作业很工整，又发现她读书好听，再发现她作文很会思考，还发现她能讲小故事……于是，我们就一次一次地给她鼓掌。后来，她的演讲很精彩，她的朗读朗诵得了全校第一……这些掌声让我也难忘。

当然，最让我时时心动的，还是同学们送给我的掌声。我有时激情朗诵，或是现场写一段小品，偶尔讲一段肺腑心得，甚至和同学来一次诗句接龙，常常赢得同学们阵阵掌声。我每到这时，也会涨红了脸，像个孩子一样傻笑。

给同学们掌声，也留一点掌声给自己，开心吧！

图 2-16

我想到了平常教给学生的话题性作文的五段构思法。既然能教给学生，自己干吗不用一用，也算给学生做一次示范。

说干就干，跟要求学生一样：看一下闹钟，算时间；拿一张草稿，写提纲；然后，动笔！

填什么词？可写的太多。那时的我，最需要的是什么？是什么？是什么？

“欣赏和鼓舞”！是的，那么就是“掌声”。好了，就写它！

收笔的时候，再看了一下时间，在试卷上郑重地写下“20 分钟”几个字。

后来，我把这张练习卷贴在了黑板边，让学生看。学生也由衷地还给我很多微笑，我知道，他们在心中给我鼓了掌。

教书一辈子，能留点什么给学生？

又能留一点什么给自己？

口语交际

作业本上的口语交际课

很多教材在每个单元的练习中都设置了口语交际类的练习，围绕一个给定的主题，在课堂上展开问答、对话等口语练习。这样的安排在一定程度上保障了学生在口语能力训练上的时间和机会。

先来看一则口语交际题（选自苏教版《语文》五年级上册）：

〈口语交际〉

学会拒绝

当别人对你提出不合理的要求，或让你去做力所不能及的事情时，你应该学会拒绝。当然，拒绝也要讲究方式方法。

如果遇到下列情况，你会怎样去拒绝呢？先议一议，再演一演。

（1）星期天，李博文约赵晓刚去网吧打游戏。

（2）王硕丰没完成作业，请组长帮他编个理由。

（3）爸爸带方晓钟到公园去玩，晓钟的个头刚刚超出享受半票优惠的高度，爸爸让方晓钟猫着腰混进去。

但是，现实的课堂并没有这么理想化，当班级人数很多的时候，这样的训练就很难落实到课堂中的每个学生，而且，过时不补，真正得到训练的学生也只有一次训练机会。那些比较活跃的学生可能每次都“霸占话语权”，所以，真正得到训练、得到多次训练机会的少而又少。

另外，由于口语交际并没有被列入考试范围，所以，有不少教师把它当成鸡肋，有意无意地忽略了对学生口语交际的训练。

怎样挽救这种尴尬的局面？除了教师重视、增加学生的参与机会等方法之外，我还想到了另一种方法：活用口语交际题，进行小剧本创作。在上完本次口语交际课以后，我给学生布置了这样一道作业题：

选择其中的一个话题，想象当时的情景，写成一段小剧本。抽空和小组的同学演一演。

第二天，学生创作的“剧本”都交上来了，其中不乏精彩之作。

例如下面这一篇。（杨东弘波同学编写）

时间：星期天上午

地点：路上

人物：李博文，小学生

赵晓刚，李博文的同学

（幕起，赵晓刚出门，遇到李博文。）

李博文：喂，哥们儿，见了我也不打声招呼。这是去哪儿？

赵晓刚：（不屑一顾地）就是想出来透透气呗。

李博文：哎，作业写完了吗？

赵晓刚：（点了一下头）写完了。

李博文：（热情地）那我们去网吧打会儿游戏？

赵晓刚：（很认真地）不行，未满 18 岁是不能进网吧的。

李博文：反正又没人检查，而且又是星期天！

赵晓刚：我们一定要遵守规则。

李博文：瞧你那认真样儿！

赵晓刚：我们一上网吧就会上瘾，学习就该下降了！

李博文：（不高兴）你这人怎么这么啰唆？你还是我哥们儿吗？

赵晓刚：一码归一码，这是两回事。

李博文：（恼火地）你，你这人太扫兴了。我自己去！

赵晓刚：你敢！我这是忠言逆耳！

李博文：（往前走几步）我就去，怎么着？

赵晓刚：如果这是件好事，我会劝你吗？

李博文：我才不管这是好事还是坏事呢！

赵晓刚：（斩钉截铁地）我再说一遍，请你不要去。这样会影响学习！

李博文：（无奈地）好，算我拗不过你。

赵晓刚：好了，你也回家吧。如果你想到我家玩，我可以奉陪！

李博文：好，我回家。

（幕落。）

我在他作业本上的评语是：很有编剧才华！

之所以让学生在课后将口语交际题以小剧本的方式进行练习，主要是要让每个学生以这种方式“延续”口语交际训练的成果。

在小剧本的创作过程中，学生需要经历一个“虚拟现实”的过程。学生以口语交际的主题为线索，在头脑中想象一个情境、一些场景、人物，当然，还不能忘记自己的存在，将自己化为其中一个角色。然后，在这个虚拟的情境中，对话的双方开始了互动……这特别像是一个人自己跟自己下棋。学生一边徜徉在这个情境中，一边把这些想象化为字句写下来。这个情境和经历是虚拟的，学生的角色扮演也是虚拟的，但是这些是在学生脑海中“实际发生过的”。

虽然这还不是真正意义上的口语交际，但是，相比学生在课堂上被晾在一边无所事事，或是每次都只能充当观众，还是能够有所作为的。

另外，有些学生平常少言寡语，但是不代表他们就没有良好的语言表达能力，或许只是性格特点、临场气氛掩盖了他们的才华。只有他们在作业本中写出来了，你才会发现他们的才能。经常出现这样的情景：学生第二天将这些小剧本交来时，你会惭愧地发现——昨天的课堂上要是换成他来演该多好啊！当然，因为有了这样的准备，如果课堂时间还够的话，最好能让他们再演一演。

剧本式的作业，对于那些在课堂上“演出”过的学生而言，也是很有价值的。因为他们演过，有了实际的体验，得失自知，在课后经历那个“虚拟现实”的过程时，就会有更真切的联想，笔下的人物形象和表现方式会比他们在课堂上表演时呈现得更细腻。

同时，教师还要注意一点：在口语交际课堂上，唱主角的不应该是班上那些能说会道的主儿，教师应该积极关注那些少言寡语、还没说话脸就红半边的学生，他们才是真正需要加强口语交际训练的。有一两个学生示范引领后，就赶紧把时间和机会留给他们吧。

古诗

古诗和古玩

古诗和古玩，似乎没有什么直接的关联，但是，从把玩赏析的角度来看，两者又非常相似。

首先，是古老。因为是古代的东西，对于今天的人来讲，就有了时间的距离感，叫作历史。虽然今天还能用一样的材质制作出相似的器物，虽然今天还是用一样的文辞写文章，但是，它们身上只有在那个时代才有的特征和味道，我们今天造不出来，就算仿制了，依然没有那样的品质和精气神。

其次，是故事。可以这么说，没有故事就没有古玩。能够把玩的古董，有着与时间一样久远的故事，流连春秋，颠簸唐宋，只属于那个时代，甚至无从查考。传世的古玩，有着与主人同命运共冷暖的传奇，只属于秉持它的那个人或那一群人，甚至是虚无缥缈的。精巧的古玩，有着与它的出身一样的工艺故事，只属于那时的能工巧匠，或拙朴或巧致，总闪耀着他们生命的灵光，甚至是爱恨情仇。一样的，没有故事，就没有古诗。山水田园，升擢贬谪，远之塞外飞雪，近有小桥人家，言志寄情，每一首古诗，字句中都有着丰富的生活，行款中流露着无尽的情趣，都有一段故事值得品赏。

再次，是品相。古玩被人们玩赏，品相是很重要的因素，无论造型还是材质，无论仪态还是纹理，无论色调还是铭印，都值得细细玩味。古诗也一样，唐诗还是宋词，五言还是七言，对仗还是押韵，一字一词，一虚一实，一动一静，都能给人认真推敲的意趣。

最后，是拥有。即便是经历了时代的变迁和岁月的磨洗，经历过一代又一代人的手，它们被留传了下来，因为它们好，通人性，值得以此陪伴人生，拥有它们，能让此生变得幸福。

我们对待古诗，是否也能像对待古玩那样去守护、玩赏，并将此中的乐趣与别人分享？

今天，很多老师教古诗，教文言文经典，只叫学生译字翻文、死背硬记，只叫学生抄写之乎者也的文法常识，只在讲义上记录“表达了”“表现了”古代文人的种种情和恨……

这些做法，是做什么？是在领着学生——糟践文物。

诗词比比更精彩

学完古诗词以后，教师一般会要求学生抄写、背诵、默写，有的教师还会要求学生连诗词的翻译也一同背诵和抄写。对于前者，学生还能接受，对于后者，学生就很厌烦了。

让学生在课堂上诵读和讨论，意会言传，比较有趣；课后如果要求学生再将课堂讨论过的东西一板一眼地写下来，就会趣味大减。而且，古诗词有情有境，读读背背就很好，非要用现代的白话写下来，很难找到贴切传神的词句或修辞来表达，这不是难为学生吗？

但是，虽然如此，学古诗词还是有生动的作业可以做的，例如比较阅读。比较阅读是培养文学修养中比较重要的技法，尤其是在高年级阶段。比较让文学更具意味，比较可以产生新的认识和感受。我们在古诗的作业上也可以试试。

举个例子：苏教版《语文》五年级下册第23课《古诗两首》，一首是《六月二十七日望湖楼醉书》，一首是《晓出净慈寺送林子方》。

学生初步理解诗句并能背诵后，教师可以给出这样的练习：

朗读并比较两首诗，看看有哪些相同和不同。

六月二十七日望湖楼醉书	晓出净慈寺送林子方
苏　轼	杨万里
黑云翻墨未遮山，	毕竟西湖六月中，
白雨跳珠乱入船。	风光不与四时同。
卷地风来忽吹散，	接天莲叶无穷碧，
望湖楼下水如天。	映日荷花别样红。

两首诗的相同之处：____________________

两首诗的不同之处：____________________

（提示：批改这道题时，不做分数判断，说法合理即可，多多益善。）

这样的练习看似是对诗句的琐碎肢解，其实，只是答案琐碎罢了。学生都是从整体的角度观察的，不是一首诗的整体，而是两首诗的整体。学生在反复比较中，会从不同的角度去感受诗句的意思、景象、情趣。这种练习对小学生来说是富有挑战性的，但又是轻而易举就能完成的。如果这个作业是让学生在课上通过讨论完成，你能想到那愉快而激烈的抢答景象吗？绝对趣味盎然。对了，居然有个学生兴奋地高呼：两位作者姓名的笔画数也是相同的！

将古诗改写成故事

教学古诗的时候，我们会要求学生了解古诗背后的典故或有趣的故事，进而让古诗的学习变得充盈起来。编写古诗故事，就是一项很有趣的作业。

我班的小月同学很巧妙地将两首学过的古诗串联起来，写成了一篇令人耳目一新的文章，文章讲述了一对父子的读书故事：

“孩子，今天晚上就跟为父来学一首诗吧。”陆游慈爱地看着自己的孩子。

“好，请父亲指教。”子聿认真地说。

“先听为父给你念，你再重复一遍。今日的这首诗是唐代诗人杜甫所作，人称‘第一快诗’。”陆游望了望明亮的烛光，然后念道：“剑外忽传收蓟北，初闻涕泪满衣裳。却看妻子愁何在，漫卷诗书喜欲狂。白日放歌须纵酒，青春作伴好还乡。即从巴峡穿巫峡，便下襄阳向洛阳。”

“剑外忽传收蓟北……”听话的子聿重复了一遍。然后，他好奇地问父亲，“父亲，请问这首诗是什么意思，可以解释给儿子听吗？”

“当然！”陆游高兴地说：“古人说得好啊，读书贵能疑，疑能得教益。听着，这首诗的意思是——那收复蓟北的捷报，忽然间从剑外传来。猛听到这个喜讯，杜甫的涕泪就落满了衣裳。再看看妻子和孩子，哪里还有一丝忧伤？他胡乱地把桌上的诗书一卷，高兴得简直就要发狂。哈哈，阳光明媚的天底下，要畅饮美酒；要趁着美好春光的陪伴，赶紧回归我的故乡。放舟从巴峡顺流而下，穿越那巫峡的叠嶂，一过襄阳，便直奔洛阳！听懂了吗，子聿？要不要为父给你再讲一遍？”

陆游虽然讲得口干舌燥，但看着儿子听的那股认真劲儿，从心底里感到高兴。

“孩儿懂了，谢谢父亲！”子聿看出父亲的劳累，连忙摇头，决定睡觉前再好好体会这首诗的意境。

“嗯，很晚了，快去睡觉吧。为父还有些东西要整理，你先去吧。”

“孩儿遵命。”

望着子聿的背影，陆游想：古人做学问不遗余力。少年时花的工夫到了老年时才有所成就。看来书本上的知识还是不完善的，要深切领悟，还必须亲自去实践啊。

想着想着，陆游不禁提起笔来。

冬夜读书示子聿

古人学问无遗力，
少壮工夫老始成。
纸上得来终觉浅，
绝知此事要躬行。

这首诗，后来成了千古流传的名诗。是啊，要了解某件事，书本上提供的资源并不完全，学以致用也要用以致学，学习就在生活中，当然，生活也在学习中。

小月挺有才吧！您也不妨在自己班上试试，相信你们班上会有更多的“小月”！

古代儿童和现代小孩，谁更会玩？

最近，在学习了《古诗两首》（苏教版《语文》四年级下册）后，我给学生布置了一道小论文题：

古代和现代的儿童谁更会玩？

《古诗两首》分别是白居易的《池上》和胡令能的《小儿垂钓》，分别刻画了天真顽皮又质朴可爱的小孩子的形象。

池上

白居易

小娃撑小艇，
偷采白莲回。
不解藏踪迹，
浮萍一道开。

小儿垂钓

胡令能

蓬头稚子学垂纶，
侧坐莓苔草映身。
路人借问遥招手，
怕得鱼惊不应人。

诗句中的他们，是一千多年前的小孩。我们和他们比起来，谁更会玩呢？下面来看看孩子们的论述吧。

我觉得如果对比现代儿童和古代儿童谁会玩的话，应该是古代儿童更会玩。

就拿《池上》和《小儿垂钓》里的儿童举例吧。我发现诗句中始终都没有写这两位儿童的身边有大人陪同，这就说明他们应该是会做那件事的，所以才不找大人帮忙。《池上》那个偷采莲蓬的小娃娃，敢一个人独自撑着小艇，到荷塘里去采莲，这一点和《小儿垂钓》中的那一个儿童十分相似，他也是只身一人在池塘边学钓鱼。从这一点能看出他们敢一个人独处，这比现代儿童要强许多。

现在，虽然科技发达了，人与人之间的互动却少了；虽然游戏多了、更有趣了，我们和大自然的接触却少了；以前是游戏少，玩的花样多，而现在是游戏多了，花样也多了，出来一起玩的小孩却少了。

（吴芊羲）

我觉得现代儿童比古代儿童更会玩，以下举例。

首先，我们现代人能够研制出好玩的游戏。你可能说那些游戏很死板，但是任何游戏都有新的玩法。古代人却只有几种玩的花样。

还有我们现代儿童可以利用科技的力量来进行创造，而古代儿童只是凭借着自己的经验来玩，不知道创新。

所以我觉得现代小孩比古代儿童更会玩。

（毛锦诚）

古时候的孩子和现在的孩子比较，谁更会玩呢？我认为是古时候的小孩更会玩。

因为古时候的小孩更亲近大自然，比如，他们会去捉小鱼，在大自然中玩，还能经常看见绿树，这对眼睛有好处。他们玩捉迷藏，既可以促进朋友之间的关系，又有利于成长和身体的健康。而且他们很会玩，比如，给他们一根铁丝，它们可以做铁圈滚铁环，用在竹竿上捉知了，做成鱼钩钓小鱼，多好呀。

而现在的小孩呢，天天在家打游戏。品德书上讲过，有的同学因为打游戏而死于非命。还有，我们和大自然的距离也渐渐拉开了，许多小孩成了近视眼，成了低头族。据统计，和2000年相比，学生近视人数增加了37%，这还只是小学生。我们玩的电子数码产品是多么不好呀，这还让我们把许多祖传的手艺给丢了。

综上所述，我认为古时候的小孩比现在的小孩更会玩。

（高子健）

怎么样，上面三位学生的论述还行吧？说得头头是道。

班上还有一个孩子说：古代小孩玩得简单，是“会玩”；我们现代的小孩玩的东西多，但是只是“好玩”。听听，挺有道理呢。

说是论文，其实就是写成议论小文章。要想完成这样的论述，也简单，三部曲：

- 提出观点，说谁更会玩；
- 列举事例，比较出各自玩的不同和体会；
- 最后总结，概括想法。

之所以要布置这样的题目，首先是想以此为话题，让学生将课堂学习的阅读理解与学生生活实际经验联系起来，将古代文字中的形象与学生今天的生活状态联系起来，将古今儿童共有的热爱生活的情趣联系起来，也就是说，让古代诗句在今天儿童的心中活起来。其次是以此将想象、比较、表达等语文能力再做一个训练，在学生的不经意间，完成一次读写作业。

觉得好玩的话，给你们班也试试吧。

让诗句走进作业本

学习古诗词不仅是为了抄写背诵，还是为了传承这样一种文学生活。学习古诗至少要有四个层面的内容：寻找一串景物，推敲一处词句，探寻一份情志，体会一种趣味。

例如，苏教版《语文》五年级下册《古诗两首》中选编的《游园不值》和《宿新市徐公店》。

游园不值

叶绍翁

应怜屐齿印苍苔，
小扣柴扉久不开。
春色满园关不住，
一枝红杏出墙来。

宿新市徐公店

杨万里

篱落疏疏一径深，
树头花落未成阴。
儿童急走追黄蝶，
飞入菜花无处寻。

这两首诗就如同两幅画。背景都是春光，但主体不一样，前者是“一枝红杏”，后者是“几个小孩”。也就是说，前者看的是风景，后者赏的是童趣。这是我们理解诗歌的意趣之一。意趣之二，则是“作者”。两首诗，都没写到

“我”，“我”在哪里？意趣之三，是取材。“大诗人和小诗文”，游园不值是扫兴的事，一般人会摇头而去，作者却会因一枝红杏而诗性油然。菜地里几个小孩的嬉戏，又有什么可写？作者却看得津津有味，还留下几行字句。这些都是大诗人、小诗文，在平淡的生活中体味点滴的美好，让生活富有情趣。我们的学生常常会抱怨生活的无聊、作文没东西写，从这里是不是可以得到一些启示呢？

所以，学习作者“留心生活”和“取材生活”，就是很好的教学点。

那么，反过来，我们是不是应该鼓励学生勤于留心、取材，更可以勤于像古代的文人墨客一样用文字来表现生活呢？所以，我在这节课后给学生安排了这样的作业：“将学过的有意思的课文或自己写过的日记改写成小诗，和同学交流。”

同时，也鼓励孩子们将见闻、心得用故事形式或者现代诗的形式呈现在作业本里。

有一天学校遇到停电，又下雨，上课就完全没了兴致。我想让学生换一个方式写作业，就让他们模仿古诗来写微型日记。他们来了兴致，却无从写起。我看看窗外，看看他们，就想显摆一下，即兴来了一段：“细雨纷纷清冷秋，徒儿作业不抬头。七嘴八舌闲话讲，学业好坏不知愁。”在黑板上写完，就听到了抗议：“哼，老师你在说我们坏话，我们不是这样的！”

这就是一次随笔，诗句可以走进今天的生活。

王腾同学在作业本里夹了一个“小信箱”，打开一看，是他昨晚即兴写的一首小诗：“今日晚上雨纷纷，闪电一道又一道。突然来了一声响，把我吓得要哭啊。”看了，顿时觉得惭愧很多，昨晚的天气骤变，闪电和炸雷，以及随后的暴雨，让屋里的人们都惶恐不已，更不知道雨中的人们是怎样的狼狈了。一般来说我都会写点什么，然而没有。是淡然了，还是漠然了，不知道。看这个小男孩的生活随笔，竟然还有点欣喜，竟然还是为自己——这弟子，是我的啊。我给他提了一些修改建议，很快他就修改了（如图 2-17 所示）。说实话，真正让我感动的，是更重要的一件事：自由地动笔，是多么难能可贵啊！

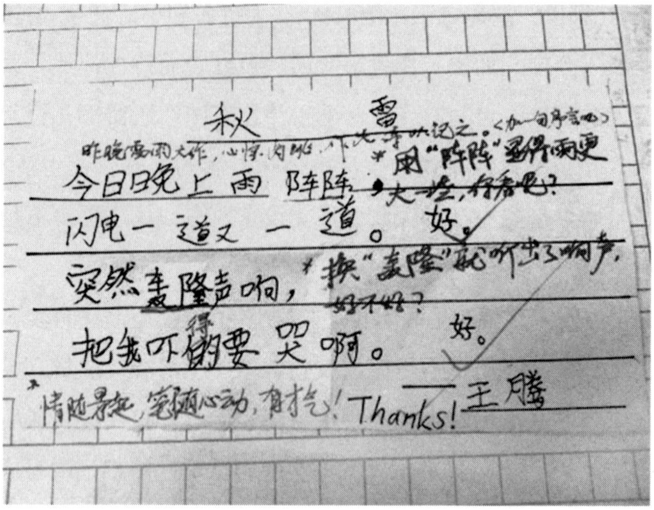

图 2-17

一天早读时翻看作业本，读到一首三段的小诗——《春风》，把春风比作小刀，比作母亲的手，比作空调，读来确有意味。这是一个虎头虎脑的男孩的作品。他昨天放学不是一直在踢球吗，回家还有不少作业，是什么让他欣然提起了笔？

来，读读这首小诗：

春　风

李毅豪

春风像刀一样刮过你的脸上，
你会觉得痛，
这种痛像病毒一样传染，
先进入你的皮肤，
再进入血液，
最后刮伤你的心。

春风给你带来的，

也许不是痛，
也许是舒服，
它不时地抚摩着你的脸蛋，
就像你的妈妈，
不停地照顾你，
不时地陪伴你。

春风像一个空调，
在你玩累的时候，
一阵春风吹来，
给你带来凉爽，
让你能停下来静一静。
春风带来的不止这些吧，
其实，你现在就处在当中，
只是你看不见而已。

我想，南京的春天很特别，早晨是春寒料峭，中午是吹面不寒杨柳风，下午他踢球满身汗，这风自然是来得及时。感受独特，层次清楚，让人很是欣赏。

有的孩子文字基础不好，但这并不影响他的诗意。你看，刚刚批改到班上那个男孩小智的作业，就被他的打油诗给逗乐了，这个自封“宅男”的小子，哼哼唧唧起来，还真有点街头 RAP 的味儿!

宅　男　歌

刘老师，这几天一放学我就回家写作业，天天宅在家里，都难受死了！所以，我编了一首“宅诗”。

一宅二宅三还宅，
天天在家宅死了。
天宅地宅我也宅，

宅来宅去还是宅。
宅东宅西还是宅，
我都快成宅男了。
宅男宅男还是宅，
宅南宅北宅更劲。
我是一个宅男呀，
我是宅男我是宅！

（我的点评：哈哈，看来你要成为宅神啦！）

来来来，对对子

学语文，有时要带学生去玩一玩那些之乎者也的文字，体会古代文人舞文弄墨的意趣，传承优秀的传统文化。

这两天我们在玩“对对子”。对对子的要求很简单：根据所出上联，写出下联，字数相等，词类相当。

例如：

天对地，雨对风，大陆对长空。
山花对海树，赤日对苍穹。
雷隐隐，雾蒙蒙。日下对天中。
风高秋月白，雨霁晚霞红。

（摘自《笠翁对韵》）

跟班上的孩子谈对对子，如果把这《笠翁对韵》也搬出来摇头晃脑，就太概念化了。什么都给你对好了，照着背，见着对，看似反应快，其实都没真正过脑子，只是比赛背书的功夫而已。

所以，这次我们现场出题，考考孩儿们。前面我们学了冯骥才的《珍珠鸟》一课，多有情趣的一篇散文啊。好，来来来，我们就拿这只小鸟来对对子吧（如图 2-18 所示）。

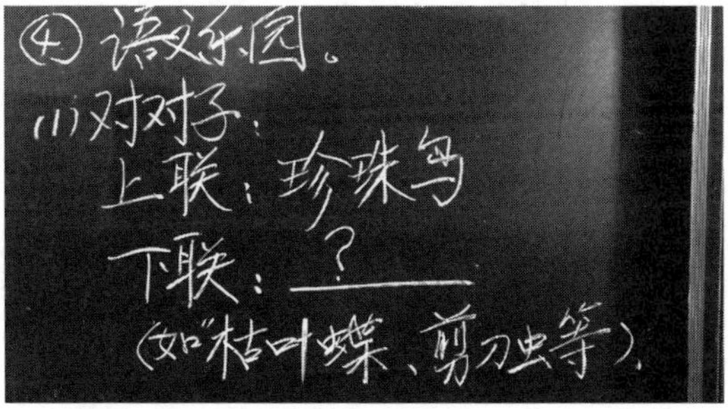

图 2-18

上联：珍 珠 鸟

下联：________

我当时猛地想到的答案是……哦，算了，现在不说。

孩子们抢答说："枯叶蝶""剪刀虫"。于是，我就板书下来，作为当天作业的趣味附加题。

第二天交来作业。来，看看我们班娃儿们的答案吧（估计也有他们爸妈的智慧吧）：

枯叶蝶 剪刀虫 西瓜虫 金丝猴 鼻涕虫 三叶虫	孔雀蝶 金钱豹 眼镜蛇 秋刀鱼 毛毛虫 帝王蟹	乖乖羊 画眉鸟 金钱龟 箭毒蛙 火烈鸟

我们在课堂上出示了这些答案，"西瓜虫"这个答案最多，"金丝猴"被认为是最佳答案！再听听他们的思路和解释，特别有意思，学生都笑开了。

当我们把这个练习发在微信后，迎来了好多家长和朋友这些"大小孩""老小孩"的热情参与：

朋友：宝石花。（我：好！）

同事：金龙鱼。（我：不太合适，“金龙”算动物了。她回：哦，对虫啊，我想的是“鸟”对“鱼”。我：也不尽然，“表示特点的名词＋单字动物名称”即可。）

小妹：多宝鱼。

同事：鼻涕虫。（我：哦，对是对了，亲啊，能不能不要这么恶心啊！）

丫头：翡翠鱼。（我：这是最好的答案了！）

同事：西瓜虫。（我：不错，好玩！）

同事：金针菇，蝙蝠侠，太阳伞，帝王蕉。（我：这几个在词形上是可以的，但最好是限定在动物名称范围，这样词类相当。）

同学：金丝猴。（我：妙！同学：我想鸟很小啊，对“金丝猴”是不是太大了？赤眼蜂，可以吗？我：不错嘛，我明天拿给学生作参考答案，PK 一下！）

同事：金银花，黄金蟒，白龙马，日月潭。（我：哇，好厉害，一下对出这么多！“日月潭”不是太合适，但为我们打开了思路。）

在第二天的晨读课上，我把大人们的答案给孩子们看，一句一句地念给他们听，可把这些小家伙们笑坏了。他们很快就发现了大人们答案中不合对仗的地方，写成物甚至是景物造成词类不一致的，或是重叠词结构格式不一致的。

他们好奇地问我写答案“翡翠鱼”的那个“丫头”是谁，为什么说她的答案最佳？我告诉孩子们：她对得最工整，珍珠对翡翠，都是宝贝；鸟对鱼，古代文人就是这么规定的。能这样对的一定是个才女。哈哈，她就是我们班的实习老师小王老师哦。“啊，原来如此”，孩子们欢呼起来！

说着说着，笑着笑着，下课了都没发觉。

对了，到现在还没说我出题时想到的答案呢。我的答案是：“梅花鹿”。

为什么是它？先说说对这个对子的窍门吧：珍珠，名词，指外形特征的相似性。对这副对子，下联也最好是动物，这样事物属性一致，词类相当。

下联的前两个字组成的词语必须是名词，而且应当是常见事物，必须能突出该动物的外形特征。“梅花鹿”就具备了这样的格式特点。学生和朋友们的大多数答案，也都合乎这个规范。

玩赏这个对子，大家不仅要把脑海中的动物世界逛个遍，还能体会到推敲文字的些许乐趣。

还告诉你吧，到今天也没有人答到“梅花鹿”这个词呢。

怎么样，这对对子的语文游戏好玩不不玩？那就在你们班也这样玩一玩吧。

主题性作业

什么是主题性作业？

主题性作业，顾名思义，就是围绕某个特定的主题开展的作业活动。有的教师又把它称为“长线作业”或“项目作业”“过程性作业”等。

这样的作业形式旨在通过设置相对独立的探究主题，引领学生开展以本学科学习为主，以多种学科学习为辅的实践活动。在这个主题的探究情境中，让学生通过自己的参与、感知、观察，通过主动地收集、分析和处理相关信息，通过自主地查阅、记录等方式，感受和体验知识形成的过程，获得课堂以外的丰富的学习经历，学会学习，在操作和实践中不断提高观察问题、分析问题、解决问题等的能力，培养较为全面的综合素质。

主题性作业，具有综合性，依据本学科课程学习的要求，综合其他学科的活动；主题性作业，具有开放性，内容和主题都来源于学生的生活，紧密联系学生生活中的现实资源。

1. 教材主题性作业

学生依据教材和学习内容，参照可选择主题作业样式，或参考第三方作业题型，安排作业并完成练习。

每次作业的主题都是结合本单元教材内容及社会生活中的典型事件来确定。比如，2008年奥运会期间，学生做了“奥运专辑”的作业；世界环保日前后，学生做了“还人类一个干净的地球”的专题作业；学习《七律·长征》后，我发动学生围绕“我们的长征”主题开展了史料寻访、人物访谈、诗词背诵、歌曲传唱等多元性的学习。这些作业，紧密围绕主题但又不限形式、内容，综合性很强。

再如，“三八妇女节”期间，我给学生布置了一项作业——“给妈妈一个惊喜”，要求是看谁做得真诚又有创意，然后再写下一小段日记，把自己的创意和妈妈的欣喜记录下来。学习完《琥珀》一文以后，我带领学生参观了古生物化石展览，然后让学生也模仿《琥珀》的写法，就某一种化石写成一篇想象文章，题目是“小小考古家”。没想到学生的习作还真有点考古文章的味道。

此外，还可以让学生对精彩的文学名著进行续写和扩写。要完成这个作业就要求学生必须更好地阅读原文，并主动调用自己以往在电视、电影里见过的技法来编创，有不少学生的构思让教师看了也叹为观止。

2. 探究查询性作业

以教材、课堂学习为起点，让学生走出校门，到社会上去搜集材料，综合访谈、考察、调查、搜集数据、查阅文献等。

例如，一位教师在教学《只有一个地球》之后，给学生布置作业——调查周围的环境变化情况，可以问你的爸爸妈妈，也可以亲自去看一看。学生调查后，深有感触，“以前，我家后面小河里的水可清了，现在河水都发臭了”；“爸爸说他小的时候，村子里经常可以看到猫头鹰、黄鹂等鸟，现在都没有了”；“由于使用了农药，小鸟和青蛙吃了有毒的虫子，也中了毒，它们的数量大大减少了”……在调查实践中，学生亲身体会到了环境保护的必要性和迫切性，并主动投身到环保中来，自然比教师干巴巴的说教更具有说服力。

3. 社会实践性作业

这是以教材、课堂学习为背景的社会实践活动，以便验证和实践学习所得或有所发现。通过这类作业，沟通课堂内外，充分利用学校、家庭和社区等教育资源，开展综合性学习活动，拓宽学生的学习空间，增加学生语文实践的机会。

例如，有一年寒假，临近春节，我给学生布置了这样一篇作业：“______是怎样过年的”。建议学生在和父母回家乡过年时能看看、问问、查查、写写，然后汇成一篇小小的调查报告。下面就是其中一个学生的作业成果（如图 2-19 所示）。

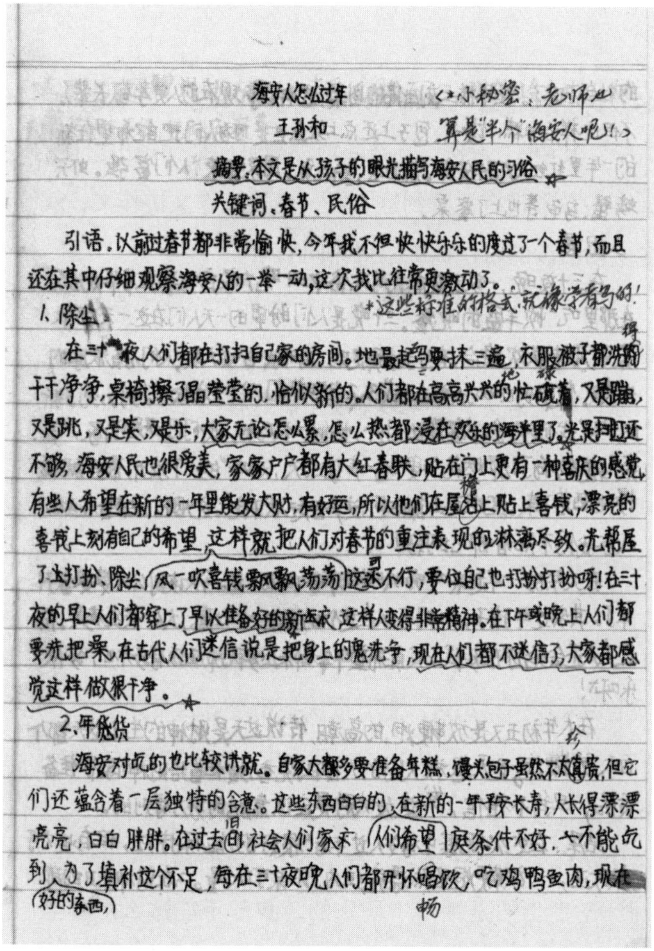
海安人怎么过年　《小秘密：老师也算是“半个”海安人吧！》

王孙和

摘要：本文是从孩子的眼光描写海安人民的习俗

关键词：春节、民俗

引语：以前过春节都非常愉快，今年我不但快快乐乐的度过了一个春节，而且还在其中仔细观察海安人的一举一动，这次我比往常更激动了。

这些标准的格式就像学者写的！

1、除尘：

在三十夜人们都在打扫自己家的房间。地最起码要抹三遍，衣服被子都洗得干干净净，桌椅擦得晶莹莹的，恰似新的。人们都在高高兴兴的忙碌着，又是蹦，又是跳，又是笑，又是乐，大家无论怎么累，怎么热都浸在欢乐的海洋里了。光是扫地还不够，海安人民也很爱美，家家户户都有大红春联，贴在门上更有一种喜庆的感觉，有些人希望在新的一年里能发大财，有好运，所以他们在屋檐上贴上喜钱，漂亮的喜钱上刻有自己的希望，这样就把人们对春节的重注表现的淋漓尽致。光帮屋子打扮、除尘，风一吹喜钱飘飘荡荡，这还不行，要给自己也打扮打扮呀！在三十夜的早上人们都穿上了早以准备好的新衣，这样人变得非常精神。在下午或晚上人们都要洗把澡，在古代人们迷信说是把身上的鬼洗净，现在人们都不迷信了，大家都感觉这样做很干净。

2、年饭货

海安对吃的也比较讲究。自家大都多要准备年糕，馒头包子虽然不太珍贵，但它们还蕴含着一层独特的含意。这些东西白白的，在新的一年平安长寿，人长得漂漂亮亮，白白胖胖。在过去的旧社会人们家庭条件不好，人们希望一个不能吃到好的东西，为了填补这个不足，每在三十夜晚人们都开怀畅饮，吃鸡鸭鱼肉，现在

图 2-19

南京市民生实验小学的董梅老师曾结合《春联》一文的学习，为学生设计了“学春联、写春联、送春联、卖春联”等系列活动，利用寒假，把课文学习与社会实践活动、爱心教育等结合起来，并将活动的过程用视频录了下来，指导学生利用电脑进行后期制作，让学生自己配音，在学校红领巾电视台播出。这些做法大大提高了学生做作业的热情，取得了很好的效果。

“我爱我的‘好宝宝’”

现在的教材在内容编写上都力求紧密联系生活，开放学生视野，重视学生的生活体验。其中，“习作”环节一般都会鲜明地体现出这样的特征。

但是，有些教师没有注意到这一点，仍然就作文讲作文，就练习讲练习，把原本可能生动活泼的习作训练搞得味同嚼蜡。

其实，只要教师有足够的课程意识和训练意识就不难发现，教材中每次的习作安排，都给教师和学生留下了很多可发挥的空间。

例如，苏教版《语文》四年级下册中有这样一个习作训练：

> 组织一次体验活动，可以当一回盲人、聋哑人，也可以做一天老师、当一回家、参加一次文体排练或社区活动……把自己的经历和感受写出来，与大家交流。

教材中还附了一篇学生的习作例文《护蛋》，讲的是老师让学生保护鸡蛋的事情。学生每人找一只鸡蛋，想方设法把蛋裹好，带到学校，并看管好这只蛋，看看谁护蛋的时间长。学生在这个活动中，有各种各样的体验，十分有趣。

班上的学生看过例文后，兴趣陡增，纷纷要求尝试。

如何利用这样一次习作练习，充分发挥其积极作用，给学生的语言实践创造机会呢？学生当然是钟情于玩乐的，我却不能这么由着他们摆弄鸡蛋，我要让学生巧借这鸡蛋孵出精彩的文字来！

下面就是我的做法。

我把这次习作练习，整体策划为了一次富有人文情怀的“亲子活动周”活动。

第一天的课堂

要求学生阅读习作中的例文，了解事情经过，画出描写作者“护蛋”心情、感想等体验的词句，说说作者得到的乐趣。然后依照例文的描述，布置给全班学生一个任务——护蛋，而且要给鸡蛋宝贝当一周的家长！消息一公布，学生先是一惊，接着一阵交头接耳，后来就炸开了锅，可把这帮小家伙们给乐坏啦。

第一天的作业

（1）领回一个喜欢的蛋宝宝。（这个蛋宝宝是从哪儿来的？冰箱里面？超市货架？菜场现买？请记下他的出生地。）

（2）给他起个好听的名字。（起名字可不是一件简单的事情，去问问爸爸妈妈或爷爷奶奶，当初是怎么给你起名字的，再想想，今天你为蛋宝宝起的名字有什么含义呢？）（如图 2–20 所示）

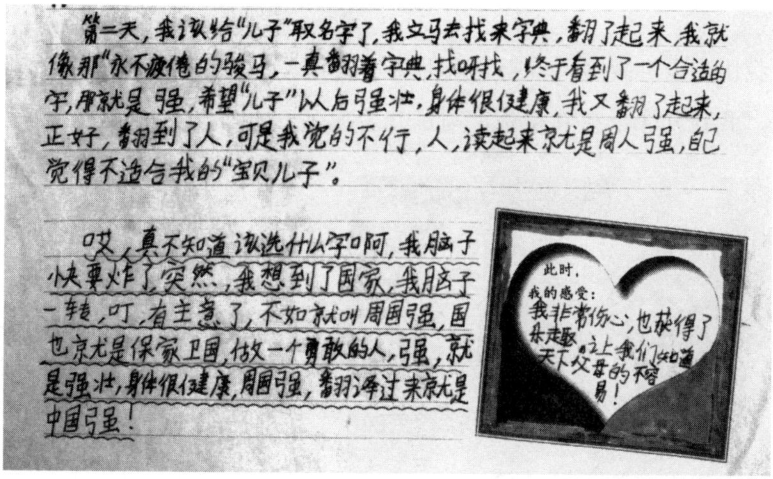

图 2–20

（3）为他建一个小小户口档案。（这可是你家的新成员呀，拥有“公民”的基本权利！）（如图 2–21 所示）

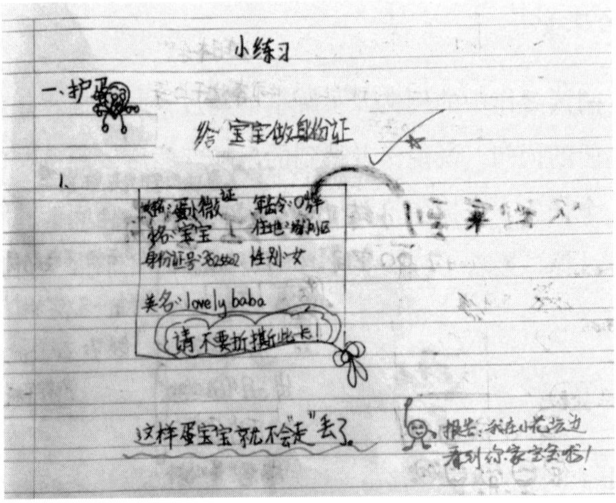

图 2–21

在我给学生布置作业的时候，也一条一条地提着建议。学生不停地点头嬉笑，还不时附和着说出一些新的建议，脸上荡漾着不尽的喜悦和期盼。

第二天的早自习课

我快步走进教室，就听到班上热闹的交谈话题都是宝贵的“育儿经”。首先，我让几个学生在黑板上写了几个大字——“我爱我的好‘宝宝’”，然后，在学生惊异与期待的目光中，请他们带着自己的蛋宝宝，排队上台照“母子照”“父子照”。如此一来可忙坏了这些小“爸爸妈妈”们，他们不时互相瞧瞧，涨红着脸说着，兴奋地比画着，留下了一个个动人的瞬间（如图 2–22 所示）。

图 2–22

第二天的语文课

上课了，我让学生每人拿出一张纸，写一句给“宝宝”的真情告白，然后请几个学生朗读，没想到，学生字字句句情真意切，还真有点初为父母的幸福甜蜜呢！

后面的几天，我建议学生写写“育儿日记”，并在每天的早自习或课间进行交流。

下面我们就来看看班上一个男生写的“育儿日记”吧。

2008年6月3日　星期二　晴

我爱我的好“宝宝”

昨天，刘老师宣布进行“护蛋行动”，开始大家都很诧异，后来刘老师把事情的来龙去脉给大家讲清楚后，大家才恍然大悟。

回到家，我立即从冰箱里选出了一个我最喜欢的鸡蛋，圆圆的，非常光滑，小巧可爱。因为我非常喜欢他，所以我叫他“小盗”。我用卫生纸和报纸的碎片把他包好，再用圆铁盒把他装好，便进入了梦乡……

今天上学的时候我却忘了带蛋，真想念“宝宝”。就这样，我度过了上学的时间。回到家，我先放下书包，拿出圆铁盒，打开。我是第一次养宝宝，觉得“宝宝”那样可爱。“宝宝”还完好无损，看着他那傻乎乎的样子，我真是太高兴了。看见他平安无事、健康的样子，我心中暗暗欢喜。

我爱我的好“宝宝”，祝他天天开心。

（我的评语：“祝你好运！”学生回复：“谢谢！”）

2008年6月4日　星期三　晴

“宝宝”两岁啦

“宝宝”时时刻刻都在成长，开开心心地度过了每一天。

今天，“宝宝”平安无事，我非常高兴。早晨我早早起床，吃过饭后，带着“宝宝”，开始了新的一天。到了学校，我将装着“宝宝”的铁盒从书包里取出，在同学们好奇的目光中打开盒子，我的“宝宝”闪亮登场。他光滑的头呆呆地望着我，好像在说：“爸爸，你真好，给了我一个这么舒适的家。”大家都看着他，好像很喜欢，都说我给“宝宝”安的家好，即使碰到桌子，他也不容易碎掉。听到同学们的赞扬，再看看我的“宝宝”那骄傲的样子，我高兴地笑了，第一次体会到养宝宝的乐趣。

我非常担心“宝宝”的安全，比如看书时，我都生怕他会掉在地上摔破。上厕所时，我也会把他带上，第一是我怕“宝宝”孤单，第二是我怕“宝宝”夭折。因此，我一整天都提心吊胆的。

就这样，我和“宝宝”开心地度过了很多天，在不知不觉中，我的“宝宝”两岁啦！这令我非常兴奋。

我祝“宝宝”明天平安，像今天一样健康、快乐！

再看一则，还是个惊险的故事呢。

昨天晚上，我领养了一个鸡蛋做我的“宝宝”。

我非常爱我的“宝宝”。他长着胖乎乎的身体，椭圆形的大大的眼睛，再配上细长的眉毛（其实都是我在蛋上画的），长得特别标致。我小心翼翼地用好多层“保护圈”将他保护起来。第一层是个保鲜袋，第二层是四层餐巾纸，第三层是一层丝绸，最后垫上一些软泡沫，并装进了玻璃罐子里。我想：我的“宝宝”总算安全了。

谁知，天有不测风云。早上刚上完第一节课，就听到耳边传来“×××同学的‘宝宝’归西了”的尖叫声。我赶紧摸摸，庆幸自己的“宝宝”安然无恙。课间，我带着他出了教室，去透透气。哪知，在楼梯上正巧与刚上来的一位三年级同学撞了个满怀，手中的“宝宝”便滑了出去！我想发作，但见她一个劲儿地赔礼道歉，我便原谅了她。

正在这时，一双手伸到了我面前，那双手中正躺着我的“宝宝”，竟毫发无损！我抬头一看，原来是一位高年级的姐姐接住了他。我感激地对她说了声“谢谢”，便回到了班上。有了这次的教训，我便把他放在了抽屉的最里面。

没想到养一个宝宝这么难！

下面一则就是一个伤心的经历了：

到了下午，噩运偏偏降临到了我的头上，一不小心，我不知碰到了什么东西，蛋碎了。我心里十分难过。我并没有把蛋壳扔掉，而是把它清理了一下，带回了家，埋在花坛的土里，给小“宝宝”举行了一个特殊的葬礼。我爱我的好“宝宝”。

（我的评语：“多么珍贵难忘的经历啊！”学生回复：“是的。”）

还有更伤心的呢，我们接着往下看：

对不起，我亲爱的志成

今天早上，我“生”了一个“小宝宝”——鸡蛋。

我在昨夜还为他制作了一张户口说明，并给他画了像。

姓名：杨志成

性别：男

出生时间：2008 年 6 月 3 日上午 7 时 10 分（正好是早晨上学的时间，这个学生也许是将把蛋宝宝从冰箱里拿出来的时间算作新生命的开始时间了。——作者注）

没想到，还没有多长时间，我那“儿子”志成的噩梦就开始了。就在上完第一节课的课间，我一不小心，把他弄掉在地上，破了。

我的志成，你为什么这么短命呢！

我在他的户口说明上填上了一行——死亡时间：2008 年 6 月 3 日上午 9 时 15 分。

我的志成夭折了！多么希望他能够重生啊！

志成，都怪爹没有尽到责任，没好好看住你，让你……我那志成啊！

人间痛，心寒凉。

莫过于失亲友。

如重生，欢如仙。

泪，

真想一个巴掌打自己！

看到上面这篇日记，我想到了这个学生平时的各种表现，心情很复杂。后来，我给他写了一句批语：你看，呵护，光有爱心还不行，还要有责任心，要有呵护的本领！

在这次语文综合作业活动中，教师能够教授的，学生能够学到的，都很多。单从作业的角度看，也是收获满满，聪明的你，应该不难概括出来吧？

“和妈妈一起走过的日子”

主题性语文作业能够带给学生丰富而又多彩的语言实践和情趣体验，其根本原因在于它植根于无限广阔的生活。教师可以把社会生活中的任何一件事作为作业的话题。学生在完成这些主题性语文作业的过程中，不仅能得到语文知识技能的操练，还能得到情感意趣上的培养和升华。

我们来看一道美国教师出的主题性语文作业题。

《记忆中的妈妈》——母亲节纪念品（四年级语文作业）

题目：母亲节就要来临了，请依照下列题目，每天写一段文字。

（1）和妈妈一起度过的一个节日。

（2）和妈妈一起的开心一刻。

（3）妈妈给我的最好的建议。

（4）我跟妈妈撒小谎的时刻。

（5）妈妈让我最敬佩的事情。

（6）跟妈妈一起的难忘旅行。

（7）妈妈给我的一次教训。

（8）我的妈妈很特别，因为……

（9）我的妈妈最开心，当……

还可以加入一些你自己的东西，之后将所写的文字汇总，制成《记忆中的妈妈》一书，送给母亲作为节日礼物（家中没有母亲的，可以写一位你生活中特别的亲人）。用时一周。

（胡庆芳，2008）

想象一下，如果你是妈妈，在母亲节这天突然收到孩子为你精心准备的这份礼物，然后一页一页、一行一行地阅读，你会作何感想？

各种节日为学生的语文实践和语言训练提供了很多机会。像这样，以节日为主题，让学生进行系列语文活动，将原本纯粹的语言文字训练，转化为集文化、行动和情感为一体的实践活动，作业行为也会不露一丝痕迹。

比较一下，上面这道作业题和我们布置的“给妈妈做张贺卡”“为妈妈洗脚”“我为妈妈做件事”，或是“对妈妈说声‘我爱你’”等作业的出题基本思路是一致的。学生在完成这样的作业的过程中，既进行了语言文字的真实运用，又经历和积攒了许多动人的情趣和情怀，为将来进行更为深刻的情感与话语表达打下了深厚的基础。更为可贵的是，这样的作业，不仅考虑到了对语文学科知识运用的训练，更考虑到了通过作业沟通孩子与家长、学校与家庭，发挥了积极的育人作用，算是最实实在在的品德教育了，真是一举多得啊！

引述这道题，是想让教师进一步思考：同样的出发点，出这道题的老师是不是布置得更细致？这位老师用小题目启发学生去回忆一个个具体的场景，回味自己在不同方面的具体的情绪体验，充分感受母亲的意义，从而让学生写出一篇篇感人肺腑的文章，又让学生把曾经学过的语言语法也练了一次。这一切不仅要求教师有较高的语文素养，同时也要求教师本人是一个热爱生活、充满情趣的人。

如果是我来出这道题，我还会再添一句：“每天的文字可以是三言两语，也可以细细回忆，让妈妈能感受到你的真情就行。”

说说主题作业布置中的预案

主题作业的完成牵涉到很多条件因素，学生能不能按时完成这类主题作业、会怎样完成、还需要考虑哪些过程性问题等，都需要在布置前进行预案。

我们就以前面的《和妈妈一起走过的日子》主题作业为例。

对象：为什么要补充“可以不写给妈妈”？

现在一些孩子的家庭构成很复杂，有的是单亲家庭，有的是留守儿童、随迁儿童家庭，可能是跟随着爸爸或者老人生活的。提到“妈妈”这个词，一些家庭的孩子会非常敏感。面对这个主题，孩子可能就无从下笔。或许他可能想念妈妈，但作业就算完成了，后来又怎么去交给妈妈呢？这些都是问题。所以，不能要求孩子勉强去做。

在这个问题上，我们要考虑：这次作业到底训练什么？仅仅是完成写给妈妈的作业礼物，还是以这样的语文方式来表现孩子们对亲情的爱？从后者角度出发，就会明白我们这次作业训练的，是一份爱心体验的过程，是以文字的形式记载和表达感情。

还有一个原因，平时因为学习态度或生活习惯方面的问题，有的妈妈对孩子特别苛求，经常会对孩子批评、责骂，经常会让孩子感到委屈、伤心。孩子提及妈妈的时候，可能会充满了抱怨和反感，那么，对于这样一个主题的作业，他是不太情愿去做的。虽然我们可以劝说他，告诉他妈妈这样做也是为他好，但都不能在短时间内化解孩子的抵触心理。所以，在布置这类主题的作业时，我们需要考虑对于这类孩子该怎么办。

这时候就可以有预案：实在为难可以不写自己的妈妈，选择你认为最敬爱、亲爱的一个人，来写这样的一个话题，可以是爸爸，也可以是外婆、奶奶，或者你认为你最亲的那个人。

方法：我们是在说善意的谎言吗？

这次作业是因为要给妈妈惊喜，平时就需要瞒着妈妈悄悄地写作，所以，我们称它为秘密作业。因为是秘密，孩子们非常热衷，会在家里想出各种办法来暂时隐藏作业纸。布置这个作业时要告诉孩子：要巧妙地“藏”作业，但我们不是欺骗，而是为了最后给妈妈惊喜。同时叮嘱不要去往危险和过于隐蔽的地方，以免造成危险。这份预案，是要告诉孩子的。

另外，在学校抽出一点时间让孩子们讨论他们各自的经验，例如，被爸爸发现了，我们怎样和爸爸来说这个事，让爸爸和我们一起来做保密工作。这也是一份作业预案。

当然也有百密一疏的。作业做到第四天的时候，小茹姑娘难为情地告诉大家：“不好了，我的作业被小狗吃掉了！”看到我们诧异的表情，她告诉我们：“我以为最危险的地方也是最安全的，我就把作业纸藏在我家小狗窝里面了。但是呢，昨天爸爸去打扫狗窝的时候发现了一堆碎纸……”

对于这个突发状况，怎么处理？

好了，我想，对于这次作业，最重要的是经历过程。孩子能每天坚持写一点文字，做一点回忆，有一点思想感情上的积累，这已经是收获了。虽然我们不能马上看到这个孩子的作业了，但我们依然要给孩子一定的信任。所以，我就对她说：“看来我要惩罚你们家这个不听话的‘小朋友’了。明天把它带来，一要向刘老师表示道歉，二呢，要它把吃下去的这些故事全部汪汪地讲给我们听。”小姑娘笑了，全班也都笑了起来。

数量：作业多时有点不想写了！

平时孩子们的作业很多，语文、数学、外语这些作业加在一起，每天都挺辛苦的。虽然这一份亲情作业很有意义，但是孩子们能不能接受呢？每天写，会不会太辛苦呢？中途出现了疲劳和厌烦，我们能够在多大程度上给予孩子一些谅解和支持呢？

我们在布置该项作业的时候规定：每天坚持写一篇，有话则长，无话则短；觉得印象深、感情细腻的，就多写一点；如果当天真的时间非常紧张，哪怕只写一句话也可以，或者用一首小诗的方式来表现。

后来，的确有孩子给我留言："哎呀，作业那么多，有点不想写了。能不能鼓励一下我？"这是预料中的，那么，这个时候我们就要适当给予学生一定的指导和关心。

事实证明，后来孩子们都通过自己的坚持和努力完成了任务。

评价：这作业，妈妈不接受怎么办？

相信大多数的妈妈会非常感动，可能还会给孩子一个亲切的微笑、一个温暖的拥抱。但是，并不是所有妈妈都会用这样的方式来表达。以前我的一个学生就因此很伤心：妈妈不太善于表达，她更看重孩子的成绩表现，所以当她拿到"礼物"时，不但没有觉得开心，反而冷冷地丢了一句"写这个东西有什么用？考试考好就什么都好"。这句话深深地打击了孩子，后来孩子在日记中告诉我，他是多么失望和伤心。

所以，关于这项作业，我们还需要做的一份预案，是给妈妈们的，需要她们的理解和支持。在母亲节这天，也就是孩子们纷纷送出礼物时，我群发了一段话给妈妈们，让她们充分理解和接纳孩子的爱心表现：

> 首先，祝各位美丽的妈妈们节日快乐！最近，我们的孩子在紧张学习之余，抽空坚持用一周时间完成了一项"秘密作业"：用语文的方式为妈妈们准备了一份小礼物。可能做得稚气粗糙，但是代表了孩子的一片爱戴之心。这个作业其实很辛苦，特别是作业多的那几天，但他们没

有半途而废，因为，他们爱你们！如果您收到了，请给孩子一个拥抱，抽空给孩子也写一段寄语。如果还没有收到，就微笑着等一等，也许是孩子正在犹豫用什么方式给您，有些腼腆。如果今晚您也没收到，也请谅解，给孩子一个微笑，毕竟不是每个孩子都善于用语文的方式表达，也许孩子正在学着像其他孩子那样准备，我们再耐心等待。谢谢妈妈们的支持！

这么说，是要让妈妈们理解这是一份爱心作业，更是实实在在的语言练习、写作练习，同样是在认真学习。

交流：要多听听别人的故事！

为了更好地激励孩子们坚持完成写作，我们需要同伴的正向影响。所以，布置作业后，每隔一两天，我就安排一次作业情况分享。一是交流经验，二是分享心得体会。孩子们非常乐于向同学讲述完成“秘密作业”过程中的趣事。这个分享过程也是这次作业必须的环节，目的在于增加作业过程的趣味性。

还有，并不是每个孩子都擅长用笔来讲述，有个别孩子总是无从下手，以至别的孩子写到两篇了他可能还未写出开头。这些孩子更需要从大家的交流中获得启发，找到写作的灵感。当然，也有实在动笔艰难的，就需要老师给予个别启发，手把手地教。

你看，作业布置，尤其是一些和生活紧密关联的综合性作业，我们需要对作业过程的前前后后进行设计，做较为充分的思考。有了这些预案，这些作业就能够更好地实施，孩子们才会顺利完成并真正做有所得。

“宋老师去哪儿了？”

我去宁波出差三天，回来后，像往常一样走向教室。一个孩子在走廊上远远看见我，大喊了一声“宋老师回来啦！”，然后跑进了教室。随后，教室窗口和后门不时露出一两个小脑袋，望着我笑。走过教室窗前，孩子们都静静地坐在了座位上，似乎特意在等我进去。当我出现在教室门口的时候，安静的教室里迸发出一阵喧哗声。

“宋老师回来啦！”

“宋老师，你回来啦！”

有几个孩子最终还是按捺不住，冲上讲台站到我的身边：“宋老师，我猜你是去了宁波，对吧？”

我笑了笑，没有回答。呵，这下好了，其他孩子就像得到了默许，一下子全都冲上来，把我团团围位，七嘴八舌起来：

“一定是宁波，我也猜是宁波。宁波人喜欢吃汤圆。”

“对，对！宁波是一个沿海城市，那里的海鲜很有名哦。”

“宋老师，你的火车票上的拼音写着“Ningbo”，您没有抹掉。”

“这一定是你故意给我们留的线索吧！宋老师。”

“宋老师，我上网查了路牌。‘鄞州’就是在宁波。”

“对，我上网查过了，‘东钱湖中心小学’就在宁波。”

“宋老师，我的周记，你看过了吗？”

……

望着眼前这群孩子，他们洋溢着灿烂的笑脸，眼睛里闪烁着的是喜悦和激动，还有一丝小小的狡黠，他们那么急切地想告诉我他们猜出了我去了哪里……尽管，我也想过今天回到学校后要和学生聊一聊这个话题，但是，眼前这样“被粉丝追捧”的热闹场景还是让我有些“受宠若惊”。

记得刚到宁波那天，研讨会开到很晚。大概下午五点半的时候，会议还没有结束，我的手机上就传来了第一个孩子的日记，应该是很着急想给我看，因为他是用手机拍了一张日记的图片发来的。第二天，就不断地有学生把日记传给我。现在回到学校，一堆小山似的周记本早已经堆在了我的桌上。

现在我来揭晓答案吧。

那是一周前，我接到学校通知要去宁波参加“生活作文”研讨会，时间三天，周五出发。这种情况以前也有，学生对我的外出也已习以为常。课间，一个学生悄悄地问我去哪里，这让我忽然有了一个有意思的想法：与其让学生胡乱猜测，还不如我来主动出击。我和学生约好，让他们猜一猜宋老师去哪儿了？正好周记就有内容写了。

按照跟学生的约定，我一路有心拍下了一组作为线索的照片：行李箱在学校门口、南京南站、月台上，我的车票、宁波市内的道路指示牌，目的地学校的大门、研讨会的会场等。不过，我特意把车票上的地点信息抹去了。晚上，我在班级群里发了这样一条消息：

> 大家好，今天和同学们约了一道生活作文《宋老师去哪儿了？》。请同学们根据我提供的线索，猜猜宋老师去哪儿了，并写在周记本上。老师回来会给你们带礼物哦！
>
> 线索1：上午语文课后9点半从石小出发，直到现在才到。（附几张照片）
>
> 线索2：这是一座东部临海城市，这里的人爱吃海鲜和汤圆。
>
> 目前我只知道这么多。猜猜看吧！

第二天，我又在群里发了第二组信息，其中有一张是我参加会议并发言的照片。另外，我还抽空去商店给孩子们准备了礼物。

等我回到学校的时候，就出现了之前那个热闹的场面。

这是我接班以来阅读学生作文最愉悦的一次。这次的周记，真正是作前零指导，可是，呈现在我面前的这篇篇习作，用词生动，语句通顺，思路清晰，着实给了我一个大大的惊喜。读着这些文字，孩子们就好像站在我的面前，对我述说着自己“侦探”的经过：他们一个个专注地观察图片、查找资料，他们的笔在稿纸上沙沙作响，脸上流露着自信、狡黠的微笑……这种感觉真是非常美妙！

我只不过为他们提供了几张照片、两句话的线索，竟收获了如此丰厚的“回报”。来，看看我们班孩子的发现吧。

1. 老师，这个作文真好玩

兴趣真的是最好的老师。“宋老师到底去哪儿了呢？”孩子们充满了好奇，他们一定要查个水落石出。这种出风头的事儿，没有谁想落后。谁不想在老师和同学那里露一手呢？尽管许多孩子从前两个线索就已经猜出了结果，也依然把剩下的线索逐一排查，做到万无一失。

> 很火的综艺节目《爸爸去哪儿》，讲述的是爸爸带着孩子去探险。如今我们班也发生了一个这样的事件，可主人公摇身一变，成了我们的宋老师。不过宋老师给我们留下了一些线索。
>
> （李紫添）

> 老师让我们猜猜看她去哪儿了，真是有趣！是时候了，“柯南变身！”，接下来，执行探案四步走：查找线索→联系判断→推理结果→得出结论。
>
> （徐宇轩）

2. 老师，我知道你去哪儿了

孩子们变身“名侦探柯南”，猜测、推理的过程环环相扣，惊险刺激，心情也随之跌宕起伏。老师出差这么远，还不时发回动态，他们也会感受到老师对他们的牵挂。这么一想，学生的内心一定是充满激动和喜悦的。这种体验，真是他们人生经历中重要的一页。“宋老师去哪儿了？”这个聊天式的作文话题拉进了我和学生心灵的距离，成了我们情感的纽带。

古人说“诗言志”“诗缘情而绮靡”“情动于中，而形于言”等，都表明写作的发生是源于人内心的情志。当孩子们有了表达的需要，那么写作文就成了水到渠成的事了。现在，老师出差已经不再是高高在上的老师的工作，而成了小侦探们手中的案子，他们要绞尽脑汁地查找线索，用了一种多么自由、轻松的文笔，认真地描述着老师出差这件再普通不过的事情，表达着自己独特的情感体验：

> 脑洞大开的时间到啦！宋老师说，这里是一座东部临海城市，这里的人爱吃海鲜和汤圆。我立刻打开了中国地图，查找沿海范围，大致在

江苏、浙江和福建三省的范围之内……

（陈展昊）

哼，这可难不倒我。我马上就上网搜了一下，哪里的人爱吃海鲜和汤圆。马上就出来了，答案是宁波。我又怕我猜的不对。于是，我又查了一下 G51 是哪列火车的编号，上面写着：天津西到宁波……

（任磊）

第二张是张车票，不过重要线索被涂了。我有点失望，唉。这时，我突然看到"南京"两字上有拼音，哈哈，我没猜错的话，地名也会有拼音！我立马放大手机里那张车票，果然，老师没涂掉，拼出来了！宁波！不过，拼音是老师故意留下的，还是大意了？不管了，继续往下看吧。

（李浠源）

第三张是老师路途中拍的一张照片，前面有一辆宝马汽车，车牌上面写着：浙 B×××××。看完之后，我便上网搜索了一下。发现浙 B 是宁波，但我还是不确定。汽车就不能开到别的城市吗？我接着看图，寻找线索。

（王少康）

于是，我的目光转向下一张"鄞县大道"的路牌。这是一条好线索！可这个"鄞县"怎么读呢？于是，我立刻打开"手机百度"，搜索了"鄞县大道"，哦，原来真是在宁波呀。哈哈！这一切都是宋老师故意留给我们的线索呀！现在，我敢百分百地确定，宋老师就在浙江省宁波市。这次侦探行动真刺激啊！

（孟轩聪）

这时，我突然在小学那张图片中的一个不起眼的位置发现了"东钱湖镇"四个字，这可把我乐坏了，于是我马上搜索东钱湖镇在哪个位置，结果是位于宁波，再与地图一对照，宁波也是在浙江，由此可以推断出宋老师去的是浙江宁波。就这样，我轻松地猜到宋老师去哪儿了。

（蒋雨涵）

更有孩子像这样发挥想象之能，为我精心安排了宁波之旅，让我学习娱乐两不误呢！

第二天早上8:30，宋老师去参加第六届全国“生活作文”研讨会，与全国各地的老师相互交流学习、分享彼此的教学经验。研讨会后，宋老师利用中午时间去东钱湖边的饭店吃海鲜，享受美味的同时还能看到美丽的景色，实在是一大乐事。用完午餐后，老师来到了湖边，沿着湖边的堤岸走着，湖水拍打堤岸，像是在欢迎我们宋老师的到来。远处的山若隐若现，连绵起伏。湖面上，有许多游艇划过，所到之处，浪花翻滚，远远看去，像是拖着一条长长的白色尾巴。在这儿，宋老师尽情地欣赏着风景，感受着大自然的亲切。

（沈智鹏）

3. 老师，快点回来吧！

出差总是要回来的，可没有哪次出差像这次这样牵动着全班孩子们的心。他们急切地盼着老师早点回来，好和老师炫耀一下自己猜测推理的缜密过程，再和老师好好诉说一下心中的思念。他们把这份情意都写在了作文中：

宁波也是个文化城市，这个城市人们的文化学识与素质修养都不低，宋老师出差回来或许会有很大的收获哟！最最期待的，还是宋老师的神秘礼物呀！

（胡俊杰）

星期六的早晨，老师又发了一张照片，原来宋老师在参加“让生命在场，让个性飞扬”的作文研讨会呀！祝我们亲爱的宋老师取得好成绩，加油！

虽然我很想宋老师，但更想宋老师给我们带的礼物呢！

（陈亚琪）

我希望宋老师在研讨会上受益匪浅，重新回到班级时，作文不再是我们最头疼的事，让宋老师有效地教，让学生们愉快地写。二者合一，达成写作目标。而这样的过程是任重道远的。宋老师，我会跟着您的步伐，不断学习，不断实践，让目标越来越近！

（朱致呈）

孩子们多么聪慧，他们不仅猜出了老师去了哪里、去做什么，还给老师布置了“艰巨”的学习任务。当然，他们也巧妙地提醒我：不要忘记带上礼物哦！阅读这样的文字，心中暖暖的。这样的作文已经成为我和孩子们交流的一种方式，一种心灵的对话。文字流淌的不仅有孩子们的智慧，还有师生间那份最真的情谊。我想：这就是文字的魅力吧！

（江苏省南京市石鼓路小学　宋锦慧）

“名句寻根”

这个作业，就是把经典诗文和学生的生活联系在一起。这种类型的作业，或许也只是个折中的办法，因为现在很多学生好像没有时间定心阅读，而且，很多经典诗文也并不适合学生通篇阅读。所以，倒不如先让学生接触一些耳熟能详的句子，以后遇见时再阅读完整的篇章。比如“环滁皆山也”“居高声自远”“撼山易，撼岳家军难”“两岸猿声啼不住，轻舟已过万重山”“富贵不能淫，贫贱不能移，威武不能屈”“先天下之忧而忧，后天下之乐而乐”等（如图 2-23 所示）。让学生读这些经典的句子，既能让他们实在地学习语言，又能进行一些拓展。

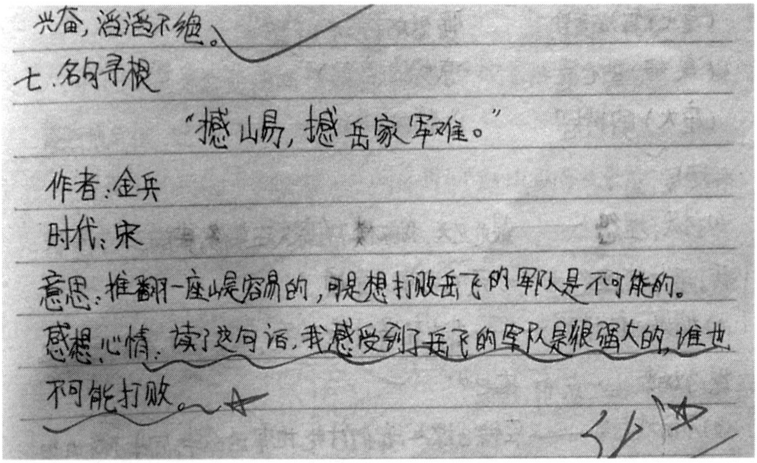
兴奋，滔滔不绝。
七.名句寻根
“撼山易，撼岳家军难。”
作者：金兵
时代：宋
意思：推翻一座山是容易的，可是想打败岳飞的军队是不可能的。
感想、心情：读了这句话，我感受到了岳飞的军队是很强大的，谁也不可能打败。

图 2-23

具体步骤是这样的：让学生将教师或同学出示的一句名句抄写下来，然后从工具书、相关文集或是网络里找出该句的出处和作者，并试着弄懂句意和相关的语境，最后，还可以说说自己的一些联想或感悟。

例如：

名句寻根：“客舍青青柳色新”

（1）这句话出自__________的《__________________》。（可以摘抄）

（2）这句话的意思大致是这样的______________________________。

（3）读到这句话，我想到了______________________________。

在学生做完上述题目之后，还可以再出这样一道说话题：

王维在给友人饯行，“劝君更尽一杯酒”，他们会说些什么呢？

王维：______________________________

朋友：______________________________

王维：______________________________

朋友：______________________________

王维：______________________________

朋友：____

做这样的作业题，学生会觉得很好玩，他们的很多回答绝对会出乎你的意料。这种形式的作业让学生既学习了经典，又开阔了视野，何乐而不为呢？

课前一分钟的小小演讲

很多教师都会注意到，在上课开讲前的一两分钟内学生的注意力一般不容易集中。学生听到上课铃声，快步回到教室，匆忙找到座位坐下，偶尔还要再和前后座的同学讲上两句。如果教师没有发出“安静”的口令，教室里一时还会有点乱。这多是源于学生贪玩的天性、缺少自我约束，也与教师平时管教不严、常规训练不到位有关。

怎样让学生在这一两分钟内尽快安静下来，进入听课状态呢？

多数老师是用下命令的方法，腰背挺直，面色一沉，气提丹田，一声断喝，便可以“万马齐喑”。

有的老师是用古诗背诵法。每周一在黑板边抄写一首古诗，称之为“每周一诗”。上课了，先由班长或课代表领诵。这种方法不错，虽然一些学生心不在焉，但是当最后一句被齐声念出之时，那些心神不定的学生也该“悬崖勒马”了。

还有其他方法，如低年级的儿歌法、谜语法，中年级的抢答法等，很多老师都会别出心裁地发明一些招数。我有时还会用“看钟法”——不看学生，盯着教室后面挂钟上的指针，不用几秒钟，教室里就会有几个学生回头轻声地对还在讲话的学生说“安静，安静！”，然后很快就会安静下来。但是，这种没有定数的方法可不要频繁使用，因为学生会“审美疲劳”的，用多了就不管用了。

我一直坚持使用的是另一种方法：“一分钟小小演讲”。

上课铃声响过之后，全班学生就开始鼓掌。掌声中，一位学生走到讲台前，站定身子，开始演讲：“同学们，大家好！今天我演讲的题目是……”

一般来说，掌声响起的时候，大部分学生就会开始用眼神寻找演讲人，鼓励演讲人。个别还没准备好书本文具的学生这时有可能趁机忙碌一下，这两三秒对他们是个缓冲。开始演讲了，全班学生安静下来。有时演讲的内容就是学生身边发生的事情，难免会引起共鸣，间或骚动几秒。最后，学生再用热烈的掌声欢送演讲人回到座位。这期间，我会退到门边或是教室后面，或是坐到演讲人的座位上，一边入神地听，一边考虑对演讲话题进行点评，并使之成为导引新课的引言，进而三言两语，不露痕迹地引导学生进入当天的课程学习。

这种方法既安定了人心，又让学生锻炼了口才，还培养了他们当众表达的勇气，把课前一两分钟的“忙乱时间”变成了“黄金时间”。

有一次，我们班的“书女”小月还拿我“退到一边”作为话题，启发班上的学生说:“每次我们在进行小小演讲时，刘老师总是默默地退到一旁。你们知道吗，这退出来的一步，就是给我们一个大大的空间，让我们自由地展现风采。让我们一起感谢刘老师的让位！”我听了很感动，因为学生感受到了我存在的意义，多好啊！

下面是杜雨同学在我的一次研究课前的零准备即兴演讲，那次我要上课的内容是《鞋匠的儿子》，主人公是林肯。

假如我是林肯

我演讲的题目是“假如我是林肯”。今天呢，我要做一个小林肯，为大家做一次演讲。

大家好，我是美国新上任的总统林肯。很荣幸我能当上我们美国的总统。这离不开大家对我的支持。兴奋之余，我有了一些新的打算。那就是让我们美国更加辉煌。首先，我要从美国大众的经济下手，让美国的公众平均收入都是均衡的，而不会出现有的低有的高，参差不齐。其次，我会让我们的国家远离战乱，让公众过上和平幸福的好生活。这就是我对美国未来的一些打算，相信在我们共同的努力下，美国一定会更加辉煌，更加美好。

谢谢大家！

（杜雨，六年级）

虽然是小小演讲，也不是每个学生都能很好地应付。其实，多数学生都会遇到不同程度的困窘。首先是茫然，不知道选什么样的话题合适。其次是怯场，没有勇气上台，不敢当众讲话。再有就是语无伦次，不能流畅地讲。另外，有的学生简单叙事，其他学生听了味同嚼蜡；或是有的学生言语不周，让其他学生听后红脸反驳，搞得大家都很不愉快。还有一个普遍的现象就是，很多学生在结束话题时，不知道进行总结，收不了尾。

我们不打无准备之仗。每个学生都会轮到上台演讲，那就要做好“小小演讲”的作业啦。

（1）为学生准备足够的名片卡纸，让每个学生回去制作一张个性化的名片，配图，配座右铭或是格言等，把它作为小小演讲的抽签卡（如图 2–24 所示）。谁将在明天演讲，由今天的演讲者抽签决定。

图 2–24

（2）推选一位责任心强的学生作为演讲活动负责人，收集和管理演讲抽签卡，每天负责提醒被抽签抽到的学生做好演讲准备，并做好当天的演讲纪要。

（3）有演讲任务的学生，提前进行演讲话题和内容的准备，可以在家试着演讲，对于一些技巧性的问题，可以向有经验的同学讨教，也可以请教老师。

（4）教师教给学生展开话题及总结话题的技巧。比如，怎样讲开场的话，怎样运用“三段式”结构法，怎样阐明观点以及如何总结等。

“一分钟小小演讲”现在又被我们的学生演绎成了“课前小剧场”，不仅很好地利用了课前的一两分钟时间，还因话题、故事的愉悦性，给课堂上的我们带来了不少乐趣。这期间的开心故事，也是层出不穷呢。

日记

为什么学生觉得日记难写？

唉！又到了星期天，本来我应该很开心，可我之所以唉声叹气，就是因为到了星期天我就要写日记。日记对于我来说，就像让我用一把普通的梯子上天一样难。每一次写日记，我都会被难倒。

有一次，我问一位同学："你觉得日记好不好写？"她脱口而出的"好写"吓了我一跳，因为在我的印象里，日记是那么难写。

其实，我自认为我的作文水平不是很差，可是一到写日记，就被难住了，因为日记没有题目好写。

真希望有一天我可以自由地写日记。

以上是我的一个学生思思写的一篇日记，题目是"难写的日记"。

这里的"日记"并不是真正意义上的"日记"，而是学生在每周末要完成的"周末记事"，因为和日记一样，随想随记，没有固定的内容和格式要求，所以师生都称之为日记。

我和大多数老师一样，很喜欢批改学生的日记。从学生的日记中，不仅可以看到学生书面语言练习的具体进展，而且可以获得无数鲜活的小见闻、小情绪和小秘密，是老师及时了解学生动态的窗口。所以，在每周一的各种作业中，我最先批改的就是学生的日记。作为教师，我们可能一直以为，这种内容和形式都比较自由的书面作业，有话则长，无话则短，对学生来讲应该不是难事。

事实上呢？不然。真正在日记作业上驾轻就熟的学生只有很少的一部分，真正把日记写得很出彩的也很少。大多数学生对日记作业是敬而远之的。虽然我在很多方面（包括日记）对学生的作业进行了优化，但我还是经常看到一些学生隔三岔五在日记本中流露出对日记作业的抱怨。有的家长还向我诉苦："小孩非要缠着我带他到公园去一趟，说不然日记没东西可写。"我也常看到有的学生写的日记明显是抄作文选的。我和一些老师谈起此事，大家都有同感。一周下来，大大小小的事情有很多，怎么就没东西可写呢？

教师经常就此批评学生不用功、态度不端正，而学生则常常备感委屈："老师啊，我们真的没什么东西可写……"

学生的委屈，大致可以这样来理解：我要写给谁看？我要写什么？

虽然很多老师都说日记是一种自由作业，但是，学生实际上并不自由。因为要写给老师看，老师看过后还要评分。评分的标准很多：内容写得多不多，有没有写满一页，写得好不好，语句是否通顺，有没有病句，是不是讲了不该讲的话等。这么一来，学生哪里还敢随便写？要是写了让老师不高兴的话，不是自找苦吃吗？不能畅所欲言，形之于笔当然窘迫。

虽然是让学生写日记，但有很多老师还是不放心，很"热心"地将相关习作要领交代给学生，或是把一些作文的主题布置给学生作为周末的日记话题。老师的一番"好心"，却增加了学生特别是后进生的写作难度系数，学生写的不是自己想写的事情，抒发的不是自己想表达的感情，就会感到为难。

还有，即便是到了高年级，小孩子终归是小孩子，他们的生活是很简单的，能有多少事情值得用一行一行的句子来描述呢？所以不是什么事情都需要记成长篇大论。教师要求写满一页才给笑脸，那么一些小小的快乐或是小小的难过就不能入围了。小孩子与大人不同，他们的快乐和收获是在事情的过程之中，很少会像大人那样计较结果。

其实，观察大人们的行为特点，大家怕是会更失望：比如，很早的时候，人们还会用精美的本子来写日记，用整洁的稿纸写信给远方的朋友。但是今天，写日记的人少了，看报的人多了；写信的人少了，用 QQ、微信（两者都为即时通讯工具）聊天的人多了；好不容易流行了几年的"博客"（网上日志，也叫在线日记），现在也开始瘦身了，美其名曰"微博"（微型博客），远看一大串，近看三句半。有人说，这叫“潮”（前卫的流行时尚），我却不以为然，摆明了是语言“沙漠化”，是人们精神日趋浮躁的表现。

也就是说，即便是大人，用书面语言这种需要平心静气记录所见所闻的方式来表达自己的所思所感，也是越来越困难了。小学生的心智不比大人，他们写不出那么具体的东西也很正常，要求他们在日记里面体现篇幅和思想感情，就有点强人所难了。

让学生写日记既然是件好事，我们就应该动脑筋把这件事做好。

首先，教师不能仅满足于在少数学生的精彩日记里徜徉，那不完全是我们教导的成果。我们要多多关注和激励那些文字表达不佳的学生，引领和帮助他们去感受日记这种自由文体的趣味。其次，教师要还日记以本来的精神和面貌——自由地记述，让日记（以及其他类型的书面表达）成为学生引以为乐的重要生活方式。

教学生寻找日记话题

虽然世间万象都能够成为日记的素材，但是，对于学生个体来说，并不是所有的事情和情境都能够进入他的视野，因为他有他自己的观察范围，有他自己的关注对象，有他自己的情绪方向。所以，我们认为多么重要的话题未必被学生留心或思考，而我们不以为然或认为不值一提的小事，他们也许会很在意。

比如，老师和学生平常在学校总会接二连三地“折腾”出一些让人忍俊不禁或是啼笑皆非的趣事，但是学生往往一笑了之，出了校门就忘得一干二净了。

一年冬天的一个早晨，我和几个同事在操场上踢毽子，我们班和其他几个班的学生围着操场晨跑。尽管我使出浑身解数，脚却总也碰不到毽子，跑步的小家伙们哪还有心思跑步，看着我手舞足蹈的怪相，笑声一阵一阵的。突然，一个意想不到的事情发生了——就在我飞脚接踢毽子的时候，我的皮鞋竟然脱脚飞了起来，在空中还打了两个旋！望着跌落在好远一边的皮鞋，我觉得空气都瞬间凝固了，直到身旁爆发出一阵哄笑，我才回过神来。班上的那一群小家伙好兴奋啊，他们围了过来，跳着，笑着："刘老师的皮鞋飞到天上去啦！"晨跑结束不久，小家伙们都争着来看我，都是满脸的坏笑……但是，我不得不沮丧地告诉大家：三天后的星期一，我在全班的40多本日记本里，只看到了语文课代表一个人在日记中讲述了这件事，而且写得还很概括。

因此，教会学生从复杂多变的生活中寻找适合的话题，就是一件很重要的事情。教师要做有心人，教会学生寻找和发现生动活泼的生活素材。

有一次教学一篇议论文《学与问》。因为一直以来都强调说理文章以及话题讲演一般都采用"三段式结构"，所以，那天教学此文时，我就以三段式结构的方法来研究这篇文章。前面都很顺利，讲了"开篇提出话题"和"引用事例说明"，要下课了，我问："文章的作者在最后应该对读者说什么？"学生听了，都愣住了，不知该怎样回答。我立刻发现我的提问有问题，我应该问"作者该怎样总结？"。正当我准备重新提问时，一个尖尖的又很稚气的声音跳了出来："说再见！"我和学生一愣，转瞬间全班爆笑起来，我也笑了。"说再见"居然是我眼皮底下的斌斌脱口而出的。他这时也难为情地笑了。我哭笑不得地摇摇他的小脑袋："这是哪儿和哪儿呀！你是怎么想起来的啊？"最后，好不容易才止住全班的坏笑，讲完课文。下课后，我趁热打铁，在黑板上写下一行字：今日"小小日记"主题——斌斌的再见！我又一次抓住了一个稍纵即逝的话题。这也可以帮助一些粗心的学生以书写的方式将有意思的一件事"种植"在记忆里。后来日记本交上来，我在批改时看到的还真的印证了我的想法。

教学生寻找日记话题，教师自己就要善于体验和思考生活，自己要有一双充满好奇的眼睛，善于从师生周围的人和事中发现值得关注、探求、思考以及联想的话题，从人们的喜怒哀乐中发现值得言说的故事，或是主动为学生创造值得交流的素材和机会，启发学生学会关注、观察和想象，养成经常进行语言实践的好习惯。

同时，教师也不能只做一个整天拿着红笔评判学生日记的看客，而是要主动加入到日记乐园中来，不妨和学生一起观察，写写日记，并经常张贴给学生看。教师自己喜欢，才能带动学生喜欢，给学生做个示范，更是与学生分享一份笔随心动的生活乐趣。

【葬花】

葬花，应该是古代文人笔下的风雅了。

我们记得的葬花，还是那《红楼梦》中的“黛玉葬花”。故事出自《红楼梦》第二十三回《西厢记妙词通戏语 牡丹亭艳曲警芳心》，是这样描写的：

> 那一日正当三月中浣，早饭后，宝玉携了一套《会真记》，走到沁芳闸桥边桃花底下一块石上坐着，展开《会真记》，从头细玩。正看到“落红成阵”，只见一阵风过，把树头上桃花吹下一大半来，落的满身满书满地皆是。宝玉要抖将下来，恐怕脚步践踏了，只得兜了那花瓣，来至池边，抖在池内。那花瓣浮在水面，飘飘荡荡，竟流出沁芳闸去了。回来只见地下还有许多，宝玉正踟蹰间，只听背后有人说道：“你在这里做什么？”宝玉一回头，却是林黛玉来了，肩上担着花锄，锄上挂着花囊，手内拿着花帚。宝玉笑道：“好，好，来把这个花扫起来，撂在那水里。我才撂了好些在那里呢。”林黛玉道：“撂在水里不好。你看这里的水干净，只一流出去，有人家的地方脏的臭的混倒，仍旧把花遭塌了。那畸角上我有一个花冢，如今把他扫了，装在这绢袋里，拿土埋上，日久不过随土化了，岂不干净。”

在这段文字中，宝玉是惜花，怜惜那纷纷芳华。黛玉，也是惜花，更是珍重片片芬芳的清白风骨。葬花，是对芸芸生命的尊重。

这天，在学生日记中，竟然也看到了“葬花”。细细读来，竟然被孩子的那份天真感动了。

一朵快要失去生命的菊花

淑　雅

星期天，上完补习课后，我来到了南京艺术学院。走着走着，发现地上有一支菊花，我便把它捡了起来。它的杆被人折断了。我就把它放在我的小背包里，继续赶路。我对这朵菊花说：“可爱的菊花，我会把你安葬的。”我来到一棵小树下，把菊花放在旁边。我先用树枝挖了一个小坑，把菊花放在坑里。接着我用泥土把这个坑填满。然后我又用水杯里的水给它浇水。最后我用心灵跟小树说：“你要好好照顾好菊花。”临走时，我对菊花说：“来年我会再来看你。”

这个“葬花”，是班上一个小姑娘对一朵受伤小花的怜爱和关怀，是一片柔软的心。

她是怎么想到的呢？是学的林黛玉，还是电视剧？不知道，但至少是她学到了一种生活的样式，并且也这么做了。或者，是她并没有跟谁学，完全是天真使然？那也不像啊，在我眼里，这个淑雅就像一个女汉子一样啊？

那还会有什么原因呢？在课上，我给孩子们朗读了她的这篇短文，顺便问了她：你是看过什么学着做的吗？她说没有，是看到大学生把菊花仍在路边，挺可惜的，就这么做了。

看来，《红楼梦》的动人情景绝不是文人的杜撰。那么，现在谁还会去葬花？不是没有，可能是我们没有遇到吧。

其实，我特别提到这件事，还有一个原因：日记，作文，不就是要这样记录生活的点滴吗？所以，我才把她的“葬花故事”读给孩子们听。

启发学生的表达意愿

语言表达，不管是口头语言表达还是书面语言表达，它的产生都有特殊的情境，并不是目有所睹或情有所动，就一定会有表达的冲动。有时，我们会仅仅满足于破解好奇或是不完全了解。比如说，我们带学生去公园、看电影，或者是外出旅游，在这些过程中，学生的耳闻目睹、触景感怀、打闹欢笑……但是，学生往往是三两天就会把这一切抛在脑后，再问起来，感想只有一句：“真好玩！”如果是和大人没什么话说倒也罢了，关键是他们在伙伴中也很少主动谈起这些经历，即使提起来，也只是琐碎的印象。像日记这样一种书面形式的表达，对于学生来说，更不可能是自发自生的了。

但是，从另外一个角度来看，几乎所有人都有强烈的表达欲望。什么时候呢？那就是人们在热情地谈论某个话题的时候（如聊天、讨论、研讨、辩论、演讲等）。同时我们也看到，有些人（主要是成年人）因为担心贸然的言辞会招致议论、嘲笑，他们往往习惯观望、推脱，勉强说话的时候，也是面红耳赤。但实际上，每个参与其中的人都很想表达，即便是没有机会，也愿意附和一下，期待着从某个人的话语中得到认同，产生共鸣，获得乐趣。

这种看似矛盾的现象其实并不奇怪，因为，表达是一种相互的活动，没有另一方的呼应，绝不可能产生表达（当然，这里所说的“另一方”在某些时候，可能只是虚拟的存在，是幻想或假定的东西）。表达因交流而存在，并因交流而生发出新的表达需求。

明白这个道理，就会明白作为更高抽象程度的语言实践——书面表达，究竟是怎样的一个过程了。

所以，作为教师，我们必须要让学生的语言从一行行的格子中跳出来，动起来，走进阅读人的心里，并且使学生乐于把自己的喜怒哀乐和经历与人分享。具体地说，就是作为第一读者的教师，在看日记的时候，应该能够真正读到学生写在字里行间的事情、人物、景致、情绪和态度……

但是，平常教师在批改日记的时候，往往只看字数多不多，看词句有没有毛病，看是不是表达了积极的情绪，然后，给一个分数。这种做法实际上是“买椟还珠”——我们只和学生计较了外在的东西，而没有和学生进行任何交流。我们只是当了一回判官，执行了一次公务，却不是一个读者。学生不知道，还以为我们是他们的知心朋友。但是，这种敷衍是不能长久糊弄学生的，从你随意的勾画、简单的批改以及那些红叉中，学生很快就会认清你，不再把你看成一个友好的表达对象，还会把写日记仅仅当作完成布置给他的一份差事，并且渐渐疏远你，厌弃你。当然，面对越来越索然无味的文字，做教师的也会渐渐地失去批改的兴致。

换一种方式，教师完全可以简单一点去面对学生的日记——先当一个读者吧，一下收上来几十本日记，就是几十件你所不知道的新鲜事，看看描述，了解一下事情经过，想想他们的快乐或寂寞，顺便帮他们解决一些小麻烦。你会从字里行间看到一个个红扑扑的小脸，听到一串串快乐的笑声，有时，你还会忍不住为他“拭去”委屈的泪水。时间允许的话，点评点评，写出你的态度，哪怕只是个笑脸符号，或是一条好看的波浪线，以表示你的会心会意。这样，轻松就可以得到产生于书面往来中的乐趣。

表达的乐趣，需要师生共同去创造，教师应当学会做个引路人。

可是，很多教师往往不会主动去充当一个好读者。这主要是因为绝大多数教师本身也从没有接受过这样的专业训练，并不懂得语言实践的一般规律。同时，时下的教学越来越趋向利益化，以所谓“工业化”“智能化”的方式试图赢得批量的效益，所以，很少有人愿意采用我说的这种手工作坊式的劳作。

充分发挥日记的交流功能

什么事情都有个限度，日记写久了也会没兴致。到了高年级，随着学习压力的增大，以及身心发展的加速，学生反而容易变得敏感和沉默，课堂上积极发言的也少了。这时候，维持和启发比较规范、正式的语言实践，特别是书面语言的练习，变得更加困难。每次布置日记作业时，总有学生面露难色。

但是，我们看到的大多是显性的表面现象。其实，越是这个时候，学生的内心越是涌动着交流的渴望，越是需要自由地倾诉和恰当的理解。他们变得内敛了，大多与我们老师和家长没能细心体察他们的心情有关。他们和我们之间多了很多要求与被要求，少了很多共同的话题，渐渐地形成了一道越来越厚的隔膜。如果教师可以用学生所喜闻乐见的方式，和学生交流他们所关注的话题，或是给予他们一定的积极建议，我想，师生彼此之间依然可以畅所欲言。

举个例子。班上被誉为“小书痴”的小月，这次的日记写得却还不到一页。

“三八”节引发的口水

（我们的日记一直都是要写题目的。——作者注）

我的爸爸是一个爱自由的人，他不喜欢麻烦的事。

我的妈妈却是一个喜欢浪漫的女人。

星期一是“三八妇女节”，妈妈一直希望不浪漫的爸爸能浪漫一回。可是，没想到由此引发了一场口水战，唉。

妈妈说爸爸没有情调，不懂浪漫。

爸爸说妈妈不知足，喜欢臭美。

说着，两人把我拉来评理，你一句，我一句，把我的头都搞晕了。

他们到底谁对啊？

就写了这些。只看篇幅的话，我也会生气，六年级的学生才写这么点儿？但是，我转念又想，日记嘛，就要笔随心动，有什么想写的，就信手写来，我们说日记有话则长、无话则短，也要“偶尔”做到啊。还有，短，比无话好，比应付凑数好，小月写的是身边的烦心事，更是一件家里的私事，给你看，不也是对你的信赖吗？况且，遇到这样的问题，她能怎么办？落笔的时候，是不是把房门关得紧紧的？是不是不敢唉声叹气？换了你，是不是有更好的办法？

也许是这么个感受使然，也许是我也想和这个小姑娘聊聊我的看法，于是，我就在她的这篇日记下面写下了这么几句：

有一句话这样说：“千万个不对，都是老公的不对。”爸爸要反思哦！当然，生活要靠两个人的共同努力，妈妈可以创造机会的。等，等不来的。

一个星期之后，再批改到小月的日记时，翻到那一页，多了一行小字：

“OK（好的），我已将此话转告给我妈了，Thank you（谢谢）！”

好开心……

这就是我倡导话题共振模式批改的原因，这也是一种“展示和分享”，这样，师生可以共同体验语言分享的幸福，相互开启语言和情感交流的窗棂，共同感受学习在生活中的价值。

如果你愿意，试试吧，相信你能做得更好！

通过日记教学生学会思考

人比其他动物的高明之处在于人会思考，人在思考中能够获得比生存更有趣味的东西。

尊重学生的语言需要和表达意愿，不仅表现在对他们语言实践的启迪和促进方面，更表现在对他们语言品质的积极培养方面。就本质而言，就是要培养学生不断适应未来生活所需的语言能力。而这些能力的核心，就是思考能力。

我们有时候会讲：这个小孩像个小大人一样，有思想，讲话得体，真懂事；那个小孩，都十五六岁了，说话还是很幼稚，让人听了不舒服。这种现象在日记活动中也一样存在。

所以，我们在与学生的日记往来中，要有意识地引导学生学会思考，并使之成为习惯。

体验性思考——“在这件事中，我体会到……”

回味也是一种思考，是一种关注情绪体验的思考。善于将过往的记忆进行恰当的回味，常常会获得一种温故而知新的乐趣。在日记教学中，教师可以借助学生日记中的各种素材，教会学生边写边思考，不断提高认识水平和思考能力。

布置周记作业的时候，可以附加提示：将事情的过程写具体，同时，写好当时的以及现在的体会、想法。教师在批改日记的时候，会发现有些学生喜欢记流水账，描述事情比较粗糙，特别是感受、体会，写得单调而含糊。这时，教师就可以随手在字里行间插入一些记号，提示学生：你当时的体会是什么？现在的想法呢？

教师还应该教会学生“换位思考”。这种以角色互换来体验当事人的情绪、态度和具体行为的方法，常常能够帮助人们比较客观地看待周围的人和事，从而化解很多不必要的矛盾，或是使人做到善解人意，控制住不稳定的情绪，给予别人多一点包容，更好地与他人相处。

在批改日记的时候，读到学生那些流露着误解或是敌意，或是抱怨受到不公待遇，或是同学之间吵架了等的文字，教师要学会“停一下”，再细看一下内容，然后为学生想一下化解的办法，留上一两句话，教他一些小招数：“可能人家也气坏了呢！”“换了你是他，你会怎么做？”“你认为你那样对她合适吗？”

关联性思考——“这件事和我有什么关系呢？”

我们经常看到，很多事情即便是发生在眼前，学生也熟视无睹。比如，在学校，吵吵闹闹的教室，哭哭啼啼的同学，冲冲撞撞的课间，灰头土脸的后进生，五彩缤纷的墙报等，按理说，这些都可以写进日记里，但是，学生还是常常为日记素材发愁。是啊，这些是看到的，但是跟“我”有什么关系呢？学生只注意到自己的体验，这是本能。但是，作为教师，我们的职责就是要教学生学会从关注自己转而关注社会。

所以，安排学生写日记时，要有意识地提醒学生注意观察周围的生活，鼓励他们积极发现，并建议学生思考这些现象与自己的生活和学习的关系。学生会在思考中去感受身边的事物与自己千丝万缕的联系，并进一步感受自身存在的意义，感受自身的价值所在，成为有社会责任感的人。

反观性思考——“你对这件事怎么看？”

身边的事发生了也就发生了，牵连到自己的、影响到身边人的事毕竟是少数，大多数的事情，即便是大事，也未必能引起我们足够的关注。2008 年年初的一场大雪，短短两天，就让全国大部分地区被暴虐的冰雪覆盖，无数人遭到了前所未有的伤痛；2008 年 5 月 12 日，一个让人永生铭记的日子，汶川地震，许多无辜的人在顷刻间命丧天灾，成千上万人团结起来与灾难和不幸进行抗争，这些都是大事。2010年的南京人大会议提议取消“酒后驾车者终身禁驾”这条处罚条款，这是小一点的事情。更小的事情，如“午休时间到底要不要布置作业？”。对于这些，我们会怎么看？怎样看待自己知道的或亲历的某件事？这样看待问题的思考方法是否恰当？有没有其他可能的思考方法？

比如，有个学生在日记中记述——很多同学都对某个老师有意见，甚至在背后说这个老师的坏话，还给这个老师起了很难听的绰号。

这篇日记该怎么批改呢？我没有点评什么，而是在后面写道：“你对这件事怎么看？”后来，这位学生不仅给我回复了，还在课间找到我，具体地说了这位老师的种种“逸事”，告发了其很多条“罪状”。

这让我不禁想到，既然是发生了很久的事情，学生积怨又那么多，为什么只有一位学生把它写进了日记呢？其他学生又是怎么看待这件事的？师生间为什么有这么大的隔阂呢？应该让全班学生公开讨论这件事，并寻求解决问题的办法。于是，我建议这位学生将那篇日记“贴”在我们班的“静距离贴吧”* 里。果然，仅半天的时间，这篇“帖子”就被写满了点评和回帖，成为一篇热帖。在这个过程中，积存在学生心中的怨恨也被较好地宣泄了，同时，大家也以积极的心态去面对这件事情，还提出来了很多建议，避免了原本会发生的许多不愉快。

建设性思考——“我的建议是……”

不论是在社会上还是在学校里，有一些问题总会被人看成是心理问题的反映，我不太支持这个观点。我认为，这些问题的心理因素只占很小的一部分，主要还是当事人行为策略的缺失，不能合理和有效地表达诉求。

教师可以借助与学生观察或讨论一些时事，让学生写写相关的日记。我们经常会在课上，特别是班会课上，就某一事件或观点进行热烈的讨论。课后，我会趁热打铁，给学生一些时间，让他们再好好思考一下，甚至鼓励他

* 其实就是我们班级黑板右边专门用来布置作业的地方，我们常在这里将学生的或是我自己的日记、文章贴出来，供大家欣赏和点评。因为班主任姓名里有一个“静”字，所以我们就称之为“静距离贴吧”。——作者注

们继续以辩论的正反双方进行论证，并让他们把后续的理解和建议写在日记上，择日再进行交流。

教会学生思考，才能丰富学生的内心世界，学生因此才能生发层出不穷的表达意愿；同时，教会学生思考，坦然为人处世，不断体验，这样写出来的日记或作文才真的具有生命力。

“小小日记”

这是一个很随心的办法。

在课上、课间活动或作业往来的过程中，常常会发生一些意想不到的事情。于是，我就会寻找机会创造一些可以记述的切入点，如幽默的点评、搞笑的举动、严肃的批判等，然后在学生高兴一番之后，提出写日记的要求。当然，这种不在计划内的作业，会被学生指责为“居心叵测”，所以，这就需要用技巧来掩饰训练任务——我在黑板上写作业要求时，会将“日记”写成“小日记”或是“小小日记”，将被动日记与主动素材统一起来。强调即时记事，而不要求事无巨细。

例如，学习《装满昆虫的衣袋》（苏教版《语文》五年级上册）一课，课文中有这样的文字：

> 八九岁的时候，父亲叫他去放鸭子。他把鸭子赶进池塘以后，就去水边逮蝴蝶，捉甲虫，或是蹲下来静静地观察奇妙的水底世界：漂亮的螺壳、来回穿梭的游鱼、五彩缤纷的蠕虫……
>
> 有一次，法布尔正在细心地观察周围的一切，忽然，一只闪烁着金属光泽的小甲虫从他眼前掠过。“嗬，真漂亮！”他边叫边用小手扑过去，敏捷地捉住了它。这只甲虫比樱桃还要小，颜色比蓝天还要蓝。法布尔高兴极了。他把这个小宝贝放进蜗牛壳里，包上树叶，装进自己的衣袋，打算回家后再好好欣赏。这一天，他还捡了好多贝壳和彩色的石子，把两个衣袋塞得鼓鼓囊囊的。

夕阳西下，法布尔赶着鸭子，满载而归，心里甜滋滋的。

我在童年也有过这样的经历，所以，在课堂上教到这里时，我就喜欢上了这一段。今天的孩子大概少有这样的情趣了，这不能不说是个遗憾。看到“满载而归”这个词，我突然灵机一动：玩了很长时间，最后还要带回来一大堆，这样的经历，小孩子都有啊，那为什么不让学生也来说说呢？于是，我临时安排了一篇小练笔，当然，我还是把这种机动的小练笔称为“小小日记”，题目就叫“那天，我满载而归”。

作业本收上来后，我发现很多学生写了购物的“满载而归”。也有特别的，我们来看看其中的一篇。

那天，我满载而归

杜　雨

星期六，爸爸带我出去玩。突然，我想到刘老师对我们说要好好读书的话，于是，我就放弃了玩的想法，拉着爸爸直奔书店。

到了书店，爸爸就不停地在一旁唠叨：“哟，女儿今天变勤奋了，知道读书的重要了嘛！以后也要坚持下去哦……”我心想：干吗这么看不起自己的女儿呀，我一直是好好读书的！

我在书堆中转来转去，看到了《格列佛游记》《汤姆叔叔的小屋》《海底两万里》《爱的教育》《昆虫记》……真不知道该看哪一本。就看《昆虫记》吧，上次刘老师就让我们抽空看看的。我拿起书，从下午一点一直看到下午五点，把一本《昆虫记》全部看完了！

那天，我满是快乐，充满了对书的迷恋！

那天，我满载而归。

小小日记，见缝插针，你不妨也来试试，相信你也会和我一样收获别样的快乐。

预习

让学生提前预习好处多

也许是习惯使然，很多教师（包括我在内）在上课前，要求学生除了将课文读熟、生词理解之外，并不希望学生对课文了解得太多。好像不如此就会导致学生课前知识准备上的差距，使上课陷入困境。

可是，事实并非如此。

如果学生都是零起点，教师当然可以成为教室里最让人仰慕的智者。很多教师似乎也更喜欢这种开场教学，毕竟可以少兜圈子而直奔主题，教起课来也会顺手得多。学生如果懵懵懂懂，也好点拨，不用节外生枝。我刚从师范院校毕业的时候，也持有这种想法。但是，时间不长就发现，学生不可能一无所知地开始听课，教材在一开学就发下去了，有趣的课文早就被学生看过，有的课文提到的知识学生在几年前就了解了。即使像《桂林山水》等课文描述的场景没亲身经历过，但在电影电视里也看过……如今的学生，处在信息爆炸的时代，所了解的信息，比老师少不了多少。上课前，学生不可能是一张张白纸。这些年来的教学经验也证明了这一点。

最近几年，我一直鼓励学生在课前自学课文，在没有教师指导的情况下，学生通常能够比较顺利地抄写生字、读课文、查字典、提出问题和写读后感等，并给教师提一些小建议，而且比我预想的要丰富得多。这告诉我们，在教师没有介入之前，学生对课文已经有一定的把握了。学生在自然状态下对课文中的句段有了感触，就可以随笔写来。

而我也很感激学生，他们的自学给我的备课带来了许多崭新的参考。

“书声琅琅：我读了 5 遍，全文共 6 个自然段。牛牛 * 读了（　　）遍，比我（　　）……”，这样的填空是学生晴晴预习本上每次都要我填写的内容。特别害怕填“最喜欢的句子”一空，因为我必须把我最喜欢的句子思考过再写给她（如图 2-25 所示）。从三年级到现在的六年级，从未间断过，我也每次都会认真地填写（当然，全班也就只允许她这样了，因为其他学生没有坚持下来，我也确实没有更多的批改时间）。其实，有时候看到这个填空我会很惭愧，因为比较忙的时候，我没有朗读课文，而是看了几遍就直接写教案。我们一再强调备课时首要的环节是认真研读课文，以便从文本中获得丰实的教学支撑点。但是，凭心而论，我们这些做老师的有几次是在课前把课文认真地朗读几遍的？我们甚至没有学生读得多！尤其是没有以孩子的眼光来把课文读透，这样如何与他们在课堂里交流？至少面对这个学生，我们从教案参考里得来的“感悟”和“心得”，显得是那么苍白无力！我们又有什么资格去点评学生说出的新鲜、独特的情感体验呢？

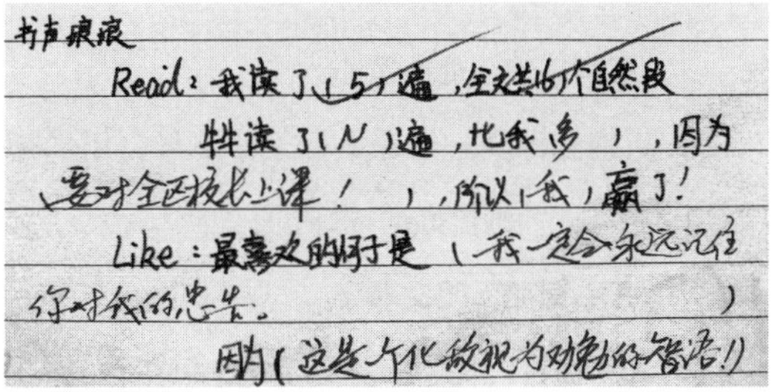

图 2-25

“纸片老师”

既然是学生自己预习新课内容，那么总归会有差异，难免会呈现出无序、水平高低不一。所以，教师必须对学生的预习（以及自主学习）进行有效的指导，使课前预习成为推动学生主动获取知识、教师准确把握课前学生学习状态的手段。为此，教师需要引导学生总结、比较以往课文学习的方法得失，告知学生相关的课程标准要求，向学生提出学习建议，将课文学习的过程具体化。

---

* “牛牛”，或是“阿牛”，都是学生对我的昵称。——作者注

“纸片刘老师”

在我们班学生的语文书中，都有一张纸片，有的被贴在了书的扉页，有的被做成了书签夹在课本里。每次做预习作业时，他们都会翻看一下，然后点点头，再开始做练习。

我们称这张纸片为“纸片刘老师”！请不要误会，它不是我的照片，而是一张预习指导卡片。先来欣赏一下吧：

四年级语文课文预习指南

书声琅琅，处处留心

[朗读课文。给课文标上小节号，用“？”画出不明白的字、词或句子，用“~~~ ☆”画出好词或好句子。]

开心词典，咬文嚼字

[圈部首，描生字。画生词，读生词，先联系上下文想一想，再查词典写意思。翻开预习本，抄字、扩词、抄词。写近义词或反义词，或者用它们练习造句。]

心明眼亮，我读懂啦

[好词好句点评，想一想，这些词句好在哪儿？简单地写下评语。课文是按什么顺序写的？可以分几段？试着写出段意。]

读书百遍，浮想联翩

[大声地将课文读几遍，读通顺。把你觉得最有意思的部分再有感情地读几遍。和作者说说话，与主人公聊一聊。写写自己的读后感 。]

问号箩筐，求助信箱

[还有哪些不懂、不会的？你找到相关的资料了吗？对本课学习还有什么建议吗？]

施才展艺，开心语文

[走进古诗园，新闻剪贴，开心一刻，小画家，英语角，跟我学，幽默一则，悄悄话，留言簿……]

为什么叫作“纸片刘老师”呢？

每个学生的知识水平是不一样的，他们在面对一篇新课文时，遇到的问题也不一样；而且，每个学生的兴趣爱好不同，在面对不同课文时，学习的热情也不一样；同时，学生的自觉程度和注意力程度不一样，对新课文的朗读次数、查字典的生词数目也会不一样。所以，学生的自学过程应该得到教师的指导。

现实的问题是，教师光叮嘱或唠叨是不管用的，学生一出校门，就有可能把你讲的东西忘到九霄云外。怎么办呢？经过反复思考，我决定把自己的想法变成一条一条的提示，由简单到深入，由课文到课外，连点成线，连线成面，构成一篇课文学习的简单训练程序，然后把这些提示打印在纸片上，分发给学生：“同学们，刘老师已化为纸片，每天陪伴你们学习！”

细看这个学习指南可以发现，它以模块化操作的方式，指明了学习课文的基本结构和基本要素，把学生的课前预习纳入到规范的模式中。学生在预习（自学）时经历对课文由表及里、由浅入深、由生字识记到情感体会的过程，不但可以深化认识，而且能够提升自学能力。

最能调动学生主动学习的方法，是给学生选择的自由：放权让学生自主地选择适合自己的作业内容、作业形式，乃至作业要求。不仅如此，学生还可以自己设定作业完成的数量、完成的时间、完成的进度，这样就可以使学生真正成为学习的主人。

再看看另一种形式的“纸片老师”：

五年级语文课文自学指南　　V2008.9

读　标小节序号，通读课文。用“______？”画出疑难的地方。

查　画出文中的新词。想想，查查，把词语意思写下来。哪些词你以前就会？在它们中选几个造句试试。[抄字组词][放大镜][精彩一句][近义词][反义词]

念　将课文读通顺。较长的句子，用“|”标出停顿。用“~~~”画出好词好句。它们好在哪儿？为它们写些简单的批注。[书声琅琅][好词好句][好句点评]

赏　哪一段让你印象最深？它主要讲了什么？用到了什么写作方法？对你写作文有什么启发？写一个简短的评语。[浮想联翩][课文续写][我的感想]

做　课文主要写了什么？课后的练习会做吗？读课文，找找答案。文中的人物和知识你了解吗？有相关的资料吗？[主要内容][资料袋][和作者说说话][与主人公聊聊天]

问　阅读时，你产生了哪些疑问？哪些内容已弄明白，不必再讲解了？你还希望老师讲解什么？有什么好建议吗？[小问号][求助信箱][我的新发现][我的建议]

玩　开心语文，放飞心情，我的乐园。[悄悄话][新闻联播][小日记][开心果][古诗园][小画屋][英语角][思维广角]

相比第一种形式的“纸片老师”，这里增加了作业栏目的名称提示。

我和学生为预习作业设计了各种有个性的作业形式与名称，如：学习生字词的“清除有害菌”“放大镜”，提示学生不要写错字，读错音；“比一比”就是在画好的田字格内写上生字，并邀请老师也来写一写，和老师比一比谁的字写得好；“畅想曲”“妙笔生花”畅谈对课文文字、句段的见解与感受；“课文 123”“资料袋”等补充与课文有关的资料。

数学解题的“圣经”

“纸片老师”的实质是一种针对课文学习而设计的程序化学习模型。学生掌握并运用这种模型，逐渐形成阅读、思考和尝试解决问题的习惯。这样，即便是离开教师的具体指导，依然可以独立学习。

有经验的老师会将最简单实用的学习模型教给学生。

《第56号教室的奇迹》的作者雷夫·艾斯奎斯，在他的数学课上就教给了学生另一种形式的“纸片老师”，他称之为“解题圣经”。他在上课的第一天发给了学生一张纸，让他们贴在自己的课桌上并认真地背诵。纸上的内容如下：

如何解决问题

步骤一：理解题目（把铅笔放下）

收集相关资料

步骤二：选择合适的策略

（1）付诸行动

（2）选择运算方式

（3）画图

（4）先猜测再检查

（5）找出模式

（6）制作图表或表格

（7）逻辑推理

（8）逆推

步骤三：解题（拿起铅笔）

步骤四：分析——我的答案合理吗？

雷夫·艾斯奎斯和他的学生将上述内容称为数学解题的“圣经”，由此可见其重要性。他认为，老师在教学生的时候，不要总是抱怨学生这个不会那个不行，或是给有困难的学生提供零零散散的、毫无意义的指导。雷夫·艾斯奎斯用“圣经”给了学生答题过程的实际路线图，向学生说明了如何解题。

这类学习模型不仅对学科学习有指导意义，还会影响学生在日常生活中的做事习惯和思维模式，教会学生在面对问题时，勇于正视问题，积极寻求良好的解决策略。而学习的价值，不正在于此吗？

语文课文自学作业项目选例

学生根据“课文预习指南”进行语文课文的预习（我称之为“课文自学”），一般可以充分发挥自己的能动性，将预习做得有声有色。

我的学生这样评价道：

> （这样的）预习作业是为我们量身订做的，那些栏目简明易懂又不失幽默，总能反映出我们天真的童心，让我们体会到学习的乐趣。预习本成了我们的老朋友，我们从不觉得预习作业是个负担，反而觉得写起来很轻松、有趣。

下面给大家介绍几个比较有特色的自学项目。

“我读懂了”

自学课文时，对于学生偶尔遇到的一些暂时不懂的地方，他们通过反复阅读，或是参考一些资料，会渐渐明白或是感悟出来——“我读懂了”（如图2-26 所示）。

学生“我读懂了”的认识过程是很可贵的，但也是稍纵即逝的。最容易失去的是阅读的热情，因为学生在家做作业的时候没有机会和别人讲述自己的心得，看过就算了。再一个失去的就是文字表达训练的机会，因为能够想出来是一回事，而能说出来或写出来又是另一回事。教师可以鼓励学生将做家庭作业时的读书心得写下来，然后以“文”会友。

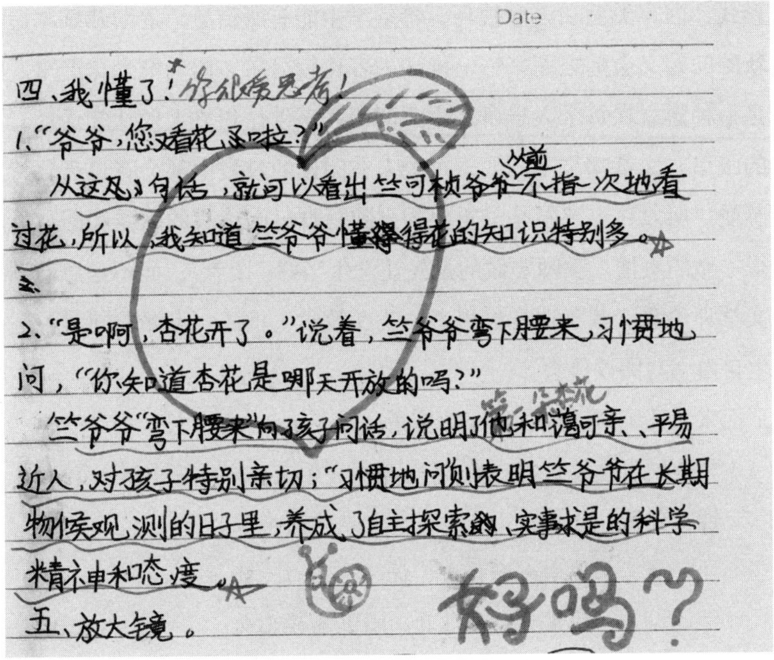

图 2-26

怎样引导学生将“我读懂了”这样的内在语言活动在作业本上呈现出来呢？“要求”学生写，一定很枯燥。所以，我就利用学生喜欢表现自己的心理，顺势鼓励他们：如果读懂了，就在作业本上写写，在课堂上我们再比比看谁更会读书，谁读懂的地方多，懂得更深刻！

“浮想联翩”

这是说，在阅读课文时，学生对某些句段有所联想或感触，就把所思所感及时写下来。因为没有篇幅、格式以及话语褒贬色彩等限制，想到多少就写多少，十分自由，所以，就称之为“浮想联翩”。

“浮想联翩”的前身是很多教师所熟悉的“句段点评”“佳句赏析”等，古已有之，谓之“批注”“评注”。所以，这本身是一种比较成熟的阅读习惯的养成训练模式。但是，在实际的运用中，我发现学生并不能顺利地学会和使用批注或点评。很多教师这时候一般会采取示范法，向学生细致地介绍批注的形式、内容类型和语言技巧，希望学生能有所借鉴，逐渐熟练掌握。但是，新的问题又会随之而来——批注内容比较简单，语句概念化严重。阅读本身是一种建立在每个人自身的生活阅历和态度认识之上的认知活动，在每个人的眼里，文章都是不同的，每个人在阅读的过程中都会有自己独特的理解和感受。所以，点评不是最重要的，叙写自己阅读时的感受和即时见解才是值得一做的事情。教师要做的是先让学生当好“读者”，而不是急着训练他们当文学评论家。基于这样的思考，我在教学生批注、点评的同时，还会鼓励学生自由书写阅读体会。

下面来看几则“浮想联翩”的例子：

（1）杜雨同学读《长江之歌》（苏教版《语文》六年级下册）第一段。

课文句段：你从雪山走来，春潮是你的丰采。

你向东海奔去，惊涛是你的气概。

你用甘甜的乳汁，哺育各族儿女；

你用健美的臂膀，挽起高山大海。

浮想联翩：作者笔下的长江气势磅礴，却又不失慈母对儿女无微不至的呵护之情，刚柔相济。这样的长江才值得我们用笔去赞颂。那一个“挽”字更是扣人心弦，令这平凡的一句立刻栩栩如生，真是神来之笔。

（2）刘文佳同学读《三亚落日》（苏教版《语文》六年级下册）第二段。

课文句段：海滩上玉屑银末般的细沙，金灿灿亮闪闪的，软软地暖暖地搔着人们的脚板，谁都想捏一捏，团一团，将它揉成韧韧的面。

浮想联翩：在海滩上，黄黄的沙子在灿烂的阳光下折射出耀眼的光芒。要是在夏天，我光着脚丫在沙滩上散步，被这软软的沙子一弄，脚丫立刻就麻麻的，很舒服。这个时候，会突发奇想，把金灿灿的沙子和成面，能不能做成面条呢？

（3）骆翎云同学读《三亚落日》（苏教版《语文》六年级下册）第四段。

课文句段：夕阳也渐渐地收敛了光芒，变得温和起来，像一只光焰柔和的大红灯笼，悬在海与天的边缘。兴许是悬得太久的缘故，只见它慢慢地下沉，刚一挨到海面，又平稳地停住了。它似乎借助了大海的支撑，再一次任性地在这张硕大无朋的床面上顽皮地蹦跳。

浮想联翩：这一段把太阳形象地拟人化，十分生动，给人一种温柔、可爱的感觉。好像摄影中的慢镜头，在柔柔、悠悠的阳光下，是那样惬意与美好！文章语言起伏，笔调优美，带动我们的阅读兴趣。

这些点评让我深切感受到了学生读写能力的提升。像上面这样比较精彩的点评，在班上虽然不多，但时不时会出现，总能让我不断收获惊喜。

“与作者聊聊天”

先来看一个学生（常梦可同学）的作业。

相应课文:《长江之歌》（苏教版《语文》六年级下册）

作业名称：与作者聊聊天

主持人：大家好，我们《过来聊聊》节目好久没有播出了。今天我们采访一下《长江之歌》的作者胡宏伟先生。掌声欢迎！

主持人：您好，胡宏伟先生！

胡宏伟：大家好，主持人好！

主持人：我们今天就打开天窗说亮话吧。

胡宏伟：好，我就喜欢您这样的人。

主持人：您写《长江之歌》是在什么地方？

胡宏伟：我当时是在欣赏长江的美丽景色，后来诗兴大发……

主持人：那您为什么说长江“能挽起高山大海”？

胡宏伟：这是因为长江的气势磅礴，足以挽起高山大海。

主持人：请问，您为什么（没有直接表白，而是）把思想感情都包含在诗句里？

胡宏伟：这算您问对了。在这首诗里，有我对长江无限的崇敬。我觉得读书（或是观察），只要用心就能发现。

主持人：谢谢您的配合。下期再见。

胡宏伟：下期再见。

是不是仿佛置身于电视节目的访谈现场？虽然上述访谈写得并不完美，还很稚嫩，但是，对话中的招呼语言亲切，话题方向也很明确，从话语之中还可以品味出对话双方的个性特点。这些都是要学生自己结合课文来揣摩的。比如，假设胡宏伟先生是个直爽而具才情的人，依据是什么呢？当然是课文本身——《长江之歌》读来深情而豪迈，不会是出自一个哀怨婉约的人之手。由诗句去揣摩作者的情怀，这不是读诗读文章或是品赏作品的至高境界吗？在小学阶段虽然没有必要教学生做这些，但是，在教学中渗透一些，不也是一件美事吗？

再比如另一个学生（杜雨同学）的“与作者聊聊天”。

相应课文:《三亚落日》(苏教版《语文》六年级下册)

尊敬的作者，您的《三亚落日》很是简练，不烦琐，也不奢华——单刀直入，开门见山。第一段稍稍吊人胃口，一句“一点儿也不比日出逊色”让我们笃定要读下去，一探究竟。接下来可谓是字字珠玑，让人不得不叹。每个环节都足够美、壮丽、有诗意。熟练运用了诸多文学技巧，使得文章呈现出纪录片般的真切。最后一句中的“哦”看似平常却最值得推敲，因为这一字是对“美”的感叹，不可或缺。

你看，题目虽小，却集中了剧本创作、口语交际、情节想象以及阅读赏析等多种阅读与表达方式的练习，一举多得。

“语文 QQ”

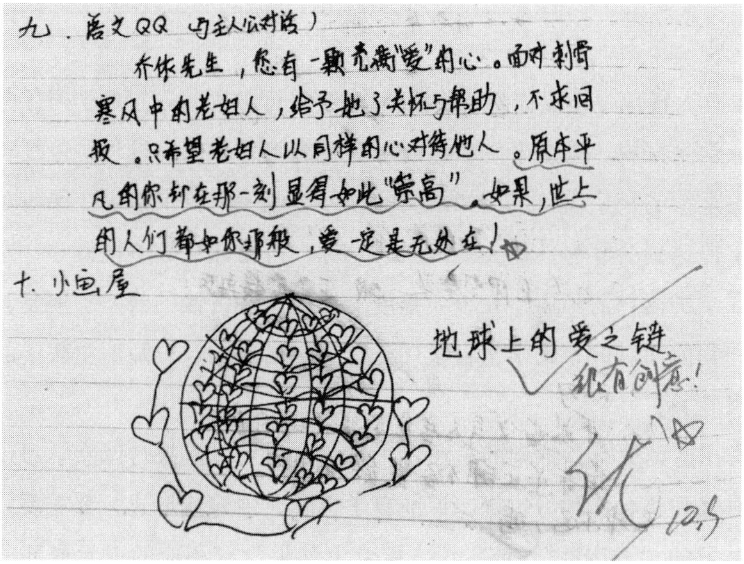

图 2–27

以上几个作业项目都是学生自己在自主学习本上安排的，是语文阅读自主作业指南中的可选项目。之前，我发现学生读书不够细致，更不会潜心揣摩语言文字。为了引导学生主动、细致地读好课文，必须创造一个机制，让学生和课文进行知识和情感的碰撞。很自然地，我想到了 QQ，正是这类网络即时通讯工具让人们的交流更加便捷，我何不仿照 QQ 聊天的模式，把学生和课文作者、文中人物作为好友加入到课文学习圈里来呢？于是，我设计了一种阅读项目作业——“语文 QQ”。“语文 QQ”包含两个方面：一是“和主人公说说话”（如图 2–27 所示），二是“与作者聊聊天”，学生在学习课文时，可以自主选择一个角度和角色，写成一篇小作业。通过这两个方面的虚拟对话，促进学生深入研读课文，适当关联课外，达到理解与表达的同步训练。

实践证明，这样的 QQ 还真有效，学生选做时，也乐在其中。

预习作业与课堂学习的对接

也有人将预习作业称为“前置性作业”，即教师将一定的学习任务放在课前让学生完成，既是学生在课前对课文的熟悉和探究过程，也是教师了解学生学情的一个窗口。比如语文的预习作业——要求学生在课前对生词提前掌握达到会默写，课文朗读要求熟练，写出课文故事梗概等，这样可以为课堂讲读扫清障碍，在很大程度上提高课堂讲读的效率。但是，这个机制和我前面讲的鼓励学生自学还是有一点出入的，教师课堂教学的功利性更明显了。

我在这里更有意强调的是预习（自学）内容、成果与课堂学习过程的有效对接和整合。预习也好，课前自学也罢，内容或形式，都需要具有与课堂学习的“对应性”。或者说，课堂上如果没有相应的单元或环节能够关联和反映课前练习的内容，就会影响学生在学新课时应该有的准备状态，不利于学生课堂的有效学习，那些无聊的课前作业就会让学生慢慢失去求知动力。

在这一点上，我建议语文教师要向数学教师多多学习——通常情况下，数学的课外作业与课内的学习内容关联非常紧密。例如，在课前，数学教师一般会安排一些准备性题目，既让学生回顾上一环节所学的知识技能，又鼓励学生主动触摸新知识，然后在课堂上再依此展开对新概念、新知识的学习。著名数学教学专家邱学华教授发明的“尝试教学法”，就是将课前的尝试性学习与课堂讲授紧密联系起来，较好地实现课前练习与课堂思考的整合。

我国很多学校在“课前自学与课堂学习的整合”上做过卓有成效的实验，比如，有的学校将课前自学内容和课堂讨论主题合并写在一张纸上，称为“导学单”或“讲学稿”，将课前的有效预习变成课堂学习的有效组成部分。

我的做法是，结合本班的实际情况（学生在课前依据《语文课文自学指南》进行预习的情况），实行一种较为固定的教学模式，即将课前自学练习和课堂学习流程整合起来，并把这个方法印发给学生，让学生根据自身学习情况自觉参与课堂的学习环节，形成习惯。例如：

四年级语文课堂交流指南

咬文嚼字

（1）利用课文生字表，交流读写生字的方法，读音辨析，字形区别，多音字组词。

（2）理解课文中画出的生词，比对生词，核对解释，近义词，反义词。

书声琅琅

（1）轮流读书，比比谁读得好，抽读段落。

（2）好句好段齐读。

处处留心

（1）说说自己的读书发现，谈谈所思所感。

（2）说说曾经想到过的问题，后来是怎样弄明白的。

问题汇报

（1）还有什么不明白的？每人说说，重复的不说。

（2）还想知道些什么？有什么建议？提交给课代表和老师。

（3）把问题写下来，课后再钻研吧！

进行课前与课堂的对接和整合，需要教师更高的教学规划水平，要能够进行模块化教学方案设计和编写，而且需要教师在课前及时和认真批改学生的自主学习本，迅速收集学生自主学习的主要信息，调整教学设计。在课堂交流自学成果，并能进行相应的提炼和延伸练习。课后还应该适当查缺补漏，完成补充性的练习。

读书

“我的读书笔记”

小学、初中阶段是学生语言能力迅速发展的时期，如果在这个时期带领学生充分阅读，对学生的一生都非常有益。开卷有益，但是散漫的开卷从来不会给那些漫不经心的学生带来真正的见识和提高。

教会学生主动阅读、自由阅读，培养他们热爱阅读的情怀，是教师及家长的责任所在。可使用的方法很多，其中，“不动笔墨不看书”是我认为最为有效的方法。和大多数老师一样，我也常向学生推荐一些文字优美、内容丰富的好书，并要求他们勤写读书笔记。

“我的读书笔记”

读书笔记要记些什么？不同的老师会有不同的要求。下面来看一下我班学生的读书笔记：

我的读书笔记

★ 读一本好书，就是和许多高尚的人谈话。——歌德 ★

（1）书名：____________ 作者：____________

出版社：________ 出版年月：________ 字数：________

（2）这本书的类别（在□内打“√”）：

□童话寓言 □文学故事 □历史地理 □人物故事 □体育运动

□科幻故事 □科学知识 □学习方法 □少儿丛书 □其他种类

（3）主要内容：

（4）读到了哪些优美的词、句，或给你印象深刻的话，摘抄下来：

（5）心得体会、感受感想：

（6）想到的问题：

我读书　我快乐　〖姓名__________，______年______月______日〗

雷夫·艾斯奎斯的“读书报告”

下面我们再来看看前面提到过的美国著名教师雷夫·艾斯奎斯（《第56号教室的奇迹》的作者）给学生设计的读书笔记（他们称之为“读书报告”）。

具体的做法是：每月让孩子们读一些简单易懂的、孩子们喜爱的好书。读书报告分为几部分，每部分讲述书中一个不同的要素，如主人公、反面人物、冲突、背景、情节、高潮、结局和主题等。

读书报告的具体格式如下（括号中为要求学生填写内容的提示。——作者注）：

〖书名〗________________

〖作者〗________________

〖主人公〗（简要介绍主人公的基本情况和特点）________________

____

〖反面人物〗（简要介绍反面人物的基本情况和特点）____________

____

〖冲突〗（简要概括故事中人物间的主要矛盾和冲突）____________

____

〖背景〗（简要介绍自己对故事背景的了解）________________

____

〖情节〗（概括地介绍图书的主要内容，写写故事的主要情节）______

____

〖高潮〗（关注故事的高潮部分，写写那些让人心动的场面）________

____

〖结局〗（故事的结局是怎样的，给人什么印象）________________

____

〖主题〗（简要介绍自己对故事背景的了解）________________

____

（雷夫·艾斯奎斯，2008）

雷夫·艾斯奎斯认为，每月一篇读书报告在帮助学生提高写作技巧的同时，还让他们学会了对时间的有效管理。坚持一年之后，学生基本都能交出优秀的读书报告了，而在这个过程中，他们已经读过 10 ～ 12 本好书，作为一个读者和深刻的思考者在成长。

与雷夫·艾斯奎斯的看法类似，我认为，对学生来说，虽然有很多其他方式，比如好词佳句的摘录、写读后感、开读书会等，但还是读书笔记这种形式更深入、更富有挑战性，并且十分有效，而且学生也有同样的发现和感受。

与雷夫·艾斯奎斯的“读书报告”相比较，我们班的“读书笔记”更看重学生的读书态度和积累，重视阅读量，让学生主要从记忆层面上获得读书的效益；而雷夫·艾斯奎斯注重让学生把握作品的要素，引导学生潜心读书，并认真体验故事情节。两份读书笔记，也反映出了我们各自教学价值观的不同。如果站在学生的角度看，我们的读书笔记比较容易完成，但对作品整体性理解显得不足，缺少了文学的熏陶。雷夫·艾斯奎斯的作业，怕是很多学生会觉得完成起来有困难，但是学生一旦用心做，收获会很大，特别是对学生文学创作的影响会很深远。

当然，不管何种形式的读书笔记，教师在布置给学生的时候，都应该遵循循序渐进的原则。特别是在开始的时候，不要贪图全面，要少设置一些项目，每次有个侧重点。随着学生年龄和阅历的增长，逐渐提高对其阅读质量的要求。

另外，为保持读书笔记的新鲜度，让这种训练机制有持续的动力，一般来说，可以采取一定的激励机制，比如，经常组织新鲜有趣的书评比赛、有思想深度的阅读比较沙龙等，给学生多一些鼓励和赞扬，让学生乐于读书、乐于交流读书笔记，师生共同营造真正的书香教室。

一年级娃娃们的开心阅读

《义务教育语文课程标准》(2011 年版) 中要求小学第一学段 (1—2 年级)“课外阅读总量不少于 5 万字”。苏联教育家苏霍姆林斯基在《给教师的一百条建议》中也曾说过:“让学生变聪明的方法，不是补课，不是增加作业量，而是阅读，阅读，再阅读。”通过阅读，丰厚学生的语言材料，提高学生的读书能力，从整体上增强学生的语文素养，促进学生的发展，为他们今后的学习、生活和工作奠定坚实的基础。

我连续带了一二年级，我是怎样指导这些小娃娃们开展课外阅读的呢?

绘本引路，激发兴趣

低年级学生识字少，面对长篇的文字，容易产生恐惧和排斥心理。他们更喜欢色彩鲜艳的图画，通过欣赏一幅幅精美的图画去读懂故事内容。针对这一特点，我们把绘本阅读引入了课堂。

绘本的故事情节很简单，主要以图画为主。教师可以引导学生借助图画的表现力，在简单的文字中展开自己无穷的想象。例如第一次绘本课《彩虹色的花》，这个故事讲述了彩虹花把自己的花瓣送给需要帮助的小动物，和别人分享快乐的事。课上，我把书上画面还原成故事，让学生边观看图画边听故事。在学生走进故事后，我引导学生想象："小蚂蚁，你摘下一片花瓣后，怎样去奶奶家呀？""如果你是小蜥蜴，在宴会上，你会怎样做呢？""你这只小老鼠，现在感觉怎么样？""小刺猬，你怎样回家呀？"……这样的阅读，激发了学生的兴趣，培养了学生的想象力，同时审美情趣也得到了慢慢提升。

后来，每到周一绘本课，学生都会拥到我跟前问："老师，今天讲什么绘本故事呀？"看得出，学生特别期盼每周一次的绘本阅读课。

绘本这么受学生欢迎，学校又为每个班配备了100多本绘本读物。这样，每天学生在午餐后都积极地借阅自己喜欢的图书，进一步培养了阅读兴趣，增长了知识。

巧用微信，促进阅读

学生在学校的课间、绘本课、午餐后有了充足的阅读课外书的时间，那么放学回家后还能否坚持进行课外阅读呢？这引发了我新的思考。

平常，我总让学生把背诵的作业用音频的形式上传到班级微信群中，效果挺好。那么，对于学生阅读课外书的活动，能否也拍成图片和视频上传呢？于是，我先与家长们沟通，得到了家长们的认可。然后由家长配合，每天把学生读课外书的图片和视频上传到班级群里。不过这次的效果并不好，上传的视频星星点点，也总是那几个学生时不时地读一下。

期末考试完的那天下午，我班尹怀杰同学将他背成语接龙的视频传到了班级群里。这1分50秒的成语接龙令我眼前一亮，也让群里的家长们十分震撼——刚刚一年级的孩子就读了这么多的成语，而且记得这么熟练。我联想到《欢迎来到一年级》这本书里"你确实比我强，我就佩服你——这是这个年龄的孩子真能做到的”这个观点，就用尹怀杰同学的例子帮家长们分析、引导，得到了家长们的认同。大家掀起了读书的热潮，从考试后的第二天开始，几乎每天都有家长把孩子读课外书的视频传到班级群中。

经典相伴，扩大积累

上学期开学初，学校为每班准备了《中国古诗词名句选编》《汉字像一幅画》《诗意通州》和《长征的故事》这四本书，于是我就利用每天午餐后的时间让学生阅读。

后来，我觉得还不够，又把我在寒假时制作的《小学分类古诗词》的课件发给了家长们，并告诉家长们现在正是学生记忆力发展的最佳时期，一定要利用闲暇时间，让学生背一背。然后，利用每天的早读时间让能背下来的学生到教室前面来带着大家读。我把学生带读古诗的情景也拍成视频传到了班级微信群里，这一做法得到家长们的一致欢迎。

再后来，我们又读了《小学生必背经典诗词 120 首》等，在班内进行配乐读、拍手读、唱一唱等多种形式的展示，激发了学生的阅读热情，丰富了学生的积累。我们进行早读背、午休读以及放学路队的时间背一背，并且，每周进行一次“诗词大赛”，来展示学生的背诵成果。这样，既积累了古诗词，又激发了学生阅读经典的兴趣。

课前展示，分享阅读

学生越来越爱读书了。在放寒假前，我为学生设计了读课外书的阅读单，开展“阅读共成长”假期读书活动。利用假期进行读、写结合的训练。我让学生边读边尝试学习写阅读单和阅读日记，摘抄好词、好句，试着写一写所读故事说了什么事，在读读、写写、画画的过程中提高学生说完整话、写完整话的能力。这样，让学生在丰富课外知识的同时，享受着阅读带来的快乐。

为了激发学生更大的阅读热情、展示假期的阅读成果，这学期开学后，我在班级里开展了“课前三分钟好书推介”活动。学生走上讲台，把自己的假期读书心得讲给同学听，把自己喜欢的书介绍给身边的同学。这个活动锻炼了学生的语言表达，也让学生间的阅读交流丰富起来！

总之，课外阅读的关键在于坚持。教师及家长要经常了解学生课外阅读的执行情况，只要持之以恒地激发学生的读书兴趣，培养学生良好的阅读习惯，让学生掌握正确的阅读方法，读书就会逐渐成为学生的自觉行为，让学生在知识的海洋中自由自在地遨游，给学生撑起一片多彩的生活空间。

（北京市通州区路苑小学 王连胜）

“爱的作业”

教育家苏霍姆林斯基在给《给教师的一百条建议》里指出：“家庭要有高度的教育学素养。”“如果没有整个社会首先是家庭的高度的教育学素养，那么不管教师做出多么大的努力，都收不到完满的效果。”对此，我们有深刻体会，所以，我也经常思考怎样调动学生家庭的力量，营造一个亲子共学的环境，促进学生的发展。有一回，读了《薛瑞萍班级日志》，看到亲子共读的经验挺好，我想，我们何不也来开展一次这样的活动呢？

亲子共读

一天，我和学生在教室里一起朗读《小学语文读本》（浙江省基础教育课程教材开发研究中心编写）。其中，“走进小说世界”单元的《表哥驾到》让我们爱不释手，作者是有名的儿童文学作家秦文君，我看过她的好多书，文字幽默风趣，主题直指纯真的童心，她的文字是会让人笑着哭的。我让孩子们翻开书看着，并大声朗读起来，那种感觉让人沉醉。

当我们读到“她每次在夸奖表哥时，总是带点嫌弃我的口吻”时，我停了下来，问孩子们：“有没有这样的时候，父母谈起别人家的孩子，让你心里有点酸？”孩子们使劲点头。这样边读边讲，不知不觉下课铃就响了起来。

我没有急着下课，因为，我心里早就有了让家长动起来的念头。亲子阅读对孩子阅读兴趣的培养作用巨大，正巧这一课有一句导读：

看完下面的这篇文章，你可以给妈妈布置一项作业：让妈妈也好好看看这篇文章。她们一定会有所启发的。

我随即就在家长微信群里布置了一条“爱的作业”：爱孩子的你，也为孩子读一个故事吧，愿孩子在爱的鼓励下成长。

让我感动的是，家长们积极响应，当晚，有三个家长给我传来了他们和孩子的读书视频。

后来，我还要求孩子们用日记记下家庭朗读情景和家长朗读后的感受。当然，我更想知道家长们参与这个活动的感想，我跟孩子们约定，明天交流他们的日记。

第二天是我们约定的日记交流会，学生庄启辰拿着妈妈写的体会朗读起来：

感谢老师布置了特殊的家庭作业，感谢作者秦文君写下此文。

通过给孩子朗读，我看到了文中的“极品妈妈”原来是自己的翻版。这样一个妈妈，总是在孩子面前肆无忌惮地拿“别人家的孩子”的长处来揭自己家孩子的短处，以为如此便能“激励”孩子。殊不知，在一次又一次的“激励”中，一次又一次地挫败了孩子的自信心。想来真是为自己汗颜。

孩子的悲怆更是我们家长们的悲怆。所以我们必须自省，必须调整好自己面对孩子的状态。孩子生来就是一个独立的个体。我们只有尊重这种个体差异，让孩子自己和自己比，去年和今年比，上一次和这一次比，才是最明智的选择。孩子成长的道路上有欢笑、有泪水。作为父母，我们需要把真实的赞美、真诚的鼓励和肯定及时地送达给孩子，让孩子一路欢快而坚定地走下去。让“别人家的孩子”不再出现。

龚彦琦同学在日记中写道：

今天，老师给我们布置了“爱的作业”。嘿嘿，就是自己的家长给孩子读一篇文章——《表哥驾到》。

一看到文章题目，妈妈就觉得很新奇，于是饶有兴趣地朗读起来：

“我真想掌握一句呼风唤雨的咒语……”妈妈读得很有感情，我也听得津津有味。到快结束时，妈妈的表情有点沉重了，原来这篇文章写的是：在父母眼里，都是别人家的小孩出色，并且还带有冷幽默、小讽刺。

后来，妈妈对我说：“以后，我会多多鼓励你，帮助你进步，不会拿你跟谁比。”听了妈妈的话，我心里很感动，暗自下决心，要让自己更优秀。

这真是一次充满“爱心”的陪读啊！

在后来的家长会上，我又就班级开展亲子共读活动的意义和家长们做了交流，还将我的讲演稿传给了家长们，得到了他们热心的称赞。有几位家长还在孩子的作业本上给我写下了体会（如图 2-28 所示）。

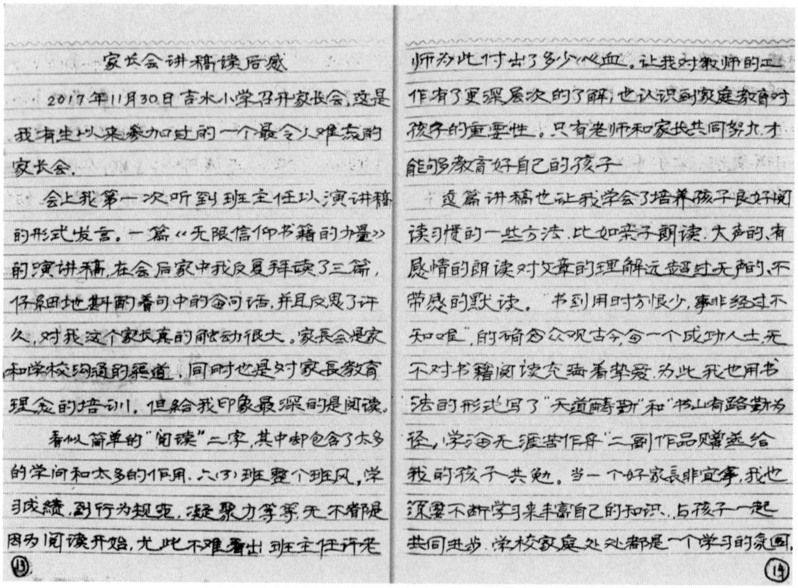
家长会讲稿读后感

2017年11月30日吉水小学召开家长会，这是我有生以来参加过的一个最令人难忘的家长会。

会上我第一次听到班主任以演讲稿的形式发言。一篇《无限信仰书籍的力量》的演讲稿，在会后家中我反复拜读了三篇，仔细地斟酌着句中的每句话，并且反思了许久，对我这个家长真的触动很大。家长会是家和学校沟通的渠道，同时也是对家长教育理念的培训，但给我印象最深的是阅读。

看似简单的“阅读”二字，其中却包含了太多的学问和太多的作用。六(3)班整个班风，学习成绩，到行为规范，凝聚力等等无不都是因为阅读开始，尤此不难看出班主任许老师为此付出了多少心血。让我对教师的工作有了更深层次的了解，也认识到家庭教育对孩子的重要性。只有老师和家长共同努力，才能够教育好自己的孩子。

这篇讲稿也让我学会了培养孩子良好阅读习惯的一些方法，比如亲子朗读，大声的、有感情的朗读对文章的理解远超过无声的、不带感的默读。“书到用时方恨少，事非经过不知难”，的确我们观古今每一个成功人士，无不对书籍阅读充满着挚爱。为此我也用书法的形式写了“天道酬勤”和“书山有路勤为径，学海无涯苦作舟”二副作品赠送给我的孩子共勉。当一个好家长非容易，我也须要不断学习来丰富自己的知识，与孩子一起共同进步，学校家庭处处都是一个学习的氛围。

⑬ ⑭

图 2-28

第一次布置“爱的作业”，参与的家长就很多，说明家长们对孩子的成长高度重视。初次尝试，有家长可喜的反馈，有孩子的文字证明：在一个有着良好学习氛围的家庭，这样的朗读绝不仅仅是语文作业——朗读及伴随着朗读而发生的讨论和交流，其实也是一种温馨、高雅的亲情沟通。

节日互动

节日文化中包含着丰富的内涵，也传承了中华民族的真善美。我们在节日里布置一些有创意的亲子作业，会让学生更爱上作业。例如，春季开学第一周就迎来了“三八妇女节”。我和孩子们提前商量给自己的妈妈写一封信。

来晒一份学生给妈妈的“女王节”特别礼物：

给妈妈的一封信

沈 艾

萍姐：

Hello！妈妈！

首先，祝你由国际延伸到中国再传到浙江嘉兴的“三八妇女节”非常、十分、特别快乐！

然后，我想说，谢谢你把我生下来。你生我，绝对不是一个错误（嘿嘿嘿）。我告诉你，我一定可以考上 ×× 中的！如果考不上，就回 ×× 港学校。总而言之，言而总之，不管是哪个，都是最好的学校，都是第一。当然，我还是保持我的态度，我想飞出去（你自行体会吧）。

最后，如果你觉得我写得还可以，红包让我摸一摸啦！重要的事情说 N 遍：“三八妇女节”快乐！“三八妇女节”快乐！“三八妇女节”快乐！……（喘气 ing）

回给宝贝女儿的一封信

宝姐：

时光飞逝，转眼你已经 13 岁了，是个六年级的大孩子了。马上就要迎来小升初，作为父母，我们比你还紧张，好的学校有好的学习氛围，×× 中是所有孩子和家长的梦想，希望你在这三个月努力冲刺，好好发挥，相信凭你的能力一定可以顺利考进 ×× 中。

在此，也要谢谢你的祝福，但不是“三八”，是“女神”。我还要谢谢你一直用心的照顾我。在生活中，我感觉我们一直是角色互换的，更多时间是你在照顾我，谢谢你来到我的身边——我的小天使，有你真好，亲亲我的宝贝。

最后，我先告诉你，红包会有的，但是要你的成绩来换，哈哈哈，你妈我是生意人，不做亏本生意！2018，特别的一年，祝你顺利考进理想的 ×× 中，我们爱你，加油，宝贝！

孩子们的祝福简单而真挚，妈妈们的回应是满满的期望！

（浙江省嘉兴市秀城实验教育集团吉水小学　许晓颖）

复习

寻“情”记

临近期末，就要开始准备复习。全册课本几十篇课文，怎么梳理？

我们通常是拿几张模拟卷边做边复习，这样的复习课最好上。也确实，考试卷考来考去也就那么多东西。做做卷子，让学生即刻就处于“临战状态”，熟悉题型，训练技巧，一举多得。但是，如果节节课拿练习卷盯准默词、写成语、背诵和默写，然后再不停地做课文内容填空，或是找一大堆短文来做阅读练习，一定会把学生做吐了不可。

好没劲。怎样才能不把复习课上成做卷子课呢？

还得对复习课有个再认识。

（1）复习课和平常课一样，都要有准确的教材解读，只是复习课要着眼全册，要梳理关键知识点，要确定重点复习内容。

（2）复习课和平常课一样，都要安排关键的话题和过程，只是复习课的讨论话题要更加具有整体性和开放性，能成为梳理全册的主题线索，指引学生进行回顾和抄记背默。

（3）复习课和平常课一样，都要能联结课内课外进行知识迁移，只是复习课更加强调做题技巧的运用。

（4）复习课和平常课一样，都要有恰当的有趣的方式来吸引和调动学生积极参与课堂复习，提高复习效率。

对于复习课，教师还是应当好好备课。做卷子环节是肯定要有的，但一定不能是满堂灌，而只是其中的一个环节，成为一个必须的课堂资源和一个技能巩固手段。

具体怎么做？我有一个建议：改变一下，用知识主题线索进行回头看。

我们可以结合课文知识点，设计若干个知识主题线索。然后编排成生动活泼的主题复习课，既梳理课文内容，又强化知识点发现，还强化做题技巧。

这样的知识主题很多，例如“来一次旅行吧”（写景类课文复习）、“走进古诗园”（古诗类课文复习）、“了不起的他们”（名人逸事类课文归类复习）、“四字天下”（四字词语的归类复习）、“哎哟，神话！”等等。

下面就是这样一个复习课（两个课时）课例：

“心理活动描写”知识主题复习课

主题：心动时刻

话题：寻找那心动的瞬间

习题：找、读、评、写

教学过程：

（1）范例指导：请同学们读背例文《但愿人长久》课文片段，用波浪线画出描写心情的句子。

①朗读并说说：这句话写了谁的什么（动作、心情、神态等），表达了什么心情？

②完成课堂学习单第一行的填空（如表 2–2 所示）。点明学习主题：

文章中通过各种方式描写人物心情。

（2）课堂作业：寻“情”。

①小组合作。从本册课文中，摘抄表现心情的句子。一人在学习单上记录页码和关键词等，其他人继续翻页寻找。（注：这个作业也可以放在课前作为家庭作业完成。）

表 2-2　课堂学习单

课题	页码	主人公	句子或关键词	感情表现	备注
《但愿人长久》	p.9— p.11	苏轼	心绪不宁；眼睁睁	思念	婵娟（月亮）

②基本完成后，根据表格提示指读这些句子。一人朗读，其他人说说这些句子描写的人物感情以及写法作用。

（3）全班交流。教师根据学生的汇报，重点联系该语句有选择性地串讲所在课文的主要知识点。

（4）实题巩固。选择一两题练习卷中的阅读材料，完成相应“发现、理解、回答”练习。

（5）找到最近的日记或作文中描写心情的一两句话，仿照课文例子试着将它写具体。

这样的知识点主题线索型复习课，属于归类复习的一种。因为课堂复习方式比较灵活，复习到的内容和技巧比较多，学生又不容易产生厌烦情绪，相比于纯粹的用卷子来复习的效果要好一些。

【附录】苏教版《语文》四年级上册课文中寻到的“情”语句（部分）

p.6 《老师，您好！》

（1）每当看到时代在飞速地前进，

我心中就涌起感情的波涛：

老师，您好！

（2）每当看到鲜花在幸福地开放，

我就情不自禁地衷心祝愿：

老师，您好！

——崇敬，感激；赞美，祝愿。

p.35 《徐悲鸿励志学画》

徐悲鸿被激怒了，但是他知道，靠争论是无法改变别人的无知和偏见的，必须用事实让他们重新认识一下真正的中国人！

——愤怒，决心。

p.38—p.39 《虎门销烟》

午后二时许，林则徐等人健步登上礼台。（以及插图）

——坚定，决心。

p.62 《桂花雨》

这下我可乐了，帮着在桂花树下铺竹席，帮着抱桂花树使劲地摇。桂花纷纷落下来，落得我们满头满身，我就喊："啊！真像下雨，好香的雨呀！"

——欢快，美好，记忆。

p.78 《普罗米修斯盗火》

普罗米修斯忍受着巨大的痛苦，但他不后悔，也不屈服，情愿为人类而受苦。

——勇敢，坚定。

p.91 《李时珍夜宿古寺》

（1）眼看太阳渐渐下山，飞鸟归林，师徒俩不免焦急起来。这地方前不见村，后不着店，晚上到哪里住宿呢？

——焦急，艰难。

（2）李时珍笑着问徒弟："庞宪，觉得苦吗？"

"先生是快 50 岁的人了，都挺得住，我 20 多岁的人还能叫苦吗？"

——关怀，敬佩。

p.113 《珍珠鸟》

（1）真好！朋友送我一对珍珠鸟。

（2）拨开绿蔓一看，正是这个小家伙！

（3）看着这可爱的小家伙，我不由自主地发出了一声呼唤：信赖，不就能创造出美好的境界吗？

——喜爱，惊喜，感叹。

（注：上述罗列的课文篇目可能会随着教材的调整而不再被使用，仍然放在这里是供大家参考，以便能明白其中的梳理原理。）

三维三步整理复习

著名教育家乌申斯基说过："装着一些片段的、没有联系的知识的头脑，就像一个乱七八糟的仓库，主人从那里是什么也找不出来的。"的确，只有经过有效的整理和复习，把这些散落的知识穿成一串，学生的头脑中才会条理清晰。所以，我们在每个学习阶段（单元、期中或期末等）都应当及时带领学生进行知识的回顾和梳理。

"整理复习"是数学学习过程中一个非常重要的知识梳理环节。我们针对中高年级学生的学习特点，采用"三维整理复习"的方式，引导学生全方位、多角度、立体化地复习，重点培养学生的"单元整理"作业习惯。

"三维整理复习"主要包括"知识整理""习题整理"和"错题整理"这三个维度的内容。

知识整理——教会学生用思维导图整理复习

基本模式：梳理知识—区分重难点—绘制导图—补充深化

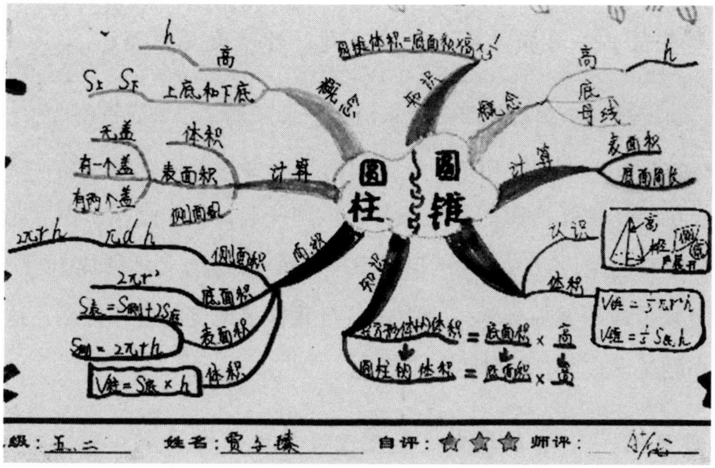

图 2–29

首先，学生独立对单元整章知识进行总结，根据自己的理解，理清数学概念、规律及其区别、联系，区分重点难点，画出思维导图（如图 2–29 所示）。其次，教师批阅学生交上来的作品，把握学生对整个章节知识的掌握情况，并指导其对思维导图中出现的错误进行修改。再次，在复习课堂上展示部分典型的作品，先由大家讨论该思维导图的优劣，再进行补充与深化。最后，教师进行总结与提升。

由于各章、各单元间不是孤立的，而是互相联系的，教师可以让学生自己找出各单元的联系，把所有的思维导图编织成自己的知识网。在整个过程中，学生其乐无穷，绘制的水平也越来越高（如图 2–30、图 2–31 所示）。

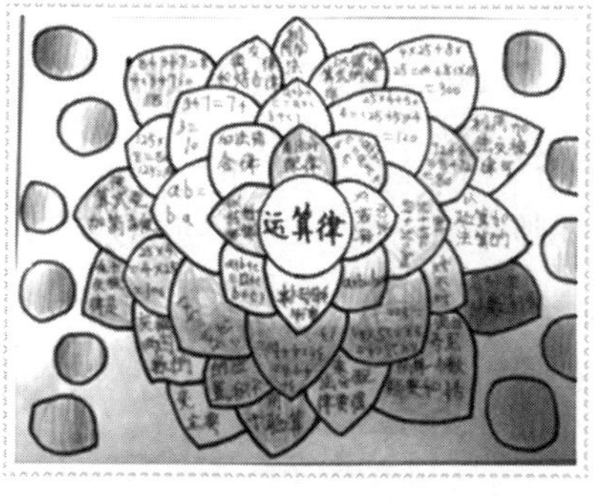

图 2–30

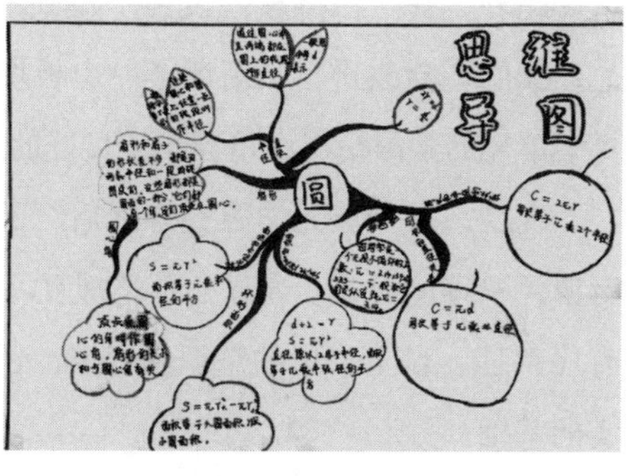

图 2–31

习题整理——培养学生归纳重点题、难点题的习惯

基本模式：习题梳理—重点摘录—上交建档—自我检测

在每个单元的学习结束后，除了进行单元知识的回顾整理外，我们还引导学生自己将本单元所有的相关练习题梳理一遍，从中查找出重点题、难点题和容易做错的题，以练习卷的形式整理在练习纸上，上交到教师手中保存，到期末总复习时再发放到学生手中进行自我检测或交换互相检测。这种有的放矢的小测试形式更有针对性和实效性。

错题整理——培养学生收集整理错题的习惯

基本模式：摘录原题—错例回顾—错因分析—正确解答

每个学生准备好一本错题本。在每个单元检测之后，学生会主动把错题整理到“课堂小测本”的背面（如图 2–32 所示）。通过长期的积累，错题资源成为学生宝贵的学习财富。这个习惯的养成对学生的后续学习尤其是以后到了初中和高中后的学习是非常有帮助的。

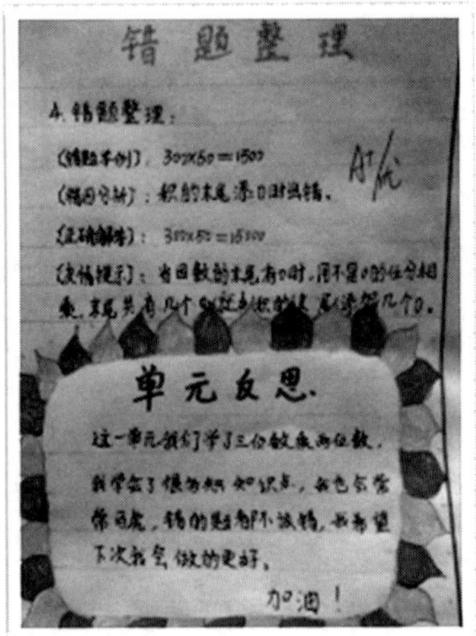

图 2–32

此外，在“三维整理复习”模式的基础上，我们不断改进，又新增了一个板块：单元反思，引导学生自己反思总结每个单元的学习情况，培养学生良好的反思习惯。

现在，每个单元学习完毕之后，不用老师布置，学生已经养成了自觉进行单元整理的习惯。通过三维整理复习模式，教师不仅培养了学生分类归纳、有序整理、自主反思的意识和习惯，还为学生更好地开展后续学习打下了坚实的基础。

通过数学整理与复习的长期坚持与实践，我们还培养了学生“数学建模”

的核心素养。很多孩子能够做到在回顾中查询整理，在整理中建构思辨，在思辨中解决问题，在问题中质疑反思，数学综合素养得到了提升。另外，通过思维导图工具的训练和普及，调动了学生大脑皮层的所有智能，包括词汇、图像、数字、逻辑、颜色和空间感知，激发了学生的联想和创意，成倍提高了学生的学习效率，使得学生更快地学习新知识与复习整合旧知识，帮助学生养成了系统的学习习惯和思维习惯。

（山东省威海市南山小学　孙华丽）

要考试啦，快收下这份阅读题解题小口诀！

又要上考场了，学生有点激动，但是，更多的可能还是担心。对于语文考试，需要死记硬背的，都是送分题。作文呢，只要好好写，不会拿不到分。最让人担心的就属阅读题了，文章未知，题目没有固定的模式，稍不留神就会丢分，实在是“道高一尺，魔高一丈”的节奏啊。

不过，着急也没用，除了平时练得勤一些，到时就只能见招拆招了。

来，这里为孩子们准备了一份小口诀，算是送给他们的临考安神帖吧，让他们放在心里念念，祝愿他们能考出好成绩。

拿到短文读两遍

嘿，考试时间很紧张，但必须先快速熟悉短文，知道大概讲了什么事、什么人，这样一会儿做题找答案才能熟门熟路。

猜猜哪里是考点

浏览文章，你会发现有些字词句的内容最容易被老师当成考点，一会儿做题时你就会有更多的把握。

再把题目指一指

以前没考好是不是多因为没有审清题目？这次，就用手或用笔指着题目看，不要落下一个提示语，把题目认真看一遍，想想要求是什么、要你做什么，做到心中有数。

想想已经会哪些

总会遇到不会的题目，没关系，就先做自己会做的，给自己心里加分，增强自信心。

读音词语靠语感

像判断选择读音或词语、写词语解释、填合适的关联词以及古诗句等基础题，不用怕，平常有底子，复习时又做得多，这时候就根据语感正常答题。

解释意思有经验

碰上这种题目不要乱答一气，答案肯定是在文章中的，只不过你要联系上下文，或者结合自己平时的阅读积累和生活观察来进行回答。

比喻拟人容易混

两种修辞方法确实比较相似，这是常考到的问题，也是常见丢分项。

发现“好像”眼要尖

比喻句通常都会出现“好像”“如”“似的”等比喻词，而拟人句是没有的。所以，你要细心读句子，找这些关键词语。这个方法，对其他需要找关键词的题目也一样适用。

景物动作和过程

短文中出现的这类句子和段落，最容易被列为填空、勾画或问答题，主要考查大家能不能抓住要点，能不能回答全面。

找准词句画好线

根据题目关键词的提示，立刻在文中找到答案相应的位置，前后读读句子，进行圈画回答。

概括段意有点难

概括段意是必考的语文能力，的确是比较难的，我们每次做题遇到的都是另一篇，次次不同，很难形成固定的做法。

合并印象一句连

但是万变不离其宗。一段文字的几句话，或是几段文字讲了哪些意思，我们可以概括出几个印象关键词，然后根据短文用自己的话把它们串起来讲成一句话，就是大概的段意了。

收获什么为什么

阅读题总要在最后放一个大招，让你写写阅读心得、故事缘由回顾、事件梳理等，比如，读了短文你有什么收获。这些需要重视。

答案就在你身边

这一类的答案多数要结合全文印象来回答，有的需要结合自己的学习和生活经验来比较，所以，答案要从短文的主题思想想起，并从自己身边想起。

其实，所谓“养兵千日，用兵一时”，考好的主要功夫还是平时的扎实学习。希望孩子们都能在考场上平心静气，好好发挥，考出自己最好的成绩！

记住他们这样“说”

俗话说“一言难尽”，但是我们又常常感到“千言万语一句话”！

“一言难尽”主要是因为你要把话讲给一个不了解情况的人，需要做大量的事实描述；而“千言万语一句话”，要么是彼此了解，要么是不想多费口舌。“一句话”其实是千言万语的前提。如果你留意，会发现所谓文章，其实就是说多了的一句话，都是由一句话变化出来的。这句话，往往是一个人藏于心底，又常常会脱口而出的，有些却又是只可意会不可言传的。这句话，自己想自己念，一句就够了。但是，如果想把它告诉别人，就需要费尽口舌，因为，你必须将前因后果告诉别人，让人家大概有个了解，这句话在别人的心里才有了着落。文章、诗词、歌曲，但凡需要告知予人的，差不多都是这么来的。所以，语文学习经常要聚焦于概括、提炼。

再具体看，写人记事的文章，大多要写到人物的话语。在这些话语中，总有一句是可以表现整个文章主题的。学习这些课文时需要关注这类现象，以点带面。

而在期末进行全册复习时，也可以用这个思路来引导学生梳理所学的教材，这样就可以比较容易快速而全面地温习课文。

例如，苏教版《语文》四年级上册的期末课文复习。

课前作业：浏览各单元课文，摘录课文中的“他们说”并简单批注。

课堂使用：以学生的摘录语句为链接点，复习课文中的人物、事物、特点、品质等主要知识点。

来，我们来看看四年级主要课文中的“他们”都说了怎样的“这一句话”吧。

说心愿

（1）李时珍：“嗯，长年累月地奔波，在破庙里过夜，比住在家里苦多了。但我们修订好《本草纲目》，万民得福，吃点苦也是值得的。”（不怕吃苦，严谨认真）

说发现

（2）哥伦布：“难道秘密在野果子里面？”（细心观察，善于发现）

说成就

（3）鲁迅：“哪里有天才，我是把别人喝咖啡的功夫都用在工作上。”（珍惜时间，勤奋刻苦）

（4）华罗庚：“勤能补拙是良训，一分辛苦一分才。”（勤奋是桥梁。勤奋学习，贡献社会）

（5）毛泽东：“中华人民共和国中央人民政府成立了！”（人民领袖，民族自豪）

说感受

（6）冯骥才：“信赖，不就能创造出美好的境界吗？”（当代作家，《珍珠鸟》《神鞭》）

（7）苏轼：“人有悲欢离合，月有阴晴圆缺，此事古难全。但愿人长久，千里共婵娟。”（中秋佳节，思念亲人，北宋文学家，《水调歌头》）

（8）柳宗元：“千万孤独！（千山鸟飞绝，万径人踪灭。孤舟蓑笠翁，独钓寒江雪。）”（不屈和孤独，唐代文学家，五言绝句）

（9）琦君：“啊！真像下雨！好香的雨呀！”（怀念童年，怀念家乡）

说风景

（10）岑参：“忽如一夜春风来，千树万树梨花开。”（“好大的雪！”雪景，《白雪歌送武判官归京》）

（11）王安石：“新！（爆竹声中一岁除，春风送暖入屠苏。千门万户曈曈日，总把新桃换旧符。）”（欢乐气氛，万象更新。宋代政治家、文学家，七言绝句）

（12）刘禹锡：“和！（湖光秋月两相和，潭面无风镜未磨。遥望洞庭山水色，白银盘里一青螺。）”（洞庭美景，惟妙惟肖。唐代诗人，丰富想象。同类课文《九寨沟》《泉城》）

（13）李白：“下！（峨眉山月半轮秋，影入平羌江水流。夜发清溪向三峡，思君不见下渝州。）”（月映清江，思念友人。唐代诗人，抒发感情）

说品德

（14）小红车主人：“你给我留下了诚实和信任，这比金钱更重要。”（“我”的主动承担）

（15）九色鹿：“您与这种灵魂肮脏的小人一起来残害无辜，难道不怕天下人笑话吗？”（见义勇为，怒斥小人。民间故事，出自《佛经》）

（16）卖酒哥：“唉，我们最值钱的东西，叫你二两银子就卖掉了！”（诚实守信，生意兴隆）

说读书

（17）顾宪成：“风声雨声读书声，声声入耳；家事国事天下事，事事关心。”（关心国家大事）

说生死

（18）文天祥：“人生自古谁无死，留取丹心照汗青。”（碧血丹心，浩气长存）

没直接说出来的话（注：这些是课文中没有直接出现的，是变式，需要教师在课上补充。）

（19）普罗米修斯：（盗火前）“！”和（受罚时）“！”（勇敢而极富同情心，为民造福，不畏强暴，不惜牺牲。根据古希腊神话改编）

（20）林则徐：（虎门销烟）“！”（清朝的民族英雄，伟大壮举，不可欺侮）

（21）徐悲鸿：（被激怒时）“！”（画家，《奔马》《田横五百士》；励志学画，勤学苦练）

（22）童第周：（回顾自己学习经历时）“！”（基础不好，毫不气馁，急起直追，名列前茅）

（23）司马光：（警枕滚开时）“！”（北宋史学家，《资治通鉴》；天资聪颖，仍然勤奋）

（注：上述罗列的课文篇目可能会随着教材的调整而不再被使用，仍然放在这里是供大家参考，以明白其中的梳理原理。）

你有一个助考神器

又到考试季，一个学期的学习，将会在试卷上做精彩的谢幕，祝愿小家伙们都能考出好成绩！

说到考试，没人不紧张。再怎么复习，即便滚瓜烂熟，面对未知的考卷，都会忐忑。所以，大家都希望自己幸运，如有神助。其实，考试就是那么回事儿，“宝剑锋从磨砺出，梅花香自苦寒来”，没有平时的积累，没有考前的背诵梳理和整合提炼，是不可能天上掉馅饼的。所以，求神不如求己，需要的是平时好好学习。

哦，还真有一样神器可以在考试时助你一臂之力。

是什么呢？就是你的手指。对，就是它。而且，还是唯一可以带进考场的助考工具。

你想说，是不是一年级娃儿掰手指头计算啊？当然不是，你也太小瞧学了一年的一年级娃儿了吧，人家早已经能熟练口算了好不好！

闲话少说，来看看我们的手指神器吧。

当作点读机

考卷上的每道题都跟你的成绩息息相关，可得认准了再做题。经常有学生看题不细致，老师再怎么批评也没用。其实，批评解决不了问题，因为学生还是不知道你讲的“看题要细”到底怎么做。所以，要教给他们具体的做法。读题目的时候，手指也别闲着，得跟着目光去指点题干中的关键词，看到哪里点哪里，认准题目要求，弄懂题目意思，再认真作答。这样，可以尽可能减少因为看得匆忙而做出的误答。而且，还不容易出现漏题不做的现象。减少失误扣分，就是这么简单！

用作扫雷器

完成阅读题，主要是能根据题目要求，从短文的字里行间寻找有关字词句的出处，搜索人物或事物之间的关系，弄清事情的前因后果，以及发现文字和生活的紧密联系等。这些题目的答案，基本上都在短文里压着，出题的老师也是指点着知识点出题的。如果在文章当中找不到相关的内容和根据，他也不敢随便把这个题目出到考卷上去。所以，找准题目指向短文中的相应位置很关键。做题时，用你的左手指跟随着你的目光去扫描文字，努力发现答案的藏身之处。对于需要联系上下文的题目，更是要用手指按住句段中出现的关键词，向前看，找起因，向后看，找结果，从而准确答题、完整答题。

看作脚手架

写作文了，看到题目别发蒙。仔细想想，不管什么作文题，都会紧密联系你的学习和生活。在点着题目读的同时，你一定会有特别生动的情景浮现在你的脑海，对，这些情景，就是试题为你打开的记忆，是你马上需要一字一句好好讲述的文章内容。

内容有了，可你还是不确定怎么写？其实，写作文和建楼房很像，有了砖瓦水泥和钢筋，还得搭起脚手架，才好一层一层地往上盖。来，伸出手掌，把题目引起你回想的感受“握在手心”——这就是文章的主题和中心。再展开手指搭脚手架：大拇指写开头，这是你的拿手好戏。再用三段写写事情经过，记得写得细致一点、洒脱一点，多写一点动作对话更好。最后，小指写结尾。怎么样，是不是理顺思路了？然后，开始一次“尽在掌握”的作文挥洒吧。写完后，记得再手指点点、默读一回，检查一下，别把错别字、病句等给撂下了。

后话：为什么用手指指点来画而不是用笔呢？因为如果一不小心，笔就会在试卷上弄出痕迹，反而让自己手忙脚乱的。

怎么样，这副助考利器，你准备好了吗？

假期

国庆：我的八天坚持

姓名：______________

坚持，我的八天______________！

我的计划：____。

我的记录：

日期	任务内容记载	完成情况签到	是否上传
1 日			
2 日			
3 日			
4 日			
5 日			
6 日			
7 日			
8 日			

我的收获：____

____

____

上面的作业单，是我们四年级孩子们的国庆假期实践作业。

往常遇到假期，我们会习惯性地布置很多书面作业给学生，不用说，收获的都是声声抱怨。事实上，我们也都知道，这样的作业安排也收不到多好的成效。后来，在看到重庆市巴蜀小学田冰冰老师做的“两个字（‘坚持’）”寒假实践作业经验后，我们受到了启发，这么好的作业创意，我们何不来试试？

正巧这一年（2017 年）国庆和中秋双节合璧，要放八天假。机会来了，我们就安排了这样的作业。

主题：我的假期我做主

话题：我的八天“坚持”！

习题：坚持做一件事，八天随时记录情景和感想。

放假前，我把作业单发给了学生，并在家校联系群里发了这样的信息：

【提醒】各位家长，假期八天是孩子们非常难得能够自主安排生活的一段时间。我给孩子们做了一张安排表，需要他们根据自己的情况做一件可以坚持的事情，不必是大事，不必全是学习的事，也可以是家务活，力所能及就好。不过，还希望得到您的配合，每天随手给孩子拍点照片或小视频，如果唱歌可以给他们录音等，帮着他们记录这几天的“坚持做一件事”的情景。如果方便，请您将照片等传到群里，我们随时分享。我会把这些信息汇总，节后我们再做一次交流。

假期第一天，一位家长很早就传来了照片和视频，是班上的一个男生练习舞剑的情景，虽然动作有些粗糙，但英姿勃发的样子，让人欣慰。紧接着，另一位家长传来一个女生的视频（如图 2–33 所示），是她在练习玩转魔方，心灵手巧，真好。不一会儿，又有一位家长传来一段视频，是一个男生在练习弹吉他，他才开始练，正一个音一个音地找呢。就这样，孩子们的第一天陆续开始了。

图 2–33

看到传上来的信息后，我会尽快给他们做出点评，有的是积极鼓励，有的是大加赞赏，有的是给出一些改进意见，有的是为他们提供一些资料。

同时，我又给了大家一些引导，让有些顾虑的孩子和家长也参与进来。

【友情提醒】只要是孩子想的或能做的，都可以，请支持他们的想法。我们只做记录、陪伴和点拨，分享也是自愿。我们不做任何攀比，不让孩子为难，更不要让自己为难。希望孩子们会有收获和快乐。谢谢大家的配合！

就这样，一天，两天，三天，天天如此。我们的朱可嘉同学八天的坚持计划是坚持每天练魔方。说到做到，小姑娘练得可认真啦！

其实，做到第三天的时候，我感觉到我和孩子们（也包括家长）都有些累了，甚至对不断而来的上传信息有些畏惧感，不能及时回复和点评，这不好，但又没有多少时间啊，我自己也想好好度假呀。但是，一想到“坚持”二字，就打消了那些念头，这不也是我们师生需要共同坚守的吗？

再后来，我们约好每天晚上集中传看交流。不知不觉，假期过去了。我们收获了几十张图片、一百多段视频和一万多字的互动信息。孩子们在一天天的坚持中，提高了能力，增强了对生活的热爱，很多家长对我们的做法表示支持和赞赏。

来看看假期最后一天我们的交流和分享吧。

刘春生老师 18:44

@刘伟伦妈妈 今天孩子的跑步看起来轻松舒服，脚步迈得开，步伐均匀，好！提醒，跑步过程中，尽量保持手呈握半拳状态，可以提醒自己不松懈。加油！

刘伟伦妈妈 18:56

谢谢老师，我会努力的！

刘春生老师 18:56

@王楷钧妈妈 今天弹得不是很熟练，也很正常，通常即使是演奏家也需要花很多时间进行练习和温习。但是，发现了吗，孩子的音准好多了，说明左手按弦有了明显的进步。加油！

刘春生老师 18:57

@朱可嘉妈妈 这个小嘉嘉啊，真让人喜欢，怎么就这么能干呢！嘉妈妈你功不可没呀！

杨舒雅 18:58

@刘春生老师 这是今天的，我马上去画昨天的。

朱可嘉妈妈 19:24

@刘春生老师 谢谢夸奖哦，每个孩子都很可爱呢！

刘春生老师 19:26

@王睿昕妈妈 昕昕做事心思细巧，是个能干的小姑娘！也期待她上课时认真听、细心想、积极回答哦！

刘春生老师 19:28

@杨舒雅 小姑娘，这幅画可以编一个什么故事？明天讲给大家听听，好吗？

刘春生老师 19:32

@许宸玚妈妈 小书法家的风范！“勤”字不易写正，因为它不是左右对半结构，而是左略宽右略窄，这样右边的“力”才不会显得空。试试看！

朱可嘉妈妈 19:33

刘校长这次的假期作业很特别，虽然没什么特别的要求，范围很广，但孩子的积极性很高，看到同班同学都在努力做“作业”，各个孩子都不甘落后，比家长赶着去学，效果要好很多。

刘春生老师 19:36

@陈梦茹妈妈 声情并茂呀！可是，牛老师表示基本没听懂，我的英语小时候没学好，现在就真麻烦啦！

张岚钧妈妈 19:39

《第一学生协奏曲第一乐章》。

刘春生老师 19:40

@陈梦茹妈妈 这次素描她画得比较自如轻松，熟能生巧！但是，还是要注意轮廓线能尽量不用B类铅笔勾线，或者笔画要轻，不然后面明暗对比太强烈，又不好擦了修改。我不太懂，问问教画的老师吧，看对不对。

刘春生老师 19:46

@张岚钧妈妈 这幅画比较复杂，图形结构多，有一定的难度，考验观察力，更考验耐心。丫头一直在努力，真好！

刘春生老师 19:51

@张岚钧妈妈 琴声悠扬，好听。颤音部分和揉弦很细致。今天不用节拍器，说明丫头对曲子比较熟了。

张岚钧妈妈 19:52

@刘春生老师 刘校长真仔细，没用节拍器都发现了。谢谢您的鼓励！

陈梦茹妈妈 20:05

@刘春生老师 刘校长对轮廓线的建议很有道理，后面及时改过来。谢谢您这八天来一如既往、认真、用心地为孩子们无私地点评，占用了您很多宝贵时间，再次表示感谢！您辛苦了！

刘春生老师 20:09

这八天，孩子们坚持练习做好一件事，他们真正用心地做了，每天都在进步一点点，多么可贵的学习品质啊！我们的爸爸妈妈们也在坚持，每天抽一点点时间和精力，完成对孩子的一份承诺和支持，多么难得啊！我们老师，可能是最幸福的，八天能每天看到孩子和家长朋友分享来的乐趣和信赖，莫大的欣慰啊！

朱可嘉妈妈 20:12

其实这八天最辛苦的要数刘校长了！

刘春生老师 20:13

真诚地拜托各位一件事，今晚，代我给孩子们一个大大的拥抱，为他们高兴，祝他们幸福！

刘春生老师 20:18

@饶子睿妈妈 这几个字都是上下结构的字，比较好写一些。发现了吗，越是笔画多的字越容易写饱满端正。"孟"字就难写，笔画少呀。"孟"字上边的"子"要写成矮胖些，下边的"皿"要再略高一点，就好看了。试试。

刘春生老师 20:19

@朱可嘉妈妈 和你们一起看孩子进步，不辛苦。

陈梦茹妈妈 20:23

@刘春生老师 刘校长太客气了，孩子们遇见您真好。

饶子睿妈妈 20:49

是的，笔画多的，反而好看些。谢谢您的指点，我们受益多多。

饶子睿妈妈 20:56

这几天刘校长辛苦了，为我们营造了交流、学习、共享的氛围。孩子参与其中，收获不一般。

许宸玚妈妈 20:57

是的，而且我们班孩子真的多才多艺！

王楷钧妈妈 21:15

@刘春生老师 今天也没看谱子了，之前自己不相信自己，一直依赖看谱。

刘春生老师 21:57

@王梦琪妈妈 刚才有事，没及时看梦琪的习字。她写得比较认真，看得出她有意识地想写好。字的大小有些不一致，看来不容易把握。这样，我后面用中午时间再给他们讲讲吧。

从我们的交流中，你看到了什么？当然，收获最大的还是学生，他们学会了自主管理时间、充实自己。

寒假：洋溢着年味的创意作业

寒假又来了，给学生布置什么作业？

我们潜意识里当然是希望给孩子们多布置一些练习，既要有巩固和强化的，又要有能提前预习的。所以，通常会布置一些要求抄写全册生字词、成语或要求背诵的句段，规定完成若干篇日记、读书笔记，或是印发很多讲义。近些年，还有要求学生完成一份小报或 PPT 演示稿的。说实话，没有孩子喜欢这样的寒假作业。有一所名校的语文老师甚至要求四年级的学生在寒假期间将下学期课文全部预习一遍，我们听了都非常诧异，学生和家长更是怨声载道，连连摇头，质疑教师的专业素养到哪里去了。至于寒假作业的最终结果，也就是学生那么辛辛苦苦做下来的本子卷子，它们去了哪里？要求忙于开学的老师坐下来批改？那大概也是对老师不人道的要求吧？不了了之，是普遍现象吧。

寒假作业到底有没有想象的教学效果？这个问题估计大多数老师和家长

会哑然失笑：无他，求个安心呗。虽然我们多数老师和家长也承认“将寒假还给孩子”是个好理念，但是捆绑在应试教育战车上，为了将来能得个体面的分数，只能让学生受委屈了。

寒假作业“高耗低效”是不争的事实，所以更需要老师们寻求观念的改变，将寒假作业真正变身为积极的综合实践课程，将学生还给他们自己，将时间和空间交由他们自主支配，在充实愉快的实践过程中接触生活、增长见识、锻炼才干。

江苏第二师范学院附属小学（以下简称“师院附小”）一直致力于作业创新和实践，课程部在2017年秋季学期的寒假作业上做了一次大胆的创新，将学科知识学习和年俗体验巧妙地融为一体，在此给大家隆重介绍一下。

作业设计

主题：年味，欢欢喜喜过大年

话题：年俗，让传统民俗走进我们的童年。

习题：三年级“窗花”，四年级“春联”，五年级“花灯”，六年级“美食”。

三年级·窗花

同学们，认识下面这些美丽的图案吧？是的，这些都是漂亮的窗花。过年了，家家户户都会剪窗花、贴窗花，以增加节日的喜庆气氛。

（窗花图案略，如图2–34所示）

假期中，我们也来学着剪几幅这样的窗花吧！

（1）你的窗花是怎么剪出来的？请把剪的过程拍成照片，或者录制成视频，除夕前分享在班级QQ群中哦！

图2–34

（2）让你的家人和你的作品来一张创

意全家福吧，并配上100字左右的新春寄语！

（3）在走亲访友的过程中，你一定会尝美食、看美景……这其中，你还能发现哪些充满年味的轴对称图形吗？画一画、拍一拍，再和你的爸爸妈妈说一说。

（4）请以“窗花”为主题，将以上材料制作成一张精美的画报，开学我们要进行展评哦！

四年级·春联

亲爱的同学们：

愉快的寒假开始了，快乐的新年也即将来临，今年的假期让我们一起走进“春联”的世界，去感受其中的奥妙和乐趣吧！

（1）了解春联。春联的来历是什么？春联还有别的名称吗？贴春联有什么讲究……同学们，要想玩转春联，不了解春联怎么行！翻翻书籍或上网查查资料吧，你一定会收获多多！

（2）解密春联。清乾隆五十年，朝廷为了表示国泰民安，把全国65岁以上的老人请到京城，为他们举行了一次盛大宴会。在宴会上，乾隆看见一位老寿星，非常高兴，就以这位寿星的岁数为题，说出了上联，并要纪晓岚对出下联：

乾隆帝的上联是：花甲重开，又加三七岁月。

纪晓岚的下联是：古稀双庆，更多一度春秋。

你能根据这副对联，算出老寿星的年龄吗？请写出算式和答案！（你没有看错，这是一副能列出算式，能算出结果的春联，你的内心有没有受到撞击？！皇帝、才子的思维就是不一般，哈哈哈！）

（3）书写春联。准备一些春联纸，自己试着拿毛笔写几副春联，将最好的一幅作品贴在自家的大门口，拍照留念，上传至班级群，看看谁的书法最精湛！

（4）寻找春联。在过年走亲访友的时候，请你留意别人家的春联，找到符合以下条件的5副春联：①含有颜色的春联；②含有数字的春联；

③含有生肖的春联；④含有季节的春联；⑤含有植物的春联。哈哈，看谁能最先集齐这五类春联，并和它们合个影上传至班级QQ群，我在群里等着你，前10名会有小惊喜哦！

（5）设计春联。我们见到的春联多是长条形纸张、红底黑字、张贴在门上或墙上，有没有想过设计一款另类春联呢，如：异形春联、可穿戴春联、可移动春联……脑洞大开的时候到了，发挥你的聪明才智，设计一副让人称奇的春联吧，看看谁的设计最有创意！记得开学带到学校，我们一起分享哦！

五年级·花灯

（1）读花灯。花灯起源于汉代，盛于唐代，到了宋代遍及民间。看花灯，是春节到元宵必不可少的民俗活动之一。中国历代花灯的制作都十分讲究，品种繁多。如明朝画家唐寅有诗云："有灯无月不娱人，有月无灯不算春，春到人间人似玉，灯烧月下月如银。"同学们，你们知道元宵节为什么要挂花灯，花灯又分为哪几种吗？与花灯有关的诗词歌赋又有哪些呢？结合上述内容请你完成一张《正月十五闹花灯》的手抄报！

（2）赏花灯。作为六朝古都的南京，早在南朝时期就出现了举办传统元宵灯会的习俗，其盛况为全国之冠，是中国最早的灯会。而今天的秦淮灯会有着"天下第一灯会"的美誉，是首批国家级非物质文化遗产，也是中国规模最大的民俗灯会。听到这儿，你一定会去灯会上走一走，看一看吧！但看的同时别忘了用相机记录下最美的瞬间！请同学们以"六朝金粉，十里笙歌"为主题拍一组秦淮灯会照片，并在旁附上一段英文版的观灯随笔。

（3）做花灯。说到花灯，最高兴的莫过于自己制作一盏创意手工花灯！请同学们利用手边的各种材料，DIY一盏花灯来参加学校的花灯节吧！

六年级·美食

同学们，寒假里我们又迎来了一年中最隆重的节日——春节。节日里，人们穿新衣、戴新帽，喜气洋洋过新年。除夕夜，人们最重视的就是合家团聚吃上一顿丰盛的年夜饭。

品美食

“初一的饺子、初二的面，初三合子团团转，初四烙饼卷鸡蛋……”美食是节日里永远不变的主题。你知道全国各地在新春佳节里都有哪些特色的美食吗？你品尝过哪些？请你搜集资料制作一篇图文并茂的小报，开学时带来和同学们一起交流分享吧。

写美食

你知道吗，你现在生活的这座城市——南京在过年时也有自己的特色美食，其中有一道家家必备的家常菜——素什锦。什锦菜选取了多种时令蔬菜制作而成，你知道通常家人会选择哪些蔬菜来炒制素什锦，选择这些蔬菜有什么寓意吗？请你跟随家人做一做素什锦，并把整个制作的过程写成一篇文章。

晒美食

美食对小伙伴们的诱惑是极大的。除了传统美食，你有什么好的创意和想法，DIY（自己做）一道年味菜吧，并取一个好听贴切的菜名。请把菜谱、创意亮点及成品照片发送到班级的QQ群里，晒一晒，比一比，我们将选出最佳创意年味菜！

作业展评

（1）班级内部的“年味”日记、“年味”小报展评。（介绍略）

（2）全校寒假作业展评活动（请看下面的活动纪实）。

旺旺闹花灯，萌娃乐翻天

——记师院附小第一届花灯节

2018 年 3 月 2 日

元宵佳节是中国传统节日，自古以来就有“吃汤圆，观花灯，猜灯谜”的习俗。在元宵佳节到来之际，师院附小举行了一场热闹非凡的“旺旺闹花灯，萌娃乐翻天”花灯节活动（如图 2–35、图 2–36、图 2–37 所示）。

图 2–35

图 2–36

图 2–37

早在寒假前，学校就布置了创意寒假作业：围绕“年俗”，三年级的任务是剪窗花、四年级是写春联、五年级是扎花灯、六年级是做美食。

开学后，孩子们大显身手的时刻终于来到了。

星期三下午的班会课上，三年级的孩子们进行了剪窗花比赛。同学们用心听、认真学，在老师的引导下，小剪刀，咔嚓嚓，剪朵梅花五个瓣，剪只喜鹊叫喳喳，剪出雪花漫天撒，剪个“福”字头朝下，再剪一个胖娃娃，抱着鲤鱼笑哈哈。一幅幅精美朴实、充满童真童趣的作品在同学们的小小巧手里诞生了。四年级的孩子们挥动着手中的毛笔，聚精会神地书写着，用一副副饱含真情的春联，让一句句祝福跃然纸上，一张张笑脸伴随笔墨飞扬。红红的春联不仅装点了各个教室的门楣，更将孩子们的祝福送到校园的各个角落。

星期五是元宵节。上午，咱们的搓汤圆活动开始了！家长志愿者们早早来到教室，为孩子们和起面粉，奶奶们也为孩子们示范起如何包汤圆。孩子们纷纷卷起袖管，热火朝天地干了起来。白花花的面粉映衬着圆滚滚的脸蛋，孩子们脸上漾起幸福的微笑。

孩子们的小手真灵巧啊，轻轻地揉啊揉，搓出一个个带着温情的汤圆。汤圆终于下了锅，大家迫不及待地想尝尝自己的劳动成果。一阵阵香味飘来，黑芝麻、红豆沙，香喷喷的馅儿勾引着大家，孩子们眼睛都瞪直了。大家围坐在一起吃着热乎乎的汤圆，不仅温暖了手，也温暖了心！

中午，孩子们走出教室，惊喜地发现学校的大厅里挂满了各式各样的花灯。它们全部由五年级同学手工制作完成。既有传统的彩扎花灯，也有利用环保材料制作的创意花灯。有莲花形状的，有小狗形状的，有小兔子形状的，个个栩栩如生、生机勃勃。同学们充分发挥自己的动手能力，有利用传统的折纸、剪纸技术的，有串珠串的，也有发挥自己的绘画技能在花灯上作画的，让每一盏花灯都展现出了不一样的风采。真是五花八门，形态各异，同学们真是心灵手巧，让人拍案叫绝啊！

仔细一瞧，五彩缤纷的花灯上还悬挂着灯谜呢！根据谜语的难易程度，各年级的学生由老师带领分批聚集在大厅猜谜。学生们兴致高涨，有的三五成群，结伴猜谜，有的冥思苦想，有的正在和同伴商量，或驻足凝神，或喃喃自语，或热烈讨论，或雀跃欢呼，大家都沉浸在欢快祥和的氛围之中，整个校园充满欢声笑语。

猜灯谜、做汤圆、赏花灯……丰富多彩的体验，让孩子们感受到元宵节浓郁的民俗风韵，在喜庆中学到了知识，领略了中国传统文化，享受了元宵佳节的欢乐。

（师院附小微信公众号）

第三章

批改作业

很多人都以为批改作业是一件最容易的事情，照着答案拿红笔画钩叉，还不简单？有时就连学生都会自告奋勇要求帮忙批改作业。其实，作业的批改并不是一件简单的事，是很有学问的。著名儿童教育专家、“知心姐姐”卢勤老师在出席凤凰卫视中文台为我所做的“可爱的老师”专访*时说：“（教师）面对一份作业，就是在面对一个孩子，所以要把做人那种教育（通过批改）融在作业之中……别看老师（批改的时候）在画线，但实际上老师在（为学生）画人生的道，告诉你这是光明的，这是好的。”你看，批改作业，竟还可以关系到学生的未来。所以，老师们要三思啊！

教师的红笔可以让作业活动变得更可爱——增强趣动意识，精心运用富有情趣的互动和批语，扩展作业批改的功能，改善师生在学习中的交往关系，营造良好的学习氛围，让学生爱上作业。

---

* 2006年3月24日、3月31日，凤凰卫视中文台《戈辉梦工厂》栏目做的一期专访节目:《可爱的老师——刘春生》。——作者注

别带着情绪批改作业

做教师的都会有这样的体会，有时候，才看了几本作业就开始心浮气躁，急火攻心。这时，学生作业中的一个小小的错误，都会被放大为“态度不端”“用心不专”或是“鬼画符”；而那些小小的进步，就更进入不了我们的法眼了。

教师也是人，也有情绪不佳的时候，但是，我们要记得，我们在学生作业批改上的一次不经意的不耐烦的流露，就可能影响学生对作业甚至是对学习的态度。所以，不耐烦的时候深呼吸一下或到外面走一走，然后静下心来抱着宽容的态度再来批改作业吧！

来看一下下面这则小练笔作业（如图 3-1 所示），遇到这样的作业，你会如何批改？

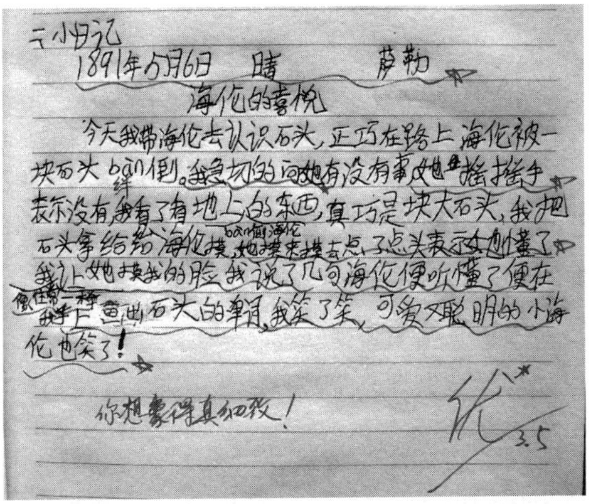

图 3-1

看看书写情况，再看看作业篇幅，想到这个学生已经是小学五年级的学生了，很多老师可能就压不住火了。我给的却是“优”。为什么呢？

首先，书写情况没有进步，在我的意料之中，但也令我有点沮丧。

其次，篇幅很短。这个学生基础较差，写到这个水平已算不错，但是他已经是五年级的学生了，写成这样，还是让我很担心。

再次，格式正确，叙事也比较完整，算是合格了。

然后，短文中用到的“急切”“真巧”“摸来摸去”“可爱又聪明”等词语比较恰当，是有进步的。

最后，仔细琢磨一下这个学生的两处修改：“bàn 倒海伦”“像往常一样”，从这两处的修改上可以看出，这个学生在句子上进行了推敲，这种自觉修改的学习行为在他身上发生实属难得。尤其是“像往常一样”这处修改，说明他在写这个片段的时候，脑中是有画面、有具体的形象的，他是在描述一个老师的习惯性动作，多么真切！太好了，大有进步！

这样辩证地去看待一个后进生的作业，是不是更理智一些？是不是更容易发现他身上的闪光点，也更容易借此给予其鼓励，催其奋进呢？

我一直认为，不带情绪批改作业，不带情绪进课堂，是一个教师的本分，我也一直努力在践行。你呢？

告诉学生你常用的批改符号

在浏览国外同行教学经验的网页（如图 3–2 所示）时，我学到这样一个小经验：布置作业前，告知学生批改符号的意义。

是呀，我们天天拿着红笔批改作业，但是似乎从没有正式告诉学生批改符号是什么意思，好像他们天生就一定明白似的。

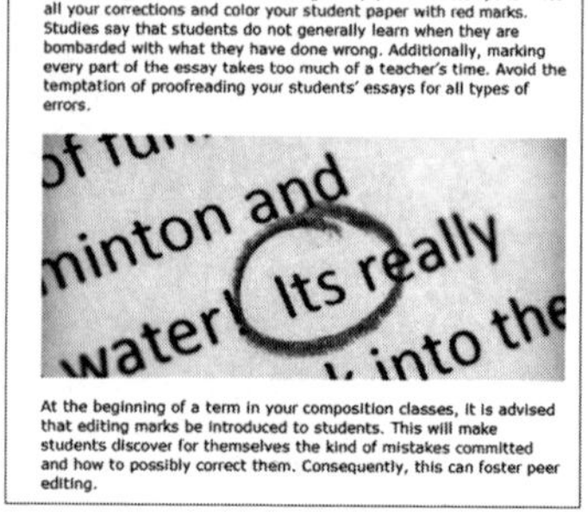

5. **Use editing marks.** When assessing essays, do not attempt to write all your corrections and color your student paper with red marks. Studies say that students do not generally learn when they are bombarded with what they have done wrong. Additionally, marking every part of the essay takes too much of a teacher's time. Avoid the temptation of proofreading your students' essays for all types of errors.

At the beginning of a term in your composition classes, it is advised that editing marks be introduced to students. This will make students discover for themselves the kind of mistakes committed and how to possibly correct them. Consequently, this can foster peer editing.

图 3–2

比如标记对错使用的“√”“×”，标记订正所在位置用的“○”“□”，以及常用的文本编辑符号，还有我喜欢使用的、用来引出我的看法或建议的“*”，等等。这些符号或标记，如果我们在开学时就对学生加以说明和约定，是不是会更有利于培养学生的自主审阅和批评意识呢?

传授还需要从接受开始。这个做法虽然很小，但外国的同行没有忽视。看来，我们的确要培养更专业的教书习惯才行。

钩叉过处还有什么?

学生交来了作业，我赶紧批改。这次的内容也好批改，抄写成语和一首小诗，只要看看书写对错和工整与否，钩钩叉叉就可以了。

小智的作业一般都不好批改，错别字太多，大大小小一溜排的字怎么也顺不成一行。你能想象到他写作业时的样子：放学玩得一头汗，然后用汗乎乎的小手翻开作业本，一边呼哧着，一边莫名其妙地写着作业。

但是，他这天的作业似乎有了一些变化。抄写还是比较乱，但是书面没有汗污。还是那么多的错别字，笔画却比以前干净了许多。而且，还多了一个小信箱——那个折得很粗糙的纸袋，上面郑重其事地写着“解密纸”三个字（如图 3-3 所示）。这不是我们的作业内容，里面会是什么呢?

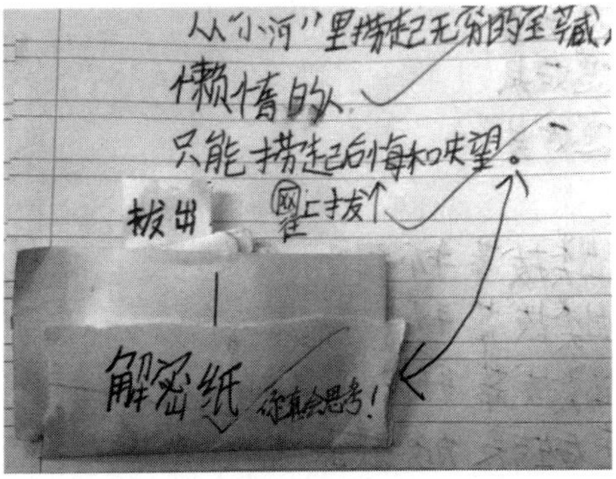

图 3-3

待我打开“解密纸”，我看到了这个平时傻乎乎的男孩子的另一番天地。这是他对这首小诗的品读和理解，他发现了诗句中的比喻写法，也发现了这首小诗的主题思想——“惜时”，还联想到了“寸金光阴”的谚语（如图 3-4 所示）。

要是往常，抄写作业，抄完拉倒，他完全可以将作业本往书包里一塞，撒腿去院子里继续玩一头汗。那么，什么原因让他“多此一举”?

猜不到。

但是，我的钩叉过处，又分明地看到了这个孩子的细腻。

“解密纸”写得认真，看出他的重视；小信箱贴得牢靠，看出他想过办法；小信箱和诗句用箭头连起来，是告诉我“解密纸”内容是对应诗句的；“网（往）上拔”是提示我看信的方法；信纸上贴了一张“拔出”标签，是告诉我从这里取信……也就是说，他当时想得多的还是我——他的老师，可以怎样顺利地看到这封信。

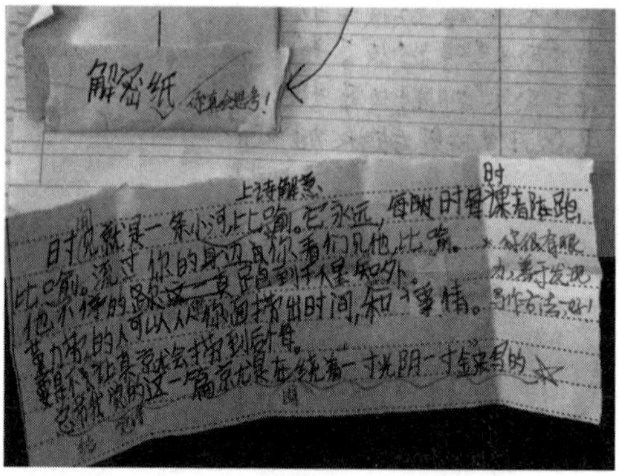

图 3–4

做一件事，能多从别人的方便去考虑，多么难能可贵啊！然而，这些是我们红色的钩叉无法做出评判的。

不仅是做事，我的这个傻乎乎的学生想出来的“解密纸”，是不是也经过了他的灵机一动呢？

改完作业，我去走廊看孩子们在阳光下追闹。小智依然跑了一头汗，圆圆的脑门上渗着晶亮的汗滴，汗乎乎的小手在脸上胡乱地一抹……

这就是我们的孩子吧！

课堂上的即时“巡批”

对学生课堂作业的批改，教师要善于运用即时“巡批”，即教师在课堂巡回监督学生完成课堂练习的过程中，即时性地进行相关批改。这是一种面批形式，不仅可以让教师同步了解学生对课堂所学内容的掌握程度和完成作业的状态，同时，也可以让教师有效利用时间，减轻课后批改作业的负担。

“巡批”一般又可以分为“诊断性巡批”和“指导性点批”。

“诊断性巡批”，我称之为“走马观花”：手拿红笔，穿梭于各小组之间，快速巡视，快速批改学生已完成的题目，从而更准确地把握学生的当堂学习情况。学生会将在练习中容易出现的思路问题、方法问题或是态度问题暴露在课堂上，教师可以有针对性地及时处理，同时避免课后再安排重复性练习的作业。

“指导性点批”，我称之为“蜻蜓点水”：定点巡批，关注几个典型学生，及时了解其做题的进度和出错情况，对其进行即时性矫正。同时，也可以将班上各学习小组的主要成员（特别是一些学习好、完成作业速度快的学生）的作业尽快批改，然后发动他们协助教师批改同组学生的作业。

当然，“巡批”是有讲究的，不是教师拿着一支红笔改来改去就行。课上的时间十分宝贵，用在练习上的时间非常有限，所以，教师对“巡批”要做到心中有数。以诊断为目的的“巡批”，要选好不同学力的学生，快速检查他们的作业，快速寻找作业订正的对策。大多数的课堂练习对于学力较好的学生来说是比较容易的，我们的教学重点还是帮扶学力困难的学生。所以，出于帮扶目的的“巡批”，教师要用“点批”在第一时间发现这部分学生遇到的问题，及时给予指点，减少他们的出错率，以及畏难、厌烦情绪。

课堂“巡批”对教师批语的要求不高，而且最好不要使用批语。只要运用简练的口头指点或鼓励即可。

“巡批”的一个重要环节是“巡批”之后对问题的梳理和矫正。缺了这个环节，“巡批”的价值就会大打折扣。所以，教师要善于将在“巡批”中发现的问题变成教学的有效补充，充分发挥“问题”学生的主动性，将问题转化为他们的“智慧生长点”。

“巡批”这种作业批改形式，比较适用于数学课堂作业，也可用于英语或语文的词句教学作业，或是复习练习课作业；比较适合小班化的教学，教师能够有比较充足的精力去和每个学生交流学习的经验和体会。对于60人以上的大班，则应将“诊断性巡批”或“指导性点批”与学习小组的“互批互改”有机结合起来，充分发挥教师对课堂内作业进行“层级指导”的作用，提高课堂作业的批改和反馈效率。

相对于教师坐在办公室里批改作业，课堂“巡批”保证了师生面对面的及时沟通。学生当时就能了解自己完成作业的情况，并及时得到教师的指点，感受到教师的鼓励，而且学生在态度上会更容易接受教师的批评和指正，及时调整学习思路和方法，有利于其良好学习习惯的养成。

尽量批改得快一点

教师对学生作业的批改和反馈越快，对学生完成作业及上交作业的约束就越明显，学生及时得到教师关于其完成作业情况的评定，可以深化对作业内容的理解和印象，所以，快捷的作业批改模式比较受学生欢迎。

不同学科、不同年段学生的作业批改所花费的时间、精力不同，反馈的时间也不一样。一般来说，数学作业比语文作业更容易得到学生的认可和重视，除了教师的严格要求以外，还有一个重要的原因就是，学生在完成语文作业时不仅需要花费很多的时间和精力，而且等待作业反馈的时间也比较长，特别是作文的反馈，往往要三四天，或是一个星期。这样一来，学生当时头脑中盘旋的素材、构思、章法或修辞等要素，等到教师反馈时早就淡忘了。即使后来教师会进行细致讲评，学习效率也会大打折扣。教师也一样，语文教师在批改作业时花费的时间、精力往往要比其他学科的教师多很多。班上学生多，五六十人，甚至七八十人，交上来就是一大堆，全部批改完就是一项力气活。更何况很多时候还要运用批语与学生交流互动，用“呕心沥血”来形容语文教师一点也不为过。

很多带班人数过多或作业批改量过大的教师，常常比其他教师更易显得心浮气躁，少有热情洋溢的眼神，嘴上不说，心里满是抱怨，还容易把这种不良的情绪转嫁到学生身上，太累了。

把作业尽量批改得快一些，是很多教师都想做到的。但快批快改，也是一件需要 IQ 的技术活！如何做到快批快改呢？

1. 见缝插针

用好在学校的边角时间。教师每天要上课、调整教案、制作课件、找学生谈话、课间护导等，工作非常琐碎，很多时间都被弄得支离破碎，不会打理时间就会手忙脚乱。所以，我们首先要做到善于打点在校时间，见缝插针挤出时间，有条不紊地把作业批改处理好。

2. 抓大放小

在每次批改作业前，教师要将本次批改的重点斟酌好。比如，对于学生容易出错的生字、词语、句子，或者概括阅读要点训练中较难的选项等，然后，拣选重点作业内容详细批改，其他不容易出问题的项目或小题，可以蜻蜓点水，这样就能节约出不少时间。

3. 奖勤罚懒

每个班总会有一些比较优秀的学生，每次都把作业做得漂漂亮亮，很少出错，教师在批改这部分学生的作业时，就可以不用过于细致，只要适当注意一下他们易错易混的内容即可。教师要把批改重点放在后进生的作业上，对其精批细改，但是，也要注意分寸，要以鼓励为主，不要用红笔扼杀了他们的学习积极性。

4. 带好助手

对学生作业的批改应该是亲力亲为的事情。但是，面对小山似的作业本，不想办法也是不行的。用好小助手就是一个不错的办法。将一套作业的批改任务分配给几个得力的学生干部，他们会改得又快又好，不少老师都会这么做。但常有家长抱怨孩子的作业老师不改，让学生改，说老师不负责。这样的教师将“分工负责”变成了“分田承包”，当然是不负责的做法。教师可以根据作业的难易，抽取一部分做得比较好的作业，或是一些简单判断对错的作业，分配给小助手批改，自己则对后进生的作业或是难度较大的作业进行详细批改，因为，批改作业的目的不是为了完成批改，而在于了解学生的学习情况。

5. 同桌互批

很多作业的内容都是巩固性的，形式比较单一，答案也是固定的，真正需要教师花费精力思考着批改的内容很少。像这样的作业，如果教师逐一批改，虽然也比较快，但在班级人数较多的情况下，还是相当繁重的工作。一些有经验的教师会利用自习课或是练习课时间公布答案，让学生自己批改或同桌交换批改。这种反馈比较及时，而且学生之间可以相互监督，形式上比较活泼，也可以减少师生之间的对立情绪。学生自批或交换批改结束后，将作业上交，教师再集中查阅，修正一些学生没有发现的问题。

6. 张贴答案

对于综合性的练习或是小测验等，学生会迫切想知道结果。教师即使及时批改，也会有一个时间差，学生的热情就会受到影响。张贴答案不失为一个又快又好的方法。教师待测验一结束就立即将答案贴出来，学生就能及时比对，得出基本的正误判断。这种做法更能启发学生在做测试题时未触发的思考，效果很不错。对于在复习阶段用练习卷作为家庭作业的反馈，这种方法也是很有帮助的。对于作文作业，也可以采用这种方法的改良方法，即批改了几篇作文后，就随时发给学生或张贴出来，让部分学生先看到。对于优秀作文，更可以张贴出来让学生观摩学习。

7. 调整节奏

教师一周的上课是有节奏的，每天的上课节数会不一样，那么，我们就可以大致对批改作业的内容进行一个简单分工，在课多的那天，布置的作业应该是一些可以快速批改的内容；在课少的那天，可以着力批改一些综合性的练习，比如作文、练习册等。这也意味着对作业活动要进行一些规划，让不同作业的来回有个大概的节奏。这样，教师就不会觉得总是在疲于批改作业了。

你一定还有更巧妙的方法吧，不妨也来说说，我们一起分享！

趣动式作业批改模式

在过去的作业模式中，学生写作业总是被动的，对烦琐枯燥的练习总是抱着厌烦、逃避的心理。学生把写得满满当当的作业本交给教师，教师只是简单地在其作业本上标上“√”“×”，评上一个潇洒的“优”“良”就算了事。作业的来去都只是简单的文本符号。

当然，也有很多教师十分辛苦地精批细改、字斟句酌，其良苦用心值得钦佩。然而，“精批细改”往往是一件费力不讨好的事，被批得“山花烂漫”的作业本对于一个指望获得满意分数的学生来说，无疑是一张“鲜血淋漓”的判决书，让他在众人面前抬不起头来。所以，学生对教师的批改也总是担惊受怕的。

如何使学生从这种固有的作业思维中解放出来，让他们喜欢上作业呢？

沟通，一种平等的交流与对话，是改变这种状况的法宝。教师在批改作业的过程中，作业本在教师和学生之间一来一往，是实现师生课外交流的最好渠道。得到肯定是学生在思维和行为表现后重要的心理需要。学生就连完成简单抄写，也会有想表现的成分，稍稍需要动脑筋的作业，学生更会认真对待，教师在批改作业时应该考虑到这一点。教师完全可以让作业批改变得活泼起来，让批改充满意趣，让批改成为吸引学生学习的新动力！

我经常使用这样一种方法，即通过写一些活泼风趣、智慧融通的作业批语，主动与学生进行对话，在作业本上打开师生互动的新天地。

这个批改策略的思路很简单，即教师在进行作业批改时，要善于从作业中抓住学生的思想动态，主动介入其学习生活乃至心灵世界，在传授给学生知识的同时，教育学生热爱生活，鼓励他们勤奋学习，解答他们的疑难困惑，为他们提出合理建议，指点他们走出挫折，分享他们成功的快乐等，进而潜移默化地引导学生学会生活、学会做人。这样就会围绕着学生的兴趣、乐趣促进师生互动，形成一种“趣动式”的批改模式，从简单地评判走向人文互动，架起师生心灵间的桥梁；从批改走向对话以及学问和智慧的碰撞。具体的要素包括以下几方面：

（1）明确地批改：重在实事求是，不随意改变批改的标准。

（2）真诚地点评：重在赏识，与学生保持情感的交流。

（3）耐心地指点：通过批改和订正，具体教会学生必要的学习方法。

（4）真切地关怀：拉近与学生的心理距离，关注学生的思想成长。

（5）智慧地交流：教师与学生共同成长，让作业成为师生之间知识、智慧和思考碰撞的园地。

我将在下面的实例中做具体介绍。

"先生和弟子的故事"

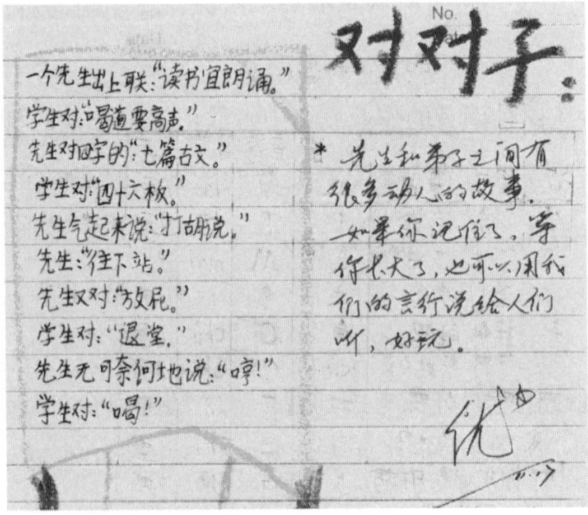
对对子：
一个先生出上联："读书宜朗诵。"
学生对："喝酒要高声。"
先生对四字的："七篇古文。"
学生对："四十大板。"
先生气起来说："打胡说。"
先生："往下站。"
先生又对："放屁。"
学生对："退堂。"
先生无可奈何地说："哼！"
学生对："喝！"

* 先生和弟子之间有很多动人的故事。如果你记住了，等你长大了，也可以用我们的言行说给人们听，好玩。

优

图 3-5

古人云：一日为师，终身为父。今天看来，这句话未免有些夸张，但老师对一个人的影响是不可估量的。"为人师表"不是一句空洞的口号，教师的言谈举止，每天被几十双眸子所注视，并会成为他们记忆中的一部分。多给学生留下一些值得他们在未来回忆的有意思的故事吧（如图 3-5 所示）。

"大小姐真生气啦！"

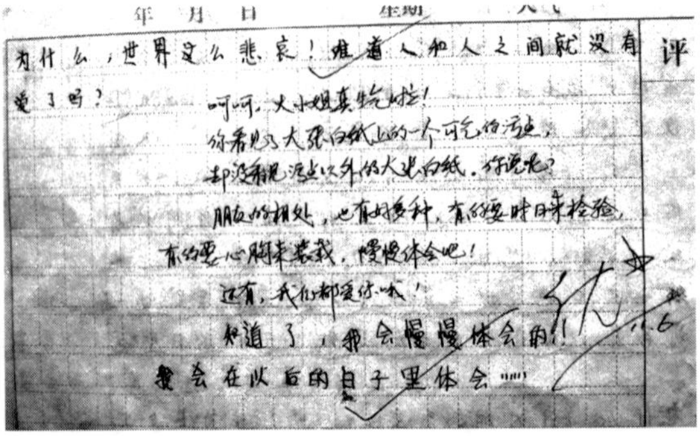
年 月 日 星期 天气 评

为什么，世界这么悲哀！难道人和人之间就没有爱了吗？

呵呵，大小姐真生气啦！
你看见了大张白纸上的一个可气的污点，却没看见污点以外的大张白纸。你说呢？
朋友的相处，也有好多种，有的要时日来检验，有的要心胸来装载，慢慢体会吧！
还有，我们都爱你哦！

知道了，我会慢慢体会的！！
我会在以后的日子里体会……

优

图 3-6

“妈妈的爱”

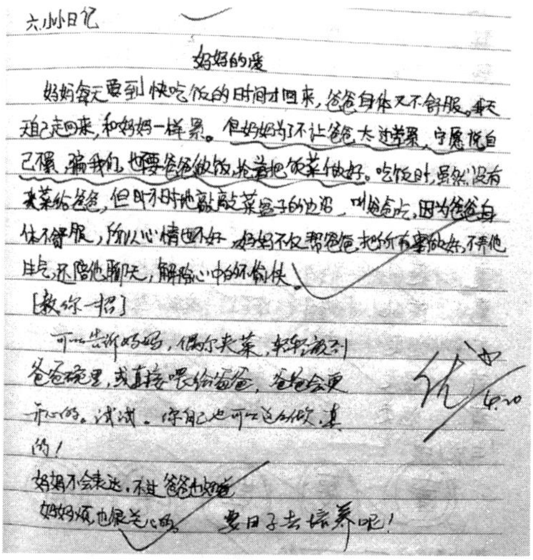
六(1)小日记

妈妈的爱

妈妈每天要到快吃饭的时间才回来，爸爸身体又不舒服。每天……和妈妈一样累。但妈妈为了不让爸爸太过劳累，宁愿说自己累，骗我们，也要爸爸做饭，抢着把饭菜做好。吃饭时，虽然没有夹菜给爸爸，但时不时地敲敲菜盘子的边沿，叫爸爸吃，因为爸爸身体不舒服，所以心情不好。妈妈不仅帮爸爸把所有事做好，不惹他生气，还陪他聊天，解除心中的不愉快。

[教你一招]

可以告诉妈妈，偶尔夹菜，轻轻放到爸爸碗里，或直接喂给爸爸，爸爸会更开心的。试试。你自己也可以这么做，真的！

妈妈不会表达，不过爸爸也知道，妈妈确也很关心的。要日子去培养呢！

图 3-7

上面这几篇日记（如图 3-6、图 3-7 所示），对在学习中遇到的挫折及生活现象进行了描述，想写什么就写什么，完全不是为了应付作业，写得自然有趣。言为心声，教师摒弃了只看分数、对错的心理，学生才可能抓住自己独特的体验、质朴的观察，写出独一无二的文章来。教师有回应的阅读，让学生的文章有了读者，他们写起文章来才会更有积极性。

“刘老师，抄课文好累呀！”

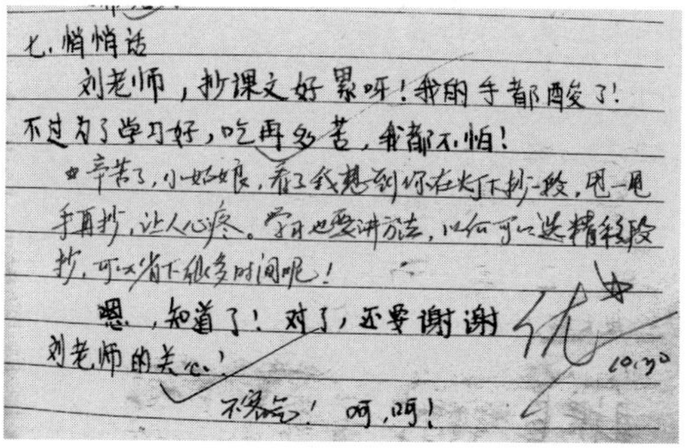
七、悄悄话

刘老师，抄课文好累呀！我的手都酸了！不过为了学习好，吃再多苦，我都不怕！

辛苦了，小姑娘，我想到你在灯下抄一段，一笔一笔手直抄，让人心疼。学习也要讲方法，以后可以选精彩段抄，可以省下很多时间呢！

嗯，知道了！对了，还要谢谢刘老师的关心！

不客气！呵，呵！

图 3-8

该学生学习很刻苦，自学的时候竟然将课文给抄写了一遍，这个过程的确很辛苦，所以，我由衷地欣喜，这样的学生更值得尊敬和关怀（如图 3-8 所示）。

“确实会难过，去哭一小会儿吧”

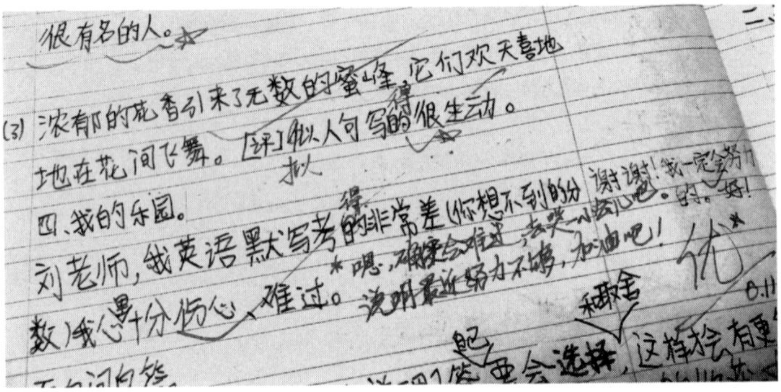
很有名的人。
(3) 浓郁的花香引来了无数的蜜蜂，它们欢天喜地地在花间飞舞。[评]拟人句写得很生动。
四、我的乐园。
刘老师，我英语默写考得非常差（你想不到的分数）我心里十分伤心、难过。
谢谢！我一定努力！
确实会难过，去哭一小会儿吧。说明最近努力不够，加油吧！
优

图 3-9

“我觉得这篇课文讲的大道理太多了，您认为呢？”

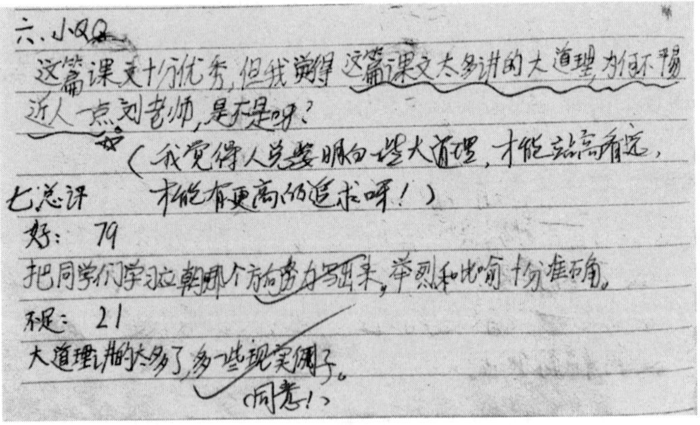
六、小QQ
这篇课文十分优秀，但我觉得这篇课文太多讲的大道理，为何不平易近人一点刘老师，是不是呀？
（我觉得人总要明白一些大道理，才能站高看远，才能有更高的追求呀！）
七、总评
好：79
把同学们学习的那个方面努力写出来，举例和比喻十分准确。
不足：21
大道理讲的太多了，多一些现实例子。
（同意！）

图 3-10

“老师帮我扎辫子，有些疼”

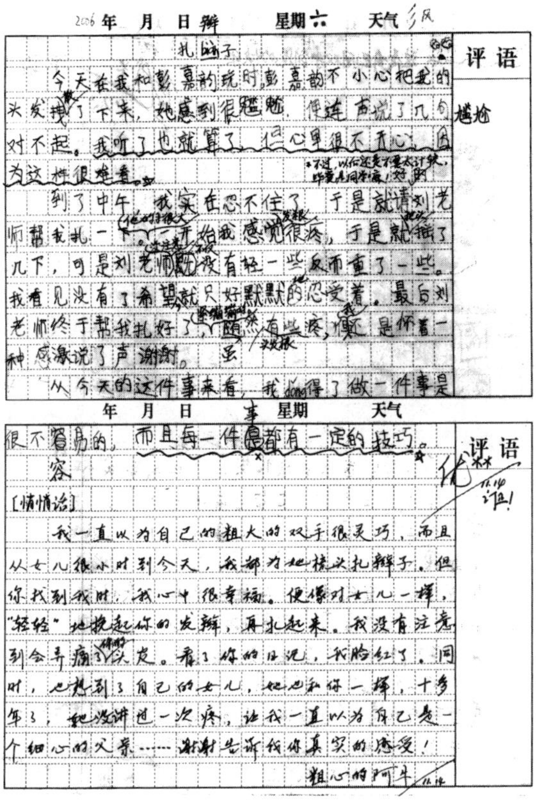
2006 年 月 日 星期六 天气 多风

扎辫子

今天在我和彭嘉的玩时，彭嘉的不小心把我的头发拽了下来，她感到很尴尬，便连声说了几句对不起。我听了也就算了，但心里很不开心，因为这样很难看。

到了中午，我实在忍不住了，于是就请刘老师帮我扎一下。一开始我感觉很疼，于是就摇了几下，可是刘老师没有轻一些反而重了一些。我看见没有了希望就只好默默的忍受着。最后刘老师终于帮我扎好了，虽然有些疼，但还是怀着一种感激说了声谢谢。

从今天的这件事来看，我dong得了做一件事是很不容易的，而且每一件事都有一定的技巧。

评语：尴尬

[悄悄话]

我一直以为自己的粗大的双手很灵巧，而且从女儿很小时到今天，我都为她梳头扎辫子。但你找到我时，我心中很幸福。便像对女儿一样，“轻轻”地挽起你的发辫，再扎起来。我没有注意到会弄痛了头皮。看了你的日记，我脸红了。同时，也想到了自己的女儿，她也和你一样，十多年了，她没讲过一次疼，让我一直以为自己是一个细心的父亲……谢谢告诉我你真实的感受！

粗心的阿牛 11.14

图 3-11

这篇日记是一个三年级的学生（小云）写的，因为学生正处在写作的起步阶段，所以对这篇日记批改得稍细致了些（如图 3-11 所示）。*

---

* 在这次的修订过程中，我才发现我在批改中写的“尴尬”是错误的，小云写的原本是对的。好“尴尬”呀。这两个字是半包围结构，左边不是“九”，而是“尤”少了一点！在此，向小云和亲爱的读者们致歉！——作者注

“对不起，上课我发火了”

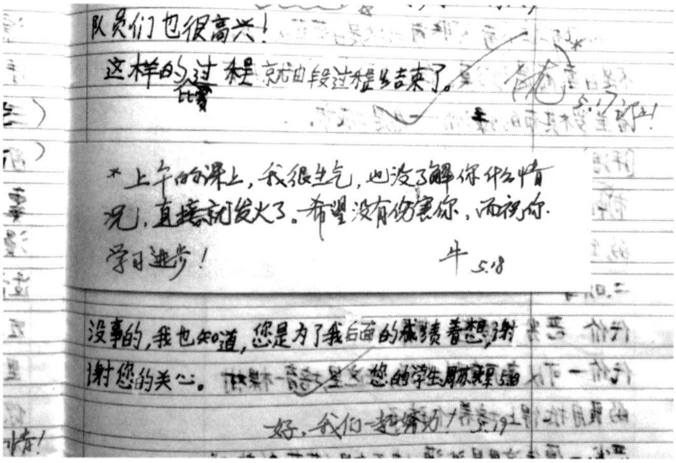

图 3-12

这样一来，学生完成作业和教师批改作业就成了一种人文活动，是一个师生共同进行学识交流、情感沟通、志趣相融、教学相长的过程。在这里，学生和教师是最默契、最真诚的朋友，教师赢得了学生充分的信任，是学生最可信赖的师长，学生在这里感受到了教师的才华、学识、风度和修养，体验到了民主的氛围、平等的交往、纯真的情趣和进步的快乐，极大地促进了学生心智的发展和人格的完善，普通的作业活动成了学生培养人文素养的重要方式。

从批改走向对话

趣动式批改比较注重师生间的和谐对话。既然是对话，那么，我们就可以对作业进行双向设计和双向批改，教师可以布置和批改学生的作业，学生也可以给教师布置一些简短的练习并进行批改。针对同一题目，允许师生之间有不同的理解、解答或评价，允许有争论。

“海棠花不是十全十美的”

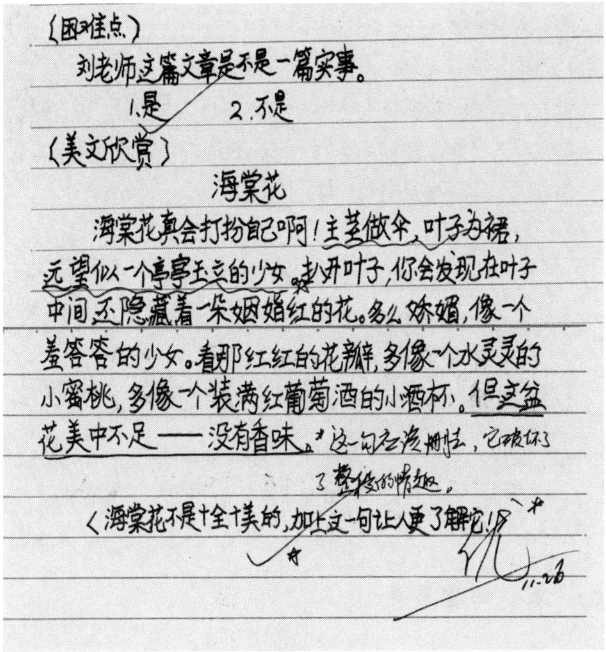
〔困难点〕

刘老师这篇文章是不是一篇实事。

1.是 2.不是

〔美文欣赏〕

海棠花

海棠花真会打扮自己啊！主茎做伞，叶子为裙，远望似一个亭亭玉立的少女。拨开叶子，你会发现在叶子中间还隐藏着一朵姻婚红的花。多么娇媚，像一个羞答答的少女。看那红红的花瓣，多像一个水灵灵的小蜜桃，多像一个装满红葡萄酒的小酒杯。但这盆花美中不足——没有香味。“这一句应该删去，它破坏了整段的情趣。”

〈海棠花不是十全十美的，加上这一句让人更了解它！〉

图 3-13

一次，一个学生摘抄了一段鉴赏美文，是描写海棠花的。全段用优美的语句尽显海棠的亭亭玉立和娇美，不过最后一句是：“但这盆花美中不足——没有香味。”我看了，觉得有必要在写作技巧上告诉学生：“这一句应该删去，它破坏了整段的情趣。”第二天，这个学生就在我的评语后反驳了：“海棠花不是十全十美的，加上这一句让人更了解它！”（如图 3-13 所示）看到这儿，我的脸红了，我和大多数教师一样，我们只看重了文章形式的美感，却忽略了文章应有的质朴！其实写作文犹如做人，我们不仅要在言谈举止上引导学生做个好人，也要在审美情趣上教学生做个真人。

"真是不约而同啊！"

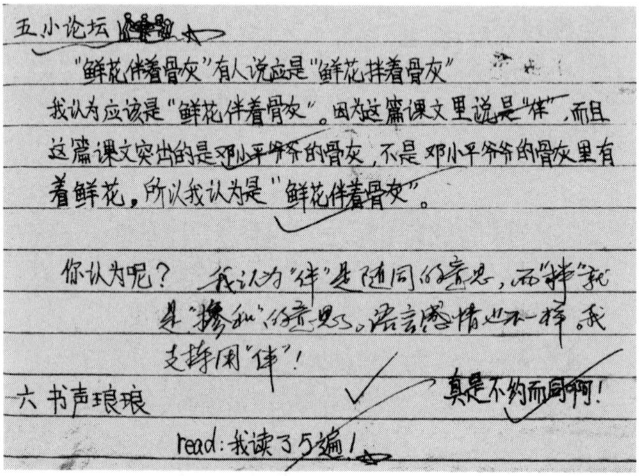
五 小论坛
"鲜花伴着骨灰"有人说应是"鲜花拌着骨灰"
我认为应该是"鲜花伴着骨灰"。因为这篇课文里说是"伴"，而且这篇课文突出的是邓小平爷爷的骨灰，不是邓小平爷爷的骨灰里有着鲜花，所以我认为是"鲜花伴着骨灰"。
你认为呢？ 我认为"伴"是随同的意思，而"拌"就是"搀和"的意思。语言感情也不一样。我支持用"伴"！
真是不约而同啊！
六 书声琅琅
read：我读了5遍！

图 3-14

"考考你：'秉'的意思是……"

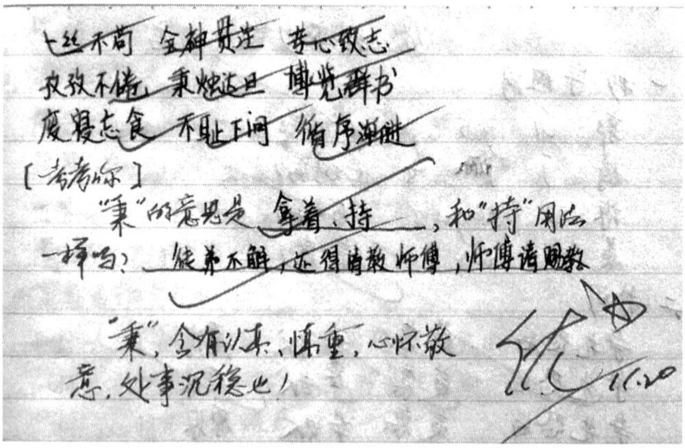
一丝不苟 全神贯注 专心致志
孜孜不倦 秉烛达旦 博览群书
废寝忘食 不耻下问 循序渐进
[考考你]
"秉"的意思是 拿着、持 ，和"持"用法一样吗？ 徒弟不解，还得请教师傅，师傅请赐教
"秉"，含有认真、慎重、心怀敬意，处事沉稳也！
11.20

图 3-15

“孟姜女哭倒了长城，我就哭不动我爸妈”

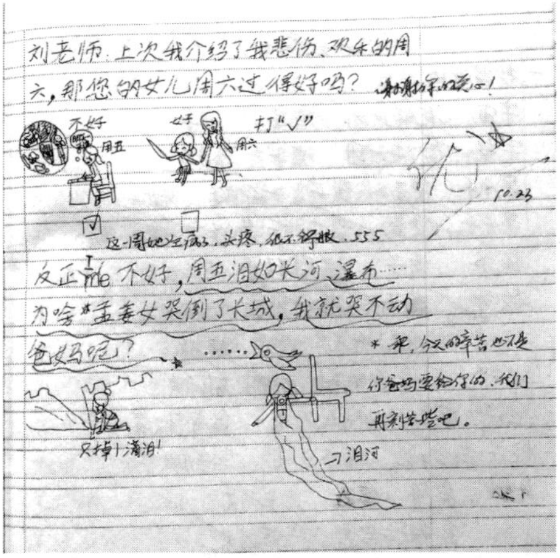
刘老师：上次我介绍了我悲伤、欢乐的周六，那您的女儿周六过得好吗？

不好 周五 好 周六 打“√”

这一周她生病了，头疼，很不舒服，555

反正me不好，周五泪如长河、瀑布……

为啥“孟姜女哭倒了长城，我就哭不动爸妈呢？”

只掉1滴泪！

泪河

10.23

图 3-16

“你相信这个世界上存在神明吗？”

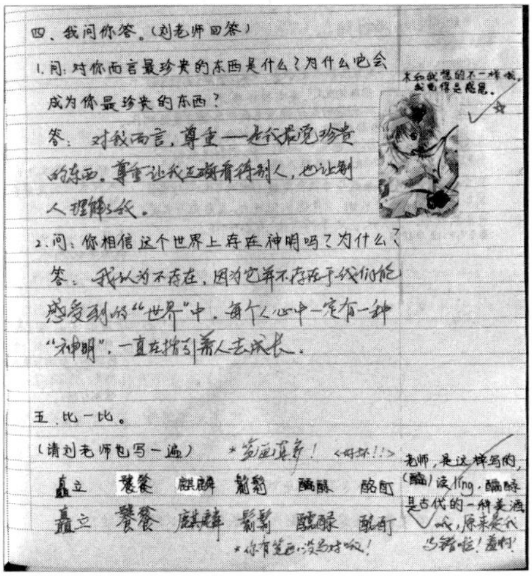
四、我问你答。（刘老师回答）

1. 问：对你而言最珍贵的东西是什么？为什么它会成为你最珍贵的东西？

答：对我而言，尊重——是我最觉珍贵的东西。尊重让我正确看待别人，也让别人理解了我。

2. 问：你相信这个世界上存在神明吗？为什么？

答：我认为不存在，因为它并不存在于我们能感受到的“世界”中。每个人心中一定有一种“神明”，一直在指引着人去成长。

五、比一比。

（请刘老师也写一遍）

老师，是这样写的，（醽）读líng，醽醁是古代的一种美酒哦，原来是我写错啦！羞怯！

图 3-17

批改学生作业是每个教师必须完成的一项具体而艰巨的工作，它是教师检查教学效果，发现教学中存在的问题，从而及时弥补教学中的缺陷的重要手段；同时也是教师了解不同时期内学生思想状况的根据；是教学中不可忽视的一门艺术。正确了解、恰当地利用好这门艺术，会给教师的教学工作带来不小的收益。

偶尔来一次小小的“卖弄”

作业批改过程中的师生互动总能够带给双方很多乐趣，既有学生好奇心的满足，也有教师的自得其乐，作业的往来因师生的零距离交流而变得富有情趣。

你可以允许学生在作业中和你探讨一些问题，也可以与学生互相出题，挑战一下对方。

“一池一声一青蛙”

一次，我班语文课代表在自主作业本中画了一幅画：一只快乐的青蛙站在荷叶上，对着盛开的荷花唱歌。小画板上还以青蛙的口吻讲了一句话，向我“叫板”:“把我画下来吧，如果不会画，就为我作一首诗吧！”

当时我很忙，虽然觉得这幅画很俏皮，可我真的没有时间来画。但是转念一想，古时候曹植在七步之内就能作诗，堂堂的语文教师也应当有这份才情吧！于是，我想了一会儿，很快回应了一首无题绝句:“一叶一蓬一莲花，一池一声一青蛙。一年一季一自在，一唱一和一歌夏。”（如图 3-18 所示）

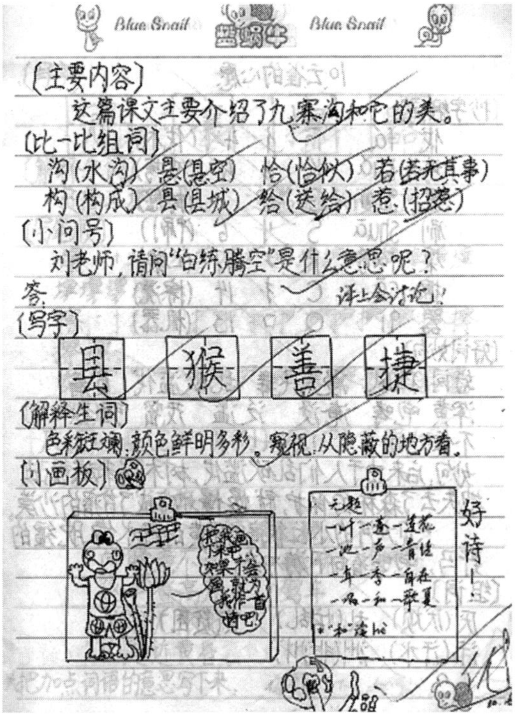

图 3-18

这位语文课代表后来在诗边点评道“好诗！”，师生为此开心了好几天。

偶尔在学生面前卖弄一下，不仅能让作业批改变得生动活泼起来，也会让学生更加喜欢你，不信你也来试一下吧！

Sun Smile

A smile in the sky.
The sky will smile.
Look, look,
The happy was in my eyes!

“老师，请您为我的印章小太阳写首诗，（求求老师了）可以吗？用英文，但不要太深奥。”这是班上的一个小男生在语文作业本里向我提出的请求。

写诗，对我这个语文老师来说应该不成问题，但用英文写，可就傻眼了。硬着头皮，我想了几句。但又不知语法对错，就去问教英语的同事。他们鼓励我说，英语诗是不太讲究语法的。这倒是给了我最好的台阶下，于是，也就有了上面的这首小诗。

捡一片红叶珍藏

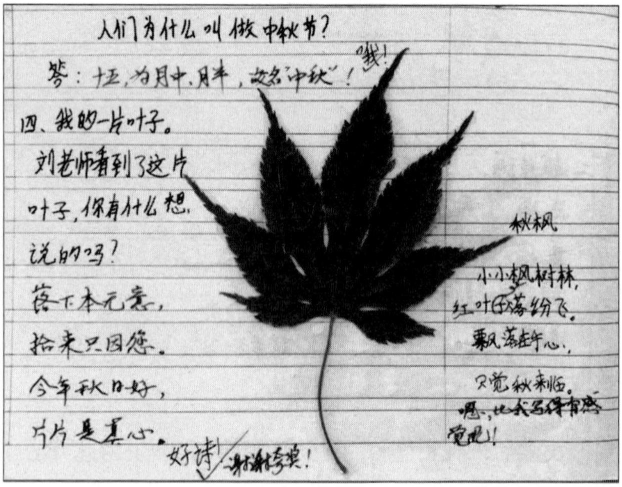

图 3-19

这种将一本正经的作业批改，转变为师生间平等互惠的对话与交流，为学生和教师拓展了更为广阔的空间。学生可以在作业中用多种形式自由地展现才艺，可以直白地说出自己的想法，可以悄悄地倾诉生活中的苦恼。不仅学生可以留言，而且家长、亲戚朋友也可以留言。师生之间可以在同一本作业上畅谈个人喜好、交流心得、讨论事件、评说新闻，甚至是谈谈彼此对人生、对社会、对做人的想法，师生之间互敬互爱，真正让师生在平凡的学习生活中实现了学习知识与成就人文的和谐统一。

作业本上的QQ表情

唐山市宋各庄小学的杨桂华老师，在受“压得学生抬不起头，累得教师喘不过气来”的作业批改所苦时，从即时聊天工具QQ中的表情符号中获得了灵感，尝试在作业本上和学生用QQ符号展示双方的心情。杨老师说：“‘笑脸’给人带来的是活力、阳光，‘哭脸’让人感到沮丧、悲哀，那就让笑脸每天都和我们见面吧。”这样，用QQ表情评作业的方式诞生了。在后来的作业批改实践中，这种做法带来了一系列连锁反应，师生的压力也因此变得小多了。

杨老师还说：“过去看到学生的错题，尤其在不该错的地方出错，我会恨得咬牙。现在刚想咬牙就想到展示心情，画个‘哭脸’，并在边上注明原因，尤其是当学生把三令五申的题做错了，就画上一个大大的‘哭脸’；有的多次订正还是不对，我就在画‘哭脸’时多画些眼泪。这样做着做着，气也消了，课上认真分析的时候多了。”学生把杨老师当成了朋友，后来，学生还会在表情符号边上也时不时回复一些话：“老师，这次作业我会用心写，我想让您高兴。”“老师，今天我没认真听讲，所以这道题不会做，让您伤心了，我不会有下一次了。”

这种将生动的表情符号用于作业批改的方式，使师生在作业本上留下的，除了知识，还有动人的故事。

不是每位教师都那么善于画画，用简笔画的方式同样可以达到表达效果。例如，师生之间用简单几笔就能画出来的“☺”“☹”，同样可以在作业本上传递情绪，激活作业往来的乐趣。这些要比教师激动地画上长长的“√”或是恶狠狠地画上一个大大的“×”直观得多，也温和得多，更容易被学生理解和接受。

怎么样，简笔传情，你也来试试吧！

带着微笑欣赏吧！

有句俗话，叫作“恨铁不成钢”，这种心态在教师的教学过程中是最为常见的。很多教师往往只盯着让学生背多少书，考到多少分，背不好、考不到就很恼火，很生气。殊不知，在铁化为钢的过程中，火候是个因素，铁质的好坏也是个因素，这是个渐变的过程，开始的时候，铁的外表虽未变化，内部却正在以火热的心迎接改变；即使后来铁化为了铁水，但与我们需要的钢，还有很大的差距，很多的工作要一步步去做。举这个例子是想告诉教师，不要只看到学生的不足，不要让自己如账房先生一样总是想着去清算学生的欠账，学生的成长账是永远也算不清的。

法国雕塑家罗丹说过：“美是到处都有的，对于我们的眼睛，不是缺少美，而是缺少发现。”教师要善于发现，要善于引导学生学会学习、学会合作和自主学习；教师还要把自己的才气、品德充分展现给学生，成为他们的榜样，引领他们成长。

用你的发现和赞美，点燃学生自尊自信的热情，点亮指引他们前进的航灯吧！

“老师，这头大象好像是你”

有一年，班上转来一个成绩很差的学生，怎么也跟不上班上其他学生的学习进度，老师们都很着急。

我像对待其他学生一样给予她热情的鼓励，只要发现她把字写工整了、句子写完整了，或是上课答对了简单的问题，我都会表扬她。她的作业上错得太多了，实在没办法批改时，我就耐心地为她写上十几个正确的字，还在她空着没有写出来的地方填上正确的答案，然后给她写上一句鼓励的话。渐渐地，她能鼓起勇气发言了，写字也端正了；下课后，她还会凑到讲台前，默默地倾听我和其他同学的谈话，不时露出会心的微笑。有一天，在她的作业本中看到了她画的一幅画——阳光下，一头大象和一头长颈鹿在青草地上漫步。在那头“笑眯眯”的大象下面有一行字：“老师，这头大象好像是你。”（如图 3-20 所示）我看了真高兴，这幅画不正表明了她对老师的爱戴吗？

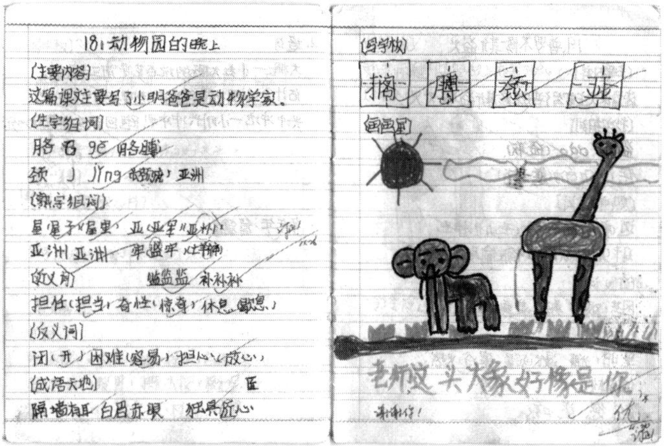

图 3-20

“悄悄话”

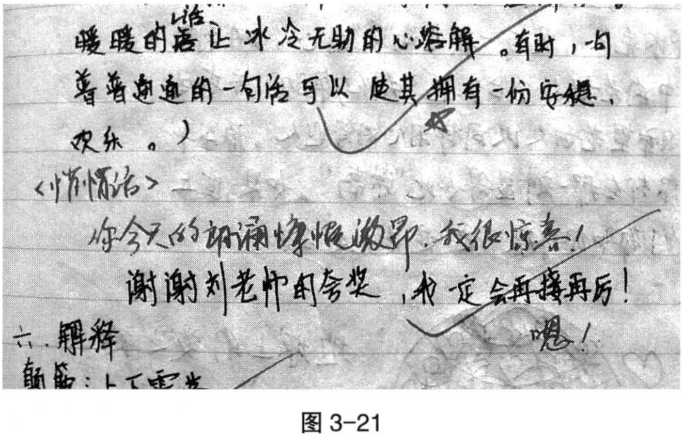

图 3-21

“从火星到地球，打车要天价了吧！”

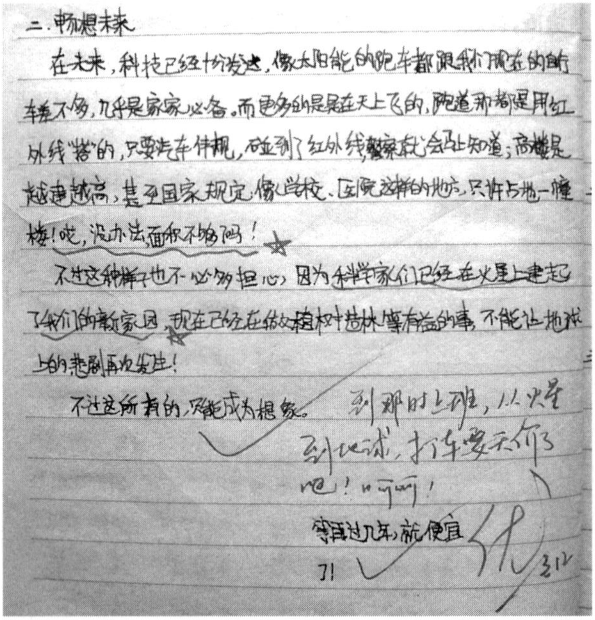
二.畅想未来
在未来，科技已经十分发达，像太阳能的跑车都跟我们现在的自行车差不多，几乎是家家必备。而更多的是是在天上飞的，跑道那都是用红外线“搭”的，只要汽车违规，碰到了红外线，警察就会马上知道；高楼是越建越高，甚至国家规定，像学校、医院这样的地方，只许占地一幢楼！唉，没办法面积不够啊！
不过这种样子也不必多担心，因为科学家们已经在火星上建起了我们的新家园，现在已经在做植树造林等有益的事，不能让地球上的悲剧再次发生！
不过这所有的，只能成为想象。
到那时上班，从火星到地球，打车要天价了吧！呵呵！
等再过几年就便宜了！

图 3-22

“刘老师的话语十分铿锵有力”

一个学生在网上看了《城乡同命同价》的文章以后，在日记本里写了长长的一篇读后感。她这样写道：“先前我都是写欢乐，因为我是个乐天派，亲情友情的存在让我感到幸福。但当看到这篇报道时，我真是有太多感慨了，感慨于社会的不公平，忍不住提起了笔，一抒胸意！”在文后还留了一个“评”字给我回复（如图 3-23 所示）。

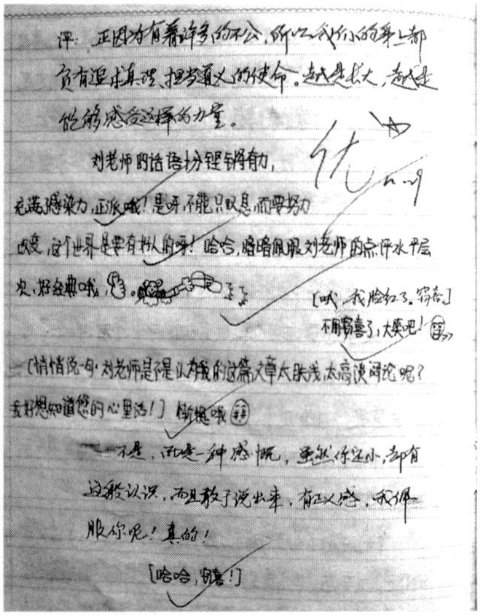
评：正因为有着许多的不公，所以我们的肩上都负有追求真理，担当道义的使命。无论是长大，无论是……能够感受这样的力量。
刘老师的话语十分铿锵有力，充满感染力，正派哦！是呀，不能只叹息，而要努力改变，这个世界是要有我们的份！哈哈，暗暗佩服刘老师的点评水平层次，好好崇拜哦！
[哎，我脸红了，好害羞]
不用害羞了，大笑吧！
[悄悄说一句：刘老师是不是认为我的这篇文章太肤浅，太高谈阔论呢？去好想知道您的心里话！]
不是，而是一种感慨，虽然你还小，却有如此认识，而且敢于说出来，有正义感，我佩服你呢！真的！
[哈哈，谢谢！]

图 3-23

"许多人拿我名字开玩笑，我要怎么办？"

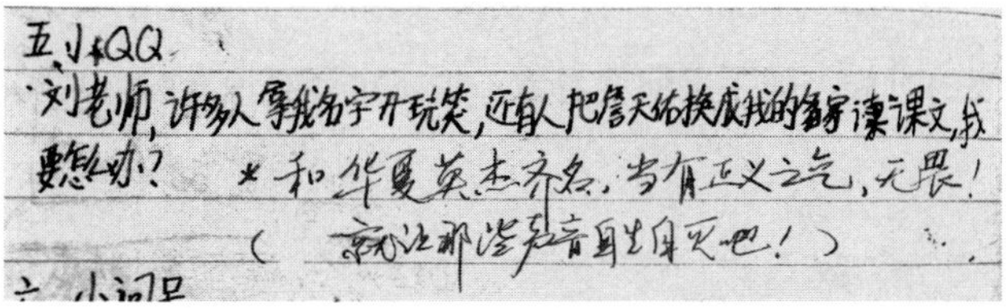
五、小QQ
刘老师，许多人拿我名字开玩笑，还有人把信天翁换成我的名字读课文，我要怎么办？ * 和华夏英杰齐名，当有正义之气，无畏！
（就让那些声音自生自灭吧！）

图 3-24

"还是不会喝酒好"

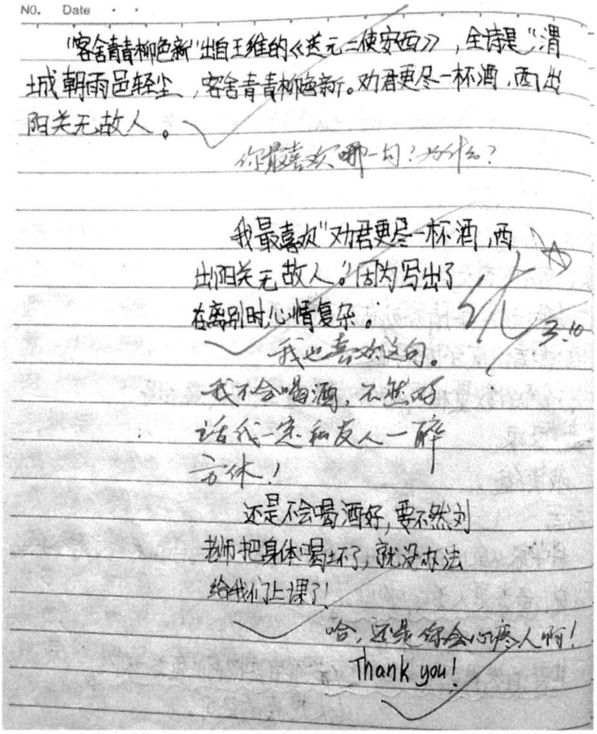
NO. Date

"客舍青青柳色新"出自王维的《送元二使安西》，全诗是"渭城朝雨浥轻尘，客舍青青柳色新。劝君更尽一杯酒，西出阳关无故人。"

你最喜欢哪一句？为什么？

我最喜欢"劝君更尽一杯酒，西出阳关无故人。"因为写出了在离别时心情复杂。

我也喜欢这句。

我不会喝酒，不然的话我一定和友人一醉方休！

还是不会喝酒好，要不然刘老师把身体喝坏了，就没办法给我们上课了！

哈，还是你会心疼人啊！

Thank you!

图 3-25

“你俩在聊什么呢？”

猜猜看，我和学生大概是经过几次来回完成了这幅图的对话（如图 3–26 所示）？批改的时候，随手翻回去看看，说不定就有惊喜呢（其实，也是自己创造的）。

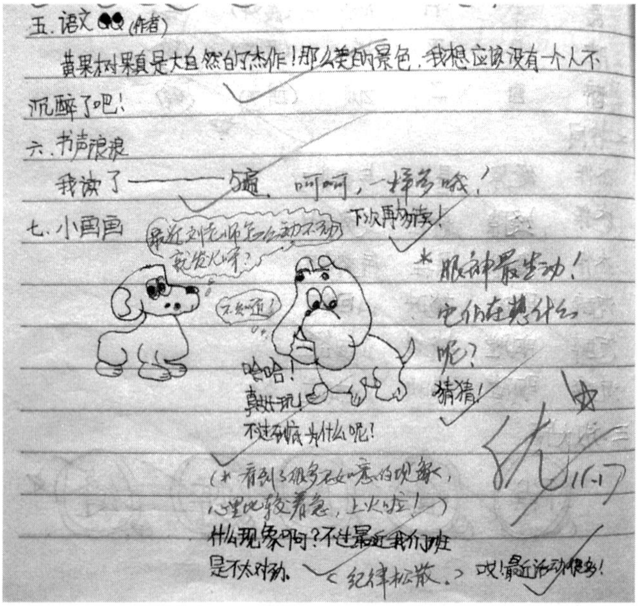

图 3–26

教师不妨从高高的讲台上走下来，走近学生，最好是蹲下身来，带着尊重去欣赏学生，发现学生的优点。让自己以等待亲手培植的鲜花能早日开放的心态，来期盼、寻找学生身上的亮点吧！这样，在批改作业时，你的心灵总是会被惊喜、欣慰填满，如同为鲜花盛开而欢欣鼓舞；每天都能被小小的成就感包围着，因为可以触摸到学生充满好奇、试探和友好的稚嫩心灵。

盼望是一种美好的期待。不止是学生，教师同样愿意听到鼓励和赞扬的话，进而开心地工作。所以，我们不要吝啬赞扬，不要把赞扬看成是给学生的多大的赏赐，而是应该真诚地给学生送去一份赞许。比如，你发现他将字整了，发现他写了一句完整的句子，发现他组了一个很特别的词语……一句赞语，可以让学生欣喜很多天，甚至回味很多年！

启发学生学会思考与鉴赏

我国台湾地区的郑石岩教授在谈及师生逗趣的话题时说道："老师扮演轻松的角色远比扮演严肃的角色难。特别是要使逗趣、机智和启发性成为一种教育性的心理互动，实在不容易。逗趣难就难在幽默中不失本分，欢笑中不失教导。"是的，尤其是到了小学高年级阶段，作业批改中"逗趣"的成分变得少了，师生智慧的碰撞多了。学生也不再以获得表扬与关爱为完成作业的主要需求，而开始以开放的眼光观察社会、生活和学习，并希望获得认同、理解和赏识。所以，这时候教师要善于将自己的阅历、思想、观点与学生分享，有时候，还要有意识地对其进行审美、思辨等方面的引领。

把感觉变成文字

很多教师经常会让学生在作业本里摘抄一些古诗、美文、名言警句等，作为日常的语言积累。这种方法很好，一回生，二回熟，常见就会记得一二。我也让我的学生做摘抄。但是，我还认为，主动接纳一定比被动堆砌要好。诗文抄来，还只是简单的字句书写，如果学生能读读想想，对意思或意境有所揣摩，或者能联系自己的生活进行理解，那么，这样的摘抄，一定会有更多的收获。

另外，吟诗读词虽然讲究重意会而非言传，但必要的欣赏和体会仍然需要用语言来传达，需要能用简单明了的语句将所思所感所悟讲给别人听，写给别人看，和别人一起分享。所以，我除了在课堂上鼓励学生在赏析美文诗句时多读多思外，还会给学生出一些小题目，指导他们学会品读和鉴赏。

例如，在学习毛泽东的词《卜算子·咏梅》时，一个学生在作业本上同时摘抄了陆游的同题词。

卜算子·咏梅

毛泽东

风雨送春归，
飞雪迎春到。
已是悬崖百丈冰，
犹有花枝俏。
俏也不争春，
只把春来报。
待到山花烂漫时，
她在丛中笑。

卜算子·咏梅

陆　游

驿外断桥边，
寂寞开无主。
已是黄昏独自愁，
更著风和雨。
无意苦争春，
一任群芳妒。
零落成泥碾作尘，
只有香如故。

我在该学生摘抄的后面，给他提了这样一个问题："比较一下，你觉得这两首诗中的梅花的性格有什么不同？"

我想，这个学生既然同时抄写了两首词，必然在心中有所比较，古今作者咏梅的情怀不同，字里行间所刻画的梅也是不一样的。但是，能不能让学生头脑中这种模糊的感觉变得明晰一些呢？在学习的路上，要时时鼓励学生敢于多走一小步。让学生写写看，或许他可以把自己心中的感觉变成文字，对两首词有更深刻的理解。

几天后，我在学生的作业本上看到了他的回答。他写得比较简单："毛泽东写的梅是坚强的，而陆游写的梅是忧愁的。"

通过追加的一道小题，让学生把感觉变成文字，既让学生锻炼了阅读能力，又让他锻炼了表达能力，真是一举两得。

“林肯算不算特例？”

很多教师鼓励学生在预习课文的时候勇于质疑问难，以此锻炼学生的思考能力。一般情况下，对于出现在作业本中质疑的内容，比较典型的（比较有讨论价值的）问题可以放在课堂上讨论，教师在作业本中可以写上“课堂讨论”，不作回答；与课堂讲读无关的质疑问难，教师不回答也没有关系。但是，我比较重视学生的这个学习环节，一般不会轻易放过每一次和学生交流的机会。

例如，我们在学习《鞋匠的儿子》（苏教版《语文》六年级上册）一文时，一个学生对“林肯在议会发表演说前被议员羞辱”一事表示不解，把这个问题在自主作业本中提了出来。而这个问题又确实比较难回答，教学参考书中也没有相关的阐述。

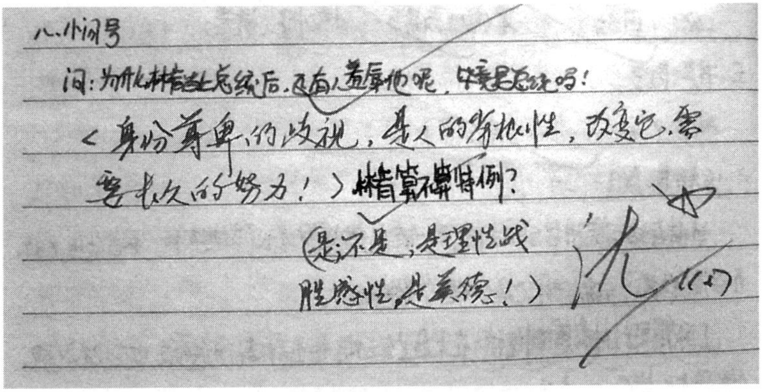

图 3-27

我上述（如图 3-27 所示）的回答，虽然没有直接回应学生的提问，但也能启发学生去思考。所以，学生看了，又留言进一步追问：“林肯算不算特例？”我想了一会儿，自己也很矛盾，先写了“不是”，然后又补充写上“是”，因为我也认为林肯的崇高不是我等所能简单理解的。师生问答，一来一往，讨论问题，也是讨论人生。

“等你成为青年人后，你也会的！”

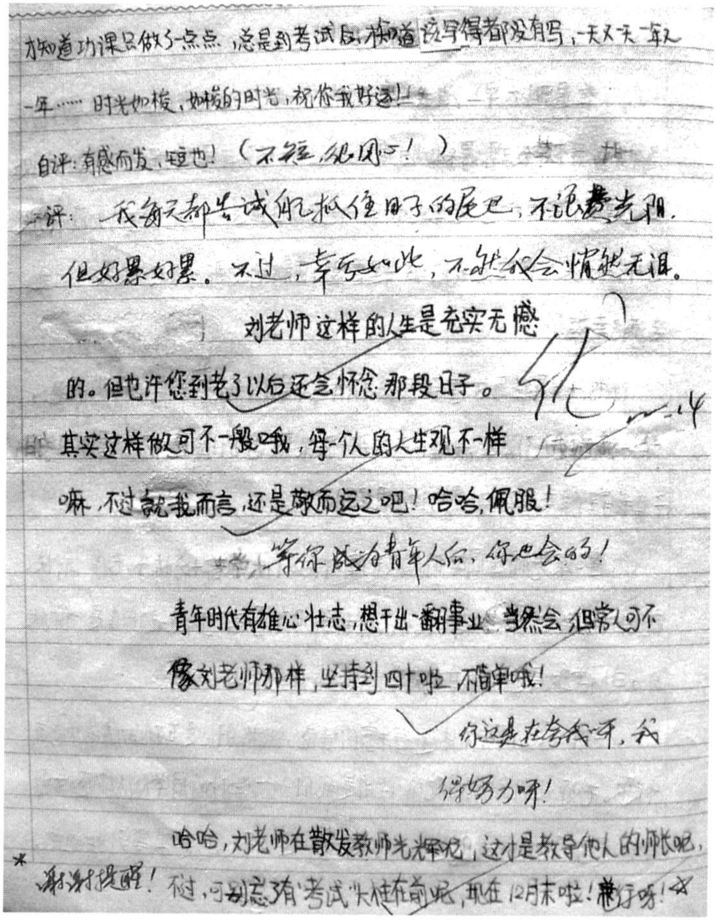
才知道功课只做了一点点，总是到考试后，才知道该写得都没有写，一天又一天一年又一年…… 时光如梭，如梭的时光，祝你我好运！

自评：有感而发，短也！（不短，很用心！）

一评：我每天都尽诚所能抓住日子的尾巴，不浪费光阴，但好累好累。不过，幸亏如此，不然我会惰然无阻。

刘老师这样的人生是充实无憾的。但也许您到老了以后还会怀念那段日子。其实这样做可不一般哦，每一个人的人生观不一样嘛，不过就我而言，还是敬而远之吧！哈哈，佩服！

等你成为青年人后，你也会的！

青年时代有雄心壮志，想干出一番事业，当然会，但常人可不像刘老师那样，坚持到四十啦，不简单哦！

你这是在夸我呀，我得努力呀！

哈哈，刘老师在散发教师光辉呢，这才是教导他人的师长吧，

*谢谢提醒！不过，可别忘了有“考试”大敌在前呢，现在12月末啦！慢行呀！☆

图 3-28

在课堂上，教师滔滔不绝，学生洗耳恭听；在作业上，教师勾勾画画，学生抄抄写写……这是我们在校园里最习以为常的学习景象。随着新课程、新理念、新教法的贯彻，课堂教学正变得前所未有地丰富多彩，过去单调讲解的局面已被打破，教师注重调动学生的主体意识，发挥学生的能动作用，挖掘课堂的生成资源等，课堂正变得越来越生动活泼。相比之下，作业所反映出的师生的教与学的变革则显得有些滞后。

其实，我们并不需要在作业上刻意做出多大的变革，而是要敢于放下单纯追求应试成绩的作业模式，敢于返璞归真，重新找回学习知识技能的本来面目——学问学问，学学，问问。学问就是在师生之间频繁的学学问问的互动交流中得到的。

去碰撞学生的思想

到了小学高年级，教师一般会让学生在作业后面摘抄或剪贴一些美文，并做出点评。这种做法能扩大学生的阅读量、训练学生的阅读理解能力，值得提倡。但是，对于这类作业的批改，教师往往会嫌麻烦，所以有些教师每次批改时只是批注一个“阅”字。显然，这样做会使一部分学生将“美文摘抄”流于形式，作业本上是有了内容，但只是完成了一个任务而已。

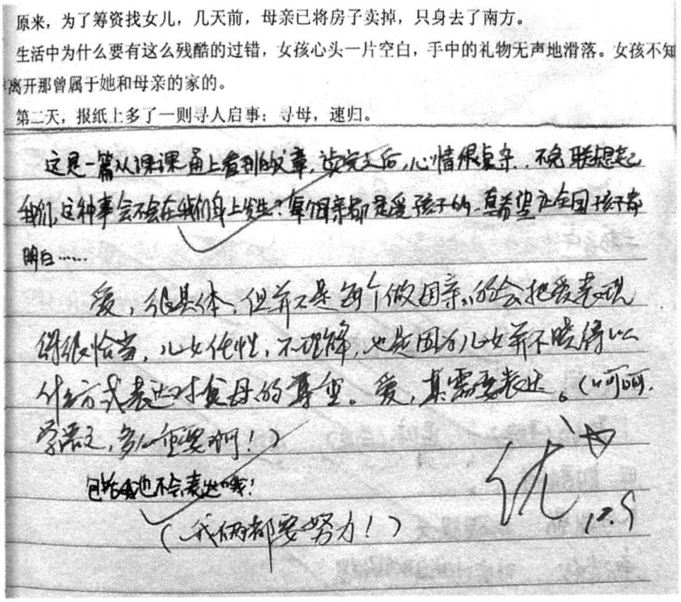
原来，为了筹资找女儿，几天前，母亲已将房子卖掉，只身去了南方。
生活中为什么要有这么残酷的过错，女孩心头一片空白，手中的礼物无声地滑落。女孩不知
离开那曾属于她和母亲的家的。
第二天，报纸上多了一则寻人启事：寻母，速归。

这是一篇从课课通上看到的文章，读完之后，心情很复杂，不免联想起我们，这种事会不会在我们身上发生？每个母亲都是爱孩子的，真希望全国孩子都明白……

爱，很具体，但并不是每个做母亲的都会把爱表现得很恰当，儿女任性，不理解，也是因为儿女并不懂得以什么方式表达对父母的尊重。爱，真需要表达。（呵呵，学语文，多么重要啊！）

包括我也不会表达哦！

（我俩都要努力！）

图 3-29

在批改这类作业时，教师也是个大赢家：不费气力，一次批改就可以阅读几十篇新鲜的短文，这无疑扩大了教师的阅读面，丰富了自身的学养。批改时，教师通过积极参与阅读，不仅自己可以获得新鲜的阅读体验，还可以

通过阅读学生的点评，了解学生的观点和思考，进而用批语和学生交流思想，实现更深层次的师生对话。而且，教师通过这种批改的往来，还能以自己的学识和思考缩短师生心灵的距离，博得学生的信赖和爱戴。

从图 3–29 中师生关于一篇美文的阅读体会的交流，不难看出：鼓励学生摘抄、剪贴，目的还不能仅仅停留在阅读积累上，更要借此机会从思想和理念上以新的视角引领学生观察和思考，自觉培养学生积极思考生活、社会以及自我的意识和能力。这样的作业和批改，学生怎能不爱呢？

人生哲学书，走出心口的文字

成长中的每个孩子，都会有自己对周围世界以及自我的感知与理解。他们会用各种方式来表现这个认知的成果，譬如更好地学习、更能干地做事、更机灵地应对、更持重地静默……在我这个语文老师看来，说话，或者我们所谓的语言表达，则是这些表现行为中最直接有效的方式。

但是，也有不少孩子，天性安静，或是因为什么原因，他们喜欢不作声，只是看、说、玩、笑、哭，不喜欢在人多的地方讲话，很少在课堂上举手发言，也较少和老师交流。当然，在这些表面之下，他们仍然有着跃动的心灵和细腻的感情。他们也许有着更丰富的体察和揣摩，有更深切的想念和期待。

这个时候，笔墨文字或许是一扇最好的窗户、最好的信使，来传达他们的内心。

小城姑娘就是我所遇到的，这样一个孩子。

在语文课上，我们的话不多，她很少回答问题，但每每从她的眼神中可以知道，她已经领受或者还有疑惑。有时我会故意叫她站起来回答一个问题，她就会红着面颊讲话，然后再红着脸坐下来。说实话，我觉得挺惭愧的，因为教了她这么长时间，除了微笑，终究还是没能让她在课堂上开朗地说话。我想，这对一个学语文的孩子来说，应该是挺遗憾的。

有一天，我和她在教室外的走廊上聊了一会儿。下课的时候，她就不那么拘谨了。她告诉我，她其实有好多的想法，关于人生，关于生活，关于思想，关于好多好多感兴趣的问题。这真把我吓了一跳，望着眼前这个可爱的小姑娘，我在心里想：她这么小的年龄，怎么想的居然都是一些哲理性的东西？难怪这么沉静。这么多的话闷在心里一定不好受。不行，得让她把这些疯长在心里的话说出来，为更丰富多彩的生活留下广阔的空间。那么，我们就再创造一些机会，在我们的作业本上开一块田地来表达吧。

于是我建议：你在作业本上开个专栏吧，把你的所思所想都写出来，我们一起来欣赏。我们就把它叫作“人生哲学书”吧（如图 3–30 所示）。

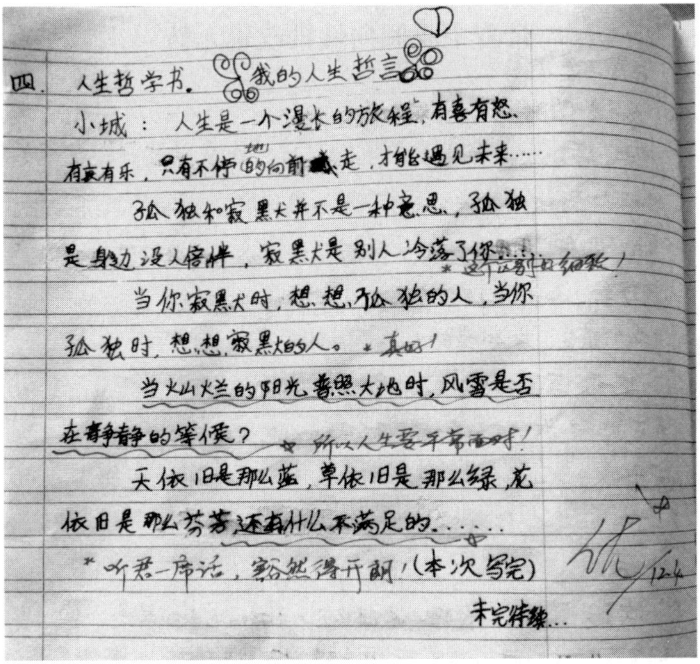
四. 人生哲学书。我的人生哲言
小城：人生是一个漫长的旅程，有喜有怒、有哀有乐，只有不停地向前走，才能遇见未来……
孤独和寂寞并不是一种意思，孤独是身边没人陪伴，寂寞是别人冷落了你…… *这个区别很细致！
当你寂寞时，想想孤独的人，当你孤独时，想想寂寞的人。*真好！
当灿烂的阳光普照大地时，风雪是否在静静的等候？☆所以人生要平常面对！
天依旧是那么蓝，草依旧是那么绿，花依旧是那么芬芳，还有什么不满足的……
*听君一席话，豁然得开朗！（本次写完）
12.4
未完待续…

图 3–30

第二天，作业本上就出现了一行行闪烁着智慧星光的句子。我读着，仿佛是在翻看泰戈尔的《飞鸟集》，也仿佛在看她眨巴着眼睛看着周围的一切，小小的脑袋瓜在尽情地思考着。而这，是我身边这个才 11 岁的小姑娘的作品。

后来，每次作业，她都会在这个专栏上写上几句，我也会认真地拜读这些从她心口走出来的文字。偶尔，我也会在一旁写下我的感想，或是选几句读给孩子们听一听。

当然，她还是比较安静，所以，我还是很好奇。

两年后，她毕业了。再后来，我看到她还写过这样一句话："我喜欢安静，一个人待着，这样不会孤独，因为我喜欢自己陪自己。"

或许，这就是她给我的一个回答吧。希望她在未来的日子里，还是这样爱生活，爱文字。

带着主观倾向性批改也无妨

很多教师都有体会，在批改学生的日记、作文以及一些小练笔的时候，评分一般都有很明显的倾向性。对于同一篇作文，不同的教师会给出不同的评分结果，特别是在语文阅卷时，最后负责批改作文的一定是学校里比较有经验的教师，目的也是为了减少因教师主观好恶而导致评分差别过大，力求给学生一个比较公允的成绩。

但是，在批改学生平常的小练笔时，我倒是主张教师适当运用倾向性，为学生的表达训练指引正确的方向。

下面来看一篇小习作，主题是"说说我的奇思妙想"。

我的奇思妙想

在未来，我们的生活已经有了翻天覆地的变化，有许多科技发明成果和文化艺术作品都是我们班昔日那些同学创造的。

你看红外线汽车、两用火箭、压缩汉堡、多功能课桌，都是由我们班的启超和轩轩两位才子发明的。这些设备不仅科技含量高，而且简单实用。像两用火箭，它不仅可以在天空和宇宙中飞翔，还可以在陆地上飞驰，必要时还能在水里航行。再说说压缩汉堡，比普通的汉堡实用得多，吃一个，你一个星期都不会饿。瞧，我们现代人进步多快呀！

在服装领域，我们班上的小韵和小月同学贡献最大，她俩发明的一种衣服，一年四季都能穿，价廉物美。她们还发明了一种超轻的衣服，即使夏天出了很多汗也不会觉得衣服沉甸甸的。

在文学领域，我们班一大批同学都非常有造诣。有的写诗，有的写散文，有的写小说，还有的写童话。有一位同学以“七彩二班”为笔名写了一篇散文，回忆我们班同学的开心生活。而我们的刘老师，在继《作业的革命》后，又出了一本《昔日的六（2）班》，这本书还获得了“诺贝尔文学奖”呢。

啊，未来真美好啊！

（我的批语：“嗬，在你的想象中还能看到未来的我，真好！”）

在这次的习作中，每个学生都充分展开了想象之翼，各种奇思妙想异彩纷呈。但是，我也发现有不少学生的奇思妙想只是对飞船、时空、奇幻、太空大战*等完全脱离现实生活的事物的构想，很奇异，但就是少了人类活动的乐趣。我们要学会想象，更要学会尊重——特别是对我们人类自身的尊重，我们所有的理想都应该是为了延伸人性的光辉，谋求人类更美好的生活。小学生虽然还小，但也正因为他们还小，所以，我们还来得及从现在开始培养他们纯粹的生活理念和人生追求。语文，只有让语言文字有精神价值，才有生命力。于是，在批改上面这篇短文的时候，我就特地给评了一个“优”，并且把我的想法讲给学生听。我告诉学生，我们的想象和习作，要从我们身边的人物和事情出发……

用对这篇短文的批改举例，是想告诉大家，教师不必回避教学中的倾向性问题，只要把握好分寸，不要将语文课上成品德课就好。当然也要恪守

---

* 就在写完这篇短文的第二天（2010 年 4 月 23 日），美国发射太空战斗机，据称 2 小时能到达世界的任何角落。俄媒体称它是人类的新威胁。看了这则新闻后，我的心中很失落，也许我们班男生离奇地设想太空武器并没有什么错。——作者注

教师职业规范，切不可以倾向性为由将自己的坏情绪或错误的价值观传递给学生。

除了关注习作内容的人文性特点以外，教师在以下几方面也可适当运用倾向性：

（1）反映学生学习态度的——如书写美观、流畅、自觉修改等。虽然有的学生文章写得非常好，但是书写潦草，你可以暂时不给他们一个好分数，让他们明白好文章也要配上好“模样”。有的学生写得不错，但是写完就一交了事，你就可以给那些自觉修改、善于修改的学生较高的评价，引导学生养成良好的写作习惯和学习作风。

（2）体现学生治学作风的——鼓励学生在作文、日记中运用朴实的文字和恰当的语句来表情达意。学生的写作能力不是表现在堆砌辞藻和生硬的旁征博引上，而是表现在朴实的语言描写和自然的情感抒发上。所以，教师在平时的作业批改中要对学生多加引导，培养其良好的文风。

（3）体现学生情趣体验的——学生的生活是丰富多彩的，反映学生生活的习作就应该是富有情趣的。不鼓励学生像个未老先衰的小大人一般“为赋新词强说愁”，或是动辄就搬一套名言谚语，写出一些半生不熟的大道理来。对学生来说，赤橙黄绿是风景，喜怒哀乐皆文章，教师自己不要“不解风情”，没欣赏眼光。

（4）反映学生生活理念的——不管我们遭遇的生活是多么纷繁复杂，作为教书育人的教师，都要从正面教育和培养学生乐观向上的生活态度，在批改他们的日记、作文时，都要在主题和选材、行文和推敲等方面，鼓励他们写积极向上的东西，鼓励他们从积极的角度去看问题，鼓励他们把积极的思想传达给读者。

说到底，这些所谓的倾向性实质上是学科性质和教学目标在教师批改行为中的反映，是教师课程意识的具体体现。教师通过具有这样倾向性的批改、评价，引导学生体验学科要求的规范性和人文性，自觉朝这个方向努力。需要注意的是，批改评价中这些类似于附加标准的确定，本身应该是教师思考过的，是科学的、规范的、合理的，具有正确的导向作用。同时，这些倾向性的做法要具有阶段性和统一性，以便促进学生形成较好的表达能力。

“优米”的故事

在我的作业批改符号中，有一个独特的符号：优*。

“优”和“笑脸”符号（“☺”）是大家所熟悉的，很多教师经常会用这两种符号表达对优秀作业的褒奖。我在批改作业时，“笑脸”符号用得不多，一般只写一个“优”字。

在“优”字的右上角加上“*”符号，表示什么呢？是表示我对学生写得非常用心却又因为一处小小的错误，如一个错别字、用词不当或是理解有些偏差时给予的一种认定。“*”像小雪花，又像一个小小的“米”字，于是，我就将这个符号说成“优米”，然后向学生解释说：“你们啊，都是能干的孩子，这里老师再给你们一点优质大米，回家煮了吃，让你们更聪明一些！”这之后，“优质大米”在我们班的作业中就成了最畅销的了。

细想这个偶然得来的“优米”，所包含的意义还是很深刻的。

第一，它体现了教师实事求是的批改作风，也是对学生差异的尊重。没有十全十美的学生，有时候，学生即便已尽心尽力，也难免出现一些差错，教师不能只看错误不看态度，更不能总拿学生的错误说事。

第二，它体现了教师对学生出错的理解，特别是对于一些含糊的问题，或是学生还没学过的知识，如果在作业中出现了，但是错误是在学生毫无意识下发生的，教师不应越界追究。况且，对于暴露出来的小问题，教师还可以有效利用，成为新的教学生长点。著名数学特级教师华应龙老师的一句话说得好：错误，也是资源。

第三，它体现了教师对进步的等待。只要学生努力了，教师就应该及时肯定他们的进步，关注后进生追求优秀的步伐。

第四，它体现了教师激励学生对优秀的追求。让学生看到自己作业中出现的小错误，勉励自己学习要更加严谨，努力追求优秀。

第五，“*”这样一个善意的小提示，也有效缓解了师生在作业批改上的矛盾，让教师平静对待学生的错误，让学生减少对教师的对抗，缓冲了师生的精神压力。

话题共振批作文

我们先来看看下面这篇作文以及教师对这篇作文的批改。

<table>
<tr><td>我的春游建议
我建议到莫愁湖去春游。理由如下：
1. 那里的海棠花开了，非常美丽，而且有好多种，比如垂柳海棠，那里还是东郊最大的海棠园，上次去还看到那里有珍贵品种展览。
2. 那里的游乐场很大，有钩鱼、有捞鱼，还有喂小动物，还有蹦蹦床等，我最喜欢的还是一种水上娱乐，就是把一个人装在一个求里，在在水里爬来爬去。
3. 上次我去那里的时候，在珍贵品种的海棠花展览的地方看到一个小溪，里面有好多蝌蚪，我抓了好多只。
4. 那里有一个喂动物的地方，里面有小羊、小鸽子、小刺猬、小兔子、小鱼等，非常好玩。
我的建议希望大家能够采纳。</td><td rowspan="2">评语：
△ 应是“建议大家”。
△ 你只介绍了一种。
△ 莫愁湖怎么在东郊呢？</td></tr>
<tr><td>订正：
钓（　　）
钩（　　）
总评：
1. 错别字太多。
2. 你的建议我不采纳，看不出特色，一点也不美。
3. 我的建议：这篇习作重写。（2007.3.16）</td></tr>
</table>

这是我在参与一次区级教学视导、翻阅某小学一位语文教师批改的学生作文时无意中发现的。后来又看了其他几本，虽然不同，但那位教师批改的方法和风格基本相似。粗看也没什么，很多教师平时就是这样批改的。但是，再细致分析，会发现许多未曾注意或熟视无睹的问题。

（1）教师的批改比较细致，但是评语过于武断。通常学生春游的兴趣大多在于整个活动的“动”的过程。春游建议的写作要求，并未指明春游必须去的地方，也并非百花争艳的地方才叫美。对学生来说，“趣味”胜于“美景”。从“看不出特色，一点也不美”的评价中，我们看到，显然教师只是片面地理解了教材中的写作要求，并没有全面了解学生真正的需要和兴趣点。

（2）缺少肯定的成分。短文文通词顺，格式也比较规范，但教师并没有注意到。教师认定内容选偏了，文章的意义也就没了。“你的建议我不采纳”和“重写”的建议，也给学生泼了一瓢冷水。这样的处理方式，对于作文处于起步阶段的学生来说，无疑是一个重创。久而久之，就会挫伤其写作文的积极性。

（3）教师没有给出分数或等第，也没有给出具体的订正意见，应该算是一种气愤和惩罚的表达吧。但是，学生拿到作文本后会无所适从。

综上，我们可以看出，这位教师没有给小学三年级的作文批改以恰当的定位——学生在小学三年级的作文，是作文起步阶段的习作；对于学生起步阶段的习作，不能这样简单评改。

点滴思考

儿童在小学三年级开始进入语言发展的关键期。小学普遍在三年级开始安排习作指导课，逐步教学生写作文。但实际情况并不乐观：大多数学生怕写作文，动笔就咬笔杆，抓耳挠腮，真烦心！教师也怕改作文，要修要改的地方太多，精批细改了也没人看，劳而无功……

对于学生起步阶段的作文进行批改，应当批改什么？应当怎样批改？

语文课程标准中关于此学段（3—4 年级）作文目标的相关表述如下：“①留心周围事物，乐于书面表达，增强习作的自信心；②能不拘形式地写下见闻、感受和想象，注意表现自己觉得新奇有趣的，或印象最深、最受感动的内容；③愿意将自己的习作读给他人听，与他人分享习作的快乐；④能用简短的书信便条进行书面交际；⑤尝试在习作中运用自己平时积累的语言材料，特别是有新鲜感的词句……”

不难看出，对于处于起步阶段的学生作文，其指导的要点集中在“留心周围”“乐于书面表达”“增强自信心”“不拘形式”和“愿意分享”这几个关键词上。也就是说，教师在这一阶段的批改，有着特定的任务——通过批改，引导学生体验“书面交际”，并认识到作文可以成为一种有意思的生活方式，成为一种良好的习惯性表达方式。

但是，常规的作文批改方式，因为过于强调批语对学生作文在审题选材、措辞造句和谋篇布局等规范性方面的评价和反馈，所以，很难发挥上述“引导”“促进”“培养”的“孵化”作用。

学生将耳闻目睹和所思所感用一字一句写出来以后，交给教师，并没有呈现给现实的读者，更不会得到什么反馈。一般情况下的作文批改，教师也常常是批得多，改得多，让学生订正得多。学生从中得不到什么乐趣，他们也很少去看教师的评语，甚至反感教师的评语。这些大概是学生消极对待作文练习的主要原因。在学生作文中，用什么来融通教师与学生之间的关系呢？

我从物理学上的一个概念——“共振”中得到了启示：几个物体之间借助媒介交互传达振动。对，寻找能够促进师生书面交流的“媒介”！我发现，作文内容本身就是一个好载体，作文中的诸多话题，就是我要找的“媒介”。着眼于话题，而不简单着眼于字词句篇的纠正，就可以解除学生的表达顾虑，让学生放胆写；着眼于话题，而不计较学生审题、选材的得失，就可以让学生放心写；着眼于话题，学生不再为格式套路苦恼，就可以放手写！

一些经验

于是，我在三年级作文教学中尝试了一种新型的批改机制——话题共振式批改策略，即在批改时，以作文内容中涉及的知识、事件或情感为由头，以相应的批语主动与学生的思维、态度及情感进行碰撞，产生话题共振，主动给予学生一次书面回应的机会，引导学生体会书面表达的乐趣，进而促进学生二次思考和表达，培养学生主动听说读写的意识和能力。

1. 发现话题

学生在作文中，会“告诉”我们很多他们感兴趣的事情。他们关注什么，喜欢什么，讨厌什么，苦恼什么，为什么事伤心，对什么问题有意见，和班上的哪个同学闹矛盾了，明天是哪个同学过生日，最反感哪个老师上的课，揭露哪个小调皮的糗事，等等。这给教师提供了许多鲜活灵动的话题和潜在的教育契机。我们可以从字里行间抓住它们，让它们成为师生关注的焦点。

2. 接对话题

听说过“互惠原理”吗？即“我们应该尽量以相同的方式回报他人为我们所做的一切”。这条原理正在被广泛地应用于商业营销、管理策略中。作文批改活动其实也可以借鉴这条原理，因为作文批改的本质是积极地争取和影响学生。在批改作文时，我会从关注学生的兴趣点出发，对发现的话题素材主动接入与应对。

比如，针对学生描述的事情，简要表述自己的意见，赞同、认同、不支持或反对；给学生一些建设性的意见或建议，给予他们生活方法或态度的指导；或者，还可以故意制造一个有争议的话题，引发学生进一步思考。话题可大可小，可简可繁，不拘形式。

有时候，我会在写给某个学生的作文评语中“引用”其他学生对他的评价，这样能增加他对其他同学的好感与信任。我还会吸引学生或家长广泛参与进来，扩大学生作文的读者群，让学生感受到被人关注。

偶尔，捕捉学生作文中的小小瑕疵，写一两句幽默诙谐的点评，跟学生开个小玩笑，既能告诉他们作文的问题所在，又可以活跃学习气氛。

3. 讲评反馈

美国心理学家威廉·詹姆斯说：“人类本性中最深的企图之一是期望被赞美、钦佩和尊重。”也就是说，渴望被肯定和赞扬是每个人内心的一种基本愿望。批改后进生的作文时，“过多的批评和处罚往往是无济于事的。这些学生粗一看简直一无是处，但是你只要找到一件值得赞扬的事，对他予以表扬，他就会好上一阵子，好像变成另一个人”（卡耐基，2003）。所以，批改学生起步阶段的作文时，针对学生积极的思想倾向、好的思维方法、恰当的遣词造句等，都应该予以积极的赞扬，尤其是应侧重对其做法、尝试的尊重和鼓励，这会对学生后续的表达倾向起到积极的维护和激励作用。

事实上，学生在看到教师这样的批语后，会非常开心，会感受到教师对他的关注与赏识，感受到师生书面语言的交流是轻松愉悦的，并倾向于再次寻找话题与教师或同学交流。教师要及时批阅学生再次交上来的作文，关注学生的反馈信息。经常在班上对学生的作文进行讲评，可以促进学生对话题的交流和讨论，扩大话题关注人群，进而鼓励学生进行后续的思考和写作。

所以，如果我遇到本节开篇例举的那篇作文，我会这样批改：

<table>
<tr>
<td>我的春游建议
我建议到莫愁湖去春游。理由如下：
1. 那里的海棠花开了，非常美丽，而且有好多种，比如垂柳海棠，那里还是东郊最大的海棠园，上次去还看到那里有珍贵品种展览。（还有____、____等）
2. 那里的游乐场很大（就知道你们贪玩！），有钩（钓）鱼、有捞鱼，还有喂小动物（“喂小动物”后面写，这里就不要写了），还有蹦蹦床等，我最喜欢的还是一种水上娱乐，就是把一个人装在一个求里，在在水里爬来爬去。
（老师是大人进不去，只能看着你们玩，真想变回小孩子！）
3. 上次我去那里的时候，在珍贵品种的海棠花展览的地方看到一个小溪，里面有好多蝌蚪，我抓了好多只。（用什么抓的？好玩吗？）
4. 那里有一个喂动物的地方，里面有小羊、小鸽子（我最喜欢喂鸽子，你呢？）、小刺猬、小兔子、小鱼等，非常好玩。
我的建议希望大家能够采纳。</td>
<td rowspan="2">评语：
☆莫愁湖在城西，中山陵才在东郊。哈哈，弄错方向了吧？
☆你介绍了这么多好玩的项目，老师心都飞到那里去了！我赞成！
☆ 快把错别字和几处没说好的地方改一改，然后抄写出来，我送给校长看，让他也支持你的意见，好不好？

良$^{+}$ 3.16</td>
</tr>
<tr>
<td>订正：
钓（　　）球（　　）再（　　）
钩（　　）求（　　）在（　　）</td>
</tr>
</table>

几点建议

（1）告诉学生，我们倡导养成运用书面交流的习惯。很多学生并不乐于书面表达。在学生开始写作文的时候，就有必要提醒他们：老师希望看到他们对老师留下的批语进行回复，哪怕是一个有趣的符号都可以。教师要有耐心，要极力维护学生难得被调动起来的书面表达的热情。在学生作文起步阶段，教师的批改可能会很累、很烦琐，但是这能换来以后的轻松和愉悦。而且，这种话题共振式书面交流方式，慢慢地会成为学生的一种习惯，成为师生之间交流的一种常规状态。

（2）教师要善于观察和分析学生的学习生活。应当不断充实关于学习指导方面的理论，有意识地抽出时间和精力了解（甚至是体验）学生的生活。这样，才能更轻松地与之交流，学生也会因你的善解人意而乐于与你亲近。

（3）教师要注意培养自身的语言沟通意识和能力。教师主动的、友好的、睿智的沟通，是与学生进行书面话题共振的重要保障。一般教师或是本身语言能力就低，或是没有意识到话题共振的重要性，所以在学生表达训练上难有建树。同时，教师的点评语言不要啰唆，要简明扼要，画龙点睛，点到为止即可。过于热情、浮夸或卖弄，都会给教师自己平添麻烦，过不了多久，教师也会在疲于应付中失去热情。

（4）教师要树立正确和积极的价值理念。教师的语言要尽可能规范，幽默而不失庄重，诙谐而不失礼数，通俗而不失规范，不要为了迎合学生的口味或模仿时尚而故意做作、搞笑和低俗。教师的评语要客观，不涉及隐私，不偏不袒，不谬传、误导。

一则范例

下面是我对学生一篇作文的批改。

> 爸爸一定很高大，对吗？穿上警服一定好英俊，对吗？能介绍一下吗？

> 你是想写“老是”或“总是”，对吗？

我的爸爸

我的爸爸是一名警察。他老早出晚归，还记得那年我的爸爸很迟回家和我们吃饭，有个电话打过来，爸爸接了电话，原来有急事，赶快出门。我问爸爸有什么事，爸爸说去抓小偷。我说你可以不去。爸爸说不行，为了人民的安全，我还是要去。我说：好吧，你去。我想，爸爸真是一名好警察，为人民服务，保护大家。爸爸真是一位好爸爸。

> 爸爸真是个有正义感的人！

> 你说这话时一定不舍得，但你很懂事，真是个乖女儿！

还有一次，爸爸很迟走在路上，看见了一位老爷爷受伤了，爸爸背着老爷爷上了医院。回到家，爸爸把所有事情告诉了我和妈妈。我和妈妈都说：“你真是一位好警察！”

爸爸真是一个工作认真又助人为乐的好警察。

【简评】你用短短的几句话，就让我们认识了你的爸爸——一个认真、负责和充满爱心的好警察！要是写得再详细一些，就更好了。有个办法，你和妈妈把他的照片找出来，晚上等爸爸回来，和他一起看看他的照片，再和妈妈一起夸夸他，听他讲讲他的勇敢故事，怎么样？同时祝你学习进步，也祝你们全家快乐！向你的警察爸爸致敬！

（这是我在 2006 年 3 月接受凤凰卫视中文台访谈时对一篇学生习作的现场批改，根据录像整理。——作者注）

综上所述，教师积极引入话题共振式批改，可以在很大程度上改变师生关于作文批改的观念和行为，以充满智慧的批改和指导方式让学生的起步作文训练变得更有实效，也把作文活动上升为一门更富灵动趣味的课程。老师们，你们也来试试吧！

启动学生“二次表达”的批语

我曾经天真地想：教学生写好作文，就是要让学生热衷于书面表达。但是后来才发现，这个想法过于狭隘——生活丰富多彩，学生热爱什么，应该是他们自己的选择，我们教师只需要为他们打开更广阔的眼界，完全没有必要把学生都训练成喜欢用文字打交道的人。所以，我们应该常常回头去看一看我们曾经的做法是不是都是合理的。

以前，我改作文、日记习惯于“精批细改”，也看到一些同事在学生的作业、作文后面写上篇幅较长的批语，有的热情洋溢，有的富有诗意，我也很佩服他们的热情。但是效果怎么样呢？学生看了会留心吗？我们自以为对于如此具有人文关怀的批语，学生应该有所触动，行动上应该会有所改变。可是，我们很有可能是一厢情愿了。事实证明，这多半是劳而无功的，学生并没有因此而变得喜爱写作，更没有因此学会写作。

我注意到（也问过一些学生），对于老师的批语，学生大多是一看了事，难得看见有学生在我们的批语后面再写上什么（我称之为“二次表达”）。偶然有，也只是“对”“是的”“好的”“我知道了”，最好的，就算是“谢谢老师”了。怎么看这个现象呢？

我们来从头梳理一下思路。教师当时写批语的本意是什么？我们在期望什么？

（1）教师发现了学生的问题所在，给他指出来，提示思路，希望他改正。学生看到教师的批语后，会立即在作业中找到问题，然后按照教师的提示，认真地重新思考，解决问题。这里，教师并没有希望学生过后开心地在批语后面写上他的订正过程，或临了还写一句感谢的话。

（2）教师对学生答案中的说法有异议，顺便说一下自己认为更贴切的表达。学生看见了，会强调自己的观点，并再举例证说明；或者同意教师的看法，承认老师想得更周到。教师期待着学生会有新的“留言”。如果没有，说明学生并没有在意这件事。

（3）教师对学生的经历或情绪的描述也有同感，便说了自己的类似体验，与其分享。学生看见了，会很好奇，也很欢喜，就再乘兴点评一下教师的描述，师生同乐。

综上，针对教师在学生作文（也包括其他作业）上写的批语，学生是否进行回复，主要还是取决于教师批语的实际意义和对学生行动的期待。所以，我不提倡教师硬是写上大段的话，而应该写一些简短明快、能够启动学生“二次表达”的批语。也就是说，教师写的批语，也是促进学生继续进行读写实践的话题，让学生既用了语言，又乐在交往。

那么，这样的批语应该如何设计呢？其实，这是没有一定之规的，教师可以根据学生作业的实际情况即兴写成，也不必拘泥于什么格式。在这里，仅提出几点建议供大家参考。

（1）表扬进步，同时也给出进一步的指点，提一些改进要求。

（2）质疑观点，说（包括故意地）一些不同的意见，激发学生进行多元化的思考。

（3）话题共振，与学生轻松聊天，多一些交流的机会。

（4）偶尔出题，针对作业中的一些知识点，额外让学生做进一步的练习。

（5）适当点拨，教给学生一些解决问题的办法，并告诉学生你希望有回复。

（6）互相欣赏，适当进行阶段性的作业展示，通过观摩，启发学生学会回复和表述。

（7）贵在坚持，将这种批改模式坚持下去，让师生能够互相信赖，使交流成为双方的自觉行为。

学生互评作文收获多

学生写完作文，最想做的一件事是什么？当然是把“作品”给自己的好朋友看看！

在我们班的作文课上，最安静的时候，是学生以最快的速度写作文的时候；最热闹的时候，是学生写完作文后的互评场面（如图 3–31、图 3–32 所示）。

图 3–31

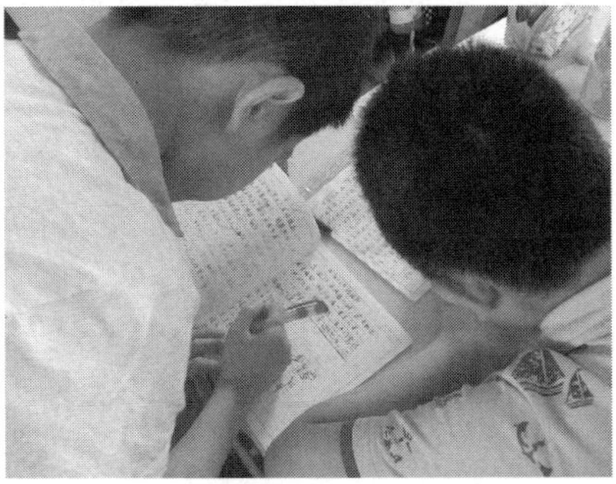

图 3–32

具体的步骤

（1）学生把自己的作文拿给同学阅读，并拿来同学的作文仔细阅读，了解同学作文中的新鲜事情、活泼人物或是人物的喜怒哀乐，感受同学作文中的好词佳句。

（2）即时评点，在文末或是句段旁边写写看法，指出遗憾缺失，提出希望。点评的学生，既可以署上真名，也可以签上昵称。

（3）学生分别送还作文，再认真阅读自己的作文和“读者”们的评语，然后做出相应的修改，也可以再写写自己的感受。

每个学生的作文，必须经过三个以上的读者点评后，才能上交给组长再交给教师。有时候，有的学生写的点评很出色，其他学生看了，反而写不出什么更好的点评了。于是，我就教他们：不妨直接欣赏，把自己的体会写一写。

这种作文互评方式的效果如何呢？我们一起来欣赏一下下面这些小“读者”写的评语吧。

“读者”的点评

——把心中的感受全写出来了，很真切，让我们很同情你。还应该把你做的事情多写一点，这样与姐姐才能有鲜明的对比。（毛妍纯）

——文章虽短，却乐趣盎然。但是，记叙的经过有些简短，不够详细。望加强，加油！（阴天的彩虹）

——应该多写一些感受。不过你对父母的爱很深，我可以从字字句句中看出来。母爱父爱都是如此伟大、神圣！（杜雨）

——志同道合啊！我也喜欢在网上看小说，也曾被网络小说所迷。看来你的暑假生活充实而富有乐趣，很美好啊！（杜雨）

——写得真不错！读了你的文章，我仿佛看到了番茄鱼夹的样子，闻到了它的香气，弄得我也要流口水啦。（王睿）

——你的文笔很细致，“遗憾”和“快乐”都写了，形成了鲜明的对比！（彩虹轩）

——（自评）这次的文章，我认为自己写得虽不算多具体，可毕竟是认真去完成的，所以自己还挺满意。（杜雨）

——你把在医院里的感受表现得淋漓尽致，让我们仿佛看到了那一幕，好！（刘文佳）

——有种童话的色彩，用了不少好词好句。希望今后把结尾写好一点。（王睿）

——本文的优点是感情细腻、词句恰当。还应多写体会、感受，你表达爱应该比妈妈主动而不是被动。不过相信妈妈与你之间的爱是浓浓的。并且写作文要点题，这一点以后要注意。（杜雨）

“作者”再写的感受

——这次写得不好，可能不够具体。下次一定要把场面写好。

（杨东弘波）

——我原先觉得写得很不好，结果，看到“读者”们的评论，心里

乐滋滋的，好开心哦！（车月）

——对同学们的评论，我很是满意与满足。他们的评语里充满着鼓励，让我更加有信心去写作文！（杜雨）

怎么样，每一句话都很像模像样吧。说实话，我写的作文批语也未必比这些小家伙写得精彩呢。

学生之间互评作文，首先是给学生的作文请来了确定的“读者”。学生写作文时有了读者意识，就会主动想到选用新鲜的生活素材，运用恰当的表达方式，让作文能够更加被读者所喜欢。其次，学生可以把自己的作文拿给伙伴看，并且可以欣赏到伙伴的作文，这种相互、活跃的交流使每个人都能感受到作文带来的乐趣。学生在点评和被点评的交往中，逐渐学会了创造精品和赏识鼓励，提高了习作练习的价值追求。

另外，学生在互相点评之后会把作文交到教师手里，教师再进行批阅和点评。这时候，教师写评语就有了一些参照。同时，还可以从这些评语中看到学生在读文章的时候重点关注什么，为下面的作文讲评和今后的作文互评做好准备。

第四章

查收作业

“怎么又有学生没交作业啊！”这大概是每次收作业的时候，教师最常说的一句话。

面对这个问题，很多教师的做法是，狠狠地责罚、要求其重做等。这种做法在相当大程度上是管用的，可以让那些学生明白纪律的重要性，形成及时交作业的习惯。但是，通常教师也会因“一视同仁”而“伤及无辜”，让那些有客观原因而未及时交作业的学生受委屈；而对于那些“习以为常”的学生来说，他们已经被罚皮了，甚至还摸索出了一整套对付教师责罚的办法。

教师对作业的管理，可以用五句话概括：布置要做，做了要收，收了要批，批要订正，订正要查。但是，实际做起来真的很难。

下面，我将围绕作业查收这个主题，谈一些具体的做法。努力创建以“展示和分享”为价值取向的作业管理模式，让学生学会自主管理作业，让作业的查收不再是难事。

布置作业时学生叫苦怎么办?

通常情况下，只要教师开口说要布置作业了，就会听到一些学生的叫苦声。

作为教师，对此都很反感。

一般情况下，这是学生的一种自然反应。如果教师布置作业比较多，特别是如果几个学科间的教师缺少沟通，几门课的作业就会撞车，学生应付作业的时间多，玩的时间就少，自然不快活，时间长了，形成了条件反射。所以，你只要一说布置作业，他们就会顺口说出来:“啊，又这么多啊!”“这要做到什么时候啊!”

当然，有时候这是学生故意放出的口风，这样可以让极富同情心的你不忍心再布置很多的作业，从而为他们争取一些玩耍的时间。等你转身走人，或许还会隐约听到背后“爆发”出来的笑声——“耶!”当然，这时候，如果你猛回头，或许还可以看到最精彩的定格画面呢!

怎样减少学生的叫苦声呢?

(1)平时多和学生聊聊，掌握民情是施政决策的最重要的前提。提前了解其他学科的作业量，然后布置适当的作业，减少学生的抱怨。

(2)只要作业量是恰当的，就要告诉学生在学习上是不能讨价还价的。在这一点上，教师树立威信是必要的。

(3)在别的学科已经布置很多作业的情况下，先公布作业内容，再询问学生，然后适当减少作业项目，这样可以赢得一些拥戴。还可以说:“本学期我给大家五次机会可以申请减少作业。本次的机会用掉了，你们就只剩下四次机会了。”

(4)对学生进行个别辅导，让有困难的学生尽量能够跟上全班的进度，减少抵触的人数。

(5)反思自身作业的设计和作业布置的时机。我很喜欢这样一句话:“做自己喜欢的事，就能去享受逆境。”(全惠星)其实，只要作业不扎堆，学生对喜欢的作业还是愿意克服困难去做的，能在完成作业的过程中不断挑战自己并获得小小的成就感，也是一件值得开心的事。所以，我更倾向于教师经常反思自己的作业理念和布置动态，为学生布置一些更有趣味和能够获得训练成就的作业。

学生为什么会抄作业？

数学家华罗庚有句名言："勤能补拙是良训，一分辛苦一分才。"在学习的道路上，贵在脚踏实地、笃志求学。教师都很不喜欢学生抄作业，认为那是一种不求上进和不劳而获的可耻行为。我也这样认为。

可能是所谓"物极必反"吧，如果作业任务多得过了头，师生双方都会自讨苦吃。布置的作业越多，教师批改的越多，耗费的时间和精力越多，而学生出现抄作业的现象也就会越普遍。学生如果独立完成，几乎是要没日没夜才能做完。于是，有头脑灵活的学生就想到了"分片包干、责任到人"的办法，每人各自做若干单元，最后汇聚各自的劳动成果，交差了事。这种因为作业多而学生之间相互抄作业的现象在小学高年级及中学极为普遍。

偶尔在网上看到一则帖子，主题是"怎么样抄作业更快，且不被老师发现是抄的？"。跟帖的人很多，我们一起来看一下吧。

> 约在一个清净的地点后，找些人一起抄……要想不被老师发现作业是抄的，就要先商量好，明知道正确答案，但一定要故意做错，并规定好谁错哪道题，错的题不能一样。如果你是个学习好但很懒惰的学生，那么就少错点，但还是得故意错几题；如果你是个学习不好也很懒惰的学生，那么就多错点，但要超出一点点你正常的限度，这样就不会被老师发现，还会受表扬呢……

真是"道高一尺，魔高一丈"啊！

那么，是什么原因导致学生抄作业呢？从学生的角度来分析：

（1）个别学生生性贪玩，懒于思考，只想应付老师，认为反正老师也不会计较他的进步与否。

（2）一些学生的学习基础和能力较差，常常自己不会做，又不愿意尝试，想靠抄写去应付老师的检查。

（3）作业很难，学生试过了，确实不会做，时间又不早了，就想以抄作业躲过老师的批评和责罚。

（4）学生很不喜欢这门课，厌烦这门课的作业，或是厌烦这门课的老师，糊弄了事。

教师如果发现学生抄作业了，一般会严厉责罚，绝不姑息；学生挨训了、受罚了，会心生怨恨；如果没有被发现，算是侥幸过关，以后又会故伎重施……

从教师的教学行为来分析，学生抄作业的现象背后同样有教师的原因：

（1）很多教师平时只看重作业结果，并不关心作业完成过程。

（2）很多教师多数时候只关心作业的对错，并不理会学生的差异；明知道有些学生在完成作业上有困难，也不去加以指导，只对其不能交差而横加责难。

（3）某些教师的情绪不稳定、性情粗暴，学生惧怕，避之唯恐不及。

教师对学生作业的批改过程应该是教师检查自己的教学情况、检查学生的学习进度以及查缺补漏的过程，学生在作业中暴露出来的错误、不足等信息，是极具教学价值的东西，是教师应该真正关注的东西，这些东西才能让你看到学生学力的差异和不足，看到自己教学中的偏失和疏漏。所以，老师们，请珍惜学生在练习中出现的错误。不要动不动就责罚学生，这样只会把学生罚到你的对立面去，说不定还会罚出更多善于欺骗的高手来。

骂不出来好作业

有时候，走过某些老师的教室，瞧见他正怒气冲冲地对着学生大呼小叫，手里挥着学生那不争气的作业本。每当这时候，我也会和那个倒霉的淘气包一样感到窘迫不安，好像那些话如钉子一样也扎在了我的心上，有一种隐隐的疼痛。记忆中，我读小学时好像还是个不错的学生，到了中学，因为有几门课没学好，也常常遭遇这样的噩梦。

但是，有时候我也会对那些老师幸灾乐祸：唉，你这不是自找的吗？你跟小孩子发这么大的火气，干吗？人家本来就不喜欢你的课和你的作业，而且也不喜欢你，凭什么硬要人家对你俯首帖耳呢？

这种家长制的作风，在今天的校园里，不是少了，而是多了，而且渐成风气。能够不浮躁地静下心来教书育人、平心静气地对待学生的老师越来越少了。

学生不仅各有所好（也就是说，还各有所不好），而且各有所长（也就是说，还各有所短），这是天经地义的事情，逼迫不得。就如同校长逼你也要像特级教师那样上课，你会怎么想、怎么做？

学生作业做得怎么样，教师在批改时的态度很关键，强扭的瓜不甜，一味责骂学生只会埋下更多的怨恨，想让学生真正改变对待作业的态度，需要教师首先改变自己。

（1）让自己的教学充满魅力与魔力。不妨学习一下魔术师刘谦，很多人都在表演魔术，但只有刘谦家喻户晓，甚至有电视台把他和魔术放大成为一项时尚。为什么呢？因为刘谦的魔术展现了出众的才情，传达了魔术的魅力。

（2）从现在开始设计你自己，让你的举手投足、写字说话、教课方式、你对作业的批改符号及批语等时时传达出自身的魅力，让学生喜欢上你，进而引领他们爱上写作业，爱上学习，不再拖作业。

学生为什么不愿写作业？

为什么总会有一些学生不写作业？教师和家长往往认为是孩子“懒”。的确，不写作业，孩子有不可推卸的责任，但如果只是指责孩子“懒”，那孩子就太冤枉了。

1. 教师的延迟检查、反馈

教师不能及时、有效地检查、反馈学生的作业情况，是造成学生不完成作业的重要原因。如果教师检查、反馈作业的频率过低，让学生逃作业有机可乘，慢慢地，不做作业的学生会越来越多。这一点对于小学一年级的学生来说特别关键，因为学生逃作业的投机心理一旦形成，后面要想纠正就比较难了。

2. 教师严厉的惩罚和负面评价

教师过于严厉的惩罚措施和负面的评价也是学生不愿做作业的重要原因。有些老师错误地认为，严厉的惩罚措施会让学生完成作业，事实上，过于严厉的惩罚措施，会让那些学习成绩和学习习惯不太好的学生因为恐惧而讨厌作业，久而久之，就会对完成作业产生无力感。特别是当学生因为逃避作业而受到的惩罚远远超过他所能承受的范围时，更容易导致学生放弃努力，甚至自暴自弃。即便是学习成绩比较好的学生，如果是迫于教师的威严而做作业，作业的有效性也是很有限的。严厉的惩罚只能让学生不做什么，而不能让学生做些什么。

相反，如果每次作业，教师都能及时地给予肯定或互动，就可以大大增强学生完成作业的信心。为什么《作业的革命》的作者刘老师班上的孩子会爱上写作业呢，这与刘老师和学生在作业本上大量的互相鼓励和有趣互动是密不可分的。

3. 作业程度不适中

作业量太大、太难或太易，都会让学生不愿做作业。小学生注意力的稳定性和持久性远没有我们想象的那么好，何况作业太多就容易使得作业成为比较枯燥的事务性劳动。如果作业太多或太难，学生在完成时容易拖延或逃避；如果作业太容易而且又比较枯燥，学生也会因为缺乏挑战感和新鲜感而不愿做作业。教师在布置作业的初期，要做到作业量少一点、精一点、有趣一点，而且要有一点挑战性，能增强学生完成作业的兴趣和信心。当学生完成作业的成功感越来越强时，后期作业即使难一点、多一点，孩子也有能力去挑战。到了中高年级，有些学业不良的学生甚至会因为基础太差、作业题目太难而放弃作业。对于这样的学生，教师需要布置差异化的作业，并通过不断鼓励来帮助他们重建学习信心。

4. 学生不喜欢教师

如果学生很不喜欢一门课的老师也会导致他不愿做该老师布置的作业。

师生关系对作业活动的影响是很大的。有些学生因为老师对待学生的态度不好、教学方法不当、做事缺乏公正性以及喜欢向家长打小报告等原因，会对任课教师产生反感和抵触，进而不喜欢这门学科，不愿完成相关的作业。所以，教师要不断提高专业修养和人格魅力，积极改善师生交往氛围，促进学生主动学习。

5. 家长的因素

学生不愿做作业，除了老师的原因外，家长的唠叨也“功不可没”。我在三年级学生中做过这样一项调查：“说说你最不喜欢听到的三句话。”排在第一位的是：“你的作业做完了吗？”试想一下，如果每天回家，爱人说的第一句话就是“你做饭了吗？”或“你还不去做饭！”，你会愿意做饭吗？如果家长想有效地监管孩子的作业，不妨约定一个固定的时间，比如晚上八点半，搬个凳子坐在孩子身边，说：“来，打开作业让我欣赏一下，看看你今天又学了些什么。”然后，家长可以从作业中发现三个值得鼓励的细节，真诚地鼓励孩子，对于做得不好的地方，问问孩子需要什么帮助。如果家长不具备检查作业的能力，与其对孩子说“作业做完了吗”，还不如说“嗯，累了一天，别急着做作业，休息一下，吃个水果吧”。等孩子放松后，再问：“你觉得什么时候开始做作业比较好呢？”

除了上述这些主要原因，不友好的家庭关系，混乱、嘈杂的家庭环境，没有规律的家庭生活，都是孩子不愿做作业的原因。我在给学生做心理辅导的过程中发现，父母关系差、母亲情绪焦虑的孩子完成作业的效果特别差。而那些晚餐不能正点、睡觉不按时的家庭的孩子，作业习惯也往往不好。那些被溺爱、没有规则意识的孩子，也很难完成作业。

总之，学生不愿做作业，不是他们懒，更不是他们笨。如果在学生心中，老师是和善、幽默、公正的，布置作业的量适中、有趣、有一点挑战性，并能及时检查和反馈学生的作业情况，会经常多鼓励他们，和他们就作业进行有趣的互动，他们就会爱上你的作业。同样，如果家长能营造安静、有序的家庭氛围，和善而坚守地培养孩子良好的作业习惯，相信你的孩子也会爱上作业。

（江西省南昌市南昌县家庭教育研习中心 万浪标）

罚学生抄写到底对不对?

最近班上有些浮躁，上课的时候，有些学生听课不专心；收作业的时候，总会有个别的学生迟交或不交。虽然找过他们谈话，但效果并不明显。又一次下课后，我有些沮丧，在走廊里望着学生跑来跑去的背影发呆。一个学生走过来，大概看穿了我的心思，就悄悄地给我支招：您应该狠一点，罚他抄作业，保管他马上就蔫了。然后给我举例子，说您看他在某某老师的课上就一点也不敢造次，为什么？罚怕了呗！我听了，点点头，谢谢这个小知己的“好意”。

的确，有些班主任或任课教师只要发现学生在课堂上犯错误了或没有完成作业，就罚学生回家抄作业。一抄就要抄三五遍或几十遍。经常也在网上看到有些家长发帖抱怨，说孩子有时抄作业要抄到半夜。有的孩子的家长实在不忍心，就要帮孩子抄，但孩子不肯，因为家长的字迹与自己的不一样，被老师发现后又要罚他重新抄。

教师的抱怨也很多，现在的学生不能打、不能骂，很难教。犯错误就罚抄作业的做法明显是“牛头不对马嘴”的惩罚方法，但也是无奈之举。

回头再看看学生。上有政策，下有对策。学生对付老师罚抄作业，已经有了很成熟的经验。我读中学的时候，化学老师见我们默写不出来化学方程式，就将高高举起的粉笔头猛地往讲台上一砸，厉声喝道：“全班罚抄50遍！”然后愤然摔门而去。于是，我们就在教室里疯狂地、没有一点声音地抄写着，从下午到晚上，即便是饥肠辘辘，也要坚持抄完。但是，我忽然发现有的同学还是很快就抄完了。经过观察，我发现了一个大秘密——他们竟然将5支圆珠笔芯排起来绑在一起抄写，一笔，就有五个一样的字！唉，那时我最恨自己的就是我为什么没有多买几个笔芯。除了手酸、肚子饿和两眼昏花，最后得到的仅仅是老师轻描淡写的一句“放着吧”以及回家后老爸的一顿臭骂。而那些化学方程式呢？到今天，一个也没记住，化学，就再也和我没了关系。

全球知名的说服术与影响力研究权威、《影响力》一书的作者罗伯特·B. 西奥迪尼指出，“如果我们想要孩子们真正相信一件事情，在督促他们做这件事的过程中就应该避免使用威胁和贿赂（即过度的奖励措施——作者注）。威胁或贿赂这样的外界压力可以暂时让孩子们服从我们的意志，但如果我们还想更进一步让孩子们相信他们的做法是对的，当我们不在场施加压力时也能继续这么做，那我们就一定要想办法让他们从内心深处对这一行为负起责任。”罚抄作业，对一些态度不端、贪玩调皮的学生来说，可能暂时会有警告和约束的作用，但是，不能使其从内心产生对自己的学习行为负责的意识，一旦脱离了教师的严格管制，他们会更加放肆。（我们经常会看到班级管理手段越是严厉的班级，在教师不在的情况下，越容易发生出乎意料的事故。）

所以，教师应尽可能地不要对学生实施抄写处罚。教师最需要做的是，为学生建立良好的学习秩序，让他们形成自觉地为自己行为负责的意识。

首先，教师应充分鼓励和赞扬那些好学上进学生的学习习惯、作业风格和办事态度，以积极向上的舆论氛围影响和促进全体学生的进步。

其次，教师应以成员之一的身份参与讨论和制定全班的“作业管理法”，充分讨论和协商，以契约方式约定师生的作业行为，以责任和制度规范和制约学生的作业问题，提倡和惩罚相结合。以此过程，让每个学生明确自觉完成作业的必要性和重要性，树立责任意识。这样，用制度来约束人，出现作业问题后也有“法”可依，而不是让学生以为处罚是来自教师的个人意志。

当然，世上没有一剂可治百病的灵丹妙药，所以，对具体的问题还要具体对待，要进行多方面的考察。

作业本属于谁?

统一的作业本，封面、格子、线条都是一样的，在作业本发到学生手中，要求他们写上名字的时候，学生就会感觉到：作业本绝不是个人的，不完全属于自己，还同时属于老师，不是可以随便处置的东西。

在作业本上，字写得好坏、是否工整、每次完成作业的情况、钩和叉的多少，都呈现得一清二楚，会立刻被老师、父母还有同学看出来，如果不是很好，多少会让人有些难为情。所以，当学生在面对作业本时，会有一种无形的力量在督促他们。

也就是说，统一的作业本，和统一的课桌椅、统一的队列，构成了一种秩序，告诉学生他们是生活在“社会”中的人，自由必须建立在对秩序的遵守上。

但也正因为如此，学生会将渴望自由的冲动，以抱怨作业多或是不整洁地保管作业本等方式表现出来。学生对学习的抵触，往往是从这里开始的。

所以，作为教师，我们必须让学生认同一个事实：作业本是他们自己的，他们才是作业本的真正主人。

新学期，新本子，对于学生来说也是一个新开始的见证，这是一个很好的培养学习习惯和端正学习态度的时间节点。以新作业本为道具，加强学科学习的认同感和责任感，重新开始演绎新的学习生活。

（1）将封面和扉页留给学生。作业本发下去以后，我会让学生在封面（如图 4–1、图 4–2 所示）和第一页（如图 4–3、图 4–4、图 4–5 所示）写上鼓励自己用功学习的名言名句，写自己的话也可以。还可以配上插图，或是贴画。这样，学生对这本作业本就会真正有了主人的身份意识，有一个良好的作业态度及一份良好的期待。

图 4–1

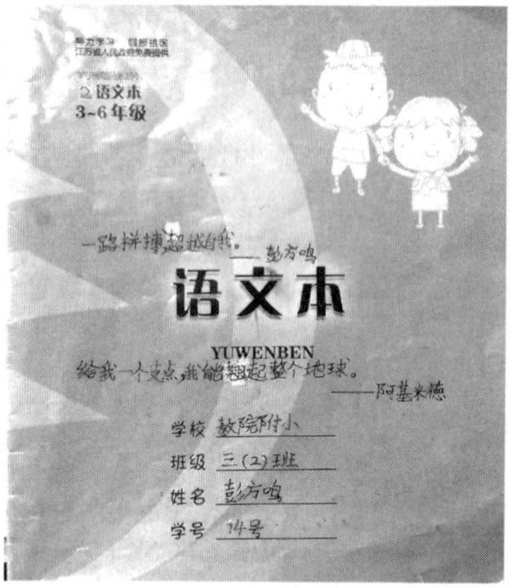

图 4-2

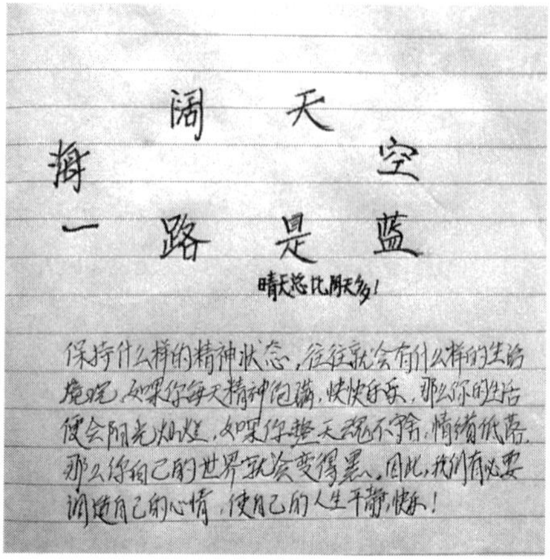

图 4-3

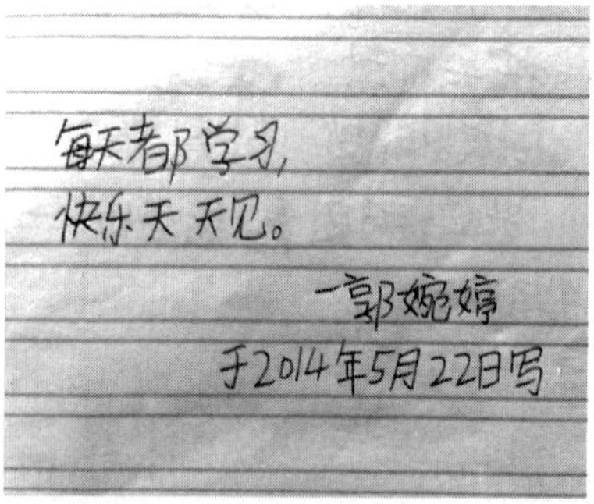

图 4-4

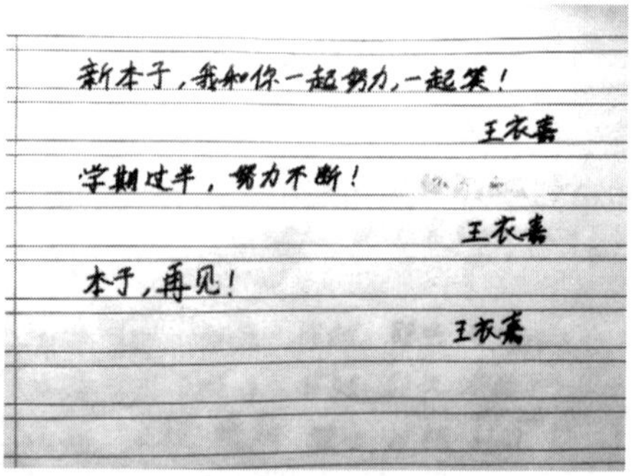

图 4-5

（2）学生到了小学高年级开始用横线格的作业本。这时，我就会建议学生自己到商店买软面抄写本，那样的本子比普通作业本要耐用一些。因为是学生自己买的，所以他们会更加爱惜。

为了查收、摆放的方便以及作业本的整齐，我给学生规定了作业本的统一尺寸。同时，拿自己买的本子给他们作参考，告诉他们，不要买那些封面和内页比较花哨的，会干扰注意力；建议买那些看上去比较素雅的。

（3）把作业的空白处留给学生。作业的页面上会有很多空白。我会建议学生做些点缀，画个小图标，贴上小贴画，让作业本显得生动活泼。

这些可是“宠络”学生的一个好办法。不信的话，你也可以试一试。

作业本里的“小别离”

很快，作业本就用完了，要准备换新作业本了。那么，旧作业本，怎么办？是把它往书橱里一丢，还是……？来，看看这位同学做了什么（如图 4-6 所示）。

旧本子，你陪我度过了无数个日夜，你见证了我的成长和进步，这上面的每一个印记、图画，甚至一个个微小的符号，都是你独一无二的东西。你知道吗？我是多么地舍不得你，舍不得让你离开我。但是我知道，我终究还是无法让你留下来。如果说老师是辛勤的园丁，浇灌了我们这些花朵，那么，你就是勤劳的蜜蜂，无私地为我们传播花粉；如果说老师是明亮的灯塔，为我们照亮了大海，那你就是小小的浮标，为我们这些小小的渔船指引回家的方向……

旧本子，再见。

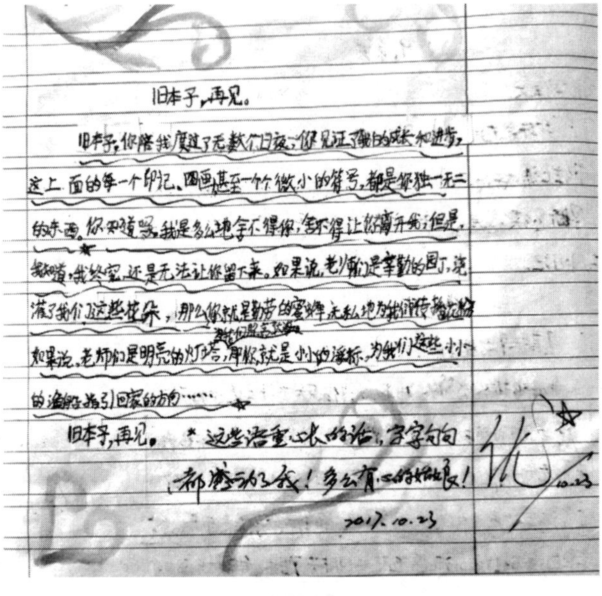
旧本子，再见。

旧本子，你陪我度过了无数个日夜，你见证了我的成长和进步，这上面的每一个印记、图画甚至一个个微小的符号，都是你独一无二的东西。你知道吗？我是多么地舍不得你，舍不得让你离开我，但是，我知道，我终究还是无法让你留下来。如果说，老师们是辛勤的园丁，浇灌了我们这些花朵，那么你就是勤劳的蜜蜂，无私地为我们传播花粉。如果说，老师们是明亮的灯塔，那你就是小小的浮标，为我们这些小小的渔船指引回家的方向……

旧本子，再见。

这些语重心长的话，字字句句都感动了我！多么有心的好孩子！

2017.10.23

10.23

图 4-6

看到作业本最后一页上的这些语重心长的话，字字句句都感动了我，多么有心的小姑娘！

这就是我们班的一个作业仪式：写给旧本子的话。学生在作业本用完的时候，会给旧作业本写一段话，表达一份回顾、感念和告别（如图 4-7 所示）。

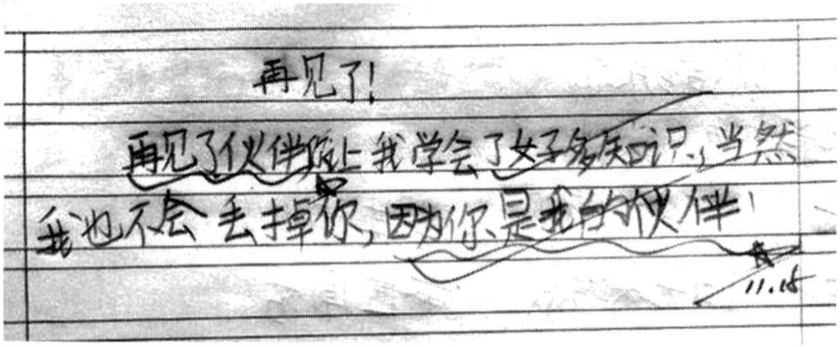

图 4-7

这是图画微信版的告别（如图 4-8 所示）：

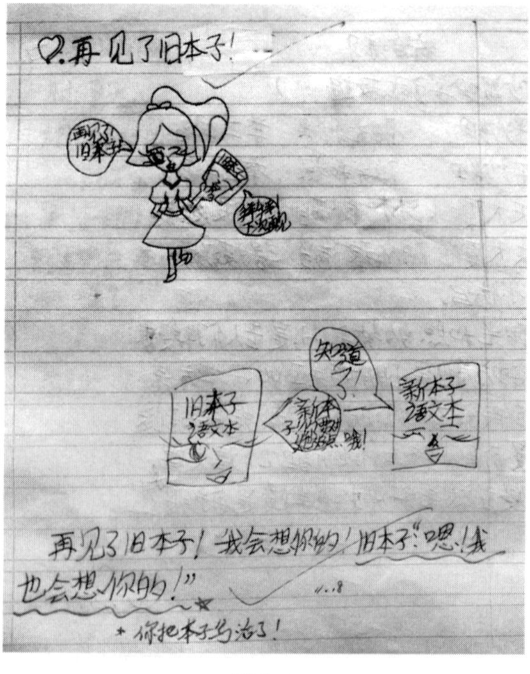

图 4-8

还会有写成一篇长随笔的（如图 4-9 所示）：

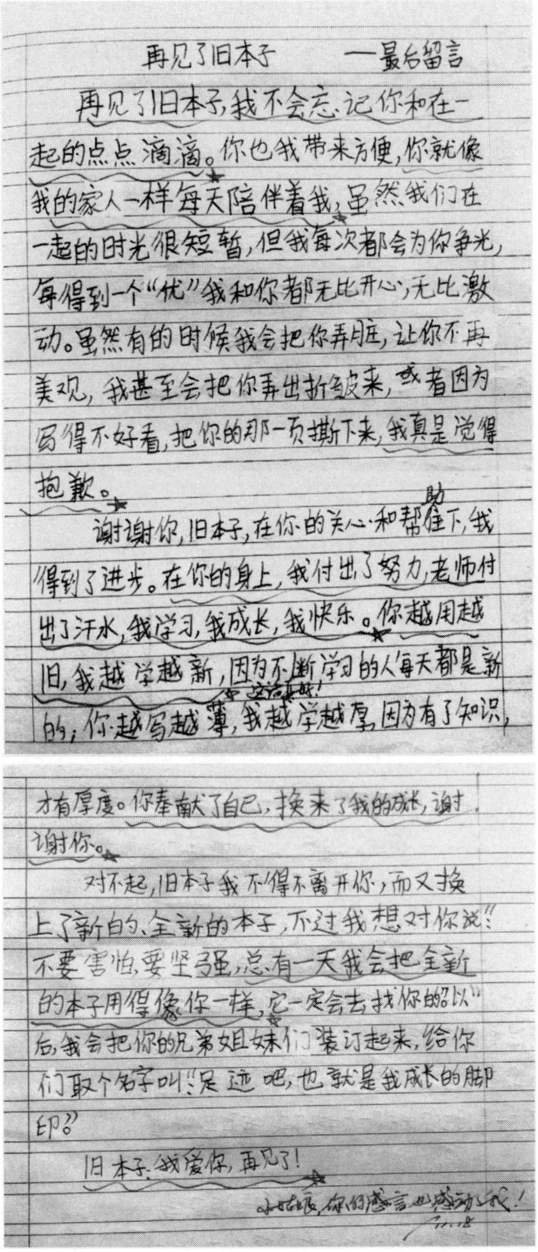
再见了旧本子 ——最后留言

再见了旧本子，我不会忘记你和在一起的点点滴滴。你也我带来方便，你就像我的家人一样每天陪伴着我，虽然我们在一起的时光很短暂，但我每次都会为你争光，每得到一个“优”我和你都无比开心，无比激动。虽然有的时候我会把你弄脏，让你不再美观，我甚至会把你弄出折皱来，或者因为写得不好看，把你的那一页撕下来，我真是觉得抱歉。

谢谢你，旧本子，在你的关心和帮助下，我得到了进步。在你的身上，我付出了努力，老师付出了汗水，我学习，我成长，我快乐。你越用越旧，我越学越新，因为不断学习的人每天都是新的；你越写越薄，我越学越厚，因为有了知识，才有厚度。你奉献了自己，换来了我的成长，谢谢你。

对不起，旧本子我不得不离开你，而又换上了新的、全新的本子，不过我想对你说！不要害怕，要坚强，总有一天我会把全新的本子用得像你一样，它一定会去找你的。以后，我会把你的兄弟姐妹们装订起来，给你们取个名字叫“足迹”吧，也就是我成长的脚印？

旧本子，我爱你，再见了！

小姑娘，你的感言也感动了我！
11.18

图 4-9

有时候，我们会抱怨今天的孩子不懂感情，也不懂感恩。依我看，也许他们只是不知道用什么方式来表达，或是不知道该表达什么吧。我其实是个对感情很粗心的人，所以，这些孩子天真而细腻的话语，也真的感动了我，教育了我。

相信你也看出来了，这样的“小别离”，本质是一种语文的片段写作练习，但也算是日常作业本管理的一个新形式，增加了学生对作业本的认同感。当然，往大处说，这也可以理解为是一种仪式，是对友情的启蒙和培养。

不随便扔掉旧本子，而是把它当作陪伴和帮助过自己成长的伙伴、师友，表达出小小的离情别意，是不是很有意思？

还有热心的同学延展了这个创新，为新作业本写了见面语（如图 4–10 所示）：

图 4–10

作业本里还有我们师生间这样小小的分别，我们会互相关照（如图 4–11 所示）：

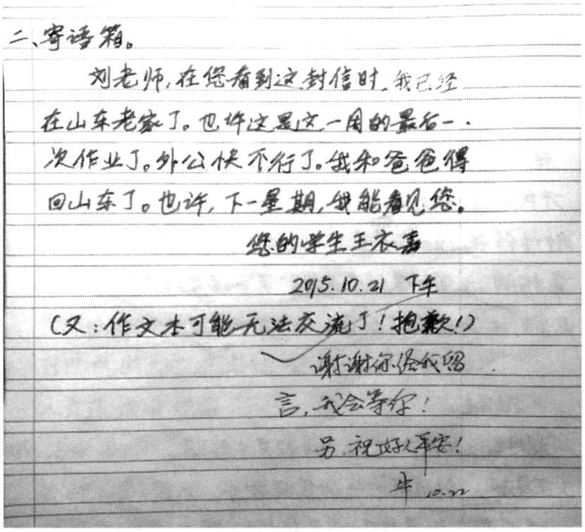
二、寄语箱。
刘老师，在您看到这封信时，我已经
在山东老家了。也许这是这一周的最后一
次作业了。外公快不行了。我和爸爸得
回山东了。也许，下一星期，我能看见您。
您的学生王衣嘉
2015.10.21 下午
（又：作文本可能无法交流了！抱歉！）
谢谢你给我留言，我会等你！
另，祝好、平安！
牛 10.22

图 4-11

有人说，“离别，是为了更好的重逢”。慢慢地，我们都以平常的心去面对周遭的来来往往，珍惜周围的彼此，坦然地生活。

孩子在这样的练习和氛围中，学会了记挂，学会了彼此的交待和信赖。作业本中的小别离，学习面对和接纳别离，学习悦纳过往，学习感恩际遇，体验期待未来。

这样的小别离，来试试吧！

指导学生订正作业

教师非常重视给学生布置作业和批改作业，对于学生作业订正的指导却不够重视。真正要达到作业的目的，学会指导学生正确订正作业很关键。

基本理念

（1）把作业订正作为学生建构新旧知识、磨合师生态度的好时机。教师要指导学生纠正错误、明白做错的原因，同时学会面对错误，以积极的态度探索对策。

（2）通过教师面批、教师留言指点、安排其他学生指点帮助等形式让学生作业订正的过程得到有效指导，特别是教师应当重视同伴互助的重要作用，为学生多提供互相帮助的机会。

一则范例

有一道这样的填空题：

下面语句动用了哪些人体部位的比喻义，请补充。（6分）

例：北京是祖国的（心脏）。

（1）孩子是妈妈的（　），妈妈倍加呵护。

（2）经过调查，这件事终于有了（　）。

（3）他俩互相关心，互相帮助，亲如（　）。

（4）她是咱班的文艺（　）。

（5）李某为张某办事，忠心耿耿，成了张某的（　）。

（6）这几天，我（　）不宽裕，下次再请你吃海鲜吧。

这道题的编写还是比较有创意的，将简单的词语填空与生活常识性内容有机地结合起来。单从题目要求上看就很有趣，学生做这道题应该是有些新鲜感的。从我们老师的角度来看，答案很简单，分别填上“心肝”“眉目”“手足”等即可。但对小学四年级的学生而言，前三题还比较容易，后两题就让学生犯难了，要费一番脑筋才能想到答案。因为四年级学生对于句子的积累还不是很丰富，即便是联系上下文，也不容易在脑海中找到对应的词句。好在有例题的启发，学生可以看着题目，再把自己从头到脚各个部位猜一遍，用排除法搭配比较一番，觉得适合的就填写下来。

学生的答案各式各样，只有少数学生做得比较理想。我是怎样指导学生来订正这道题的呢？下面就是我的教学过程。

第一步：不出示总的题目要求，直接出示小题。

（1）孩子是妈妈的（　　　），妈妈倍加呵护。

让学生快速读题，“开火车”填空，教师板书记下主要答案。学生分别回答：心肝宝贝、心肝、贴身小棉袄、小天使、生命、心头肉等。

第二步：出示另一道题。

（2）经过调查，这件事终于有了（　　　　）。

让学生默读小题，同样快速“开火车”填空。学生的回答如下：结果、答案、结局、眉目、进展、线索等。

第三步：出示例句以及后面的 4 个小题，让学生观察和比较，思考最恰当的答案。同时提示学生思考出题人希望我们填写什么样的答案，以此引导学生发现各题答案中都有具有相同属性的词语——“心肝”“眉目”“手足”等，它们都是人体部位的名称。

第四步：出示原题要求，让学生对照自己的答案。

引导学生思考：在这些句子中，所填的词语在这里都是用的比喻手法，而且，除了有一题用到了“如”以外，其他都没有使用“像”“好像”等表示比喻的词语，那么，句子中的哪个词语充当了“像”“好像”的角色呢？学生通过比较发现，“是”和“成了”这些词语在这些句子中“悄悄地”扮演了“像”和“好像”的角色，形成比喻句（这实际上是学生将来才会学到的一个修辞概念——暗喻，暂不提及），使句子更加生动、易懂。学生若有所悟，欣然点头。

第五步：小结并启发学生：很多题目会有好几种答案，有的答案还很有创意，很生动。但是，一定要仔细审题，有例题的，更要认真分析，努力寻找最适合题目要求的答案。

分析与思考

教师平常一般是直接将批改好的作业发给学生，然后统一说一下答案，难一点的如上例中的（4）、（5）两小题，教师会做一些讲解，归纳一下关于联系上下文答题的技巧，最后让学生统一订正。这种方法简洁明快，容易操作，整个过程不超过 10 分钟。而我使用的指导方法，至少需要 20 分钟。

前者省时省力，后者似乎颇费工夫。但是，后者多用的 10 分钟同时还做了前者不能完成的事情——让这道题的订正过程有了更丰富的内涵。

（1）促使学生进行发散性思维。确保原题答案的正确性固然重要，但教师不应止步于此。可以把正确答案看成是个引子，引导学生思考：每道题是不是还有其他更好的答案？换一种题目要求，又会有怎样的思路和答案？

（2）教会学生观察和比较。教师应该指导学生在订正题目时回顾一下，看看题目的思路和答案有什么规律；做错了，是在哪些关键点上出了问题。做完系列题目（如完成一套试卷）后，更应该学会回顾和小结，这样，才能够锻炼“举一反三”的能力。

（3）积极挖掘题目本身的内在资源。对于这道题，教师可以利用的“点”很多——词语的辨析、具体语境的感受、修辞语法的运用等。我在给学生做指导时，还着力引导学生去体会所填词语的修辞用法及其变化，效果很好。

（4）自觉渗透应试技巧。考试是师生重要的教与学的活动之一，应试能力也是必需训练的。诸如观察分析题目，比较研究答题思路，论证答案的合理性，探索解题的创见性，认识答案的唯一性与多元性的现象和矛盾，学会如何协调这一矛盾等，都是教师应该教会学生的应试技巧。教师对具体试题的训练和指导不应该只停留在核对答案、追究订正上。

（5）营造自由的探讨氛围。课堂上，师生一起思考和比较不同的答案，充分讨论答案的合理性。这时，没有求全责备，只为弄明白道理和方法，不至于下次再出错。师生激烈争论，真理愈辩愈明。

策略与建议

做题、完成作业，很大程度上被教师拿来用于应试训练，很多教师会用一套又一套的练习套牢学生，但是，如果这些练习仅仅是以数量和频率来占有和抢夺学生的智慧和精力的话，那么对学生来说，他们仅仅是在做苦力。做题，讲的不仅是拼劲儿，更讲究策略和技巧，尤其在订正、反馈这个关键环节。只有思路、策略和方法、手段都正确，下苦工夫才会有效，否则，就会越练习越机械，越强化越糊涂，越反复越弄僵了思维。

（1）再普通的习题都有针对性的指导意义。学生完成作业订正的过程，不是一道题目训练的终结，而应该是知识、技能巩固和升华的又一个关节点。

（2）教师指导习题的目标不单纯是辨析对错，而是要教学生学会充分审题、分析问题以及归纳总结等解题的方法和策略。譬如完成上例填空题的技巧之一“联系上下文”，就要结合具体题目来让学生感受，让技巧落在实处，让技巧有灵活性。

（3）教师要赋予每次练习和每个小题更典型的练习意义。除了一般性的核对和讲解答案之外，教师还应该充分挖掘这些题目中的语言训练要素，联系或整合相关训练，使之成为融通前后知识技能的催化剂，或以点带面，或举一反三。

（4）这样的训练过程应当是在好奇、有趣和比较、领悟中进行的，是能充分调动学生的兴趣和注意力的，是卓有成效的。

（5）这种训练可以让学生少做题目，但同时保障学生做练习题的质量，学生反映在试卷练习上的厌学情绪会被积极思考和积极实践所取代，学习起来更有劲头，学得快，也记得牢。教师也可以腾出较多的精力进行研究和尝试，更为轻松有效地实施教学，教得快，也教得好。

（6）教师在设计练习题和布置作业时，还应根据自己的教学需要，有针对性或创造性地编制题目。对待教学参考书、教辅试题集、练习册以及网上下载的参考试卷等上面的一些好题目，也要精心遴选或改编，让其发挥更大的学习指导作用。

比如，我在选用上面范例中的题目时，就对其做了简单的调整：

仿照例句，在下面句子中的括号里填写恰当的词语。（5%）

例：北京是祖国的（心脏）。

（1）孩子是妈妈的（　　），妈妈倍加呵护。

（2）他俩互相关心，互相帮助，亲如（　　）。

（3）经过调查，这件事终于有了（　　）。

（4）她是咱班的文艺（　　）。

（5）这几天，我（　　）不宽裕，下次再请你吃海鲜吧。

把原题中的（2）和（3）两题对调，因为学生在前面的课文中已经学过

"手足情深"，因此原题中的第（3）题难度要比第（2）题低一些。这样，整个顺序就做到了由易到难。去掉了原题中的第（5）题，是因为这道题显然不适合小学四年级的学生。做过这些处理后，对学生而言，降低了题目的难度，乍看上去可填写的词语有很多，不会很麻烦；但又抬高了坡度，如果学生不能就例题中"心脏"的比喻意义展开思考，就相对拉开了学生之间的距离——学生可能会有许多新颖的答案，但只有善于观察和比较的学生，才会答出比较接近出题者初衷的答案（人体各部位的名称）。这同时对批改此题的教师也是个考验，看教师是否也能领会并把握这点用意。

综上所述，教师在指导学生订正作业时，一定要多动脑筋，这样，就可以有更多"文章"可做，特别是能积极调动学生做作业的热情，把有效教学、提升教学质量的口号进一步落到实处。

怎样教孩子订正错别字？

同事的儿子读一年级，聪明活泼，但是在一次考试后被老师狠狠地批评了："这一小题，全班就你一个人写错了！"

是哪一题呢？题目要求在括号里填上合适的词语，出错的是这一小题：

一（　　）歌

孩子填的是"手"，其他孩子填的是"支"。显然，参考答案是课本中出现的"一支歌"，所以他的试卷上有了个大大的红叉。

同事说儿子很委屈，难道填"首"算错吗？"首"字又没有学过，孩子只是写了别字，至少应该给一半分吧！

我开玩笑说："这是试卷呀，那怎么行！"

同事只好苦笑："这叫孩子怎么订正啊？按老师要求写 10 遍、20 遍？"

我说："你也有办法。"

你可以问孩子：你当时为什么填了"shǒu"呢？儿子可能会说是听过或

看过“一 shǒu 歌”这个词语。

你再问：你一定会写“支”，那你为什么选择写“shǒu”呢？儿子可能会说“电视里的主持人都是这么说的”或是“读起来好听啊”。

你就问：他们讲的“shǒu”是“一把就能把歌曲抓过来”的意思吗？你写的“shǒu”会不会是另外一个字呢？好好想想，你以前看过这个“shǒu”字吗？

然后，你可以和儿子一起想（假装地），并从身边的报纸、电脑屏幕上或是手机屏幕上找到有“一首歌”的句子，两人一起求证一下那个“shǒu”字的正确写法。

再让儿子查一下字典，比较两个“shǒu”字的意义和字形，再分别写写带有它们的词语。

最后问问儿子：你现在知道老师为什么判你错了吧？你用了一个与众不同的好词，可是你的聪明被一个不清楚的记忆给绊了一跤！心疼吧？

同事说：“啊？这么烦啊？”

我说：“你也是资深语文老师，你都嫌烦，那就不能怪你儿子的老师没意识到这个出错背后的教学价值了。咱们老师失去了一次多好的提携天才的机会啊！这种机会是可遇而不可求的。”

“订正”的“订”是小事，“正”才是大事。跌倒只是一秒钟，爬起来是要时间的，还敢往前跑，就更需要热情和信心了。如果不让孩子从委屈中爬起来，让他认为对错全是老师的偏判，从此因为不喜欢老师的脾气而放弃了对语文的喜爱，那就太遗憾了。

让仿写传达出文字的精神面貌

仿写是提升学生作文能力的一种好方法，被教师广泛地运用在日常的教学中。但是，仿写练习不应是简单的依葫芦画瓢，而是要模仿出文字的精神面貌。

一则案例

先从一次学生的作业求助说起。一位老师要求学生仿照课文《秋天》（苏教版《语文》四年级上册第 4 课，一首儿童诗）写一首《走进秋天》的诗。

我们先看一下课文中的两段：

秋风在田野里打滚，
秋风在小路上奔跑；
秋风抓一把桂子的香气，
把夏天的脚印儿
轻轻涂掉……

稻穗儿熟，蝉声儿消，
成熟的向日葵在低头弯腰；
野菊花香了田间羊肠小路，
牛儿羊儿都长了肥膘。

再来看看老师给学生的写作提纲：

走进秋天

（1）总起：①比喻，排比，引用原文开头诗句。

（2）分写：②果园：苹果、葡萄、鸭梨……

③田野：玉米、高粱、稻穗……

④花园：菊花、桂花……

⑤（自己写，如树林、天空……）

（3）总结：（首尾呼应）

（注：分写内容采用比喻、拟人的手法，重点刻画颜色、样子）

不难看出，教师对这次仿写还是有过思考的。一般来说，让学生仿写某个句、段是比较容易的，仿写整篇，难度就会相当大，何况对于四年级的学生。所以，教师已经仿照课文结构，为学生想好了写作提纲，并为学生做了景物提示。

其中，一个学生的作业写成了这个样子：

（1）秋乘着风儿，慢悠悠地飘进了花园。

（2）秋一路小跑，急吼吼地闯进了果园。

（3）秋轻快地踱着小步，喜滋滋地逛到了田野。

教师批改时认为学生这样写不对：只仿写了诗句第二段的前三句，而没有仿写整首诗，对于提纲规定的三个场景也没有写。教师表扬了写超过三页纸的学生，说他们的作文水平高一些，然后要求这个学生拿回去重新仿写，必须也写上三页纸。

这个学生犯难了，怎么才能写这么长的诗呢？教师规定写的果园和田野自己没去过，特别是高粱长什么样完全不知道，怎么写啊……

后来，家长提议让孩子写家乡的农作物，孩子不肯，说要写老师规定的（高粱、桂花等）。没办法，家长只好在朋友圈里向做老师的朋友请教，几番曲折就转到了我这边。她说："朋友请我帮助辅导，我吓得没敢答应。"

了解了前因后果后，我回了朋友一句："估计请郭沫若来也会郁闷死的！"

首先，对于四年级的孩子来说，诗歌还是很难学习和模仿的文体，模仿其中的某句、某段还可以，仿写全篇是极不合适的。其次，孩子已经看懂原文语句，知道拟人写法了，所以，他的笔下秋会"慢悠悠""急吼吼""喜滋滋"，挺调皮可爱的。他仅仅模仿了"秋风"，对"苹果、葡萄和鸭梨"却无视，有可能是因为不了解诗句列举具体景物、描绘意境的特点，更何况现在大多数孩子很少主动观察生活，对季节特点的积累就更少了。巧妇难为无米之炊，孩子脑海里没有诗人那样丰富的秋天的形象，怎么能写出来呢？

我回复："真不好。老师的初衷较好，但不懂得诗歌创作原理，就让孩子为难了。这会让孩子硬着头皮瞎编，最后就只能说假话了。"

由于要给朋友以及那个孩子一个交代，我也开了一剂辅导方子：

（1）照抄原诗第一段。然后，第二段开始就用孩子刚刚写的那几句话，按他老师的要求，也就是课文诗句的格式，照样子接着写就行。比如，苹果“涨红了脸”，葡萄“吹出紫色的小气球”，鸭梨“黄澄澄的，挤满枝头”。至于高粱嘛，在之前学习的《北大荒的秋天》中写的是“涨红了脸”，那在这里就写成“举起一支支火把，燃烧着人们的心”。一句话，就是启发孩子从“形状”“色彩”“气味”等去展开联想。课文原诗句出色的特点就是童真活泼的联想，非常有儿童情趣。那么，仿写就是要抓住原文的精神面貌，学习作者的表达方式。

（2）拉长仿写的篇幅。可以启发孩子先把他所知道的秋天的众多事物在一张纸上罗列出来，再引导孩子想象，联想出这些事物所具有的孩子般的特点，仿照课文诗句写成句子。然后按照“果园”“田野”“花园”“天空”等不同地方归类，每一处地方选两三句话，就可以排列出一段一段的诗句来。用这个方法，家长负责启发，孩子负责联想，写出五六个地方，写出四五页也不成问题。

这就是硬编，只是“诗不由心”而已。也罢，完成任务就好！

策略思考

上述仿写练习的前后指导不同，效果自然也就不一样。前者由于教师过于机械地提出仿写格式要求，而没有引导学生联系生活经验，作业就变成了让人生厌的“应付差事”。而后者更加注重启发学生“关注自然”“体味联想”，让他觉得这是一次“文字游戏”，有挑战，也有意思。

由此，我们就来具体谈谈教师布置仿写练习的指导策略吧。

1. 深度解读原文的精神面貌，确定读写结合点

仿写，既是启发学生对优秀诗文作品的积极理解，又是对学生表达能力的积极训练。文质兼美的文章总能激活教师让学生进行读写训练的冲动。那么，我们读到了文字中怎样的表达特质和意趣？发现了什么样的典型的读写结合点？从形式上看，典型的句式，典型的构段方法，典型的描写、说明和说理方法，典型的修辞手法，这些是最容易看出并加以模仿的。从内容上看，常见的记事写景，常见的写人说理，典型的场景，典型的对话，等等，让学生仿写，能够丰富学生观察生活、进行多元表达的经验。再有，可以让学生从情趣的角度观察文字，引导学生体会其中的儿童趣味和生活情调。精确设定仿写内容和训练素材，便可以轻松打开学生的联想和表达欲望，并且更容易仿得像模像样。

例如，仿写《“东方之珠”》（苏教版《语文》三年级上册第 14 课）第二段。

> 浪平沙细、阳光和煦的浅水湾，是旅游、度假的好地方。每逢节假日，人们结伴来到这里，漫步在金色的沙滩上，沐浴着轻柔的海风，倾听着浪涛拍岸的声响，真是舒服极了。

一般情况下，老师们会直接抓住“好地方”，让学生以“总写 + 分写”的方式仿造此段写法描写一处景点。但是，老师们往往没有注意到，这段中的具体描写即“印象 + 动作 + 感觉‘舒服极了’”的写法才是真正的构段方法，是真正可以调动孩子过往生活经验的语言密码。

2. 积极比照儿童的生活经验，发现读写生长点

古人说：“少年不识愁滋味，为赋新词强说愁。”作文的基础应当是儿童丰富而深刻的生活体验。仿写也必须建立在这样的基础之上。很多作者是成人，教师也是成人，所以我们在阅读中发现的语言现象，未必是年少的孩子所能体会的。教师平时应当充分了解儿童，考虑学生的学力如何、知识水平如何，这样，教师就能知道练习要求对于学生的难易程度了。了解学生对生活的感触和体验，能力如何？喜欢什么？喜欢玩什么，想些什么？头脑里面都有哪些形象？比照这些要素，才能为学生在教材和生活之间架起桥梁，更好地考虑打开学生的思路，学生才能写出真联想、真感受、真想法、真想象，写出自己活泼生动的语言。

例如，有一位老师在教《爱如茉莉》（苏教版《语文》五年级下册第 17 课）一课时，在课堂小结时设计了这样一道延伸练习：

> 生活中也有和茉莉不一样的爱，你觉得爱像什么？
>
> 爱如________________________，________________________。
>
> （请用比喻的手法，在前面横线上写上这个事物的名称，在后面横线上写上这种事物的特点）

学生的答案丰富多彩：爱如一盏灯，照亮人心；爱如大海，宽广无边；爱如高山，令人景仰，给人力量……

专家评点说："老师依据课文，引导学生结合自己的生活经验展开想象的翅膀，致使学生融合从课外阅读中获得的知识，让学生对爱有更深的理解。这样的训练，不光巩固了所学知识，还从'一'到'三'，发展了学生的求异思维能力和创造性思维能力。"（于永正，2007）

但是，再细细推敲学生的回答：爱，对于孩子们来说还完全没有那么深刻的感受，他们所能看到、想到的，应该是最为具体的生活情景，是他们爸爸妈妈相濡以沫的生活细节。课堂上的这些答案还仅仅是读来、抄来的词句，并不是来源于学生实际的生活体验，他们这是在做词句拼图的游戏。我想，教会孩子们体察生活是多么重要，我们不能止步于概念，还要看到概念背后的具体情境。

所以，同样的这个教学点，我布置的作业是：这几天，留心观察你的爸爸妈妈互相"爱着"的一举一动，记得你是怎么发现的，都有哪些体会，随时用小日记记录下来。孩子们几天后交来的文字，丰富多彩，更是爱在字里行间。有的还写到了爸爸妈妈的"冷战"，写到了自己因为此事的难过。老师这时候给予更多的关心和宽慰，就不仅是作文的指导，也是生活的导师。

3. 灵活点拨模仿的方式方法，指导读写关键点

指导或是批改仿写作业时，讲究语言形式的相似，更要追求内容趣味的贴切。要把握的是学生写出来的是不是传达出了原文表现方法的精神面貌，而不是纠结于固定的样式、字数和篇幅。可以给学生多看范例，多看同学仿写成功的例子。对于没有达到仿写要求的，还需要进行个别化的指导，协助学生进行纠正。

有一位老师教《黄果树瀑布》（苏教版《语文》五年级上册第17课）。课文中很多描写水声的语句，如"就像是微风拂过树梢""瀑布从岩壁上直泻下来，如雷声轰鸣，山回谷应"，这些充满想象力的语句，终究会冲击我们做老师的神经，在课堂上，我们一定会以此安排学生读读写写。果然，这位老师在课堂尾声时给学生做了一个仿写的写话训练：

那哗哗的水声，好像（ ）。

意料之外，学生并没有积极回应，老师赶紧启发，但依然没有什么效果。

“好像许多拖拉机在合奏”，一个孩子最后说。这一下搞得师生和在场听课的老师都很尴尬。

为什么会这样？其实是老师出题的方向偏了。感觉和想象，无不来源于真切的生活体验。老师出的那道题，必须基于学生拥有和作者一样的游玩经历和情景体验才行，学生一定会说出自己更加特别的想象和联想，才会别有风味。但是，学生恰恰在这点上是缺席的，所以只好面面相觑，或者模仿课文句子生造乱说一气。

其实，这课的文字传达的意趣是“别样的感触”，而不是比喻句式的模仿或声响联想的延展。所以，在师生品读过课文词句之后，不妨聊一聊：“像作者这样特别的体验和感受，你曾经有过吗，那是什么样的？”这样，就会一石激起千层浪，让学生积极回忆曾经的生活情景，不只是声音，还会有画面、色彩、疼痛、遐想、爱恨……大家想想、说说，还一定要写写、读读，一定会是另一番局面。

即便如此，仿写这样的练习还是有一定难度的，多数情况下，教师有必要在课堂上进行即时的指导，当堂发现学生出现的问题并进行点拨，以提高仿写成功率。

4. 适当安排学生间的交流赏析，分享读写成就点

对于仿写的订正和反馈，不仅仅是师生之间的批改和订正，还可以采取多种形式。当堂或是及时安排学生间的交流互评，让学生互相取长补短，借鉴学习，共同提高。正向的评价和鼓励，尤其是来自同伴间的欣赏，往往可以给学生带来丰富的表达体验和成就体验，有利于学生今后更加自觉地进行表达实践。

综上所述，仿写，作为一种写作训练形式，表面上看是一次次对他人作品的模仿，实质是学生表达能力的一次次学习与建构，更是促进学生对生活与自我体察的完善，还可以理解为是文学生活的一种传承。所以，我们需要借助这样的练习契机，积极培养学生广泛阅读和自由写作的意识，让学生在练习中体验灵感激荡、自由创作的快乐。

教学生掌握一些作业技巧

同样做一件事情，有的人做得又快又好，有的人做得拙手笨脚，为什么呢？主要的区别还在于有没有掌握方法和技巧。完成作业并提高作业效率，更需要掌握作业技巧。

简单分析影响作业效率的因素，主要有以下几方面：

（1）学生认知和理解水平的差异。会者不难，所以，教师要有针对性地对个别学生进行辅导和专门训练。

（2）书写速度的快慢。教师需要在平时对学生的书写速度进行专门训练。

（3）学习资源的运用能力。教师要帮助学生提高认识，进行专门学习。

（4）情绪的投入状况。是积极完成还是消极怠工，需要教师运用评价机制进行积极引导。

（5）环境氛围以及身心情况的影响。教师要指导学生学会调适心理。

教师教会学生一些扎实和巧妙完成作业的技巧，有两大好处：一是通过训练，让学生在写作业的过程中，不断地操练，形成稳定的作业技能，提高作业质量；二是学以致用，促进学生在类似的训练中运用这些技能，提高作业效率。

下面就来举几个实例。

题目中的秘密

经常有学生因为不理解或理解错题目要求而出错，特别是在考试的时候，因此失分而感觉很委屈。其实，只要仔细观察，就会发现题目中有很多秘密！

教师在出题时，会充分考虑到学生的学习水平和理解能力，并且会恰当地提示学生以什么样的方式、哪些内容或是在什么范围内进行必要的解题和作答。而这些提示会以明晰的方式呈现给学生。学生在做作业或考试的时候，只要抓住这些提示，便不难从中得到启发。

（1）空格的宽窄。填空题中的空格或横线的宽窄，一般是教师根据答案预留好的距离。特别是那些答案固定的、完全出自教材或源自阅读材料本身的，学生一般可以从题目中空格的宽窄得到提示，回忆或比对出相应的答案。

（2）分值的多少。除非题目的答案是单一的，不然只要涉及两个以上的要点，分数的设定一般是双数。因为出题人也要考虑批改人便于进行分数判定、累加和统计。分值较大的，一般也能看出其中的分值组合，比如 6 分（2×3）或是 5 分（2+3）等。做题的时候，如果学生只想到了一个要点，就得三思了，或是如果学生找到一大堆，那可能就需要整理一下。还有一种情况，单题给了较大的分值，说明教师想重点考查学生这方面的能力，比如阅读练习中的归纳题、问答题等，这就要求学生耐心阅读、深入思考，努力找到解题的突破口。

（3）“联系上下文”。这是被教师用惯的提示语，旨在指引学生认真读原文并从文中寻找答案，考查学生能否从原文中梳理出必要的内容，而不是想当然地从原文以外的地方乱写一气。这个要求原本是为了通过限制思考广度来实现答案的确定性，这时，学生就要明白：“我要把文章好好读一读，找准关键的词句”。

（4）“按课文内容填空”。教师出题，基本上不会离开教材（或所选短文材料）。尽管现在教师很少出那些死板的背诵默写的题目，但要求学生熟练掌握的课文内容及其相关知识，还是经常会被列入练习或考试范围。这类练习已经明确告诉学生答案就是课文的相关内容，所以，做题时就要认真回顾课文，回顾课堂所讲解过的要点。这也提示学生：平时对教材的学习是十分关键的。

题目中还有很多小秘密，教师可以指导学生在平时的学习中积极去发现和积累。虽然这些小窍门很好用，也很巧妙，但不是抱有侥幸的学生所能用好的，因为“熟”才能生“巧”，平时的刻苦学习才是正道。

复述课文有技巧

但凡遇到以精彩的故事作为主题的课文，教材课后的练习一般会要求学生复述。通常，教师会在布置这道题的时候，叮嘱学生：回去把课文再多读几遍，抓住故事的主要经过，注意记住关键的词语。

这样的老师是很聪明的。因为他的悉心叮嘱提示了学生完成这个作业任务的基本方法，让原本很囫囵的任务变得明晰起来。

多看几遍——整体把握故事本身，复述的时候就不会顾首不顾尾。

记住梗概——这叫“纲举目张”，因为所有的故事情节都是附着在故事经过的主要时间线上的。而这也是最容易记住的内容。

记关键词——再动人的情节描写，也都是由几个关键的词语连缀而成的，才使故事变得有血有肉。记住了关键词语，就能很容易地联想起情节来。当然，怎样分辨语句中的关键词，仍然需要教师带领学生进行必要的训练。

不过，这样的叮嘱还仅仅停留在任务分解阶段，还没有深入到技术层面对学生进行指导。也就是说，教师仅仅告诉了学生如何做，但学生还不一定能这样做好，原因在于学生可能缺少必要的能力训练。

所谓的“技术”训练包括以下内容。

定神速读——面对需要复述的故事，不能采取精读的方法（教师一般不会留意学生回家以后究竟是怎么读的，而很多学生回去就只是听话地反复朗读）。经过课上的学习，学生对故事的经过是很熟悉的，基本不需要重新记忆。他们要做的就是尽快记得文章是用怎样的字句来叙述的。教师可以指导学生做几个深呼吸，定下心神，然后快速地看故事，减少目光在每个词句上的停顿时间，尽快让后面的句子进入眼帘，并且，尽量不“回读”。这样，能够逼迫人的大脑加速记忆处理，并迅速建立前后情节的关联。如果经常这样训练，有助于快速记忆大量的句段信息。

这个方法不仅适用于复述作业的练习，也同样适用于一般阅读，可以有效训练学生迅速掌握阅读材料的能力。

15 分钟检测——教师提示学生在向教师复述前可以试着检测一下自己，比如讲给同学听，或是讲给父母听。如果讲得不好，可以再继续训练。根据德国心理学家艾宾浩斯的遗忘曲线，15 分钟以内的“记得”只能算是短时记忆，不能代表学生明天站在你面前还能这么熟练。要求学生 15 分钟以后再复述，既是一次自我检测，又能当成再次巩固，不是一举两得吗？

学生还可以借助录音机或录音笔完成“15 分钟检测”，对着录音机或录音笔讲一遍，然后再播放出来和课文大概对照一下。这样就不必劳烦父母或同学了，更加便捷。

“情景描写四部曲”

很多教师认为，小学生在写作文时遇到的主要问题是不知道写什么，但实际上，多半问题是作文写得不具体。教师往往觉得他们言之无物，或以为他们没什么东西可写，其实是他们写不具体，写不生动，写得难以传神。

这也不能怪学生，教师出的作文题中涉及的生活场面和情景，常常与学生的生活经历有很大的距离。教师在出题时，往往一厢情愿，以为学生应该遇到过，或是以为学生可以观察到，甚至是认为学生应该留意到，于是期待他们能够在字句之中还原那些生活场景。但把一件事的来龙去脉写清楚，把事情中的场面写真实，把人物的言谈举止写生动，这些并不是容易做到的事情，我们很多老师自己在平时就疏于写作，成年人尚且为难，何况那些还没有什么学识功力的孩子呢?

正因为如此，教师在教学生完成作文中的情景描写时，除了需要提供给学生一定数量的范文作为示范外，还要适当地告诉学生一些写作技巧，一些比较固定的套路，首先让他们掌握基本的写作方法，再鼓励其创新。

我曾给我班上的学生总结了“情景描写四部曲”，效果不错，你也可以试试。

想——读懂作文题目，然后结合作文题目中的关键词，充分联想自己经历过的生活场景：写到一件事情时，就想想当时的场景，在什么地方？有哪些人？他们都在干什么？你在干什么？你当时是什么心情？尽量想得多一点。

画——充分回忆（或想象），丰富各个场景镜头的画面：那些人是怎么做的？说了些什么？旁边的人是怎么做的？他们是什么态度？

演——让你所联想到的人物、事情和画面动起来，生动地组织人物的动作、神态和语言，想象他们的种种特征，看到他们的样子，听到他们的声音……

记——在动笔之后，时时注意要尽可能具体地写好描述性的语句，写得生动一些，真切一些。

让神奇的语感来帮你

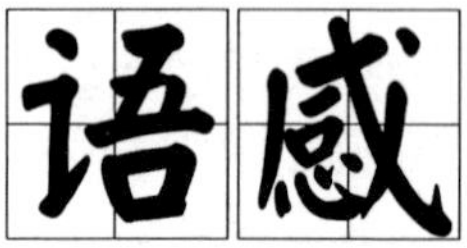

看到第二个字，是不是有点怪怪的感觉？没错，你的形式语感正在帮你发现什么。

什么是“语感”？来看看“百度百科”的解说：

语感，是比较直接、迅速地感悟语言文字的能力，是语文水平的重要组成部分。它是对语言文字分析、理解、体会、吸收全过程的高度浓缩。如果具备了相当高的语感能力水平，在实际应用中就表现为一接触语言文字，即产生正确的、多方位的丰富的直感：在阅读时，不仅能快速、敏锐地抓住语言文字所表达的真实有效的信息，感知语义，体味感情，领会意境，而且能捕捉到言外之意、弦外之音。而语感能力差的，接触语言文字时，在运用惯常的分析理解手段之前，仅能领略其所承载内涵的一鳞半爪，甚或曲解其意，难得言辞之要领。

感觉不知所云，没关系，对此，“百度百科”还有一个简单版的解释：

（1）对遵循或背离某一语言的既定用法（如形式上或习惯用语上）的敏感性。

（2）对语言的有效性或合适性的感觉。

（3）对语言或者意象最直接的印象或感觉。

这段大概看懂了吧。还是云里雾里的？好吧，告诉你，你刚才也完成了一个小小的阅读测试：我们的“语感”有点着急啊。渐渐地，我们已经不习惯看长篇幅的文本，不喜欢看深奥的文字了。我们逐渐适应小屏幕的简、快文字生活，语感正在慢慢地退化。

好了，对于概念，就让学者们去推敲吧，我们来看看语感在作业中的小运用。

比如，音近、形近字词的辨析。我们在练习和测试时经常会遇到读音辨析或词汇选择题型，而且常常处在模棱两可之间。怎样才能快速决定？

这时，我们就需要借助平常培养的语感来进行判断。

例如，小茹同学在读“不甚了了”时有了疑惑，“了了”是读“liǎoliǎo”，还是“lèlè”呢？她说，自己感觉是读“liǎoliǎo”（如图 4-12 所示）。

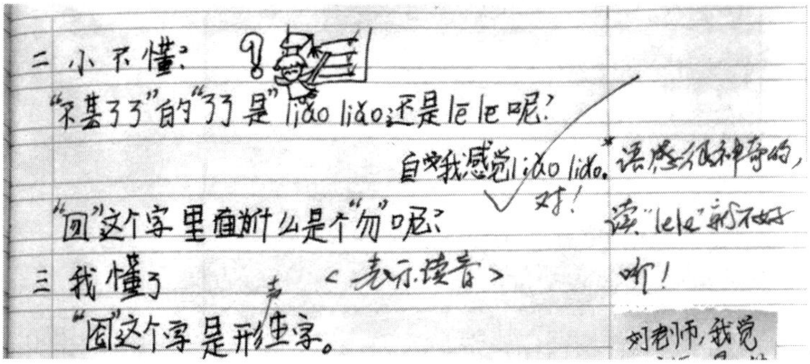

图 4-12

虽然我们可以让她去查一下词典，了解读音和意思，甚至归纳出“了了”都读“liǎoliǎo”这个知识。但是，我还是先告诉她了一个最直接的判断方法：语感识别。

“语感很神奇的，读‘lèlè’就不好听！”

这可以帮她先建立语感体验，再去查词典学习词汇知识，经历一个知识建构的过程。

再如，三年级的一道测验题：

坚强，顽强，填“（　　　）的精神”，选哪个算对？

多数学生产生了混乱，很多老师也莫衷一是。我们翻了词典，再到网上查，讨论半天，终究没有什么确切的答案。于是，很抱怨出题的老师太随意。说实话，我也不赞成对于这类特别近义的词这样出题，它们确实没有什么明显的差异，会把学生绕糊涂的。

那么题目出来了就要做，或者说将来我们说话时总会遇到要选用它们当中的一个，怎么办？

我给一个做题参考吧：试着把两个词语分别填进去，再动动你的嘴巴朗读几遍，比较一下读音就出来了——“顽强”更顺口一些。“坚强”的首字读音“J”和“精神”的首字读音“J”重复，有了冲突感不顺口；而“顽强”的首字读音“W”不会，整个词组读起来很顺口。

你看，做这一题的技巧标准就是语感。试试看，也教给你的学生吧！

生字“黑名单”

期末考试前的字词复习，应该是最让学生头痛的事情，200 ～ 300 个生字，按部首？按读音？按词串？都很烦琐，但又必须全部扫过，一步不到位，学生就会丢分。

通常我们在期末复习的时候会给学生出讲义，满满的两张讲义卷上全是字和词；或是突击给学生听写、默写生词，左一遍右一遍，反复轰炸。老师也很辛苦，要打印讲义，还要批改讲义。学生更是一百二十个不乐意，实在太枯燥了。

为了调动学生学习的积极性，使他们自觉地全身心投入到学习中，而不是被我们牵着走，一副不情不愿的样子，我会指导他们掌握一种字词复习的技巧——生字“黑名单”。

1. 建立生字“黑名单”

我会告诫学生：期末考试很重要，是对你们一个学期以来学习成果的检验，也是证明大家学习是否用心的试金石。所以，你们在复习时要格外认真，好好查缺补漏，绝不能因为自己的懒惰和大意而放走一个拿走我们分数的“坏蛋”。（幸亏没有学生来揭发我，因为我一直启发学生那些生字、新词及很多文学现象都是我们最好的朋友，因为它们，我们的语文才变得那么美妙。考试却在逼着我们去痛恨朋友。亲爱的读者，您在用这个办法的时候，请换一种说法吧。）所以，同学们，我们的复习就从最简单的字词开始，让我来教你们一招！

（1）对照教材后面的生字表，将自己容易读错和写错的字用铅笔画个圈。

（2）从课文中找到该字相应的词语，写在圈圈边上。

（3）将这些标注过的生字和生词工工整整抄写在一张活页上。

（4）在活页上方写上标题，例如“2009 课文生字黑名单”。

（5）将这张属于你的“黑名单”带到班上，早自习时与同学交流一下。

这样，“黑名单”就建好了。你看，这是不是指导学生自己有重点地把字词复习了一遍？通过学生之间的交流，学生在看别人的“黑名单”时，是不是又进一步把字词浏览了一遍？还有，如果你将全部的“黑名单”收上来，是不是就可以筛查出全班大致需要重点复习的字词信息？这样，是不是一下就缩小了包围圈？对于学生和你来说，下一步字词的复习是不是更有针对性了？

2. 熟悉生字“黑名单”

请学生抽空在草稿本上写写这些词语，容易一点的就写两遍，难一些的就写四遍以上。对于学生已经记住的，写一遍即可，但要写得漂亮一点。

3. 标记生字“黑名单”

让学生抽空请同学或父母拿着他们的生字“黑名单”给他们听写。能写出来的，就在上面标一个“△”，表示暂缓监控。没有默写出来的，再抽空抄写。

4. 过滤生字“黑名单”

过两天再给学生听写或是利用课堂复习检查学生的字词掌握情况。牢记的，就标上“√”，或是用斜线画去，放行！一般如此三次，所剩难记难写的大概也就两三个了。这种办法可以让学生充分行动起来，他们在考试中的表现自然也会不错，那时就要感谢这份“生字黑名单”了。

当然，你可能已经看出来了，这种做法其实也并不轻松，而且老师还要督促好后进生，防止他们“偷工减料”。但是，和动不动就拿练习卷进教室、对学生大呼小叫相比，这种方法更能减少学生在考试复习阶段的厌烦情绪，引导学生自觉努力，养成自觉学习的习惯，积极探索有效的学习方法。怎么样，你不妨也来试一下。

争当背诵小冠军

顾名思义，就是通过比赛，看谁的背诵最好。这是临近期末复习时，面对全册书中要背诵的课文和段落进行复习的一个好方法。

期末复习很紧张，学生要做很多的复习卷，而背诵又要占用很多时间。为什么还要求学生采取竞赛的方式进行背诵复习呢？这不是加重了学生的负担吗？

背诵课文的确是一件体力活，耗时耗力，大多数学生不喜欢背诵课文。虽然有许多巧妙的记忆方法可以让学生尝试，但是一般学生还是喜欢以摇头晃脑、和尚念经的方式背诵课文，因为这样很直接，学生能够感觉到自己投入精力了。

另外，由于无法通过考卷检测学生的背诵情况，就只能检测学生的默写情况，所以，到了期末考试前复习课文背诵，教师很少会让学生到面前来逐一背诵，而是会让学生把要背诵的课文或段落逐一默写、逐一“过关”。记忆力较好的学生日子会好过一些，那些记忆力差、平时又比较懒惰的学生就难熬了。到了期末，仅检查背诵和默写这件事，就可以把师生一个学期以来积累的和谐气氛破坏殆尽。可是，为了应付考试，师生都没有选择的余地。

怎样让学生既充分用好时间又能自觉地花工夫背诵呢？如何提高学生背诵的质量呢？

提前开始和分解过关就是必然的选择。还有一点，就是要差别对待，充分发挥学生的积极性，提高复习效率。

首先，需要让学生自己明确复习任务，制订相应的任务计划。让学生自己翻阅课本，将需要背诵的课文和内容标记出来，然后整理出列表，再给自己制订一个大概的任务完成时间规划。

你看，我班上的一个女孩子（四年级）很勤巧，她自己制作了一张课文背诵目录（如图 4-13 所示）。

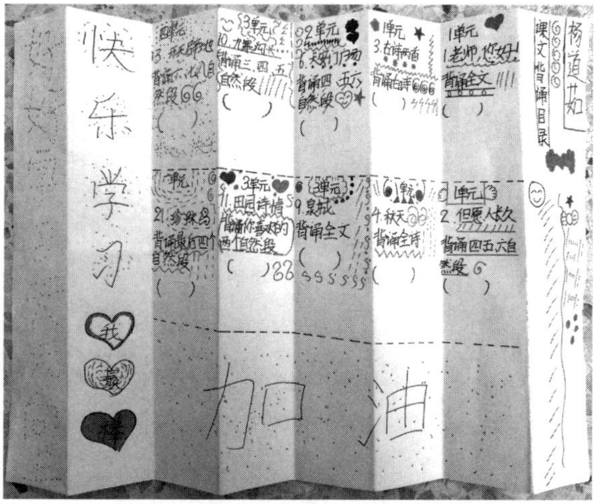

图 4-13

根据这份目录，如果再加一个时间安排表，她就可以自主地开始背诵复习了。

其次，根据孩子们喜欢比一比的积极性，可以开展一些有意思的背诵小竞赛。很多益智类或角色扮演类游戏中使用的“积分”“进度”“力量值”等概念，不就是不断鼓动玩家“屡败屡战”“奋勇向前”的法宝吗？如果我们让枯燥的背诵变身为挑战赛，不也是一件很有意思的事情吗？发动学生进行同伴比赛、同伴监督和同伴互助，让他们进行自主过关努力，也是非常实用的办法。

这要求教师先将所有需要背诵以及默写的内容梳理出来，列成表格，然后给每项内容赋予一定的积分分值，让孩子们据此开展背诵比赛。还可以采取成立团队组合的方式，进行积分榜排名。还有，也可以让背得顺畅的学生帮助背得困难的学生，每帮助一次增加一定的积分。学生的积极性会很高，参与的热情高涨，很大程度上提高了背诵复习的效益。

（1）公布竞赛日程（一般为半个月）、任务内容和积分标准。发放竞赛积分表（如图 4-14 所示）。

（2）学生对照积分表找到背诵篇目，自己进行准备，并自由组合，成立参赛团队，给团队命名。

（3）学生选择最容易的开始背诵，请评委（家长、课代表、组长、同学或老师均可）检查、签字，获得积分。

（4）每天在学习小组（参赛团队）内汇总积分，公布小组积分排名和最佳背诵者排名（前三名）。

（5）考前最后几天公布全班各学习小组总积分，评选优胜小组、优胜选手，进行颁奖。

在这个过程中，学生不但没有负担，还有很多的乐趣。

首先是速度。学生在竞赛积分表刚发下去以后，就开始了比赛。有的学生一下课就满教室找评委，不一会儿就能背完好几篇。学生还会将零碎的时间都自觉利用起来。在这样争先恐后的气氛中，大家互相影响，背诵的进展很快。

其次是自由。背诵的篇目和背诵的时间是由学生自己选定的，评委是由学生自己聘请的，学生不需要被教师叫到面前背诵，消除了紧张感。小小的竞赛活动，还增进了同学、伙伴之间的友谊，使得他们互相督促，共同提高。家长通过这件事看到孩子自觉复习，心里也踏实。教师看到学生主动复习的忙碌样子，当然也开心。

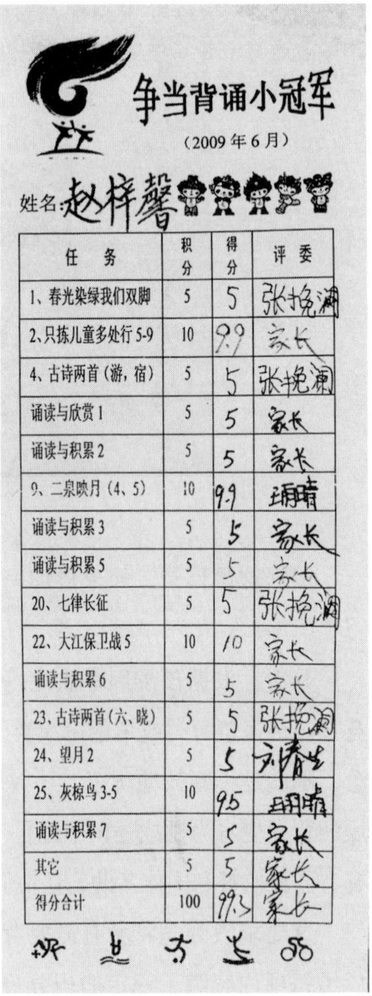
争当背诵小冠军

（2009年6月）

姓名：赵梓馨

任务	积分	得分	评委
1、春光染绿我们双脚	5	5	张挽澜
2、只拣儿童多处行 5-9	10	9.9	家长
4、古诗两首（游，宿）	5	5	张挽澜
诵读与欣赏 1	5	5	家长
诵读与积累 2	5	5	家长
9、二泉映月（4、5）	10	9.9	瑚晴
诵读与积累 3	5	5	家长
诵读与积累 5	5	5	家长
20、七律长征	5	5	张挽澜
22、大江保卫战 5	10	10	家长
诵读与积累 6	5	5	家长
23、古诗两首（六、晓）	5	5	张挽澜
24、望月 2	5	5	刘春生
25、灰椋鸟 3-5	10	9.5	瑚晴
诵读与积累 7	5	5	家长
其它	5	5	家长
得分合计	100	99.3	家长

图 4-14

最后是质量。由于学生的背诵是在考前限定的时间内自觉完成的，而且是一场由竞赛调动起来的全员参与的复习强化活动，所以，个人和整体的背诵效果都很好。从穿插进行的默写练习所反映出来的情况看，背诵质量比较高。学生能够看到自己投入精力后的进步，对复习也更加有信心了。

这种做法其实也属于作业激励机制的一种，其他激励方法还包括“优分积分制”等。小竞赛、积分制虽然是一种半功利性质的激励机制，但只要用得恰当，在一定程度上，可以调动学生完成作业的积极性，对于不同年龄段的学生都比较适合。同类的激励方法还有贴星星、画笑脸、比赛攀高峰等。优分积分一般要伴随着一些兑奖环节，比如奖励图书、小礼品、书签、练习本、笔等，既经济实惠，学生也喜欢。当然，这里要注意评分和积分兑换的科学性、合理性、公平性、公开性。有时候，设计得不好或操作得不好会产生不小的副作用，所以教师要慎用。

弹好作业交响曲中的“休止符”

对于如何管理好学生的作业，不同的教师有不同的方法。多数教师是采取高压政策，学生不敢不做作业，也不敢不交作业。也有温和派的教师，但是经常是费了好大的工夫，学生作业的收交效果依然不好。这两种方法无法比较，秩序和自由，终归有得有失，关键在于如何协调。

如果把作业比作一支交响曲，那么教师算是作曲家、指挥家，还是演奏家呢？学生算是演奏家吗？好像都不像，因为师生在作业活动中总是那么忙乱，丝毫感受不到交响曲应有的和谐和优雅。有时候，看到学生像劳碌的蚂蚁一样应付作业时，不免心生怜悯——是不是该让学生歇一歇呢？于是，我想到了“休止符”这个词。我们的作业交响曲中，怎能少了“休止符”呢？

有的教师会把“休止符”奖励给少数几个表现良好的学生，准许他们在某一天免做作业。不做作业的学生会兴高采烈，其他学生也只有艳羡的份儿了。也有教师会以“无作业日”奖励学生，例如，把学期内的重要节日、每周四，或是师生确定的某个特别的日子定为“无作业日”，在这一天不安排任何内容的作业。每到这样的日子，学生都会很开心，如遇大赦一般。这不也说明了学生平时的确是辛苦的、平时做的作业的确是没意思的吗？

我曾在书上看过一位美国教师的作业管理方法，叫作“家庭作业通行证”，是为表扬学习优秀的学生而设立的，这种做法似乎比我们的一般做法要形式化和具体化。教师是将其作为一种表扬卡发放，在必要的时候，奖给学习优秀的学生，允许其免做当天的作业。也有教师扩展了这种奖励卡的功能，让拥有此卡的学生在学期结束时可以兑换奖品。

家庭作业通行证

因为____，奖给__________同学。

持有该证书的同学可以在当天晚上不做家庭作业，第二天交作业的时候上交此证书。

日期：__________　　　　教师：__________

这些做法大概都可算是作业交响曲中的“休止符”了。

那么，“休止符”的做法好不好呢？

从表面上看，像这样一种带有表扬性质的免做行为，对管理学生作业的收交还是比较有用的。这是对积极行为予以的强化，学生因为用功学习，可以获得一定的机会和权利去自主管理课余时间，这是一个很不错的奖励，也在一定程度上缓解了学生每天绷得很紧的学习之弦。恰当使用，不仅可以调节学生的作业节奏，还会是沟通师生的一个很好的纽带。

但是，这会不会造成新的不公呢？毕竟能够得到教师赏识的学生是不多的。如果发放得有所偏颇，反而会激化一些原本没有浮出水面的矛盾。而且，这样的奖励也不能随意，如果泛滥了，反而会扰乱正常的作业秩序。还有，班上的一些后进生，怕是从来都不会得到这样的免做机会的，那么，这样的“休止符”他们永远也“弹”不到，对于这些学生的积极性又该如何调动呢？所以，教师在“弹奏”这个“休止符”的时候，必须尊重学生，设身处地站在学生立场上考虑他们的真正需求，然后按照他们的想法去做。

同时，也希望教师能够明白：给予学生鼓励，不一定是要让他们得到免做作业的机会。并不是不做作业就能给学生带来快乐。因为作业不是劳役，而是一种心智活动，作业的出色完成本身就可以带来愉悦和满足的感受。学生从作业中获得的快乐不应该是源于丢弃，而应该源于成功。所以，与其在作业免做上为学生寻求快乐，不如为学生创造作业任务本身所带来的愉悦。例如，在适当的时候降低作业的枯燥重复程度、减少作业的死抄硬背劳作，甚至是没有书面作业转而只是自由阅读等，也都是积极意义上的“休止符”。

有一次，我在宣布“今日无作业”时，周围一片欢呼，佳佳却在一旁着急，涨红着脸和旁边的同学理论着：“做作业有什么不好？为什么不做作业？反正我要写！”是呀，做作业有什么不好？佳佳每次的作业都能第一个完成，别人都要留到回家才做，她却抽空在学校早早地就做完了，甚至不用等到第二天就开开心心地送来给我批改，而且做得内容充实、图文并茂、富有趣味。佳佳没有感到作业带给她负担，她体会到的是乐趣，所以取消作业对她来说反而是一种不快。一般情况下，我给佳佳的“休止符”是友情提醒：“丫头，今天把抄写的内容少做一点”或是“小日记就不写了吧，抽空活动活动”等。

所以，教师要充分理解作业活动的本质属性，研究它的运行机制，才能用好“休止符”，弹出和谐优美的曲调来。

“聪明的小手指”

做作业的时候，手是闲不下来的。我还会经常让学生进一步发掘左手小手指（这里主要指左手食指）的功能，称其为“聪明的小手指”。

“一指天地”

在听写生字词，或是做抄写词语的题目时，一行写几个词语？词语之间空多大位置比较合适呢？空多了，会觉得写得稀稀拉拉，不好看，也浪费纸张；空少了，又会密密麻麻，也不好看。一般教师会根据经验让学生先将页面折出 4 ～ 5 个空的折痕，以此确定基本位置。但是有时也会遇到麻烦，年龄小一些的学生，或是那些做事粗枝大叶的学生，不会折得横平竖直，反而把平整的作业本给弄得不像样子。鉴于此，我就让学生伸出“聪明的小手指”——左手食指，在词语之间比画一下，一指宽，正好。写好一行以后，要与上一行对齐，这样做，一点也不麻烦吧？

小学生到了中高年级，开始使用长线格本，本子的上下一般会空好距离，而常常有学生把线格的左右两边写得满满的，学生是无意的，但很不美观。有的教师会让学生折出边界，但这样不容易保持本子的平整；有的教师让学生用笔画出边线，但学生有时会画得不直，或不小心把墨渍给画到了页面上，反而还没写字就浪费了一页。学生写作业时，我会让他们随手用“聪明的小手指”左右比画一下，一指宽，就好了。写到下一行的时候，再比画一下，并与上面的字对齐。怎么样，也很简单吧？

“点兵点将”

平常读书的时候，教师最反对学生一边读一边用右手指点词句。这使得学生的手部动作阻碍了其目光对课文中整词整句的快速识别，既影响阅读时的注意力，又极大地影响了读书速度。所以，平常读书时，我不允许学生指读。

但是，在完成阅读练习的时候，我反倒建议学生用好“聪明的小手指”。因为学生带着问题进行阅读与平时的自由阅读是不一样的，需要将视野聚焦于文本的某些特定句段，寻找相关的答案。这时，就需要一个过渡性的协助——手指点画。做题时，用手指画过初步判断好的句段，“点兵点将”，指点关键的词语或句子，这样更有利于学生将注意力集中在这些内容上，提高阅读答题的速度和准确度。

“聪明的小手指”，实质上就是让学生完成作业更加顺畅的一个工具，指指画画之间，提高了作业的效率。学生作业做得又好又快，自然心中高兴。“聪明的小手指”，应该还有其他一些巧妙的功能，大家一起来发现吧。

不过，教师还是要提醒学生：小手指再聪明，也只是一个临时性工具，不要让小手指成为一种依赖。

记录做作业花费的时间

教师在给学生布置作业的时候，要有意识地引导学生记下做作业花费的时间，目的在于帮助学生系统地建立时间概念。

（1）有限时间的概念。要完成一定数量的作业，没有足够的时间是不行的。一般来说，越是认真做作业，花费的时间就越长，也就越需要对时间进行合理安排。怎样在有限的时间里把作业做得又好又快，还能腾出一定的时间去玩一玩，是有讲究的。帮助学生建立有限时间的概念，养成在有限的时间里高效完成作业的习惯，有助于学生方便地估计自己完成作业需要的时间，合理调整和支配好每天的自由时间。

（2）相对时间的概念。相似分量的作业，学生完成所用的时间不同。对于同样的作业，不同学生花费的时间也不同。那么，就需要教师指导学生衡量一下自己每次做作业用的时间是否合理，引导他们形成相对时间的概念，这有利于督促他们把作业做得更快更好。

以上做法可以简单概括为“限时”和“竞速”。在平常作文教学中，我一般会要求学生在40分钟内当堂完成，也是运用的这个思路。当然，有些学生要另当别论，他们因为要写得更出色，于是记叙、描写都很细致，书写又比较好看，要是比速度，他们显然会吃亏，所以，我也从不去责备这部分学生。我经常在学生身边一边巡视，一边小声提示：“哦，小涵已经写了5行了”“哟，东哥开始写第二页啦！”，营造一种“速度与激情”的氛围，让每个学生紧张起来，从小形成较强的时间意识。

让学生记下做作业花费的时间有两个好处：

一是让学生体会到“紧张”的乐趣——气氛紧张了，学生会更加专心，手上也会更勤快。手上越是勤快，头脑才会越灵光，灵感也才越容易被激发。你用QQ或微信聊天一定有过这样的体会：对方如果是个打字很慢的人，那你一定兴致全无了；如果对方打字很快，你不仅会聊得很开心，而且会很嫉妒，然后回去也拼命练习打字。所以，写得对而且快，可以让学生摆脱耗时耗力的困扰，为自己赢得自由畅快表达的乐趣。

二是让学生体会“磨蹭”的苦恼——动笔不及时，三心二意，就会看着别人紧张行动，越发觉得自己多余而无聊，进而激发学生的斗志：不赶快追上，就会失去同伴。奋笔疾书的同伴，也不会搭理懒散的家伙。这种烦恼会让他们在紧张的氛围中学会自觉自励。

当然，这个方式也不一定管用，总有个别学生会在困顿中一节课都无所举措。对于这样的学生，教师需要以更大的耐心去点拨、指导，手把手交给他快速写作的技巧。

学生抄“课课通”怎么办?

“课课通”，顾名思义，就是帮助学生理解和掌握教材知识要点的一种课外辅导材料。由于它直接而且比较详尽地解读教材，告诉学生在教材学习中所遇到的相关问题的答案，还能提示学生不太容易注意到的学习要点等，所以，这一类的书广为家长和学生追捧，每到临近开学，学生和家长都会蜂拥购买，有些班级里甚至出现人手多册的现象。

学生为何偏爱“课课通”?

一般来说，这是教师最头疼的事情了。学生在课前翻看过“课课通”后，做预习作业时，就不用自己在书上画出生词了，因为“课课通”已经帮他们摘抄了下来；学生也不用查词典了，因为“课课通”把相关的解释都呈现了出来，学生只要抄抄即可；学生在做课后练习时，也用不着阅读和思考了，因为“课课通”都给出了相关问题的答案。上课了，你的提问刚出口，就见不少学生的眸子里开始闪闪放光，笑眯眯地举起了小手。他们捧起一本书，说出你在昨天备课翻看教学参考书或是备课手册时看到的一些话，那也是你认为很精妙、准备在课堂上通过几个学生的回答、经过对学生的引导后再托出的答案！这时候，你是不是有种被愚弄的感觉？

“课课通”是书商和地方上一些知名教师的合作产物。他们依据我们现有的教学参考书或备课手册等教学资料，罗列各课的知识点，解说重难点，再整合词典等工具书中的一些内容，或是外加一些小拓展，等等，形成一本集成度很高的教辅书。这本身应该是放在教师手边的资料书，却被卖给了学生和家长。这些我们不一定认识的优秀同行们，以最认真的态度和最高的效率，在做着一件最糟糕的事情——名正言顺地剥夺和变卖了学生的学习机会和学习智慧，那些本该是学生通过不断阅读、思考和练习才能获得的认识、思维和表达能力，就用这十几元钱给买卖了。

“课课通”之类的书之所以卖得红火、买得勤快，归根到底，源于很多人的“不放心心理”。

家长不放心孩子。他们担心孩子在课上学不好，希望这些教辅书在课后能够起到贴心家教的作用。要是孩子在课外真能如此听话、认真拜读也好，可是，孩子正规上课都不能定心听讲、专注思考，有老师看着、有同学比着都没有那个自觉性，能指望一本书可以起到那么大的作用吗？

家长不放心老师。他们因孩子没有明显的进步，而担心老师上课的时候没有关注到自己的孩子，孩子在课堂上没有得到应有的训练，孩子考试时不就会吃亏吗？有的家长也会评说老师，认为别的班的语文老师是个特级教师，而自家孩子的老师只是个青年教师，这个差距让他们郁闷。“课课通”这些书好歹都是名师编写的，自己孩子遇不到教学水平高的老师，只好给孩子买一些教学水平高的老师编的资料补补课。

一些老师不放心自己。他们担心自己教学水平一般，怕自己教不好、教不透，指望名师编的教辅在课后给学生一些指点，认为这对学生来说也是个查漏补缺的好办法。可是，教辅上与教学参考书上惊人相似的内容，是不是会让你觉得自己的备课失去了应有的价值？

也有老师不放心课堂。他们总觉得课堂上的时间太少，要讲的知识点、训练点又太多。于是，他们鼓励学生去买些教辅书，指望课后学生会捧着“宝书”，把字词句段篇都过一遍。这就完全将课堂上的品读和感悟，以及学生辛苦思考而后快的感觉，统统给挤掉了。

让学生抄抄“课课通”真的就能让家长和教师如愿吗？

“课课通”会让学生产生依赖心理，并放弃在自主阅读中获得的宝贵的自学自悟意识和能力以及上课认真听讲的习惯。所以，“课课通”不可能给学生带来奇迹。鼓励学生认真听讲、积极思考、踊跃发言，课后及时完成作业，才是上策；学生能在课堂上安心学习，才是根本。一句话，学习这件事不能指望别人！千万不要做“课课通”的复印机和传声筒！

既然学生广泛“参考”“课课通”是客观存在的现象，这就要求教师要采取行动“亡羊补牢”，化害为利。

巧用“课课通”

我开始的做法是不允许学生将“课课通”之类的教辅书带进教室，不准它们出现在我的视野之中。但这种做法有些消极，因为不少学生需要这样的书，特别是那些后进生，他们对“课课通”非常依赖。

于是，我改变了策略，从学生和自己入手改变学生对“课课通”的依赖。

（1）从学生角度着手，教会学生有效使用“课课通”——自学时丢掉，自学后拾起，看看别人的说法好在哪里。①向学生说明独立阅读和思考的必要性和重要性，但一般等于白说；②教给学生自主学习的方法和技巧（见第二章“自学指南的实践”相关内容）；③告诉学生，自学之后和上课之后，可以翻看和对照，并写出自己与编写者观点上的不同；④给他们提出学习上的建议，进而削弱“课课通”的消极作用，把它很好地转化为学生学习的帮手。

一个学生在自学《灰椋鸟》（苏教版《语文》五年级下册）一文时，写了一道佳句点评题：

原文：“它们的羽毛全变成了金红色的了，多么像穿上盛装的少女在翩翩起舞哇！”

点评：“这句话描写的是霞光映照而成的（景象）！很迷人！”

“课课通”上的话：“这句话描写的是霞光映照下的灰椋鸟的迷人景象。作者下午去林场，鸟儿归林应该是傍晚，晚霞染红了天空，也映红了刺槐林和竹林，把灰椋鸟的翅膀映成了金红色，多么明丽，多么耀眼啊！难怪作者把它们比作了翩翩起舞的盛装少女，喜爱之情蕴含其中。”

这个学生的评语经历了三个过程：首先，自学自评，完全出自自己学识水平的认识；然后，翻阅相关的辅导材料，感受他人写出的见解，得到启发；最后，写下来，兼而得之，还体现了实事求是的作风。

我在给她批改时，写了这样的批语：“你自己想了，再参考一下老师的话，收获是不是更多了？这样学课文，才好！”

（2）从教师自身入手，削减“课课通”对学生的吸引力。①在备课时，坚持把现有教学参考书和自己的解读结合起来，设计鲜活的课堂；②在课堂上坚持不照本宣科，不刻板问答，努力让课堂变得生动活泼；③创造性地讲解知识，品词析句；④鼓励学生用自己的话说，说自己的事，说自己的感受。

这样，你的课堂就是别致的，你会将最新鲜、生动、活泼的元素在课堂上与学生分享。学生即使看过、抄过“课课通”，也无法依葫芦画瓢、用简单的知识信息堆砌，也就只好主动地参与其中了。

这样，师生都会有别样的收获——师生共同创造的学习乐趣。

尽管如此，我依然要呼吁：考虑到小学生的自控能力和自学能力，希望那些名师不要参与到这种侵犯教育价值、只为追逐商业利益的编书活动中。因为，要想培养一代有社会良知和社会责任感的接班人，就要从尊重学习者的生命价值做起！

怎么上作业指导课?

很多教师经常会在学习课文一个阶段后抽出一节课来专门让学生做练习或讲作业，特别是到了期末复习的时候。作业指导课通常来说会比较枯燥。学生守着那几道题听老师讲解，在课堂上会比较散漫。如果经常这样，消极的气氛就会蔓延开来，不断挫伤学生做作业的热情。

那么，教师应该如何上好作业指导课呢？

1. 紧扣一个目标——“让学生行动起来”

作业指导课，从行动的内容上考虑，你需要和学生一起完成以下任务：

（1）要求学生完成若干练习，教师对学生进行练习前的指导。

（2）学生在完成练习的过程中，教师要就题目审题上应注意的问题给予学生必要的指导。

（3）教师和学生一起对答案进行核对。

（4）教师针对学生的错误情况进行讲解，指导学生纠正错误。

（5）教师就相关练习特别是学生出错率较高的题目，让学生进行拓展训练。

（6）跟踪后进生完成作业的情况，并对其进行必要的指导。

只有让他们用注意力将眼、口、手积极地组织起来，能够主动地去完成这些任务，课堂才会有生气，有条不紊。

再具体一点，“让学生行动起来”有以下的分解动作：

（1）协调学生的注意力。

（2）指示学生翻开课本或打开练习册。

（3）听取学生读题。

（4）提示学生动笔圈画与答题相关的内容。

（5）安排学生进行阅读或摘抄。

（6）要求学生书写答案。

（7）提醒学生检查或验算答案。

（8）组织学生汇报答案或参与交流。

（9）听取学生的解释或质疑。

（10）检查学生的订正情况。

（11）巡视并督促后进生端正作业态度。

紧扣“让学生行动起来”这个目标，让学生在课堂上有事可做，就会减少因学生无所事事或任务不清而造成的课堂散漫局面，学生能即时看到课堂作业的对错，提升课堂效率。

2. 切换两个关注——“不让一个掉队”

教师在进行作业指导时，有时需要带领学生讨论，有时需要巡视学生的作答情况，有时需要和学生一起交流，等等。在这些具体的过程中，教师要不断切换好以下两个“关注”，让课堂尽在自己的掌握中。

（1）关注参与。在学生没有做题时，教师要始终关注学生的听讲状态，始终关注学生的课堂参与情况。欣赏和表扬积极思考和发言的学生，提示和鼓励不善发言的学生，批评和收罗神游课外的学生。在学生做题时，教师要督促和提醒后进生专注于练习。

（2）关注质量。当学生开始做题时，教师要及时关注学生做题的程序是否合理，注意学生答题的正确率，也就是说，密切关注做题的质量。教师要勤于巡视，适当快批，及时面批，及时反馈，及时表扬。

3. 把握三个先后——“做事要有条理”

过程分出先和后，课堂顺畅不挠头。

（1）先读题后做题。读题，既可以有效吸引学生的注意力，又可以带领学生充分感知题目的要求。有不少学生不会读题，读不出题目要求，这就要求教师在平时对学生多多进行这方面的训练。

（2）先做题后讲析。“是非经过不知难”，如果学生没有做过题目，就会对题目中的要求和难度没有直观的体验，更无从感知做题中的得失。只有在他们做了之后，才会了解何处为难，何故为难，才会有求知的愿望。教师对学生的学习状态也会因此有正确的把握，讲析起来才有依据。

（3）先放手后统一。学生对题目的理解和作答，一般会有比较独特的视角和措辞，这些往往为教师提供了据以指导的切入点，有时候还会丰富教师对题目的预设思考，使答案趋于完善；或为师生提供了一个新颖的思考方式，打开师生的思路。当然，也会出现搅乱教师正常思路、干扰教学秩序的现象，但这也不可怕，这恰恰是我们需要着手解决的问题。所以，先放手让学生尝试、讨论，是很有必要的。最后，教师归纳出一些比较合理的答案或结论，这也体现了教师对教学的主导作用。

80 个学生的班，作业怎么管?

大班授课有很多优势，但是，师生之间的互动机会会随着班级人数的增加递减，教师对学生的个别学习指导也会逐渐减少，甚至完全被剥夺，这不利于教师及时了解学生的学情进度以及即时学习效率。所以，为了维持一定的教学效率和教学质量，学校在配置班级规模和教师比例时，一般会很好地进行规划。但是，很多地区由于条件的限制目前还没有办法解决班级规模与教师配比之间的矛盾，中小学教师中同时带两个班的教师很多，班级人数平均超过 50 人的也不少。一些地区的名校，在过度膨胀之后，也存在这样的尴尬局面。

这样的班，对教师来说，上课是个难题，作业的查收和批改更是难题。那么，对于带 80 个学生（甚至更多学生）的老师来说，怎么管理好学生的作业呢?

我有一些朋友在名校任教，每个班上 60 多名学生，每天光是忙作业就已经不可开交，尤其是高年级的老师，几乎每天还要批改作文，更是辛苦。在这种情况下，教师一般也不敢布置灵活性太大的综合性题目，人多，太不好改了，因此，作业训练模式常常局限于是非、对错等，这很不利于训练学生思维的灵活性和创造性。时间一久，受害的还是学生，因为他们的综合能力的发展被局限了。

还有一些教师为图省事，会让学生在课堂做题，然后统一核对答案，再订正过关；对于学生的家庭作业，也常会利用自习课或是专门抽出一课时批改，统一核对。也有教师会培养一些得力的小干部、小助手，请他们帮助批改。这样，批改的速度是加快了，但是，这种批改方法只能对学生的作业情况有片面的了解，特别是无法掌握后进生的特殊学习状况，不利于教学的有效开展。

所以，我们必须要思考解决此类问题的办法。

首先，必须正确认识超大规模班级中教师教学的配置问题。从一个二三十人的小班，到四五十人的普通班，再到六七十人以上的超大规模班，这里不仅是人数上起了变化，量变已经造成质变，教学的运行机制已经发生了质的变化。这就如同小手工作坊、一般工厂和大规模制造企业的区别一样。客观规模的变化，必然要求班级内教育教学机制的变化，这就要求教师必须实事求是地依照相应的教学实际，合理安排与之相适应的教学方式、教学手段和资源配置。单纯从作业的角度来说，小班化的作业模式应当是照顾个别、生动活泼的，中等规模班级的作业模式应当是基本稳定、形式灵活和管理高效的，而超大规模班级的作业模式就必须是条块结合、点面结合的，必须实行一定层级化的系统管理。如果超大班额也要求教师同样以小班教学模式逐一批改作业、精批细改，势必造成教师沉重的工作负担，教师就基本没有时间深入钻研教材教法，没有精力研究学生，没办法从根本上提高教学的效率了，这种管理方法是不人道、不科学的。

其次，积极探索和创造集约型的作业批改策略和模式。上面说到了超大规模班级的作业管理要讲究条块结合、点面结合，实行层级化的系统管理，简单地说，就是“民主”和“集中”，即合理分组、分层负责、集中管理，实现学生自管自批基础上的统一批改。

较为形象化地来说，就是可以采用“大事化小，小事化了”的办法。

1.“大事化小”

（1）带班的教师要转变思路。俗话说，“人多好办事”，人多了，得力的助手就好选了。将全班学生划分为若干学习小组，每个小组里面合理分配学习骨干，让他们在作业的收交、订正中起到模范带头作用，并协助课代表、教师管理好作业。

（2）教师根据学生的实际，首先变逐一批改为抽样批改，针对不同的学生区分出优秀、一般、较差等不同类型；或是就典型题目精批细改，然后请学习小组组长或学习骨干协助批改，并简单记录作业的情况，最后教师进行统一分析和反馈。这样，教师既节约了时间和精力，对学生尤其是一些后进生也能快速了解。

（3）教师需要抽出一定的时间进行统一的作业反馈，但是，要变全班单向讲解为小组互助反馈。充分发挥学习小组内优秀学生的积极性，让他们辅导后进生。

（4）大班教师要学会变“孤家寡人号令天下”为“文臣武将镇守四方”，充分发挥每个学生的主观能动性，培养学生自觉自学的意识，同时努力培养得心应手的小助教，让部分主动性强的学生能脱颖而出，起到示范引领的作用。这样可以让他们分担教师管理作业的压力，也能锻炼他们管理自我、协调群体的能力。

（5）教师偶尔也可以运用“蜻蜓点水”的方法，不必在每一本作业上都批改得很细致，但要都尽量留有字迹，一个符号、一个词，让学生知道你亲自看过了。

2.“小事化了”

（1）对于一些单纯答案型的作业，教师可以采取全班核对的办法，然后再下放到学习小组内让学生互助订正，最后教师抽样批阅。

（2）对于那些强调背诵或默写的作业，教师一般没有精力让学生逐一过关。这些作业可以交由学习小组长协助检查，并进行成绩统计，由学习小组长和其他组员对后进生进行督促、跟进。

（3）对于一些实践性作业，教师还可以要求学生以小组竞赛的方式完成，让学生在竞赛的准备、组织、协调和会演等过程中，通过展示和交流，得到一些必要的训练。

虽然比喻为“大事化小”和“小事化了”看上去好像有点唆使教师散漫的意味，但实际上，教师的用心一点都不能少。从班级组建之初就要开始对学生进行训练，培养学生规范、自主、合作和分享等良好的集体学习习惯，教会学生在集体中掌握自我激励和自我批评策略。这些都是提高作业（包括课堂）效率的根本保证。也就是说，对于超大班额作业的批改，更显著的特征不是批改，而是管理。

当然，除此之外，我们还可采用很多具体方法，提高大班额作业管理的效率。

比如，对于七八十人以上的大班，教师要求学生完成作业订正任务十分麻烦，有时候只是统计哪些人没有交作业，或是哪些人的订正还没有交上来，拿名单对好几遍，也不一定能做好，这也导致一些调皮的学生浑水摸鱼，逃脱订正。为此，有的老师就想出了这样一个好办法：让学生在作业本的左上角标上学号，并在作业记录纸上排出学号的矩阵（如表 4-1 所示，60 人的班就可以排成 5×12 的方阵），课代表在查收作业时，只要对一下学号，交来的就打“√”，不一会儿就会让没交作业的、没订正作业的学生现出原形，课代表一个人就能迅速搞定乱局，既提高了查收的效率，又让作业上交困难的学生有了紧迫感。

表 4-1　作业收交情况记录表

内容：						日期：					
1	2	3	4	5	6	7	8	9	10	11	12
13	14	15	16	17	18	19	20	21	22	23	24
25	26	27	28	29	30	31	32	33	34	35	36
37	38	39	40	41	42	43	44	45	46	47	48
49	50	51	52	53	54	55	56	57	58	59	60

以上内容看似是在讲述教师的作业管理，而实质上也是在争取学生。良好的作业查收机制可以调整学生作业的压力和节奏，缓解许多的作业矛盾，从而让师生能够在比较和谐的氛围中共同学习和生活。

争取家长的积极配合

学生的家庭作业大多是在家里完成的，学生需要培养独立完成作业的好习惯。但是，我们也必须清醒地认识到，学生在家完成作业时的自觉性是有限的，这时，教师很难给予学生指导，而且，在学生独立完成较难的作业时，需要有人给予指点。所以，一般来说，家长应该成为学生作业活动的督促者和服务者，教师必须尽可能争取家长的积极配合，成为家长的指导者和服务者。

1. 和家长保持经常性的沟通

教师和家长对孩子的了解和督促很容易出现一个真空，彼此都不清楚孩子在家里或学校的实际学习状况。这个问题在作业上最明显，教师不知道学生在家做作业了没有，有没有好好做；家长不清楚教师布置了哪些作业，具体有哪些要求，这中间就只能听凭孩子的说法。虽然大多数孩子都是很诚实的，但是，也有少数孩子因为贪玩或是为了逃避作业的负担，会对教师和家长两头都不说实话，这就会让两头的教育都出现麻烦。于是，现在很多教师都为学生建立了“家庭联系簿”，或者经常通过电话及其他家校联系平台与家长进行密切的联系，这样能够较好地指导家长督促孩子完成作业。

当然，教师也要注意与家长沟通的策略，最好“多报喜，少报忧；多称赞，少责备；多指导，少抱怨”。不要让出于好心的汇报或建议，变成催生家长怨愤和厌恶情绪的导火索，那样最终倒霉的还是孩子。我们要让每一次与家长的沟通都成为建立与家长良性交往的纽带，让学生和家长更加信赖我们，更加配合我们的工作。

2. 指导家长“有所为”和“有所不为”

很多人说，家长是孩子的第一任启蒙老师。可是，家长不是天生就懂教育的“老师”，他们只有在不断地学习和摸索中，才会越来越像个“家长”。对于学生的作业活动中哪些是需要家长参与的，哪些是要让学生独立完成的这些问题，不是所有的家长都能分得清，需要教师给予必要的指导和建议。

（1）指导家长和孩子做一些基本的约定。比如，要求孩子对于当天作业必须当天完成，培养孩子的时间意识和责任心。（这里也要提醒各位老师：你布置的作业必须是孩子当天一定能够完成的，不然，你就陷家长于不义了。）对于要求学生听写、默写的内容，要给家长明确的内容提示。（这里也要提醒各位老师：这样的事情不要过于频繁，想想如果你孩子的老师也是这么要求的，看看你能不能受得了。）建议家长关注孩子做作业时的需求，需要家长提供帮助的，家长要热心一点。现在的孩子和家长在一起的时间很少，亲近的机会也少，不要再让作业问题隔阂了亲子之情。家长也要学会适当离开，让孩子养成独立思考的习惯，不要形成依赖性，对于那些孩子经过努力能够完成的作业项目，家长应该坚决地不服务。还有，教师要提醒家长在孩子做作业的时候，不要在一旁絮絮叨叨，也不要将电视的音量开得过大，这样很容易让孩子分心。在孩子没有做完作业之前，不允许孩子看电视、上网。当然，家长可以在孩子做作业的间歇和孩子一起聊聊天等，放松一下。

（2）建议家长学会表扬孩子。对孩子真正的进步，哪怕是很小的一点点进步，家长也应该看见并及时给予鼓励。虽然赏识教育在学术界一直是一种分歧很大的教育模式，但是，我可以以我的教学经验告诉各位老师，真的有用！当然，教师要教给家长一些具体的表扬方式和方法，同时告诫家长不要在任何时候都大肆表扬，很多时候，一句话、一个眼神、一个小小的礼物或仅仅是拍拍他的肩膀、给他一个拥抱，就能起到很好的作用。

开放式作业管理

在查阅和收集相关教学资料的过程中，我发现，涉及教师作业管理的信息很少，也许是人们有意无意地在回避这个话题。

一般的作业管理是一种集中式、内敛式的管理，只能查查作业的形式，查不到学生完成作业的质量，更查不到学生的学习状况。而且，除了把检查记载表存档以应付检查及拿去和那些屡教不改的学生理论之外，似乎没什么其他的作用。

但实际上，作业管理应该是一个以教师、学生为主体的开放式的价值判断和机制构建体系，不仅要担负“管收管查”的任务，更要起到一种“疏导”的作用，即积极意义上的引导，在科学的教学思想的指引下，针对作业活动的不同过程，通过丰富多彩的方法和手段，设置恰当的情境，把学生的目光吸引到主动提高作业质量上来。

1. 互相观摩

定期举办作业展示交流活动，让学生之间相互观摩。相互翻翻看看，借鉴一下别人的好做法，谈谈别人作业的优点，说说自己作业的得失。这种办法并不如记入记载表的方法容易立竿见影，让那些偷懒者无处遁形。但是，这种同伴促进、相互激励的办法，旨在鼓励学生相互学习、取长补短，要比记载排查更容易触动和启发学生——看到别人做得好，自己也不能太落后。

2. 主题讨论

结合学生之间的观摩和学习，适时开展针对作业的格式、自学内容设计或怎样做得生动等方面的简短的主题讨论，让学生开诚布公地讲述，互相启发和建议，在和谐宽松的氛围里，互相促进，共享集体的智慧和资源，碰撞出更多智慧的火花。学生之间既相互合作，又相互督促，确保作业完成的质量，启发作业活动的创造性。

3. 典型介绍

这是一种积极引导的方法。首先，教师平时要善于发现学生中有创造性的典型的人或做法，然后以小沙龙的形式，向其他学生介绍其做法、思路和成效。充分发挥他们的示范带头作用，以点带面，把他们的智慧辐射为其他学生进行作业创新实践的动力。其次，教师要善于培植典型，即将教师的创新理念主动转化为具体的操作模式，点选个别有钻研探索精神和实验能力的学生先进行实践，抓住适当的时机，再让他们现身说法，进行介绍推广，带动更多的学生参与进来，共同提高。

4. 单项评比

教师在评价学生的作业时除了评比学生作业的认真程度、书写情况等之外，还可以按照作业的主题项目开展小竞赛和评比，给学生创造一个又一个激发他们创新的机会，让学生之间既有交流，又有促进。比如，“我最精彩的一次预习作业”或“我最精彩的一次小小日记”等。一般来说，对于竞赛，无论是教师还是学生，都会认真地准备。活动开始的时候，教师就要从整体上做个规划并告知学生。积极应对的学生在活动的一开始就会以比较认真的态度安排好每次作业，而对于那些被动的学生来说，也是一个牵引其走上正轨的好方法。

5. 作业档案

可能很少有教师这样做过。你也许会收藏奖状和奖牌，收藏活动照片，但同样作为反映你教学成果的学生的作业本，是否值得你收藏呢？一本作业本包含了一个学生的认真和努力，是学生成长的见证；包含了教师的心血和智慧，是教师职业生涯的重要组成部分；包含了师生的互动与交流，闪现着教育的光辉。我们可以有计划地筛选一部分书写工整、做题精彩、图文并茂的优秀作业进行收藏，并在一定的时间和范围内进行展示，给以后的学生做个示范。这时，小小的作业本就大大地增值了。

开放式的作业管理，形式灵活，内容丰富，策略多样，能够在很大程度上调动教师和学生参与作业活动的能动性，促进师生之间和学生之间的多元互动，让教师和学生自觉地改进作业策略，不断提高作业的质量和效能。

第五章

改革作业

每每回顾我和学生曾经走过的作业改革创新之路，都会有很多感慨。令人喜爱的作业活动，洋溢着浓浓的热情，是教师智慧和才情的播撒，也是学生灵性和快乐的绽放，是迷人的、充满创意的、快乐的，也是充满艰辛、充满困惑的。在这样丰富多彩的生活中，学生在成长，教师也在成长，师生在学习园地中辛勤劳作着，也共同幸福着……

当然，我们所能体会到的这般乐趣或成就，还有很多地方的学生、教师根本体会不到，他们至今还在枯燥乏味、繁杂沉重的作业中纠缠，好似没有尽头。改革作业，可能还要走过一条漫长的路。从小处说，它需要教师不断学习和钻研，勇于创新和尝试，还要持之以恒。

但是，即便前方的路充满艰难险阻，我们还是要认识到：社会的发展和时代的进步，对学习方式和教学方式提出了更高的要求，只有进行“作业的革命”，才能赢得未来师生精彩、幸福的学习生活！

填填补补是在破坏学生的语文能力

除了课堂上的综合读写，除了少有的自由阅读或是周记练习，学生绝大多数的语文练习是在各种各样的练习册、测试卷上完成的。这些练习虽然题型花样繁多，呈现在纸面上的样子却是共同的：白的纸，黑的字，还有在一串串黑字中间出现的括号，或是长短不一的横线。那里都是要学生填写的内容，音形标点、字词句段，我们称之为语文作业。完成这些括号、横线或空行的填空，我们以为这就是在做语文训练。

这真的是语文作业吗？真的是语文练习吗？

还是简单回顾一下“语文”吧。通俗地讲，言说为语、笔记成文，语文是生活中极为重要的交际工具，所以，听说读写都是很重要的语文能力。而这些都需要在学生语言自然习得和养成的基础上，通过规范的语文教育和学习进行后天的纠正和培植。这个在学校发生和进行的过程，是值得老师们认真对待的。

语文的能力是系统化的，特别是言语、作文的意识和能力，都应当是以整体形式呈现的。简单地说，就是人们说话的时候，应当是讲有条理的话，讲成句的话，讲有逻辑的话。人们写东西的时候，应当是写整句的话，写逻辑清楚的话，写有条理的话。这样，才算是合情合理的表达，才能较好地满足比较正式场合中对言语文字的表达需要。

但是，现实的状况不是这样：很多学生发言总是只言片语，讲话、作文常是前言不搭后语，缺少必要的逻辑或顺序，课堂叙述和作文说明常常不能具体展开。

通常，这些学生在做语文练习题时并没有出现如此的现象，他们填写的答案也往往能被老师轻松地勾画通过。难道是训练得不够？

我想，也许是我们练错了，越是认真练越是走火入魔吧。

你说，那些活生生的语文能力的训练和建构，怎么会是仅靠做那些“填填补补”的事情就能获得的？练习册方便了学生书写，只需要填写必要的关键词句，其他的语句和文章都是不必从学生的思考中来回的。印刷好的卷面上，有的都是现成的却又残缺的句段，形成大大小小的框框，学生只需不断地往框框里面钻，只需要进行多多少少的语言片段的修修补补，完全不需要经历一个成句成段成篇的完整的语言思维与加工的过程，即便是有这样的瞬间，也不需要经历成句成段成篇的语言成果从嘴巴一句一顿的言说、从一笔一画的书写中间汇聚而成的过程，那么，进行这样日复一日的练习，能练就活跃的思维和语言吗？能“建设”出像样的语文能力吗？

如果再以这样的认识反观学生手中的练习册、强化卷，再去看看那些名目繁多的“填填补补”式的题目，你还会觉得那是在进行“语文”练习吗？诚然，它们是语文练习中的合理补充，却不应该成为练习的主体。

也许你会抱怨：考试卷不也是一样的吗？我平时不这样练习、不强化，考试时怎么办？是啊，的确如此，老师们很为难。

但是，我想，老师们还是要为了学生的长远发展着想，为他们建构正确、实在的语文能力，有必要辛苦做一些“私活”——在平时的课堂和作业中，能多主动设计可以调动学生听说读写热情和行为的练习。课堂上少一些是非判断、非此即彼的问答，多让学生想好说好整句整段的话，自由地回答和叙述。在做必要的简单填写的作业的同时，用好普通的作业本，让他们在那些整洁的一行一行的横线上自由地书写，写成句、成段、成篇的话。

当然，这样做，单就书面作业而言，学生要写更多的字，老师的批改也没办法一钩而就了，似乎加重了师生的负担。这就必须要求我们老师动脑筋、想办法，去掉那些没有多少训练价值的题目，好钢用在刀刃上，把学生节约出来的时间和精力，用在真正能催动学生语文实践和提高学生语文能力的练习中。

韩愈在《进学解》中说：“业精于勤，荒于嬉；行成于思，毁于随。”对我们师生而言，“勤”必须得法，而“思”更要得法，才能教得更好、学得更好。

百年来语文课程标准对作业的态度

"作业"仍是被缺位

很长一段时间以来，中小学教学过程中的作业活动乱象百出，学生和教师的作业负担日益沉重，严重地挫伤了学生的学习积极性，甚至对学生的身心造成了伤害，作业改革已经成为当务之急。作为基层学校和教师教学基本政策依据的课程标准，其中对作业活动的相关表述，对推进课程建设和指导改进作业活动有着重要意义。

但是，当我们进行作业研究时发现了一个现象：这么重要的参考文献［以我当时研究时参考的2001年版《全日制义务教育语文课程标准（实验稿）》为例］里面，竟然没有找到"作业"这个词汇，更没找到关于作业活动的具体阐述。后来的2011年版《义务教育语文课程标准》里，居然也只提到了1次！

于是，我们继续查询，"作业"不只是在2011年版的课程标准里没有，回看百年来的课程标准（及教学大纲），真正述及"作业"的，也不多（如表5-1所示*）。

表5-1　百年来语文课程标准中作业出现次数统计表

时期	课程标准（及教学大纲）	"作业"出现次数
1902年	《钦定蒙学堂章程》（摘录）和《钦定小学堂章程》（摘录）	无

* 本文所引用的"课程标准（及教学大纲）"除特别标注外，均以人民教育出版社网站刊出的正式文献资料为准（人民教育出版社网站网址：http://www.pep.com.cn/xiaoyu/jiaoshi/tbjx/kbjd/jxdg/）。——作者注

续表

时期	课程标准（及教学大纲）	“作业”出现次数
1904 年	《奏定初等小学堂章程》（摘录）和《奏定高等小学堂章程》（摘录）	无
1912 年	《小学校教则及课程表》（摘录）	无
1916 年	《国民学校令施行细则》（摘录）	无
1923 年	《新学制课程标准纲要小学国语课程纲要》	无
1929 年	《小学课程暂行标准小学国语》	12 次
1932 年	《小学课程标准国语》	3 次
1936 年	《小学国语课程标准》	5 次
1941 年	《小学国语科课程标准》	4 次
1948 年	《国语课程标准》	5 次
1950 年	《小学语文课程暂行标准（草案）》	无
1956 年	《小学语文教学大纲（草案）》	39 次
1963 年	《全日制小学语文教学大纲（草案）》	5 次
1978 年	《全日制十年制学校小学语文教学大纲（试行草案）》	4 次
1980 年	《全日制十年制学校小学语文教学大纲（试行草案）》	4 次
1986 年	《全日制小学语文教学大纲》	7 次
1988 年	《九年制义务教育全日制小学语文教学大纲（初审稿）》	2 次
1992 年	《九年义务教育全日制小学语文教学大纲（试用）》	4 次
2000 年	《九年义务教育全日制小学语文教学大纲（试用修订版）》	无
2001 年	《全日制义务教育语文课程标准（实验稿）》	无
2011 年	《义务教育语文课程标准》	1 次

课程标准对于基层学校和教师的意义是什么？一般意义上的理解，课程标准应该是关于教材编写、教师教学、学生学习、教学评价和教学管理等

活动的基本依据和基本规范。我们通常将它理解为一种“教学建议和教学要求”，告诉老师做什么和做到什么程度。平常关于课堂教学的研讨、考试命题的规范以及教师业务培训等，都会从课程标准中寻求依据和标准。

作为从事一线教学实践的老师来说，我们每天面对、时时为之思虑的作业活动，竟然没有像教学设计、课堂教学、教学评价以及教材运用等被写进课程标准，这个发现是出乎意料的。

这意味着什么？而且，从百年课程标准的历史来看，“作业”又走过“从无到有”和“从有到无”的历程，这又说明了什么？

可以看出，历次的课程标准的修订和调整，都是在新的社会发展与变革的要求下进行的，都反映了时代对“教育推进社会进步”的期待。但是，对于“作业”的发展与变化，很少涉及。每一部文本里虽然都包含对语文练习的内容、形式和评价等的一般性表述，但是，对于“作业”的表述明显是缺位或含糊的。几乎没有明确“作业的定义”“作业活动的参与者”“作业时间段的划分”以及专门的“作业指导意见”等。

2011 年，新版《义务教育语文课程标准》颁行，这是在综合总结前九年课程标准实施和实验基础上的一次较大规模的修订。但是，在该文本通篇 26000 多字中也只有一次提到“作业”，是在第三部分“实施建议”的“教学建议”中出现的：“重视学生读书、写作、口语交际、搜集处理信息等语文实践，提倡多读多写，改变机械、粗糙、烦琐的作业方式，让学生在语文实践中学习语文，学会学习。”此次出现“作业”，也只是针对当前出现的作业矛盾问题做的一个小小回应，提醒教师注意作业活动的积极性和科学性。但是，如何规范和改进当前（或可以说成“积弊已久”）作业活动，缺少策略性指导。

然而，众所周知的事实是，在这前后近二十多年中，虽然各地出台了关于减轻学生课业负担的规定，甚至规定作业量和作业时间等的文件，但是学生的作业负担越来越重，作业活动中的极端行为更是层出不穷……这是否与我们的课程标准长期以来对作业矛盾和问题视而不见、无所作为有极大的关系呢？

不仅如此，就连一些课程与教学方面的专业教材中也很少述及“作业”。例如，师范院校广泛使用的《小学语文课程与教学论》（吴忠豪，2004），全书共447页、17章：

（1）小学语文课程的性质和任务　（2）小学语文课程标准
（3）小学语文教材　（4）小学语文教学的基本原则
（5）语文学习与学生的发展　（6）小学生语言学习和语感培养
（7）小学生语文能力　（8）小学生语文学习方法
（9）小学语文教学设计　（10）识字教学
（11）拼音、写字教学　（12）阅读教学
（13）习作教学　（14）口语交际教学
（15）语文综合性学习的教学　（16）现代语文教学技术
（17）小学语文教学评价

书中没有单独为“作业的设计与批改”设立章节。谈及“作业”的地方共6处：

①“认真完成作业的习惯，教师批改后自觉改正的习惯”。（p.96）——谈学习习惯时引用其他文献。

②“学会了写字，就能用文字表情达意，就能完成各类学习作业，这对学生当前的学习以及以后的学习和工作都是有重要意义的。”（p.237）——提及“作业”，指的是各类练习（主要是书面形式的）活动，并不是专指作业。

③“学生的写字作业一定要认真批改，对于写得好的，要给予表扬，并进行评比，以提高学习兴趣。”（p.240）——较为具体地谈写字作业批改的策略，对其他作业批改也有指导意义。

④“提炼中心、复述练习、进行小结、布置作业。”（p.286）——谈“课型”时引用其他文献。

⑤“作业批改是一种运用频率最高的过程评价的具体方法。教师在运用这个方法时应注意激励性。”（p.426）——这算是一次较为具体地谈论作业批改意义和策略的表述。

⑥“在期末成绩中，日常表现和作业、单元测验以及期末考试各占一定的比例。”（p.442）——谈学生发展性评价时提到应当将日常的作业表现也作

为成绩要素。

诚如该书“说明”中所言：“本教材努力吸收并体现教育科学、语言科学、心理科学、信息科学等学科研究的最新成果，贴近当前我国小学语文课程与教学改革的实际，阐述素质教育背景下小学语文课程、教材、教学理论与实践、教学评估等方面的发展变化，以丰富学生小学语文课程与教学论的知识，特别是通过对小学语文教学理论与实践的学习、研究，掌握小学语文教学规律，提高学生（师范类）语文教学的能力和教学研究的能力。”但是，对于普遍存在于学校教学过程中的典型的教学环节“作业活动”，依然是没有作为一个必须的项目或条款进行较为具体的阐述。

所以，以此来看，课程标准对于“作业”的缺位不是偶然的。

课程标准怎样让“作业”到位？

作业活动在今天所表现出来的种种问题，很大程度上是因为缺少对作业行为的指导、规范、检查、评估，而缺少课程标准作为政策依据则是一个重要的客观原因。课程标准里面的一两句话长度的“真空”，在一定程度上对地方、基层的作业活动实际失去控制，甚至是纵容，结果是不可收拾的。混乱中形成的新的既定事实，如何评判其合理性？对不合理的但已经成为大家所认同的事实，如何挽回？可想而知，再做革新，所付出的代价将会非常沉重。

所以，课程标准的制定者，不管怎样修订文本，都应当本着实事求是的精神，在继承的基础上进行完善和创建，而不能突然缺位。要在充分研究作业活动既有事实的基础上，探索作业活动的规律，积极吸收传统作业活动的优秀经验，形成较为简明的经验与方法的概括，在课程标准文本中放置必要的条文及相关建议。对于课程标准的落实，各级教学管理部门和教学研究部门应当积极工作，努力跟进，成为课程实施与课程改革的重要推动力量。

现在我们来设想，如果将“作业”列入课程标准文本，应当包含哪些方面的表述？

（1）作业的目的：课内外作业是巩固知识、提高能力的手段。

（2）作业的设计：教师要精心设计作业（作业内容和形式要活泼多样），要有启发性，分量要适当，不要让学生机械抄写（或背诵），以利于减轻负担。

（3）作业的批改：尊重学生学力差异，评分和评语适当，调动学生的积极性。

（4）作业的订正：及时查收和反馈作业，适当指导订正，让学生养成良好的作业习惯。

（5）作业的管理：以阶段评估和展示交流等手段，规范和引导教师的作业管理行为，鼓励教师积极创新，建构良好的作业文化。

我们期待新一版课程标准能够为“作业”做出应有的作为！

教师为什么不愿意写作业批语？

教学的改革从来都会遇到很大的阻力，既有客观条件的不成熟，又有教学业内人士主观上的抵触；既有理论研究和实际操作的不对称，又有管理和评价机制的滞后性，等等。但是，即便是在不缺理念、不缺制度、不缺理论、不缺师资等的情况下，一项新的教学改革的推进依然会困难重重。

就拿作业改革中的一个例子——写趣动批语——来说吧。

虽然每个教师都认为作业批语很重要，有很深切的意义，但是在实际作业批改的过程中，只有极少数教师会主动写批语。为什么教师不愿意写作业批语呢？

（1）不想费事。教师都有这样的体会，批改作业本身就是很枯燥的事情，勾勾画画省时省力，判个对错就已经达到效果了，干吗还写批语？若是班上有六七十个学生甚至更多，天天应付批改作业就够教师忙的了，哪还有心思琢磨写什么批语？

（2）不做额外事。批改学生的作业，管好他们做题的对错，看一下他们做题的态度，不就得了？为什么还要关心其他的事情？学生的学习不就是读好书、写好作业吗？不然怎么考出好分数？

（3）工业化行为模式的侵蚀。很多学校把工业化模式如批量化、流水线、计件制以及量化考核等应用到现在的教育和教学中，但这些被简单化处理了的绩效考核模式，无法激励教师在学生的培养上动用心力。批改作业的次数、正确率、及时性等作为学校对教师的刚性考核要求，教师必须不折不扣地完成。而作业的有效性、人文性和创新性，包括作业批语的运用，因为无法量化考核就被忽略了，教师当然也就干脆不做。这些加在教师头上，加在教学中，必然会导致出现一种现象——教师的眼里，也慢慢只有人头数量、考试分数、统计数字了，其他不算在教师工作绩效内的东西，就统统被教师抛弃了。

（4）渐失的教育情怀。教师在最初踏上讲台时，都是饱含激情的，都愿意为促进学生的进步而勤恳工作。可是，历经时日，因为种种原因，教师会渐渐地感受到从事这个职业的压力和无奈，也会将这些职业的倦怠投射到工作上，流露在作业批改中。若干年后，这种惰性成了教师的日常和学校里的常态。

但是，我们依然期待教师能够重新认识教育工作的崇高意义，认识自己能够在这项事业中担当的角色，多为学生付出一点辛劳。

（5）行政化手段的简单推进引起教师的不满。一些学校在认识到批语的重要性以后，就向自己学校的教师进行推广，但是又担心教师不能严格执行，就以行政手段推行，将批语的数量、比例列为教师作业批改考核的项目。学校原本是想以制度化的方式引导教师积极变革，提高教学效率，实际上，这却成了教师工作的新负担。在人数少的班级还好，在人数众多的班级，教师如果那么做，就真的要呕心沥血了。这也导致一些教师在学生作业本上写的批语言不由衷。与其如此，不如不写。

警惕课堂教学的“作业化”

所谓课堂教学的“作业化”，是指以作业练习和答案讲评来挤占或代替课堂教学内容的做法。这样的现象屡见不鲜，不少教师会不自觉地将一堂正常讲练课悄悄变成练习课。尤其是到了期末复习前的一段时间，课堂开讲就是作业，写写，再核对和讲评，不知不觉用掉一节课。

今天提出这个问题，是因为又有了新的背景——各地政策要求减少学生课外作业负担，教学必须向课内要质量。可是，老师们犯愁了：本来课时就很紧张，现在又取消了早读课和困难班，哪来时间抓学生的作业？课外作业又不能布置多少，怎么办？于是，老师们就将原本布置在课外的作业练习，移到了课堂里进行。表面上看起来课外的作业是减少了，学生一副喜洋洋的样子。但是，转移到课内的作业还是课外的那一套，宝贵的课堂时间被用来抄抄写写。原本可以生动趣味的课堂，顿时黯然了：本来高举的小手，现在被捆在了作业本上；以前滔滔不绝、各抒己见的小嘴巴，现在闭住不需要它发出自己的声音了；原本师生你来我往的交流，现在变成了对与不对的答案检讨……作业没有减少，课堂却在沙化。

诚然，“减负增效”的最有效机制就是少教多学、精讲多练。但是，这里的“少教”和“精讲”，并不是那种减少教学时间、增加练习时间的做法，更不是“课外损失课内补”那种“拆东墙补西墙”的法子，而是在明晰教学目标、精选教学内容和精心设计训练项目的基础上，实现单位时间里教学效益的提升。要将作业当成和课堂问答一样重要的教学环节进行设计，整合课内课外时间完成相应的练习，而不是简单地将习题册或练习卷放在课堂里来写写对对。而且，穿插在课堂的作业也应当是形式多样、生动活泼的，应当是能够充分鼓励学生展开思维和培养创造的新园地。

另外，我们在积极借鉴别人的教学创新成果时，必须善于进行本位思考和消化应用。某种被炒得轰轰烈烈的“教改”成果，并一定适合我们自己所教的学科。例如，数理化等学科采用当堂目标驱动和作业强化的方法，常常十分奏效，而语文等人文类学科用这样的方法常常会很尴尬。语文需要很多的生活经验的积累，需要更多的情感体验的投入，写起作业来，都必须要用更多的精力和时间来一字一句地书写。如果语文也一样把作业挪到课内来写，会大幅度减少课堂听说读写的机会，时间的浪费是相当严重的。就语文课而言，其实，如果在课堂上能找准读写训练点，精心安排听说练习的机会，对课文或是作文主题的讨论很充分的话，即便把一定量的作业放在课外，完成起来也只是书写时间的问题，并不存在实际的精神负担，学生一样不会感到厌倦。另外，阅读、参加社会实践这些都是课堂作业形式所不能代替的，必须放在课外，由学生在教室之外完成。

教学的事情本身就要讲究理性，所以我们不要盲目跟风搞一刀切，不要简单地照搬照套。首先要充分考虑自己所教学科的属性特点，然后再进行客观和认真的思考，努力改进自己的教学。当然，怎么才能恰到好处地处理好训练与教学的关系，还需要我们做进一步的探讨。

创建以“展示与分享”为核心的作业文化

捧一摞作业本放面前，就是随手翻翻，什么都不需要解说，你都能看到本子背后的学生和老师，甚至能想象到那是一间怎样的教室、怎样的课堂。这是什么？是文化。

比如，有的孩子的作业本总是卷边缺角、皱皱巴巴，有的孩子的作业本却总是那么平平展展、卷面清爽。同样用钢笔写作业，有的孩子写得行款整齐、字迹清晰，有的孩子却总好像在用着一支容易漏水的笔，每次作业总会留下墨点和涂抹，怎么看都不舒服，即使他的作业内容是全对的。这确实是孩子们的差异，他们对作业的正确保管还没有积极意识，即便是你给他讲过多少次，也未必奏效。如果让他明白这些作业本也是向别人展示自己的作品呢？怎样由外而内给人一种耳目一新的感觉呢？你会发现，这时候，孩子会比较在意了，而且尽量让作业本保持平整。

有时候学生作业拖拉，有时候学生把作业做得一团糟，有时候一些学生似乎总是敷衍了事。这些固然有不少主客观的原因，我们也能分析得头头是道，但是，有一种影响力，也许是我们有意无意地忽略了——作业文化，那种无形胜有形的东西。

创建一个怎样的作业文化，这是一个必须考虑的问题。

我们为什么做作业，做成什么样的作业，做了会怎样，不做会损失什么，我们为什么要做好等这些问题，似乎是不言而喻的。不过，这种不言而喻只是出于教师（也包括曾经做过学生的家长）的潜意识，而并不常常被学生甚至是老师们接受。

作业文化，首先是一种规则文化，是师生之间的约定，更是师生自己的责任维护。记录作业、及时完成、按时上交、及时订正，这是规则，而不是事务，没有什么拖拉推诿的理由（当然，作业必须是合理的、适当的）。

作业文化，其次是一种交往文化，是师生之间的往来。在作业活动过程中，教师对学生充满期待和指引，学生对教师报以信赖和爱戴，通过知识学习和思想碰撞，师生互学共进，教学相长。这是积极的，如果反过来呢？教师因为作业而抱怨、厌弃、惩罚，学生因为作业而反感、抵触、逃避，又是怎样的局面？

作业文化，还应是一种作品文化，是师生共同的精神成果的创造。教师布置作业和学生做作业，都是以知识学习为根基，来建构学术认知、学识修养、态度价值、精神追求的人生宝塔。我们每一次的作业成果，都是我们用以展示自己进步的砖瓦和光彩。小到一题造句问答，大到一篇日记作文，都有我们自己的努力和创造。反过来，应付出来的作业，能表现什么，能让孩子体会到什么？

作业文化通过作业活动的各种显性特征表现出来。我们能从这些外在的表现中，看到学生的态度、习惯、教养、品行以及心智倾向。当然，针对不同年级的学生，这样的文化解读和宣教要有针对性、适切性，要能落实到具体的作业指导、查收、讲评等管理中。

所以，我们试图创建这样一种作业文化：

- 从落笔时开始，就是在展示自己的学习成果和智慧创造；
- 我们写出来的东西，可以表现出我们的进步；
- 我们的作业本，会陪伴和见证我们的成长；
- 同学和老师可以通过作业与我分享快乐和思想；
- 教师可以带领学生创造以上的一切；

……

“创建以‘展示与分享’为核心思想的作业生活方式，追求和建构高尚的作业文化！”——这句话或许可以点明我几十年来进行作业改革探索的要义。2007 年元旦，我在设想新一年教学研究的主题时，曾对作业研究进行了概括和提炼，当时，我从教学法的角度，为新型的作业教学活动策略定义了一个我认为很形象的概念——“趣动”，“趣动式”作业布置与批改。然后以此为生长点，推衍至课堂教学策略、校本研修策略等领域，进一步提出了“趣动教学模式”的说法。几年来，我在教学的很多领域尝试运用“趣动教学模式”，收获颇丰。但同时，在我的心里总有一种意识在萌动——这样教学，是在追求什么？慢慢地，这种意识开始渐渐明晰起来——“展示与分享”！

对学生来说，装在他们书包里的作业本应该是什么？是完成的任务？经过思考和动笔，完成了，“明天可以交了……”；是烦人的差事？不想做，但是怕老师责罚，匆匆应付，老师看看就可以了事了，反正也表扬不到我；是做得还可以？我在完成作业时下了一些功夫，写得比较认真，期待老师会给个好分数，给予我表扬。站在老师的角度来看，你希望作业交上来的那一刻，摆在你面前的是什么？你准备迎接的是什么？是产品的交付、案情待审，还是要表演的节目马上开场？换句话说，是厌烦还是期待？

以上做法就是一种任务驱动模式。从深层次来看，就是一种简单的“做”与“评”的任务文化。做作业的目的是完成别人交给的任务，等待别人给予评价。所以，学生对任务本身没有什么兴趣，对教师给出的评价也没什么关注，教师给出的分数对他们也没有什么指导上的积极意义。他们很少考虑作业做完了，自己是不是很满意，在完成这次作业的过程中，可以向同学和老师展示自己哪方面的能力和才华，与大家分享哪些思想成果与情趣体验。

对于学生来说，作业虽然是任务，但是，它不仅是老师布置的任务，还应该是学生自己赋予自己的一项责任——以自己的方式向老师和同学展示自己的才华，和大家分享思考的乐趣。

对于教师来说，也不应该再把作业当成一件差事压给学生，而是应该参与到学生的学习中去，教师既是作业的设计者，又是学生完成作业的同伴，应让作业成为师生共同学习的载体和平台。

也就是说，我们应当让做作业和批改作业成为一种“展示与分享”的人文活动。在此，作业是师生学识、情感交流的纽带，教师可以智慧地与学生交流，让作业的往来过程充满情趣。学生会感受到教师的才华、学识、风度和修养，体验到民主的氛围、平等的交往、纯真的情趣和进步的快乐。一句话，让普通的作业活动成为培养学生形成人文素养品质的重要方式。

秉持“展示与分享”的理念并使之付诸实践，作业活动就不再是沉重的负担，而是一种乐趣，一种积极的生活方式。

老师们，行动起来，让我们一起来探求这样一种作业的布置和批改机制，探求作业批改方式的变革吧！你会发现，学生会自觉完成作业，你也会从繁重的批改中解脱出来，作业的查收和批改并不难，让学生向你敞开心扉并不难。

小学作业研究指南

研究作业，是希望通过充分理解作业活动，掌握作业的运行规律，让作业活动发挥其在促进学生掌握学习与生活中所必需的知识与技能方面的积极作用。作业的研究范围十分广泛，研究的重点和观察角度也很多。作业改革，必然地会反映、验证或发展着一些关于社会、经济、文化等的核心理念的变革和进步。所以，对于作业的研究也必然是个系统工程，需要上上下下的通力合作。对于一线教师而言，解决手头遇到的问题，是最切实有效的研究。当然，如果能更广泛或更深入地涉猎就更好了。

教学应该主要关注对学生学习能力和个人品质的培养和训练，所以，关于学生学习力的研究，特别是与作业活动的关系，是一条必须探索的路径。对于当今以及未来的终身学习型社会而言，一个人的学习力是个体可持续发展的重要需求和不竭动力，培养学生的学习力是我们一项极为重要的教学目标。作业研究的一项重要工作，就是要研究如何发挥作业效能，有效提升学生的学习力。

学习力和作业

学生的学习力（主要指顺利完成学习活动所需要的个性心理特征和身心能量）是学生在认知活动中经过反复训练获得的。学生的学习力包括学习的动力、能力、毅力等方面。学习动力反映着学习力的强度，学习能力代表学习力的高度，学习毅力则体现了学习力的持续度。

作业是教学过程的重要环节，是实现课程目标的具体途径和方式，恰当的作业设计及其批改有助于学生学习力的发展。它可以增强学生学习的动力，使其形成较强的学习能力，养成顽强的学习毅力和良好的学习习惯。

（1）通过作业设计，可以充分发挥和挖掘作业形式与内容所具有的魅力，培养和激发学生学习的兴趣，增强学生学习的动力（特别是内在动力），进而使学生形成克服困难、坚持不懈的意志品质，养成良好的学习习惯。

（2）通过作业设计，可以深入发挥和挖掘出作业在促进学生思维品质养成方面的资源，使学生在获得知识、形成技能的同时掌握良好的学习方法。通过对作业的批改，对学生的学习方式进行指导。

（3）通过作业设计和批改，可以增进师生之间的情感交流，锻炼学生的顽强意志，使学生形成自信、乐观、积极的心态，养成严谨、踏实的学习习惯。

作业研究的主要内容

（1）有效的作业设计——以维持和提高学生学习力为目标的作业内容与形式设计的研究。

（2）互动式作业批改——以培养和调节学生能力及毅力为目标的作业批改与指导的研究。

（3）作业管理制度的建设——以提升学习力为目标的关于指导、评估和调节师生作业行为的制度的研究。

（4）作业活动的文化追求——是教学活动，更是一种文化，是师生基于学习而共同参与和经营的学习文化。

（5）作业理论的建设——基于现阶段作业研究领域理论建设不足的现状，巩固和发展作业理论，有效指导作业实践和作业研究。

作业研究可以产生的效益

（1）通过对作业设计、作业批改以及作业管理的研究，可以优化作业行为，提高教师改善学生学习力的能力，有效提升学生的学习力。

（2）有效作业的创新设计，可以加强作业设计的针对性，提高作业的效率，增强学生的学习兴趣，有效训练学生的思考和实践能力。

（3）作业内容和形式的多元化，可以促进学生学习经验和技能的有效建构，帮助师生整合学习方法和策略，锻炼学生的思维能力，培养学生的创造力。

（4）综合实践性作业，可以培养学生的学习兴趣和自我管理能力，提高学生的自信心，调节和培养学生的学习意志力。

（5）积极的、智慧的作业评语，能够改善师生的沟通，增进师生之间的相互信赖和支持，促进学生积极地、全身心地投入到学习活动中，有效提升学生的学习力。

（6）通过寻求创新性的作业设计与批改模式，可以调动教师教学的积极性和创造性，提高教师教学的实践能力，促进教师的职业成长。

（7）学校对师生的作业行为进行有效的管理，将较为成功的经验转化为制度，可以促进师生更好地进行作业活动，为提高学生学习力提供保障。

（8）丰富和发展作业的相关理论。

需要注意的几个问题

（1）作业的研究面广量大，尤其在今天师生课业负担十分严重的形势下开展作业研究，仍然要从实际出发，在不加重师生负担的前提下，从不同的层面或不同的角度，选择较小的点，进行相关的探索和实验，小步子，多阶段，扎扎实实地进行。

（2）注意及时收集案例。研究作业主要是积累案例、实物，那些智慧和情感的结晶会时时涌现，教师要注意及时收集，及时归纳，这样不长的时间便可以积累相当丰富的研究资源。

（3）及时关注相关研究动态。行动式的研究不仅发生在自己的研究小组里，同时还有很多学校和教师也在致力于此，所以，广泛学习作业理论文献，及时了解作业研究动态，信息互通，经验分享，都是很重要的。

（4）及时做好每个阶段的小结。撰写阶段性研究报告，是控制教学研究过程的良好手段，便于及时发现问题，及时进行调整，也有利于在研究的一个阶段后研究成员之间互通有无、取长补短，有利于研究的顺利进行。

（5）作业研究的方式方法、教学效果会因教师的个体差异而有较大的差别，同样，不同年级或不同学校，研究中所表现出来的情况也会不同。所以，需要有较多的验证性研究，分别在不同的班级或学校，继续开展试验，以期获得有实践价值、可以推广的成果。

（6）作业不仅是学生、教师的事情，还涉及家长、社会。研究作业，也要做好与家长的沟通，谋求舆论的理解和支持。

（7）上述讨论中，我一直很少谈及关于作业理论研究的话题，是希望教师把主要的精力放在实践研究上，切实解决眼前、手边的问题。卓有成效地解决当前教学中的突出问题，是我们一线教师可以做到也必须脚踏实地做的事情，同时这也是理论学习、验证甚至是有所建树的基础。

中小学作业研究指南（2017年版）

以“学业负担”为主要表现的作业矛盾已经越来越成为当今教学和学习矛盾的主力，已经开始严重影响师生身心健康、信赖关系和家庭和谐，成为教育教学的突出问题，必须引起各方面的高度关注，必须着力进行研究，寻求破解路径，还学生和教师一个良好的教育生态。

2017年9月，中共中央办公厅、国务院办公厅印发《关于深化教育体制机制改革的意见》（以下简称《意见》），并发出通知，要求各地区各部门结合实际认真贯彻落实。《意见》指出，“要完善义务教育均衡优质发展的体制机制。强调要建立以学生发展为本的新型教学关系。改进教学方式和学习方式，变革教学组织形式，创新教学手段，改革学生评价方式。要切实减轻学生过重的课外负担。提高课堂教学质量，严格按照课程标准开展教学，合理设计学生作业内容与时间，提高作业的有效性。”不难看出，国家对中小学生作业问题的高度重视。在此之后，全国各地区也都积极跟进，先后发布了本地区的管理规定。

这些规定和指导意见应该怎样落实，应该怎样开展作业方面的研究，需要进行哪些作业方面的试验探索，如何开展区域或学校作业的改革，从哪些方面进行作业管理的理念思考和制度创新，这些就成为各地各学校以及一线教师亟待解决的新问题。

鉴于此，并结合本人多年的作业研究经验，给大家在作业研究方面提供一些建设性的意见参考。

1. 研究方向

（1）按问题范围：已知问题、未解问题、过去问题、现在问题、前瞻问题。

（2）按管理层级：区域层面、学校层面、教师层面、学生层面、家校层面。

（3）按作业要素：作业数量、训练频度、重复周期、作业内容、作业形式、作业批改、作业评估、作业关系。

（4）按学术层面：基础理论、实证研究、课题实验、经验论证、论文交流。

（5）按管理性质：政策层面、事务层面、行为层面、心理层面、脑科学层面。

（6）按教育关联：人才需求、考试改革、办学理念、教育哲学、科技进步、文化形态。

（7）按研究要素：主观感受、实验记录、数据评估、对象反馈、专业评价。

（8）按作业性质：课堂延伸、训练工具、培训手段、教学载体、知识成果。

（9）按作业模式：题海战术、轻负高效、整齐划一、杂乱无章。

（10）按作业时段：课前作业、课堂作业、课后作业、周末作业、长假作业、跨时作业。

（11）按作业形式：书面作业、口头作业、操作作业、研学作业、艺体作业、综合作业。

（12）按作业来源：专业出版、专家题库、教师设计、学生自编、家长提供。

（13）按作业实施：布置作业、查收作业、批改作业、订正作业、作业展示。

（14）按批改方式：教师批改、学生互批、师生互动、机器评判、没有批改。

（15）按作业完成：课内完成、在校完成、回家完成、自主完成、作业抄袭、代写作业、不能完成。

（16）按作业内容：知识巩固、技能训练、思维培养、态度影响、价值判断、性情熏陶。

（17）按设计指标：关键要素、作业标准、设计原则、设计方式、策略准备、效益评估。

（18）按设计原则：主体原则、差异原则、趣动原则、科学原则、发展原则、多样原则。

（19）按教师管理：设计作业、布置作业、查收作业、批改作业、订正作业、展示作业。

（20）按指导策略：命题策略、答题技巧、学科整合、指导技巧。

（21）按教材关联：教材作业、补充习题、拓展练习、考试辅导、实践项目。

（22）按作业方式：一般作业、分层作业、弹性作业、个性作业、提优作业、辅导作业、不做作业。

（23）按作业实验：题型实验、综合建构、多元发展、技术创新、理论创造。

（24）按管理考核：定期检查、随机抽查、专项检查、经验推广、宣传展示、成果上报。

（25）按班级规模：超大班额、常规班级、小班化班级。

（26）按学生资质：绩优提高、后进补差、差异共进、多元促进。

（27）按现代工具：簿本作业、网络作业、移动作业、作业社区。

（28）按行业特征：国内外比较、跨界类比、新样态。

以上为研究方向和切入点的简单分类，未尽其详。

就以上各方面的任何一个要素或几个要素进行单项研究或交叉研究，都会有很多重要的发现，如果做一些相应的改进和改革，都会有重要的突破和创造。

2. 基本思路

（1）市（区）级主管部门可以出台作业管理的指导意见，但是，对于具体管理和考核权还是应该在学校，区县行政部门做好宏观指挥即可。

（2）师出有名，发动基层开展项目研究，在解决现有问题和寻求决策依据的前提下，尽量与省市和国家层面的重大课题、规划课题有所衔接，或是成为子课题，这样基层学校和教师的研究成果将来更容易被认可，所能获得的结题证书对他们将来的职称评聘也有所帮助。

（3）各司其职，选题尽量从本部门和本职考虑，便于开展相应的管理或业务研究，真正帮助解决现实矛盾问题，研究成果具有典型性、针对性和现实意义。

（4）注重理论与实践相结合，既要有文献数据的参考，更要有调查和案例的积累；既要有对历史经验的整理提炼，又要关注创新实践的探索试验。

（5）将研究目标指向教师和学生，切实为学校和师生提供理论和案例的支持，切实为改进学校教学研究品质和提升学生学业质量提供优选的解决方案。

（6）充分发挥基层学校和教师的能动性，鼓励他们积极创造和勇于试验。积极发现和宣传典型，逐步推动全面的研究和试验。

（7）充分考虑区域差别，尊重学校规模和班级规模的差异，这些不同，反映在教学活动尤其是作业方面，都会有质的区别，尤其是教师工作强度差异明显，在一定程度上制约着工作方式和教学业绩。

（8）作业研究和所有其他科学研究一样，也是有风险的，最终也有可能会以失败告终。不要谋求模式化推进，不要强行以行政方式推进未经历史检验的研究成果。

（9）教学类实证研究要紧密联系师生在课堂和作业的现场，针对教与学中的实际问题和情境展开思考和研究，不要加大教师工作量和学生的学业负担，真正实现对学校办学自由和师生身心自由的解放。

3. 研究实例

（1）教研室及高校。

① 区域推进中小学作业改革的政策研究；

② 区域性中小学作业设计与实施现状调研；

③ 中小学生家庭作业负担调研及对策研究；

④ 中小学生作业心理负担的定量分析；

⑤ 中小学作业现状和教学质量关系的调查研究；

⑥ 中小学学生作业总量控制的策略、方法和工具的研究；

⑦ 教师作业评价对作业负担的影响；

⑧ 中小学教师作业设计能力提升的实验研究；

⑨ 国内外中小学作业指导的比较研究；

⑩ 小学中年级语文家庭作业完成情况的现状调查；

⑪ 农村留守儿童作业问题的案例研究；

⑫ 小学生作业完成情况的差异性研究；

⑬ 小学语文作业系统的研究；

⑭ 小学教科书作业系统的设计特点和教学策略研究；

⑮ 中小学教师家庭作业布置观念的调查研究；

⑯ 小学低年级不留家庭作业后家长意见的研究。

（2）基层学校。

① 学校作业管理与考核的策略研究；

② 国内外教师进行作业研究和试验的经验和成果；

③ 布置作业的有效性研究；

④ 分层作业、弹性作业的研究；

⑤ 运用移动技术实现作业及时性反馈的实验研究；

⑥ 小学语文阅读类作业设计与指导的研究；

⑦ 小学作业批改检查的创新策略；

⑧ 小学作业类型及优化策略的实验研究；

⑨ 课堂作业设计、布置与批改的研究；

⑩ 小学语文预习作业课堂运用的策略研究；

⑪ 小学作业设计存在的问题及改进策略研究；

⑫ 小学作业评价现状调查及改进策略研究；

⑬ 小学语文家庭作业价值取向的研究；

⑭ 小学低年级语文体验式作业设计与指导研究；

⑮ 小学高年级学困生课外作业情况的现状与对策研究；

⑯ 主题性作业单的应用研究。

（3）教师群体及个人。

① 小学作业形式多元化的研究；

② 促进学生创造性思维培养的作业设计研究；

③ 培养学生自主学习能力的作业策略研究；

④ 小学高年级学生错别字成因分析及对策探究；

⑤ 培养学生及时交作业习惯的研究；

⑥ 口头表达类作业的设计与指导研究；

⑦ 小学语文长线实践作业的设计与批改研究；

⑧ 多元智能理论在小学课外作业设计中的应用研究；

⑨ 作业面批的技巧研究；

⑩ 学生作业本的管理研究；

⑪ 小学语文开放性作业的设计研究；

⑫ 思维导图在学生作业中的应用研究；

⑬ 基于智能互动平台的作业和管理研究；

⑭ 小学个性化作业的实践研究；

⑮ 小学语文作业互动式批改的策略研究。

以上研究选题实例罗列没有主次和先后之分，部分选题来自对中国知网博士、硕士论文的检索启发，并不是作为固定选题，仅仅是提供给大家作为参考。

最后，还是想说：

（1）作业活动很重要，需要予以高度重视和认真研究，但又不能把它剥离于具体的课程和课堂教学活动与情境来简单管理。

（2）必须充分给予教师课程实施的创造空间，才是解决问题的重要窗口。

（3）作业改革和诸多教育改革一样，自下而上地逐渐推开比较合适。

作业的发展趋势

时代在飞速发展，教育教学领域也发生着日新月异的变化。新理念、新思路、新探索、新实践、新模式、新潮流等都以浪涌般的态势，催促着广大教师和教育教学理论工作者要与时俱进，不断研究，不断创新，为新时代的学生提供崭新的教育教学服务。作业作为教学环节中的重要组成部分，一定会随之发生重要的改变，不断向前发展。围绕作业活动的各个要素与环节，也会在不同时期发生不同程度的变化。

总的来说，作业的发展大体上会呈现以下趋势：

（1）不断跟进媒体技术发展，作业活动呈现多元化，呈现方式、交互方式发生重大变革。现代人们生活在一个被信息包围的时代，在图书、报刊、电影、电视、广播等传统媒体不断制造堆积如山的资讯的同时，纷繁快捷的网络特别是移动互联技术、云运用等新一代的媒体，还有喷薄而出的智能技术，不仅给人们的生活带来了丰富的身心体验，而且直接影响着人们的思维方式和处世哲学。学生、教师、家长身处其中，学校、课堂、讲台也由此发生了许多革命性的变化。在这样的环境中，家庭作业的信息化是教师在改进教学模式的过程中必须完成的一项“作业”。

（2）采用系统论、信息学的原理，不断完善作业的设计和反馈，有效控制作业流程。基础理论研究的重大突破、读写算等应用科学理论的进步，会更有力地改进作业模式。作业活动将会被更加深刻地认识，从而与课堂教学、考试评价等一样具有高水平、相对独立的研究和实验，基础理论方面的研究将会使得作业研究更加系统化，形成的理论成果将对学校的作业实践产生巨大影响。

（3）积极借鉴商业营销策略，注重包装和管理作业以及作业活动。多元化的研究视角和创新行为将会使得作业在形式和内容上超出现在所能理解的文本、对话等简单的方式，更有自主性、体验性的新兴作业样式会出现在师生面前，使作业既是一种学习方式，又成为一种生活方式。

（4）有效借鉴经济学原理的启示，不断引入统计学研究成果，主动探索新的测评工具，不断实现作业的策略优化。

（5）充分运用社会学、心理学原理，不断革新作业活动。作业活动讲到底仍然是人的一项行为，深入解析，背后必然是被社会学、心理学、哲学等众多学科支撑起来的系统。这些基础理论的每一点进步，例如脑科学、思维科学、行为科学等研究的新突破，都必然地催生新的教育教学理念和教学模式，随之，新的作业方式会必然地呈现在新一代的学生面前，“让学生爱上作业”将变得更加迫切。

作业 +，我们这样再出发！

前面，我们结合许多案例为大家呈现了作业改革与创新的丰富实践和成果。归纳一下也很简单，主要的思路和做法在于对作业活动进行再认识，对作业功能进行再梳理，对作业系统进行再设计，对关联生活进行再设计以及创建联结，对课堂关联进行再设计等。而要做到这些，作业理念的不断更新，是最重要的影响力。

新时代，新教学，新作业，也呼唤作业理念的再创造。

1. 作业功能方面——“作业 +”

这是作业活动主动适应新时代对教育发展提出的教学改革需求的解决方案

之一。讲到底，作业只是一个学习活动的形式和载体，因此，我们可以把它看成是一个学习平台或接口，那么，可以联结什么，如何从课程要求出发、采用什么样的形式与内容、布置怎样的课程训练，就是我们需要积极规划设计的。

（1）+ 书面知识。为了应试，抄记背默比较多，这样的作业往往枯燥无味。但是，这些又是基础，仍然要进行适当的练习。

（2）+ 过程方法。这类作业是需要学生练习和经历的，观察、问答、比较、推理等作业相对会生动一些，但还是需要在作业总量上进行控制，不然学生的负担会很重。

（3）+ 情感态度价值观。这类作业的情调紧密联系学生的生活和思想，多要靠学生的实践和领悟。

实施“作业 +”，作业将不再单纯是从作业本到试卷的搬家过程，而是与我们的课堂和其他实践活动一样，是重要的育人园地。当我们理解这些后，我们的作业设计将会放眼更加广阔的视界和思想，为学生带来更加丰富和伟大的内容。

2. 作业行为方面——“趣动”

从以上作业实践和故事中，不难发现，我们的作业设计与批改，以及学生的作业完成和与教师的互动，这些行为当中都是有规律可循的，那就是“趣动”。作业内容和形式的有趣，激发了学生的作业行动；积极地进行作业活动，不断生发有趣的师生互动，如此循环，形成了良好的作业文化：趣动，展示与分享！

3. 作业工具方面——“智能化”

前面我一直没有谈及新兴科技进步对作业活动的深刻影响，只是偶尔讲到一些学习类网站、即时通讯工具 QQ 或微信以及个别移动端 APP 在作业活动中的应用。一方面是因为我在这些领域并没有多少亲历的实践，所以没有什么发言权；另一方面是因为一直以来我更加关注教师在基本作业实践中的思想性、能动性和体验性。

但这些工具性的变革与运用，毕竟是提高作业活动效率的辅助工具，它们必然会汹涌加入到我们的教学中，也很容易为我们所使用，而且会在一定程度上改变我们的教学方式和教学思想，所以，我们更加需要研究作业活动本身的规律，从而充分掌握新技术，改变我们的教学。

随着数字技术和智能技术的广泛运用，未来作业的设计、布置、查收、批改、反馈以及展示等将会更加方便，更加具有个别化、针对性，能在很大程度上解放（淘汰）教师、方便（控制）学生，所能产生的训练效益会是显而易见的。

但是，工具力量越是如此迅猛，越是需要基于人本价值的作业理念的更新和创造，给予工具一个正确的引领。我们不希望工具仅仅成为教育市场掘金的工具，不希望师生成为工具的新奴隶。

4. 教师态度方面——让教师爱上作业

作业活动说到底，是从教师这里发出的学习任务。所谓“己所不欲，勿施于人”，如果教师自己都不能充分相信作业活动是幸福的成长道路，并且愿意将这样的幸福化为最具体的行动，带领学生走上这条道路，那么，又如何能让学生心甘情愿、乐此不疲呢？

小小作业本，学习大舞台，不仅是让学生，更是要让教师爱上作业！我们要不断思考，我们能从作业的改革和实践中获得什么，我们可以有哪些作为，如何使之成为我们引以为豪的工作成果，成为我们有趣的生活内容等。教师乐于在作业活动中创造教育的价值，体验教育的成就和幸福，这才是作业改革的根本前提。

让我们一起努力！

为我“打工”的多元智能

研究作业，需要学习和理解大量的教育教学理论。有时就好像一个饥饿的人，难免会饥不择食。其实，每一种理论都有它诞生的基础，有它适用的局限性，还有它所体现出来的作者的文化追求。教师要学习蜜蜂，飞过许多花，采其精华，为我所用。

就以“多元智能”理论的学习与运用为例。很多教师在接触多元智能理论之后，茅塞顿开，于是就以该理论学说为依据，为学生创造出了丰富多彩的校园生活样式，并为很多在本门学科的学习中差强人意的学生找到了合理的解释。由此可见，多元智能理论在促进学生全面发展的同时，也开拓了教师的视野，解放了教师的思路，使不同类型的学生各得其所。但是，我们也要认识到，多元智能理论对于具体某个学科的某项训练来说，是不能简单套用的。

很多语文老师（包括曾经的我）根据多元智能理论，主张给学生选做他们可以接受的、符合他们智能优势的作业，把表演、游戏等一些语文之外的活动也纳入到语文实践的范畴，美其名曰语文作业的多元化、个性化，还有人把对语文的这种解读称为“大语文”。

但是，静心思忖，你会发现，这无疑是自欺欺人的。他去唱歌、弹琴了，就能把日记写好吗？他去爬山、打球了，就会把阅读做好吗？他能言善辩，能把课本剧演得活灵活现，就一定能写出漂亮的作文吗？答案是否定的。语文能力还是要在具体的听说读写等的实践中循序渐进地训练、培养。

我们的教学不是要去验证多元智能理论的存在和效果，而是要用多元智能理论去理解学生，并为我们的学科教学实践服务——我戏称为“为我‘打工’”。具体地说，就是积极调用学生的优势智能进行语文能力的补足训练（或是拓展训练），让学生投身到语文实践中来。

我会鼓励那些活泼好动但又写不好日记的学生尽情地去玩，但是，我会提示他们——提前设计好游玩路线，保存好公园门票，买一张地图，多拍一些照片……回来后，简单地为这些照片或门票写点说明。有机会，我还会鼓励学生在综合课上交流他们的游玩经历。这样做，就是为了让他们在行动的基础上具备细致的心思、简单的条理、快乐的主题、点面结合的观察，等等。最关键的是让原本散漫的活动行为有了具体的语言意义，使其在后来的交流、日记中，获得更多的学习语文的乐趣。

班上有几个参加体校足球队训练的学生，平时的训练很辛苦，常规的作业他们也不喜欢。我就改变作业方式，鼓励他们在日记里写写训练体会，写写比赛经历，还让他们在作业中经常摘抄一些足球明星的资料，向同学进行介绍。这些没有影响他们对足球的爱好，反而让他们更深刻地认识和理解了足球。当然，他们对语文的喜爱也在增加，因为他们喜欢上了用书面和口头语言与同学分享足球带给他们的快乐。

班上有些学生非常喜欢学数学，数学成绩很好，他们对数字很敏感，但对语文，特别是语文课堂讨论和作文写作怎么也喜欢不起来，语文学习能力不强，语文成绩不是很好。我作为他们的语文老师光着急可没用，于是，我就因势利导——鼓励他们到讲台前给同学讲解数学问题解题思路，给同学进行一些数学上的小辅导，偶尔还会让他们写写数学小日记或数学小论文。于是，他们在沾沾自喜的说写过程中，轻而易举地锻炼了表达能力，他们也在体会表达过程中的尴尬、拘束、羞愧中，开始主动学习语文。

我经常会给学生安排一些唱歌的作业，当课堂上涉及歌曲内容时，我会用并不优美的歌喉带领学生唱上两句。我会尽可能地在自己的课件里插入一些音乐片段，比如贝多芬的交响曲、施特劳斯的《蓝色多瑙河》，以及黄梅戏中的某些唱段如《夫妻双双把家还》。对于教材中涉及的一些老歌，我会鼓励学生让他们回家后请爸爸妈妈唱给他们听。对于学生喜欢的歌曲，我会要求他们把收集到的歌词工整地抄写在作业本上，或是写写听歌的感受。这些做法不只是在带领学生寻求一种学习的乐趣，更是让学生去体味生活，增进人际交往，感受到语文实践无处不在的魅力，进而培养对语文的热爱。

有的学生喜欢独处，会在属于自己的空间里通过遐想、凝视或是自言自语体会独特的乐趣，我们应该尊重他们的这种习惯。但是，毕竟社会是复杂的，他们在未来的人生路上需要与他人交往，适应人际环境。所以，对于这一类学生，阅读和写作是开启他们语言智慧的最佳钥匙。给他们推荐一些好书，让他们爱不释手，也鼓励他们给老师及其他学生推荐一些好书，给大家做一下推荐讲评，写写随笔，创作一些小诗，等等。先用无声的语言与他们交流思想和生活，再慢慢地以声情并茂的方式开启他们的心扉。我有时会想：也许将来，在他们之中，会出一个文学家、小说家？

多元智能理论的启迪使我更加深刻地认识到了所谓学生差异、个性化发展等一系列教育教学问题的丰富内涵，它也在启发我，既要尊重差异，又要注意对学生进行潜在智能的积极开发；既要强调全面发展，又要留意对学生进行优势智能的有效呵护。

所以，在平常的语文教学中，我不仅会通过语文作业让每个学生都充分认识到语文的魅力，而且会让学生通过语文实践接触更广泛的学问，从此爱上一个自己原来陌生的领域。

我并不奢望每一次作业都能让全班每一个学生有所收获。但是，每一次的作业，都会有几个学生收获颇丰，然后，下一次作业，又有另外几个学生有了自己新的收获，再下一次作业……几个月后，几年后，学生会各得其所。

在学习《诺贝尔》(苏教版《语文》五年级上册)一课后，我为学生安排了这样一份作业：

(1)在这次惨烈的实验之后，诺贝尔很伤心，他在日记中写道……(提示：再读课文，了解课文的相关描写，然后充分想象诺贝尔当时的内心世界，悲痛、悔恨、反思、决心等。)

(2)假设你是《纽约时报》的专栏记者，在这次震惊全城的实验室爆炸事件后，你对诺贝尔进行了独家专访。写一篇报道。

提示：从以上两题中任选一题。题目自拟。

这个作业对学生来说是有挑战性的。这是一种以促进反思、认识自我为核心的作业活动。虽然那些以认知内省为优势智能的学生会做得非常出色，得到老师的再度赏识，但是，对于许多大大咧咧的学生而言，他们也会通过这次练习，以具体的语句和措辞，感受人物的内心矛盾，揣摩人物的人格魅力，从而在理解、情绪和表达等多方面获得体验。后来的批改也证明我这样的题目设计是有效的。

在学过《去打开大自然绿色的课本》(苏教版《语文》五年级上册)一课后，我给学生布置了要求他们在课前课后走进自然、观察自然和记述自然的作业练习。通过完成这次语文实践作业，那些热衷于活动、游玩的学生因此从家长那里争取并获得了更大的自由与快乐，进而感受到了生活的美好。同时，因为他们的快乐还是因作业活动而起，自然会更亲近善解人意的老师，亲近语文学习，下次就算是让他们抄抄写写、背诵默写课文，他们也不会当面“喊冤”了。

积极发挥多元智能理论对教学的影响作用，还要善于以部分学生某方面的优势智能启发和影响另一部分在该方面处于劣势的学生。

我在每节课前安排了一个“小小演讲”的环节，以此锻炼学生当众流利表达的能力（我自身的经历证实了此种能力对于人生旅程的重要性）。我在这项专题训练的实施过程中，就采取了这样的方式：先是让学生自告奋勇举手获得演讲机会，那些能说会道的学生就会抢着上台演讲。我会在他们讲演后进行点评，评价涉及语言技巧的内容不多，主要是关注演讲中涉及的话题和事例，还常幽默地说说自己的看法，并在时间允许的情况下，让那些平时少言寡语的学生也可以现场提问。以这种方式给他们一个榜样示范。然后再将演讲的一些语言要求和技巧介绍给全班学生，并抽签决定下一位演讲者——鼓励每个学生都上台试一试。

这种方式给了每个学生，特别是那些不善言辞的学生一个能力预热的机会，甚至让他们觉得只要自己好好准备就能做好，就能赢得热烈的掌声、获得紧张而又令人兴奋的表达快感。

> 班上有个叫小雨的女孩，在接他们班之前（四年前），我在校园巡课的时候，就注意到了她。小雨是个胆子很小的女孩，几乎每次老师补差的时候都有她，她总是排在同学的后面，呆呆地听着老师的批评，来来回回地订正作业，也常一副哭哭啼啼的样子。后来，四年级时我接了他们班，她成了我的学生。开始，我对她的问题也没有好的解决方法。好在我们的作业是自主、开放式作业。渐渐地，小雨喜欢上了在作业里给老师留言、和老师聊天，我也很积极地回复她。一个学期下来，小雨有了变化。在“小小演讲”活动中，小雨一开始也窘迫得说不出话来。但是，慢慢地，在我们的微笑和掌声中，她不断地感受到了被大家欣赏的乐趣，体验到了自信给自己带来的进步。再后来，每到临时有人没准备好，需要有人补台即兴演讲的时候，或是我请学生朗读课文的时候，她总会把手举得高高的，用满含期待的眼神看着我，希望我能叫到她。而且，她每次的演讲或朗读，都饱含感情，绘声绘色。这诸多的变化让人

由衷地欣喜。在校庆国庆诗文朗诵比赛中，小雨以最激昂的语调朗诵了她自己创作的一首歌颂祖国的诗歌，获得了高年级组第一名的好成绩。她的不断蜕变，也让我感受到了以尊重和趣动为主要机制的教学与作业在激发学生潜能方面的巨大力量。

事实证明，用好多元智能理论，以恰当的作业理论和实践引领，作业也能够像其他的教学活动一样，对学生的成长产生深远的影响。

“学生”不是孩子的全部

作业不是学习生活的全部，“学生（身份）”也不是孩子的全部！

很多老师总会以自己拥有的某种权威，用功课和作业去挤占学生大部分的生活空间，或者说，让学生自然地（也是习惯地）以为自己就是而且只是一个学生。

同样，社会中的大多数人经常鼓励孩子要好好学习，这是不是也无视了儿童作为一个完整的生命应有的权利呢？

学习、作业、担当“学生”的角色，都只是儿童生活的一部分。他们还必须也应该去经历、体验生活中更多的精彩。

他们要玩。要奔跑跳跃，要跌倒爬起，要喜笑颜开，要哭哭啼啼，要胆大妄为，要惊惶失措……以此锻炼健全的体魄和身心，以此积累适应未来生存需要的能力和经验。

他们要休息。虽然他们有旺盛的体力和精力，虽然他们玩起来什么都不管不顾，但是，他们也需要休息，需要感受宁静和孤独，需要足够的睡眠以及悄悄地长身体、长个子，需要从甜甜的睡梦中品味成长的快乐。

他们要走出房间。“读万卷书，行万里路”，只有走到户外，才能真正感受到自己的存在，感受到自己是一个和别人不一样的个体，才能知道自己虽然渺小却有无限的可能，才能结识更多看得远、走得远的人，才会有更了不起的追求，人生才会更有滋有味。

请回想一下自己的成长经历，相信你能说出更多孩子除了完成作业、作为一个“学生”存在之外的其他生命意义。

可是，我们成年人谁又会刻意去注意这些呢？我们虽然很勤勉地在工作，为了学生辛勤操劳，但当我们把这些学生原本应有的各种权利，以善意的方式“驱逐”或“绑架”了的时候，我们是不是就成了孩子人生历程中的一个“罪人”？

对于我们的这些行为，自己基本上是察觉不到的，但是，我们面前的学生时时刻刻都能感受得到。他们只是因为我们的“和蔼”或是“严格”，没有说出来而已，不经意的抵触却时时以各种方式出现在我们面前……

学生，不是孩子的全部。

教师，也不是我们的全部。

作业创新，这样的“微改革”有用吗？

今天，我们在学校里做出来的各种微不足道的教学创新、做出的点点努力，仅仅是在当下改变了教室里的一方天地和一群人。这么做，有用吗？

一天，我把一篇亲子主题的实践作业案例和经验发在了公众号里，第二天收到这样一条评论：

> 这些举措都是杯水车薪，应试教育才是根本病灶，可是不应试怎么从众多中国学生里去淘汰优劣，所谓的人才又以什么文化基础为准，这一切都是问题，光是解决个作业只能说是重病轻医，标本均不治。

我没有当即回复，而是把评论截图发在了朋友圈，想听听朋友们是怎么看的。

他们这样说：

> 倩：他知不知道现在有些老师都不改作业了？告诉他这个现实。

牧：人口基数大，优胜劣汰是必然的。生活就是这样有欢笑有泪水。一部分人负责欢笑，一部分人负责泪水。

宝：赞成这条评论。

宏：一杯水，也是水！做自己的事，哪怕发一点光，也无悔。毕竟，这辈子不长，能发光的人太少太少。

慧：杯水车薪的事也要做！大环境改变不了的话，我愿意去为孩子营造一个伊甸园。这些充满爱和智慧的作业举动，谁说不能提升孩子们的学习力呢！充满爱和温情的教育才是真的教育！

卢：本是大环境，个人没那么大能耐，能积极改变小环境，积极求变，已经很值得敬佩了。光说这种大而正确的话，只会让自己懒得改变。

强：下雨是解决干旱的根本办法，但是坐等下雨就耽误秧苗啦。

峰：我们都知道这样一个故事：海水退潮的时候，很多小鱼留在了沙滩上。一个小姑娘把鱼一条一条捡起来，重新扔回大海。父母一脸不屑："那么多鱼，你能捡完吗？"小姑娘说："我管不了那么多，但这条鱼在乎。"所以现象无法改变，但我们不能随波逐流。我们做该做的事，那就是职业道德，哪怕改变的只是一个班、一个组，甚至一个孩子。

是啊，作业创新，这样的"微改革"有用吗？

其实，我很感谢这位网友的直言不讳。他的看法的确充满怨气，但也充满期待。有他这样想法的人、对今天的教育形势感到焦虑和无奈的人还是大多数。不管怎样，他留言评论了，而不是在做习惯性沉默的大多数。

而朋友们的评论更多是给了我们热切的鼓舞。

早在十几年前，我也同样遇到过这样的疑惑。当时我们已经在风风火火地进行作业改革的尝试，成果喜人，很多媒体都做了报道。我的一个杂志社朋友却语重心长地对我说：

你有没有想过，这么做会害了他们？在你的羽翼之下，孩子们感受到的是信任和美好，但是，当他们一毕业或是走上社会，等待他们的却是残酷的竞争和人情冷暖。那时，他们会发现过去的美好原来都只是一场梦。那种被欺骗的感觉，是不是更大的伤害?

我当时听了，着实被吓到了。我告诫自己，教育实验本身必然充满风险，有人提醒是好事，必须冷静、理性地来重新审视我们的教学创新和改革行为!

当然，我后来还是想明白了，知道自己走的是一条正确的路。但是，心里觉得挺为好多的孩子痛心的：难道，我们赶着学生成天疲于应付考试，所谓“只要学不死，就往死里学”，严重摧残儿童青少年身心的教育，反而可以看成是正常现象，是为了提早让学生适应“丛林法则”，锻炼他们的抗压、抗摔打意志，让他们对发生在教室和试卷上的不公平忍气吞声，也是为学生建功积德?

好，姑且认为他说得对，那么请看看我们实行应试教育几十年来培养学生的成果吧。今天，是不是越来越多的人把发生的极端事件归咎于教育？今天，当问题学生、校园欺凌、教师伤害等事件频发时，是不是越来越多的人不断指责学校和教师？学校和教师在不断地为曾经的教育“成就”背负责任，到底是社会问题渗透进了校园，还是学校乃至家庭一开始就忽视了对人的养成教育？孩子们没有一个美好的童年和少年，难道还能让他们期待一个充满鲜花和掌声的成年?

今天细想朋友的话，仍然足以让人警醒：我们的教育应当是活的教育，不应当是温室大棚和营养坯，而应当是麦田和果园；我们的教学不应当脱离生活实际照本宣科，而应当密切联系生活。我们不仅要教给学生文化知识，更要教会他们认识世界、理解社会以及完善自我。所以，教育教学应当更加观瞻学生的长远，直面儿童的现实生活，教会学生向生活学习，培养他们对社会和人的观察和认知，用更加人道和哲学的思想去迎接生活的遭遇和挑战。要培养他们热爱生活的信心，培养他们善于学习的能力，培养他们勇于斗争的精神，从而不断地去创造和遇见一个更美好的世界。

这些，都是我们必须教给孩子们的。然而，在我们今天的中小学课堂里，在孩子们的作业本里，甚至在家庭教育里，你都很少能看到这些。当我们被应试教育以及社会功利的洪流裹挟时，我们怎能不做出应有的抗争和改变?

真正的可悲是在这里、这时候！

这不仅是对儿童今天的伤害，更是对他们未来的摧残。

星星之火可以燎原。所以，学校和教师一点都不能守在原地观望，不能等靠要，而是要振奋起来，有所作为，即便是微若晨星，也是一点希望！

后来，我给那位网友做了回复：

> 不积跬步，无以至千里。伟大的愿望不会因为等待就能送到你我面前，总要做点什么。一起努力吧！

和学生一起成长

从多年的作业研究实践中，我不断地感受到一种力量，这种力量支持着我进步和成长。这种力量是什么？它就是学生的进步带给我的愉悦心情和小小成就感，它让我能够不断地感受到作为一名普通教师自身存在的重要性和使命感，也不断地鼓舞着我继续努力。

所以，我很愿意将这样一种快乐体验，与各位新教师或是遭遇职业倦怠而备感低迷的老教师分享。

你能够站在讲台前给学生讲课，能够拿着红笔批改学生的作业或试卷，并不就说明你已经胜任了工作，不要说超越你的前辈，就连让自己驾轻就熟，都是要用上十几年、几十年或是一辈子的时间去磨砺。宋代诗人陆游有诗曰："古人学问无遗力，少壮工夫老始成。纸上得来终觉浅，绝知此事要躬行。"确实如此，做学问没有什么捷径，教学也一样，自己亲自去做，一边思考一边做，才会有所进步。

怎么去做是一件很重要的事情。教师必须切实思考和学习解决自己实际面临的问题。我想，不断地把眼前遭遇到的问题、困境当成一项重要的课题来钻研，并不懈探求和实验，应该是一线教师得以持续获得专业发展的重要路径。每隔几年，我都会鼓励自己为自己立项一个课题，或是积极参与学校或同事的课题研究。课题研究的级别高低、所属分工角色的大小不重要，重要的是参与其中可以学习、分享到同事的经验和智慧，越是领域和内容的差异大，越是能够得到更多的启发。教师只有通过充分的研究和实践才能使自己不断迈向专业化，让自己的教学工作变得游刃有余。

总之，学生才是最终成就你的持久力量，你教学的一切功劳，都要由他们身上折射出来。你在他们身上遭遇的无数麻烦，会成为你破解迷局、充实经验的一把把钥匙；你从他们身上看到的进步，会成为你积累经验、走向成熟的基石。他们在你的教导下，不断地成长，可以进一步证实你作为一个教师的进步。

所以，请自信地和学生一起成长吧！

专题一：特别的作业，给特别的你

按：在作业改革的道路上，我们有着许多志同道合的老师朋友们，他们用智慧和执着还有热诚的心，在自己的学校进行着卓有成效的探索和实验，创造出很多令人耳目一新的研究成果。大连市的胡萍老师十多年来一直致力于作业设计的创新，形成了许多独到且非常有操作性的作业设计案例。在此，特别收录胡老师的作业案例，以表达我对胡老师的敬佩，更是对像她一样为教育事业默默坚守、勇于推陈出新的同行们致敬。

我们这里大多是语文和数学包班上课，所以我既教语文又教数学，而且我还担任班主任。相比之下，作业带给我们的负担不仅仅是反映在学生身上，更是突出地反映在我们老师的案头。我们师生怎样才能从繁重的作业中走出来，这样的愿望尤为迫切。

大概是从2006年开始，我对“作业的设计”产生了特别的兴趣。于是，我便悄悄地尝试起来，跌跌撞撞，从语文的“特色积累作业”开始研究，到数学“分层作业”，再到现在的数学“特色作业”，一路走来，一直坚持研究到现在。十多年了，我对作业的研究非常热衷，收获了学生的进步与领导的肯定，更是在这充满创意的研究中让我找回了原先那个热情、自信和充满灵气的自己。

数学篇

分层作业，让学生充满自信

世界上没有完全相同的两片树叶，更没有完全相同的两个人。人与人之间是有差异的，学生更是如此。

《义务教育数学课程标准》（2011 年版）在前言中指出："人人学习有价值的数学；人人都能获得必需的数学；不同的人在数学上得到不同的发展。""分层作业"，就是教师在承认学生存在差异的情况下，有区别地布置作业，使每个学生都能在原有的基础上得到发展。我一直教低中年级数学，每一课都应该照顾学力不同的学生，设计难度适中的分层练习题，做到"下要保底，上不封顶"。根据教导处"分层作业"的教学要求，我借鉴了数学课堂上采用的"自助餐"式的弹性练习做法，在低年级的数学作业上尝试"阶梯分层"（如图 5-1 所示）。

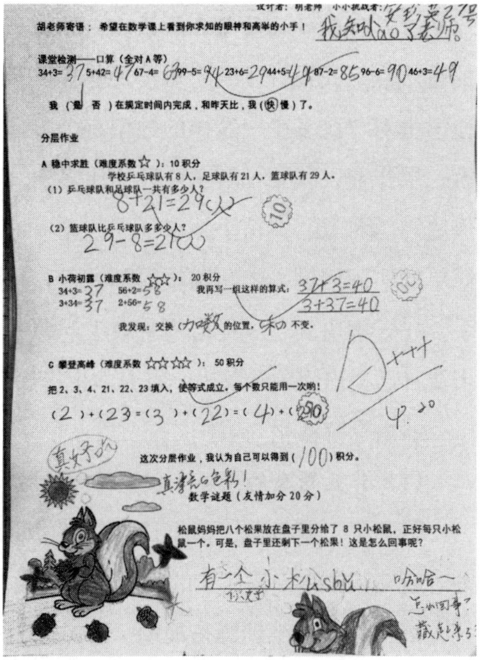

图 5-1

同时，我对自己提出了新要求：不要让学生把分层作业当成一种负担，而是爱上它，并且不断地挑战它。所以，对于低年级的分层作业设计，我把设计的重点从题型的设计逐渐转到注重学生对数学兴趣的培养。

1. 形式活跃化

首先，要让学生喜欢上作业，就要以他们喜闻乐见的形式来布置作业。

（1）**设计好听的作业名称**。小孩子都是天生的故事娃娃，他们喜欢沉浸在故事人物和情节里面。所以，我力争在每一次的分层作业中都设计一个独特的“故事情境”，让一年级的儿童始终对它充满好奇心和新鲜感。于是，《聪明娃娃游羊羊乐园》《小博士勇闯数学王国》《神奇的数学天地》《高手如云》《我选择，我喜欢》和《阿狸的梦想之城》等这样充满童真童趣的数学分层作业就呈现在了学生的面前。

每一次设计，我都尽量做到细致入微，甚至细到学生写名处的设计。如《高手如云》这次的分层作业，写名处就是“解题高手”，《小博士勇闯数学王国》的写名处就是“小博士”，如此这般的创意，让学生每一次写下名字的时候都有一种自豪感。

（2）**巧用好玩的题目导语**。再如《高手如云》这次分层作业，根据该课的重难点，我设计了三层难度的作业。第一层，“火眼金睛”——列式计算。让学生对“比多少”这样的题型有个整体的归纳，会区分，正确列式。通过第一层作业，我要了解学生对“比多少”不同题型的掌握情况，做到“下要保底”。第二层，“信手拈来”——画一画，算一算。通过看图、画图，解决简单的实际问题。学习困难的学生跳一跳都能“够得着”。第三层，“数学高手”——解决问题。提出两个数学问题并解答。对于中等以上学生来说，要求能自己提出问题并解决，培养学生提出问题和解决问题的能力。

2. 内容阶梯化

（1）**作业题型的分层**。我把每天的数学作业都分成两类。

第一类：基础题。根据该课的教学重难点布置，要求全班必须完成，它是对新知识“举一反三”的巩固。

第二类：思维训练拓展题。这类题就是要通过思维训练来提高学生的综合智力，在自主选择中，让学生体验学习的快乐。

结合学生的个性差异，我又把这第二类题目按难易程度分成三个梯级层次。

A 层：综合能力提高题（难易程度 ⚐⚐）。中等学生跳一跳就能够得着。

B 层：拓展思维训练题（难易程度 ⚐⚐⚐）。中上等学生通过认真思考能做出来。

C 层：创新思维发展题（难易程度 ⚐⚐⚐⚐）。我把这一层次称为“数学天才发现”。因为解决这层题，需要采用一定的数学思想和方法，像“画图法”“筛选法”等，甚至需要同伴互助才能完成。

这 A、B、C 三层题，我要求学生根据自己的实际能力来选择。做对的，按选题的难易程度给予相应数量的小红旗作为奖励。

例如，“加减混合”这节课的“分层作业”，我是这样设计的：

第一类：基础题：竖式计算。

48+32−16

93−69+25

第二类：A 层：“巧填数字”。

$$\begin{array}{r} 4\square \\ -\ \square 5 \\ \hline 1\square \\ +\ 7\square \\ \hline 85 \end{array} \qquad\qquad \begin{array}{r} \square 6 \\ +\ 3\square \\ \hline 71 \\ -\ \square 7 \\ \hline 5\square \end{array}$$

B 层：“算式谜题”。

$$\begin{array}{r} \text{巧}0 \\ -\ 4\text{解} \\ \hline 3\text{解} \\ +\ \text{题}1 \\ \hline 76 \end{array} \qquad\qquad \begin{array}{r} \text{数数} \\ +\ \ \text{数} \\ \hline 84 \end{array}$$

巧 =（　　）　解 =（　　）　题 =（　　）　　数 =（　）

C层:“九宫图”。把3—11填入下面的方格，使横行、竖行、斜行相加都等于21。

可能老师们会说:“一年级就使用九宫图？是不是太难了？！其实，九宫图是一种运用连加法计算的数学趣味题。作业批改后的结果是，全班50人，有35人做对了，占全班的70%。作业反馈后，学生掌握了九宫图的方法“中心单（双）数角双（单）数，其余单（双）数配边中”后，在下节课的分层作业中，九宫图就成了B层作业，全班有80%的学生做对了。

再如，“元角分”的认识这节课，我的分层作业是这样设计的:

第一类：基础题。

①2张1元和3张1角是（ ）元（ ）角。

②3个1角和5个1分是（ ）角（ ）分。

第二类：A层：小明、小红用同样的钱买笔，小明买了4支红的，小红买了3支黄的，(　　)色的笔贵。

B层：姐妹俩买同一种书包，姐姐买少12元，妹妹买少15元，如果姐妹俩合买钱正好。一个书包多少钱?

C层：妈妈给小兰一些钱。小兰用钱的一半买了毛笔，又用剩下的一半买了铅笔，最后的5角钱买了橡皮，妈妈给了小兰多少钱?

这些题，连我们老师也头一次看到，也要仔细想想，一年级的学生能行吗？说真的，C层原题是“2角钱”，硬是被我改成了“5角”，想考验一下比较聪明的同学对单位换算是不是很灵活地掌握了。开始批改时，我心里还是在“打鼓”，会不会在C层题上“全军覆没”？批改的结果是：A层37人答对，占 74%；B 层 10 人答对，占 20%；C 层竟然有 4 人的算式完全正确：

5 角 +5 角 =1 元　1 元 +1 元 =2 元

可能有些老师会问：你这样做不累吗？是啊，这么做，无形中我就一下子给自己增加了很多工作量。一是我必须每天抽出时间来在数学评比表上给学生盖上相应数量的红旗；二是我必须先认真选题。第一类题目可以从各种练习册和教辅材料中选择；第二类题就比较费功夫了，因为选的题首先必须和教学内容有联系；其次，还得找到难易程度不同的题型。所以，我钻到书店寻觅到了诸如《数学智能培养与提高》《小学奥数千题巧解》等书籍，从这些书中丰富的题型中选择对自己有用的。

不过，每当我看到学生为了解决一道难题下课时间还围在一起讨论；每当我看到学生盼望作业本发下来，看到自己的选做题盖上了“小红花”那一刻的欣喜表情；每当我看到学生叽叽喳喳地围在数学评比表前认真地数着“小红旗”；每当我看到学生兴奋地“破解”了我精挑细选的那道题……我觉得我的付出是值得的，而且值得一直坚持下去。

（2）作业量的分层。刚才大家看到，我在第一类基础题的作业布置上，选择的数量比较少。因为在分层作业的实施过程中，我发现学困生完成基础题需要很长时间，所以对于他们，我就采用“小步子前进”的原则：一次少留。做错了，再给两道“触类旁通”的题进行巩固；如果对于基础题，学困生一次性做对了，我也会给他们一面“小红旗”作为奖励。

而对于很快完成基础题、接受能力较强的学生，我就鼓励他们选择更多的第二类题型，把时间用在这类题的动脑思考上。现在看来，大部分学生对几乎所有的二类题都敢于挑战。做完 A 层，做 B 层；做完 B 层，想 C 层。这样，如果全做对的话，一下子可以得到 9 面“小红旗”，何乐而不为呢？“兴趣是最好的老师”，学生如果对数学学习产生了兴趣，学习起来便会乐此不疲，正所谓“乐学之下无负担”！

所以，我感到“分层作业”能让学生自由选择、尽其所能地发展，更重要的是，能保持他们浓厚的学习兴趣，我认为这才是进行分层作业的追求！

我感到分层作业有利于老师的因材施教，有利于学生在完成适合自己的作业过程中都取得成功，获得满足的心理体验。

3. 评改个性化

这是在作业批改上的分层。

（1）**差别批改**。低年级阶段不安排课后的家庭作业，所以，我要求学生的数学作业必须当天在学校完成。那么，在批改时，我得根据学生的选题，“分层批改”。对于只做基础题的两三名学困生，我采用的是“低起点、小步子、快反馈”的方法，力争面批面改。基础题一次性答对的，也会给一朵“小红花”和一面“小红旗”作为奖励。

但我欣喜地发现，我们班的这两三名学困生也开始尝试做二类题型中的A层题了。我想，一是他们获得了基础题成功的体验，自信心增强了；二是他们看到同学们日益增多的“小红旗”，也想奋起直追了！从他们身上的变化，我感到“没有什么东西比成功更有增强满足的感觉，也没有什么东西比成功更能鼓起学生进一步求得成功的努力”！

而对于选择第二类题型的学生，如果基础题全对，但选做题错了，在批改时，我仍然给他们A等。因为他们选做了、思考了、努力了，他们的学习态度就是A等。作为老师，我一定要小心翼翼地保护和保持他们这种向上的、积极认真的学习态度！选做题做对的，我会在他们的作业本上盖上“小红花”，给他们的分数是A+、A++。

（2）**积分促进**。我会设定激励性的积分。我要让学生喜欢上数学分层作业。所以，不管是必做题还是选做题，每一道题旁边都有积分奖励，满分从500～1000分不等；100分是最低分，小孩子认为自己得了100分就是高分，也高兴得不得了。如果学生做了选做题，但答错了，越过此题，暂不评判。因为他们的学习态度是A等。这样，学生都盼望着每一天都有数学分层作业，希望得到更多的积分与奖励。

（3）**留言互动**。教师一定要小心翼翼地保护和保持孩子们这种积极向上的、认真的学习态度！遇到做得精彩的作业，我会在作业旁边贴上“我为你自豪”“数学小天才”的贴纸。有的时候，个别学生就差一点点就做对了，我会在旁边贴上“真可惜”“再仔细一些就会成功”“加油”这样的贴纸来鼓励他。

自从实行分层作业以来，我真切地体会到整个班级的学习氛围越来越浓厚了，学生的思维越来越灵活了，更重要的是，他们把解决一道难题当成一种乐趣。作为老师，我的工作就是要保持他们这种向上的、无尽求知欲。

特色作业，让学生学会学习

随着研究的深入和具体化，到了新一个年级，我想让我的数学作业不仅是分层的，让每一个学生在自己的基础上有不同的发展，而且，我希望他们更多地通过作业学会如何学习数学，如何从小喜欢上看上去有些枯燥的数学学科。于是，在研究分层作业的同时，我还在思考如何让数学作业“与众不同”。

加与减（三）摘苹果——“两位数加两位数（进位）”分层作业

设计者：胡老师　　小小挑战者：

温馨提示：你会估算吗？如：48+29 怎样估算？把 48 看成整十数（　），把 29 看成整十数（　），（　）+（　）=（　）。

课堂检测——竖式计算（全对：A 等，10 积分）

（1）22+68=　　（2）54+37=　　（3）75+25=

个性化作业的设计，是指教师在设计作业时，以作业改革为突破口，尊重学生的个性，注重学生的个性发展，让作业变得新鲜有趣，让学生乐于接受，真正达到“减负增效”、快乐成长的目的。

我认为，通过个性化作业的设计，可以优化作业行为，提高教师设计和布置作业的水平，有效提升学生的学习能力，减轻学生的课业负担，向课堂教学要效率，向学生在校时间要效率；可以培养学生的学习兴趣，整合学习方法和策略，让不同的学生在数学学习上得到不同的发展；可以把作业作为载体，成为架在师生之间、家校之间互相信赖与互相支持的桥梁，不仅仅收获知识、收获能力、收获方法，还收获学习的乐趣、收获思维品质。

1. 把分层作业与课堂检测相结合

“课堂检测”原先是课堂结束前检验学生对该课基础知识和基本技能的掌握情况的环节。在个性化作业的设计中，我把“课堂检测”放在作业单的最前面，让它成为新课堂的必要准备和起点。

它可以是计算方法的回顾。例如，在《加与减（三）摘苹果——“两位数加两位数（进位）》这节课中，检测环节设计之一如下：

你会估算吗？如：48+29 怎样估算？把 48 看成整十数（　　），把 29 看成整十数（　　），（　　）+（　　）=（　　）。

它也可以是该课重点的再现。设计时，用学习伙伴与学生对话框填空的形式出现，在对话的过程中回顾课堂的重点知识点。

三上数学第五单元《什么是周长》个性化作业

设计者：胡老师　3.1 班：

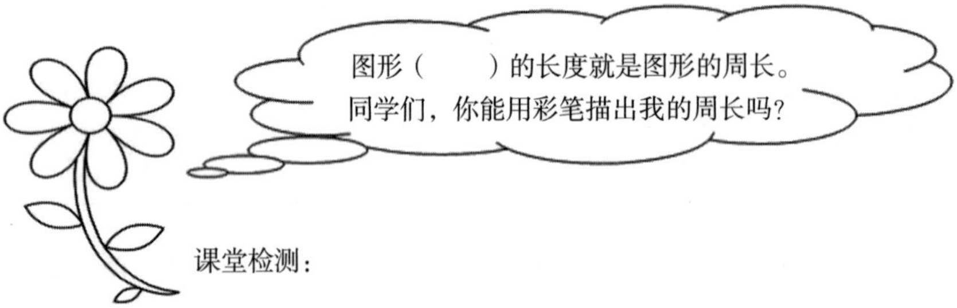

课堂检测：

课堂检测全对，就可以跳过基础题不做，选择适合自己的拓展题。而检测题有错的学生，依旧要完成基础题。

2. 把分层作业与“一句话数学日记”相融合

通过这种方式可以让学生感受到数学就在自己身边。以前在学习中了解到特级教师吴正宪老师和钱守旺老师对数学日记都有自己一套独特的做法，于是，我也主动在班上尝试。的确，在数学日记中，学生以童心、童趣解读数学，体现了学生对于数学学习的真实需求和真实体验。低年级儿童，特别是一年级儿童可以尝试从“一句话数学日记”开始。教师通过学生的“一句话数学日记”走近学生，读懂学生需求，站在学生的角度看数学学习，按照学生的认知规律和心理需求来设计、组织教学，优化作业设计。

比如，在《生活中的数：数花生（100以内数的数法）》这节课的个性化作业设计（如图5–2所示）中，第一项就是数学日记：

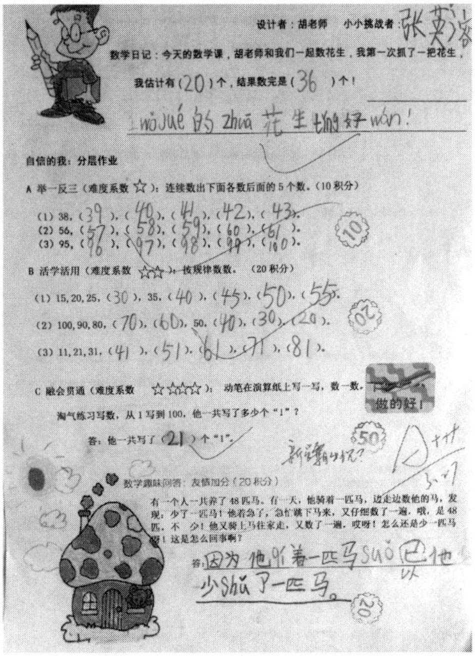
设计者：胡老师　小小挑战者：张英洛

数学日记：今天的数学课，胡老师和我们一起数花生，我第一次抓了一把花生，

我估计有（20）个，结果数完是（36）个！

wǒ jué 的 zhuā 花生 tǐng 好 wán!

自信的我：分层作业

A 举一反三（难度系数 ☆）：连续数出下面各数后面的5个数。（10积分）

（1）38，（39），（40），（41），（42），（43）。
（2）56，（57），（58），（59），（60），（61）。
（3）95，（96），（97），（98），（99），（100）。

B 活学活用（难度系数 ☆☆）：按规律数数。（20积分）

（1）15，20，25，（30），35，（40），（45），（50），（55）。
（2）100，90，80，（70），（60），50，（40），（30），（20）。
（3）11，21，31，（41），（51），（61），（71），（81）。

C 融会贯通（难度系数 ☆☆☆☆）：动笔在演算纸上写一写，数一数。

淘气练习写数，从1写到100，他一共写了多少个“1”？

答：他一共写了（21）个“1”。

做的好！

数学趣味问答：友情加分（20积分）

有一个人一共养了48匹马。有一天，他骑着一匹马，边走边数他的马，发现：少了一匹马！他着急了，急忙跳下马来，又仔细数了一遍，哦，是48匹，不少！他又骑上马往家走，又数了一遍，哎呀！怎么还是少一匹马呀！这是怎么回事啊？

答：因为他骑着一匹马suǒ以他少shǔ了一匹马。

图5–2

今天的数学课，胡老师和我们一起数花生，我第一次抓了一把花生，我估计有（　）个，结果数完是（　）个！

通过一句话数学日记的引导，让学生回顾有趣的课堂片段，感受到数学的有趣，愿意把自己学习中的快乐与老师和同伴分享！

3. 把动手操作、设计与实际生活相结合

通过这种方式，可以让学生体会到数学与生活、数学与其他学科相融合，才有丰富多彩的世界。数学的应用本身就具有广泛的、多科性的特点，不能人为地设置学科间的堡垒，而要加强数学与其他学科之间的联系，为学生解决问题提供广阔的文化背景，使学生在学科联系中汲取丰富的营养，更全面地理解数学的深刻内涵。

比如，《有趣的图形》这一单元中的个性化作业设计（如图 5-3 所示）：

看！这是我在数学课堂上折一折、剪一剪、拼一拼后设计的（　）！

这道题的目的是让学生通过亲自动手操作平面图形、利用平面图形的特点设计简单的作品，感受到数学就在身边，数学可以是多彩的。

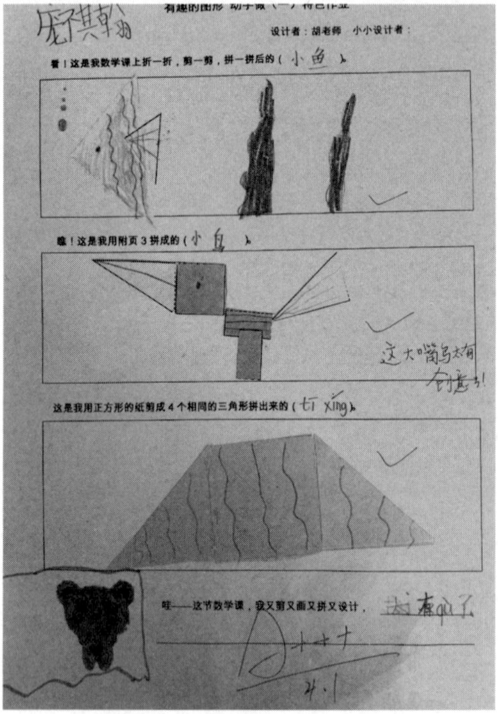

图 5-3

4. 把梳理总结与自我反思相融合

通过这种方式，教师可以让学生感受到自己的每一次成长。有体验才能有深刻的反思，有反思才会有提高，在总结反思中让学生受益，收获更好的自己。

例如，每次口算课的课堂检测的后面，都会有这样的设计：

我（是 否）在规定时间内完成，和昨天比，我（快 慢）了，我对自己说……

通过每天的总结，让学生感受到自己每次的付出都会收获进步，从而增强学生学好数学的信心。

再如《整理与复习》。该次复习课的个性化作业设计是以“整理与反思”为主线，让学生反思在每一单元的知识点中“我的优势”“我需要加强的知识点”，对自己的知识掌握有明确的认识，再在老师的引导下，根据自己需要加强的某一知识点，找一道相应的检测题（如图 5–4 所示）。这样，边梳理边总结边反思，在个性化作业的引导下，让学生不断地完善自己，而且整个集体也随之不断地积极向上。

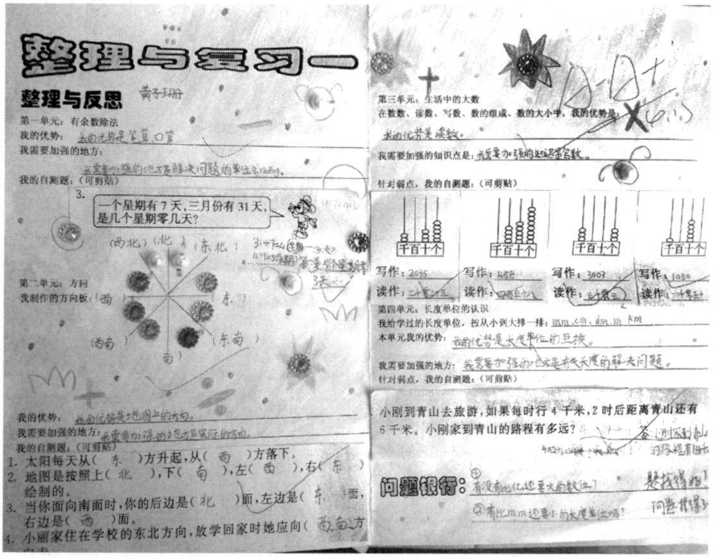

图 5–4

第一次在设计整理作业时，我就在思考：他们毕竟才一年级，我应该给他们设计好版面的位置。于是，由“我的整理”“我的提醒”“我是小老师”“胡老师对我说”组成的第一版整理作业就设计出来了。学生整理的比我预想的要好得多，他们给了我很大的信心。在设计第二版时，我就在思考，如果把第四栏作为活动栏出现，还可以让学生从哪些方面在期末阶段能有所感、有所得、有所悟，所以，我就设计出了“我的收获”“我对老师说”“我的真心话”等这样的每版都在更新的栏目。

在设计“我是小老师”这一栏时，考虑到学生年龄小，设计“空间与图形”“数的概念”这一部分的互测题有难度，我就建议他们从家里爸爸妈妈给自己买的练习册里找两道题剪下来，贴在这一栏，再提前把答案准备好。我发现，学生把准备好的答案写在了小纸条上，同桌互批时，拿出来，特别认真地在批改。看到他们认真的样子，我就灵机一动，让他们充分利用自己期末阶段的演算本，把答案写到演算本里，提前在这一页上做个记号，以方便找到。

复习到“数与计算”部分时，我把“我是小老师”这一栏和我的分层练习作业紧密结合。在期末阶段，我把“我是小老师”这一栏作为做基础题的板块，做对了直接跳转到下一层练习，让学生更用心地对待基础题，让他们懂得只要认真就会有收获。

5. 把课题内容与插图相结合，把课内知识与趣味数学相结合

通过这种方式，可以让学生感受到学习的乐趣。低年级儿童对于直观图画很感兴趣。在作业设计中，教师要有意识地把课题的内容设计到插图中，让学生在生活情境或童话情境中完成作业，让他们感受到数学的趣味性与人文性。

比如，在《加与减（二） 青蛙吃虫子——“两位数加减整十数”》这节课的个性化作业设计（如图 5–5 所示）中，插图是“青蛙王子”，作业设计的第一项就是老师的提醒：“一只青蛙一年能吃一万多只害虫，我们要保护它！”最后一项的青蛙王子友情加分的趣味数学题设计是：如果 10 只青蛙用 10 分钟吃掉 10 只害虫，那么，需要多少只青蛙才能在 100 分钟内吃掉 100 只害虫？整节课的个性化作业设计紧紧围绕“青蛙吃虫子”这一情境展开，既对学生渗透了爱护青蛙的德育，又让学生在相对枯燥的计算学习中感受到数学的趣味性。

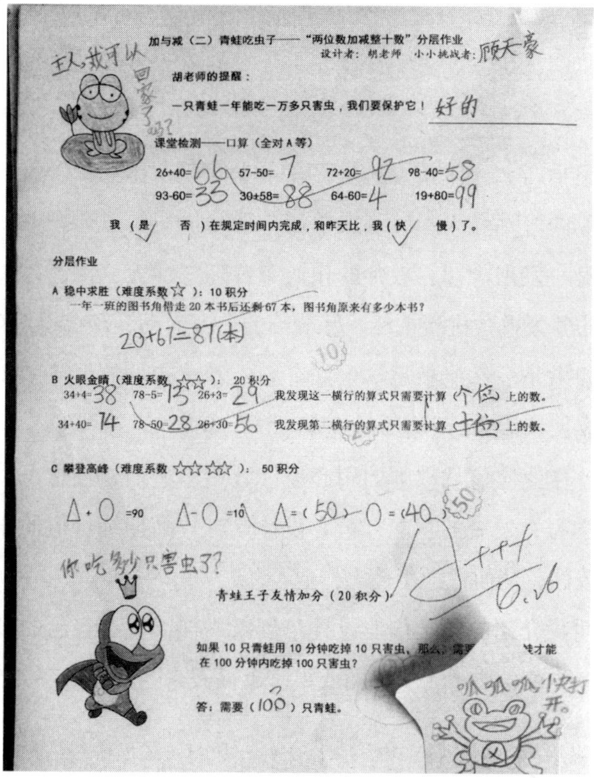
加与减（二）青蛙吃虫子——“两位数加减整十数”分层作业

设计者：胡老师　小小挑战者：

胡老师的提醒：

一只青蛙一年能吃一万多只害虫，我们要保护它！

课堂检测——口算（全对 A 等）

26+40=　57-50=　72+20=　98-40=

93-60=　30+58=　64-60=　19+80=

我（是　否）在规定时间内完成，和昨天比，我（快　慢）了。

分层作业

A 稳中求胜（难度系数☆）：10 积分

一年一班的图书角借走 20 本书后还剩 67 本，图书角原来有多少本书？

B 火眼金睛（难度系数☆☆）：20 积分

34+4=　78-5=　26+3=　我发现这一横行的算式只需要计算（　）上的数。

34+40=　78-50=　26+30=　我发现第二横行的算式只需要计算（　）上的数。

C 攀登高峰（难度系数☆☆☆☆）：50 积分

△+○=90　△-○=10　△=（　）○=（　）

青蛙王子友情加分（20 积分）

如果 10 只青蛙用 10 分钟吃掉 10 只害虫，那么，需要……才能在 100 分钟内吃掉 100 只害虫？

答：需要（　）只青蛙。

图 5-5

自从实行数学个性化作业以来，我真切地体会到整个班级的学习氛围越来越浓厚了，学生的思维越来越灵活了，更重要的是，他们把学习、把解决一道难题当成一种乐趣。

在我的班级，每个学生都有一本属于自己特色名字的数学作业夹，这里记录着他们数学学习的成长过程。每一次的作业设计对于我来说，确实很辛苦，但收获的是学生对数学学习的兴趣。让我欣慰的是，每一次，当我对学生说“今天我们要一起来整理知识点，完成整理作业”的时候，全班学生就高兴极了，他们对作业的喜爱是发自内心的，这一直支撑着我继续做下去。当我累的时候、没有信心的时候，看到学生在整理作业单上写的一句“因为有了您，我的数学学习才更加出色”时，我是那么的感动！这是孩子在当堂课上写的，我觉得，我的付出还是值得的！

语文篇

现在的小学语文作业布置还是存在不少问题，比如，作业量过大，学生负担重；作业内容枯燥无味，形式单调；很多作业为了迎合考试的需要，违背了学生的身心发展规律；教师的作业布置随意性大，评价方式单一；教师批改作业的任务繁重，机械重复。好端端的学习活动，却搞得怨声载道。

作业，如果是一件能满足学生好奇心或者求知欲的事情，如果是一件让学生体验到成长和趣味的事情，会怎样呢？

我认为，作业应该从教师的用心设计开始，增强课程意识，充分发挥作业促进学生学习力发展的功能，精心设计具有较高训练价值的作业，提高作业布置的有效性，从而让学生爱上作业。

就像前面我介绍的数学作业设计与创新一样，我在自己的班级对语文作业也做了很多改革，取得了喜人的成果。下面我来与大家分享几个案例。

拓展作业，分层设计

语文教材中每节语文课的课后练笔作业，都应是本课读写结合的训练点。每一篇的小练笔让学生写什么，如何让他们有话可写、愿意写，这些都需要教师用心思考。同时，还得考虑到学生存在的差异，让每个学生都能在拓展练笔中得到收获、得到快乐。

例如，学完了《一分钟》一课，教师可给学生一些关于珍惜时间的格言，让他们积累下来。同时，让有能力的学生也写一句对时间的看法。学生的自编"格言"也有"闪光"的句子，如："对于我来说，时间就像绽放的花朵，当花朵枯萎时，时间也会跟着结束。""对于小学生来说，只要管理（好）时间，才能玩得好，学得好。"

课后拓展作业可以分层对待，这样，学困生就可以仿写一个小节或者一句话，而中等程度以上的学生在这段时间里就可以尽自己所能仿写几个小节或者给作业配插图，或者趁着这个机会给老师留一句悄悄话，使自己的作业图文并茂，别具匠心。这样，每节练习课上，学生都在静静地写，静静地画，充分利用了时间。学生很喜欢写拓展作业，当我一说“请大家打开日记本”时，学生就兴奋地喊“耶！”。学生不把写作当成一种负担，而是看成一种乐趣，这是多么难得的一件事啊！

读书作业，针对设计

读书使人博学多才，读书使人谈吐不凡，更重要的是，在读书中，我们可以遇到更好的自己。美国著名教师雷夫·艾斯奎斯说：“我要我的学生爱上阅读。阅读不是一门科目，它是生活的基石，是所有和世界接轨的人们乐此不疲的一项活动。要让孩子在长大后成为与众不同的人——能思考、考虑他人观点、心胸开放、拥有和他人讨论伟大想法的能力——热爱阅读是一个必要的基础。”

如何让低年级的学生爱上阅读？低年级的学生与高年级的学生不同，需要老师先“扶着”来。要想既不增加学生的负担，又让他们喜欢读书，“读书作业”（如图 5-6 所示）是一项不错的选择。

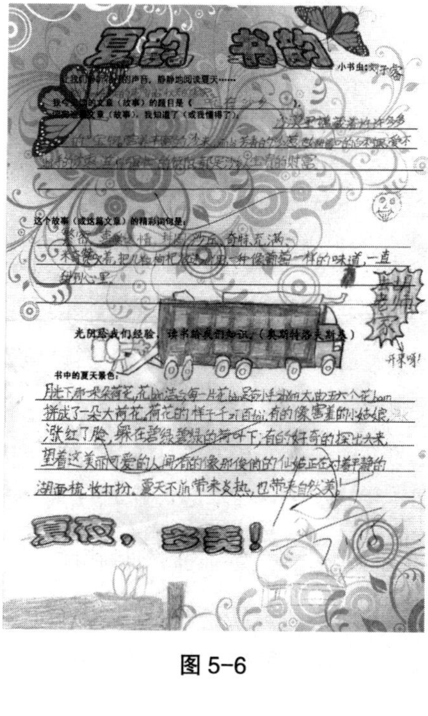

图 5-6

这项作业以A4纸呈现，一般分为三个部分：第一部分是“我知道了（我懂得了）”，主要写自己所读的文章的主要内容或者主要感受。第二部分是摘抄这个故事或文章里的精彩语句。这是让学生真正把一篇文章（一个故事）读懂、读透，达到语言积累的目的。第三部分是专题积累，结合每个单元主题来设计专题积累内容，使学生的读书更有针对性。例如，“美景、美文”“花香、书香”“科学、文学”“童心、童话”…… 去年暑假期间，我针对学生假期阅读的特点，一是设计了积累图书中的夏季美，二是让学生记录自己在假期收看收听到的感兴趣的新闻，从小学会“家事国事天下事，事事关心”。

同时，我特意增加了关于读书的名言，让他们知道名人是如何看待读书的。每版一句，我亲自挑选，让学生在潜移默化中积累，希望能以这种方式引领着儿童走进书籍，爱上阅读。

这些读书作业的题目既与单元主题吻合，又与读书有关，为单元作文铺路，同时引领着儿童走进书籍，爱上读书。期末阶段，我停了两周的读书作业，结果，全班一片叹息声。小孩子的表达是发自内心的，他们喜欢读书作业，就是对老师作业设计的认可。

主题作业，真情设计

主题作业，就是围绕某个特定的生活与文化主题开展的作业活动。这样的作业形式旨在通过设置相对独立的的探究主题，引领学生开展以语文学科学习为主，以多种学科学习为辅的实践活动。通过学生主动收集信息、自主查阅等方式，感受和体验知识形成的过程，获得课堂以外的丰富的学习经历，让真善美的正能量在学生身上慢慢显现。比如，尝试整理语文知识点，归纳易错字，归纳积累词句，让学生真正把书翻遍看透；结合《雷锋叔叔，你在哪里》一课，设计的“走近雷锋”作业，让七八岁的孩子从他们的角度了解了雷锋的故事，同时明白了什么是“雷锋精神”（如图5-7所示）；结合清明节设计的《清明 心明》作业，让学生了解清明的习俗，同时寻找春天的足迹；结合《邮票齿孔的故事》设计的《百科全书——邮票》作业，让学生在方寸之间丰富自己的知识……这些主题作业贴近低年级学生的生活，让他们做完后意犹未尽，学生会真正喜欢上作业。

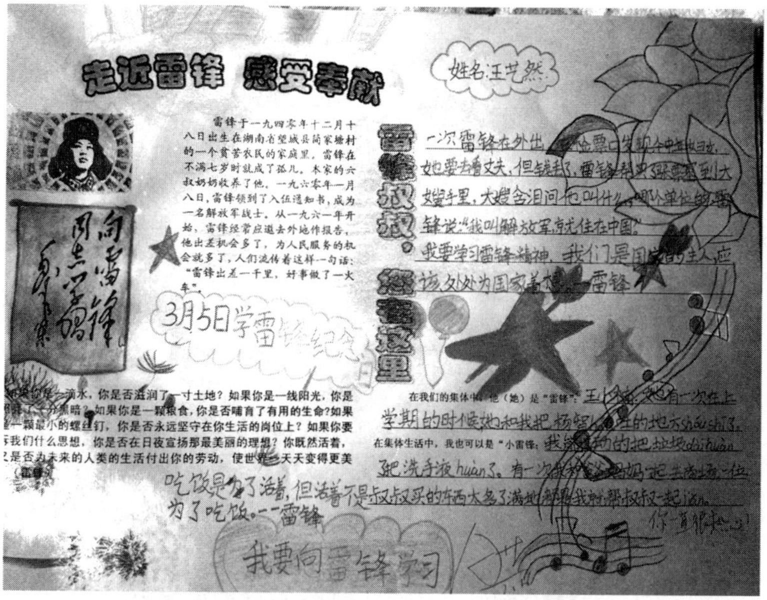

图 5-7

总结作业——“再见，我的二年级”

我是个非常感性的老师，我希望世上所有真善美的东西都会在我的学生身上慢慢显现。我希望他们从小就是个有爱心、会感恩、能自省、会反思、有目标、愿上进的人。

“总结作业”就是想通过作业引导学生从小做一个有始有终、善始善终的人，从总结与反思中遇到更好的自己！会总结自己一学期成长中的得失，学会感恩师长与同伴，在看到自己过去成绩的同时，提醒自己吸取教训，再展望未来的学习生活，给自己一个新的目标并制订好计划，激励自己为此而努力（如图 5-8 所示）。我希望通过我的设计和引领，在学生幼小的心灵世界里，给予他们更多真善美的正能量！

对于学生来说，作业不仅是教师布置的任务，还应该是他们自己赋予自己的一项责任——以自己的方式向老师和同伴展示自己的才华，分享成长的快乐。对于教师来说，我们既是作业的设计者，又是学生完成作业的同伴，有必要让作业成为师生共同学习和成长的载体与平台。

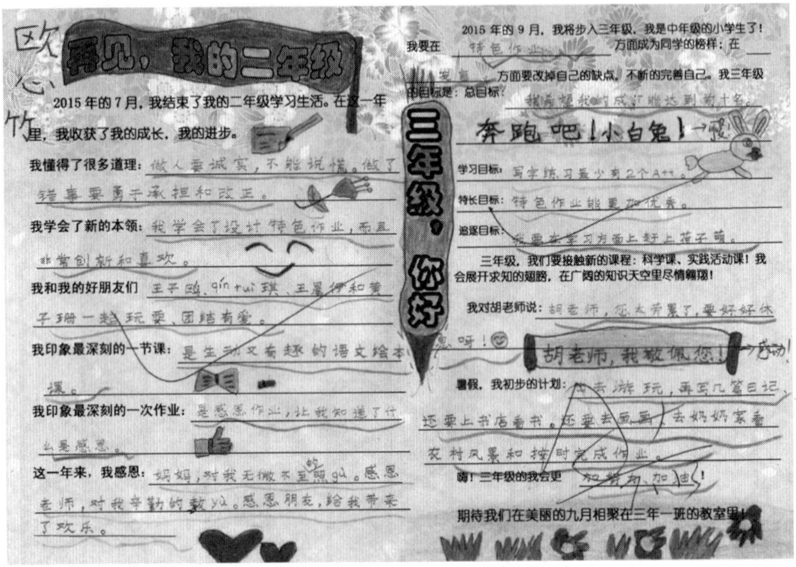

图 5-8

整合作业，多元设计

我校是辽宁省课改基地校，课程整合是我校的课改研究之一。具体落实在设计作业的过程中，也要找到其他学科与语文学科知识的联系点，即课程的整合点，然后对其进行发掘和利用，将相关的学科内容放在一起，设计成一个新的作业内容，从而实现多维度的乐学目标，促进学生多种素养的全面发展。

例如，把二年级下学期的美术课《画夜景》与语文课《北京亮起来了》作业内容进行整合，让美术作业成为语文仿写夜景小练笔的插图（如图 5–9 所示）；把二年级下学期品德与生活课《好大的一个家》与二年级下学期语文第三单元的“爱祖国 爱家乡”主题作业进行整合：“了解祖国，了解家乡”这部分作业在品德课完成，“介绍自己家乡的特产”这一部分小练笔在语文课完成。

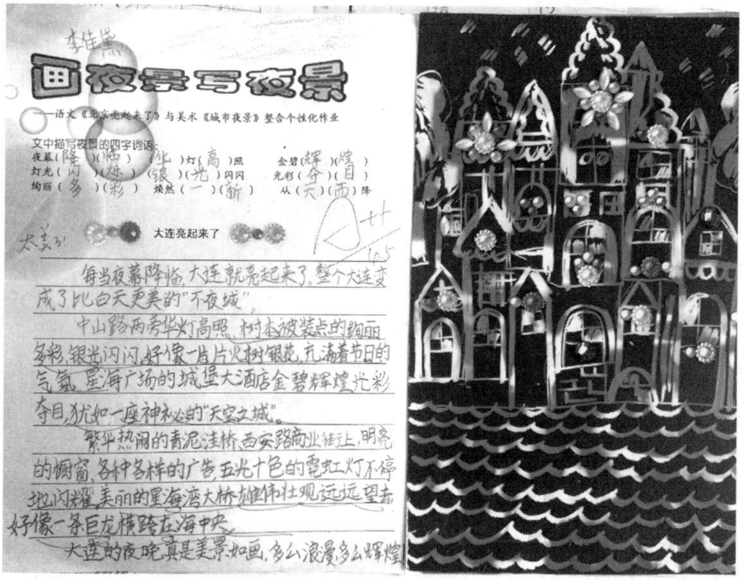

图 5-9

整合作业加强了各学科学习的跨界联动，又避免了各学科的重复性作业，让课程学习更有效。

我喜欢这样的感觉：一个班集体不断地积极向上，孩子们一个个朝气蓬勃。他们把写作业当作和老师的一次心与心的交流。每一次翻开学生的作业本，看到低年级儿童写的这些话，我的心中就充满了无限的爱意："当我们在玩耍时，胡老师，您却在忙着。""老师，您别太累了，是您陪我成长，我都快哭了。""胡老师，您像美羊羊一样美丽。"一句句纯真的话语让我感受到了他们真善美的心灵。这些，对于我们老师来说是最宝贵的东西。

一位"80后"的年轻爸爸是这样来看他家孩子的个性化作业的："自我整理，让孩子学会归纳和总结；想说的话，让孩子懂得沟通的重要；个性化涂鸦，让孩子在心里种上自信的萌芽！无微不至、细致入微，虽然辛苦，但终会收获！"

个性化作业来自教师的精心设计，更来自充满个性的学生表达。我们用心做教育，真切感受童真的心灵。这让我们彼此都生活在快乐之中，何乐而不为呢？

研究，热爱，执着，作业可以更精彩！

（大连市中山区解放小学 胡萍）

专题二：小学语文作业系统化设计

按：这是江西南昌的万浪标老师在8年前的研究成果。他在心理学、美学和教育学领域有着深厚的研究背景，所以，他的研究更加具有理性色彩，这也是我们一般老师所缺少的。我们最早计划将此内容作为我的另一本著作《作业的革命》修订版的重要内容，但是后来耽搁了。现在，将该研究的主要内容编入本书，作为给老师们的专业指导，并表达我对万老师的歉意和尊敬。

首先需要申明的是，在当前我国语文课程框架还不甚明晰的情况下，要想建立一个清晰有效的语文作业设计模型几乎是不可能的。这里说的模型，只是按照对现行语文课程标准的理解和当前普遍的教育现状的分析，为小学语文教师进行作业设计做一个结构化的分析。或者说，这是相对具体客观的作业形态而言的一种上位的思考。

教师通常把作业活动分为作业内容设计和作业过程管理两个环节。作业内容设计包括作业的内容、作业的形式、作业的评价标准等方面的设计。作业过程管理包括作业的布置、作业的完成、作业的收集、作业的评价与反馈等环节的管理。这种思路是按教师日常工作过程来划分的，有较强的实用性。

以这种思路为模型进行作业设计，最大的问题在于教师容易受现实利害和个人主观感受的影响，趋向于朝自身有利的角度设计作业，容易忽视学习的主体——学生和学科。

为了避免这一问题，同时又汲取其有利的成分，我借用加涅的《教学设计原理》（加涅等，2007）中教学设计系统 ADDIE 模型*，把作业设计分为分

---

*“ADDIE”是指一套有系统地发展教学的方法。“ADDIE”的五个字母分别代表 Analysis（分析）、Design（设计）、Develop（开发）、Implement（实施）、Evaluate（评价）。——作者注

析、设计、开发、实施、评价五个环节。其中，设计与开发分别对应作业内容、形式的设计和作业材料的选择与确定，实施对应作业的布置、收发，评价对应作业的评价反馈。加入“分析”这一环节主要是主张教师对作业目的进行思考，避免作业设计的主观性、盲目性。

系统式作业设计

系统式作业设计五个环节的工作内容如表 5-2 所示：

表 5-2 系统式作业设计的五个环节

环节	工作内容
1. 分析	（1）首先确定需要。需要用作业来解决什么问题，是否需要设计作业。 （2）分析教学目标，确定作业的目标。 （3）分析学生的学习情况，学生是否具备达成目标的技能。 （4）分析作业的时间、情境和资源，考虑作业的可操作性。
2. 设计	（1）根据教学目标确定作业的内容和形式。 （2）确定作业的时间和情境。 （3）确定作业评价标准。
3. 开发	开发或选择具体的作业材料。
4. 实施	（1）作业的发布。 （2）作业完成过程的监督指导。 （3）作业的收集。
5. 评价	（1）作业的检查与评估。 （2）作业情况的反馈。

下面，我们具体谈谈这些环节。

1. 分析

设计作业前，有必要问一问自己：今天要通过作业解决什么问题？这个问题通过作业能解决吗？有时候，我们布置作业并没有明确的目标，而是抱着这样一种错误信念——做了总比没做好。同时家长也希望教师用作业填补孩子的一些课余时间，看到孩子在做家庭作业，可以给教师和家长带来心理上的安慰——很多教师（包括家长）都担心学生有太多的自由活动时间，若是没有布置作业，总担心他们会玩疯了，总得让学生做点什么才安心。因此，设置作业的目的异化为想通过作业来控制学生，这样的作业对学生的发展无疑是无效，甚至是有害的。

作业分析可以从以下几种不同水平上进行。

（1）我们要用作业来解决什么问题。思考这个问题可以帮助我们确定要不要设计作业。

（2）作业设计是为了达成什么样的教学目标。

①作业要实现的目标类型是什么？作业分析的一个重要任务就是目标分类。小学语文课程标准中把阶段性教学目标分为五大类进行表述：识字与写字、阅读、写作、口语交际、综合性活动。这样的表述是以语文活动不同的内容进行区分的。不同的目标类型决定了作业内容与形式的不同。除了按语文活动内容进行分类外，要准确定位作业的难度和作业方式，还要进一步对作业任务进行科学分类。美国教育学家布鲁姆把学习分为三大领域：认知领域、情感领域和心因性动作领域。认知领域又从知识维度和认知过程维度进一步分为不同的目标类型。

表 5-3 是布鲁姆从知识维度和认知过程维度对认知领域目标所做的分类（L. W. 安德森等，2007）。

表 5-3 布鲁姆认知领域目标分类表

知识维度	认知过程维度					
	1. 记忆	2. 理解	3. 运用	4. 分析	5. 评价	6. 创造
A. 事实性知识						
B. 概念性知识						
C. 程序性知识						
D. 反省认知知识						

加涅对教学任务的分类虽然不如布鲁姆的有名气，但在教学中十分实用。他把任务分为言语信息、动作技能、态度、智慧技能和认知策略五大类。其中，智慧技能又按不同层级分为五种类型：辨别、具体概念、定义性概念、规则、高级规则（原理与问题解决）（加涅等，2007）。

之所以要对目标进行分类，是为了帮助我们确定不同语文活动要实现的目标在哪一个层面，避免教师想要的作业目标与实际的作业目标不一致。比如，阅读说明文，是为了学习如何阅读说明文，还是要学习如何写说明文，或者是评价文章的说明效果？虽然这些作业都与说明文有关，但作业内容和层次有很大的差异。了解一些目标分类的知识可以帮助我们准确定位教学目标的层次，从而使作业设计更精确、有效。

②学生达到预设的目标后，知识、技能与态度会有怎样的表现？对目标结果的表现做预见性分析和描述，有利于我们确定作业的具体标准、作业的形式与情境。比如，进行诗歌教学之后，学生是能在考试中写出诗歌内容并解释诗歌，还是能有感情地朗读诗歌，或是在语文表达中自觉或不自觉地运用所学的诗歌等。不同的结果描述也决定了作业内容和形式的不同。作业的形式与目标实现后的表现形式越相近，效果越好。

③学生现在的知识水平状况怎样，对于确定的教学目标，学生已经掌握了哪些知识技能？要达到预定的教学目标还需要什么支持？学生的年龄特征喜欢怎样的作业形式？分析学情可以帮助我们进一步明晰作业的内容与层次。这样可以避免作业太易或太难，并保证作业的形式容易让学生接受。

④完成这一作业需要多少时间，学生有没有完成作业的条件？在什么情境下完成作业比较合适？问这些问题是为了提高作业的可操作性，如果作业没有具体操作的时间和条件，那么再好的作业也是形同虚设。由于现行的教材主要还是全国统一的教材，因此教材中设计的很多作业并不能适合所有的地区。比如，“查阅相关资料，了解……”这一类作业，由于条件的限制，在农村，甚至许多城镇都没有可供查阅的资源和条件。对作业时间的分析不仅是对本学科作业时间的分析，还要考虑其他学科设置作业所占用的时间问题。

2. **设计**

作业设计阶段主要有以下几方面的工作：

（1）根据教学目标和学生的学习准备情况确定作业的内容和形式。根据前面对教学目标的分析，我们可以了解学生达到教学目标的最终表现，根据最终表现的结果，我们又可以确定采取什么作业内容和作业形式。以学习词语“刨根问底”为例。如果是为了理解这一词语的意思，我们可以让学生联系上下文说说“刨根问底”是什么意思（口头问答），或是让学生从不同的意思选项中选择一个（书面或口头选择）。如果是为了运用，我们则要让学生用这一词语造句（口头或书面），或是在具体的语境中运用这个词（书面写作）。另外，不同学生的知识技能准备情况的差异也是指导作业设计的重要因素。

（2）确定作业的时间和情境。作业的时间不仅指什么时候完成，还包括作业完成的时间长度；作业的情境包括作业的外部条件、作业的场所等。需要特别提醒的是，教师不仅要考虑自身学科作业的时间，还要了解其他学科的作业时间，很多中学生作业负担太重就是由于各学科作业叠加时间太长造成的。

（3）确定作业评价标准。确定作业评价标准不仅指作业的答案，还有学生达到怎样的标准才算是达成了目标，以及怎样的作业才表明学生尽了最大的努力。确定作业评价标准除了考虑作业的目标外，还要从学生的学情出发，为不同的学生设计不同的标准。一刀切的评价标准会让那些学习困难生陷入厌学的困境。

3. **开发**

作业的开发指准备学生作业的具体材料。一般而言，作业的开发有以下几种情况：

（1）从现有的资源中选择部分或全部作为作业材料，比如，从教材中的练习题、配套的《练习册》等中选择合适的内容作为作业材料。

（2）对现有的资源进行整合、增删、改造，开发出具体的作业材料。

（3）自主开发的作业材料。

在实际教学中，大多数教师是采用前面两种开发方式。最后一种可能更有针对性，但对教师的时间、精力、教学能力都是较大的挑战。遗憾的是，我们国家在课程资源整合开发方面十分薄弱，很多优秀作业材料无法得到有效的推广。而在发达国家，课程资源包中就有许多配套的、经过优化的作业材料。

4. 实施

作业的实施过程主要有以下几项工作：

（1）作业的布置。以何种方式将作业告知学生？书面还是口头，网络还是短信？要确定哪一种方式能更准确、清晰、及时地传递作业的内容和标准。

（2）作业完成过程的监督与指导。在完成作业的过程中要不要指导，谁来指导？要不要设计组织具体的作业环境？作业的过程要不要监督，谁来监督？

（3）作业的收集。作业结果要不要收集，怎样收集？

5. 评价

作业的评价主要包括以下工作：

（1）作业的检查评估。作业要不要检查评估；谁来检查评估，学生、家长，还是教师；评估哪些方面，作业是否正确，作业态度怎样，整体目标达成水平如何，学生学业成就怎样；怎样检查评估，判断对错优劣还是批注，或者只是检查是否完成。

（2）作业情况的反馈。作业检查评估的结果怎样反馈，优秀的怎样表扬，错误的怎样纠正，不认真和没有完成的怎样处置；作业结果对教学有何启示等。

下面，提供部分作业类型的系统设计方案，供老师们参考。

系统式作业设计案例

案例1 每天阅读半小时

学理分析

阅读属于语言智慧技能的学习。阅读训练目标主要包括以下四个维度：阅读兴趣的培养、阅读习惯的养成、阅读倾向的培养（即学生在实际生活中倾向于读什么类型的书）和阅读方法的掌握。

阅读关键是阅读兴趣和阅读习惯的培养。当一个孩子爱上阅读时，才有可能进行阅读倾向的引导和阅读方法的指导。所以，教师自始至终都要把阅读兴趣与阅读习惯的培养放在首位。

按照《如何阅读一本书》（莫提默·J. 艾德勒、查尔斯·范多伦，2004）

作者的分法，阅读一般可分为三个层次：

（1）基础性阅读。这包括信息的提取，根据上下文理解词句意思，概括文章的主要内容，复述文章主要内容等。

（2）分析性阅读。这包括探讨文本的内在线索和潜藏意义，准确理解意义深刻句子的意思，理清文章脉络，把握文章主旨等。

（3）反思性阅读。这包括反思评价文本内容和反思评价文本逻辑等。

低年级主抓基础性阅读，中高年级注重分析性阅读，反思性阅读主要在高年级培养。

除了连续文本的阅读，非连续文本的阅读练习也十分重要，另外还有超文本（网络）的阅读有慢慢取代纸质文本成为阅读主要形式的趋势。

作业分析

低年级的重要目标是培养学生的阅读兴趣和阅读习惯，中高年级则要重阅读倾向的引导和阅读方法的学习。

作业设计

这是一项长期性作业，每个年级阅读目标都要有所不同。一二年级侧重阅读兴趣与阅读习惯的培养，三四年级注重阅读倾向的指导；五六年级促进阅读能力的提升。

一年级多读图多字少的绘本、儿歌、童谣等，二年级加入图文并茂的童话、寓言，三年级开始加入科普类读物和儿童小说，四年级以上涉及经典小说，到了五六年级，学生已经能根据自己的兴趣自主选择阅读书籍了。

阅读重引导，而引导主要是靠范型、激励和评价。

这项作业主要由学生在家中自主完成，每天 20 ～ 30 分钟。

作业开发

（1）阅读书目的选择。一方面，通过网络等途径，找到优秀学校、名人大家推荐的书目。另一方面，联系当地书店，请他们提供优秀儿童读物清单（一般来说书店都会很乐意提供）。两者结合确定学生阅读书目。这样既可以确保阅读书籍的品质，又可以保证学生买得到。

（2）阅读环境的布置。西方许多发达国家的教室里都有一个阅读角，要求学生阅读的书目一般都配备好了。在教室里设立图书角，直接向学生提供阅读书籍是最好的解决办法，只是这需要学校的支持，也需要教师有敢于担当的勇气。当然，也可以把书目向家长公布，让家长建立家庭图书角。

（3）阅读评价手册的开发。富有情趣和挑战性的激励评价是培养兴趣和形成阅读习惯的关键。在这方面，周益民、岳乃红等老师的著作中有较为详细的介绍。这里介绍我们班开发的一种“阅读银行存折”的制作及使用方法，阅读银行存折封面如图 5-10 所示。

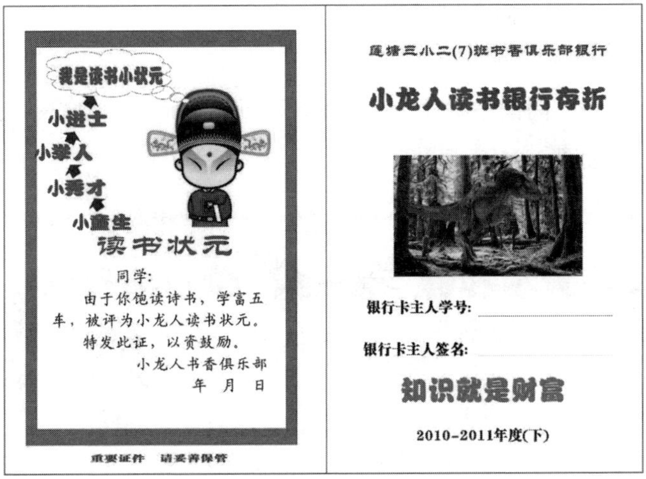

图 5-10

内页印有读书记录表（如表 5-4 所示）和升级规则：

表 5-4 小龙人阅读记录表

图书编号	图书名称	阅读日期	见证人签名

阅读升级规则

1. 读完一本书后，把阅读的书名和编号写在“银行卡”上，并请家长或教师签名。
2. 阅读要求：要认真读完书的全部内容，并与阅读见证人交流书中的内容。
3. 阅读升级规则：

阅读 10 本书可获“阅读小童生”证书；

阅读 20 本书可获“阅读小秀才”证书；

阅读 30 本书可获“阅读小举人”证书；

阅读 40 本书可获“阅读小进士”证书；

阅读 60 本书可获“阅读小状元”证书。

对于升级为“阅读小状元”的学生，可以颁发阅读等级证书，证书可用名片纸打印（如图 5–11 所示）。

图 5–11

如果经济条件不允许，还有一种简易的办法，就是制作一张表格，上面有每个人的名字、读书页数和等级，升到哪个等级就在哪个等级上画一面红旗（如图 5–12 所示）。

小龙人读书升级表 ________队

小状元											80本
小进士											40本
小举人											20本
小秀才											10本
小童生											5本
姓名											

图 5-12

作业实施

（1）布置阅读作业，推荐阅读书目。开学之初向学生提出阅读要求，发放阅读银行存折，讲解升级规则，并发给学生一张阅读书目推荐表，要求学生积极借阅学校图书馆图书，同时也建议家长适当为孩子购买若干本图书。

（2）定期检查学生的阅读银行卡，评出“存款”最多的学生。同时注意哪些学生还没有及时开展阅读，了解具体原因。

（3）经常与家长沟通，获得家长的理解与支持。

（4）利用课前、课后一点时间，经常向学生透露自己在看哪本书以及书中的有关细节，引发学生的阅读期待。

（5）每周利用语文课举行一次图书交流活动。

（6）定期开展读书交流会，交流阅读心得。

作业评价

（1）及时给那些积分升级的学生发放“证书”，并在全班面前隆重表扬。

（2）对阅读量不够和没有阅读的，要与家长沟通，分析原因，然后采取相应的措施。(大多数不阅读的学生都是由于家庭不重视，家中无书可看或没有阅读环境。)

(3)在读书交流会上表扬热爱阅读的学生，请他们介绍阅读经验。

(4)将阅读量作为学期结束优秀学生评比标准之一。

案例 2 “读·写·绘” *

作业分析

一年级上学期的学生识字和写字量都不多，这时进行写作练习比较困难。但学生并不是带着空白的头脑来到学校，这一时期的学生处于形象化思维阶段，而且思维十分活跃，富有创造力。学生在学前积累了大量生活经验和生活语言，我们可以利用学生爱读故事、讲故事和画画这些特点，引导学生从绘本中阅读和积累精彩的书面语言(输入)，并且用一种适合他们的方式表达出来(输出)，以达到训练学生语言的目的。

作业设计

选择国内外优秀绘本作为输入材料，学生在教师或家长的指导下一起阅读，然后指导他们通过画一画、讲一讲、变一变的方式把绘本的内容表现出来，有条件的家长可以把孩子讲的内容配在他画的绘本上，制作出自己的绘本。

作业开发

(1)绘本的选择。选择那些图多、字少的国内外经典绘本给学生阅读或和学生一起共读。如《可爱的鼠小弟》系列、《肚子好饿的毛毛虫》等。如果不涉及版权问题，网上制作好的电子绘本也是个不错的选择。

(2)作业本的开发。选择纸张较厚的素描本作为学生的作业本，有利于学生涂画(这也有缺点，笨重、不便于携带)。

(3)作业格式(如图 5-13 所示)。

---

* 本案例参考：马玲．手心里的光：新教育实验儿童课程“读写绘”项目用书［M］. 天津：天津教育出版社，2009。——本文作者注

图 5-13

作业实施

（1）绘本的阅读。由于学生识字量还不够，需要教师或家长协助与他们共读。

（2）画绘本。在“读·写·绘”开始阶段，一定要利用课堂时间对学生进行指导，熟练以后可以放在课外。

（3）讲绘本、写绘本。这一环节主要在家中由家长配合完成。孩子把自己画的绘本讲给家长听，家长帮助孩子把讲的故事写下来。家长如果想解放自己，可以在手机上安装有道云笔记或讯飞语音输入法等，让孩子在说的过程中直接转换成文字，然后打印出来或上传给老师。

作业评价

（1）作业评价主要采取正面表扬和优秀作品展示的方式进行。展示优秀作业，鼓励和表扬每一个亮点，千万不要用像不像来评判学生的作业。

（2）画完一本后可指导学生装帧，设计封面，制作成自己的绘本。把每个学期的习作本装帧成册，可以很好地培养学生的成果意识，还可以培养学生的写作兴趣，建立写作自信。

案例3 “吹泡泡”——练习把句子写具体

作业分析

低年级学生说话写话往往十分简单，他们受生活中口语对话的影响，写作时往往有较多的对话语式——简单、省略，不能写具体。因此，要有目的地进行这方面的训练。

这一训练属于简单规则练习，适合在一年级下学期或二年级上学期实施。

作业设计

要求学生把一个简单叙述句按时间、地点、人物、动作、事件等写具体。以“吹泡泡”为情境，把扩写句子变成一项有趣的活动。

这项作业需要一段反复时间，最少不少于三次。每次可以换一换形式，如“爬山坡”“上台阶”等。经过几次练习，基本掌握规则之后，就要去掉提示，学习直接把句子写具体。

后期的迁移练习重点在，把概念（时间、地点、人物、事件）和规则（如何写具体）用直接或暗示的方式告诉学生，让学生能用这些概念规则去指导自己写话或评价作品。另外，当学生越写越详细之后，要适当进行把话写简洁的练习，让学生明白不一定要每句都把四要素写出来。

作业开发

（1）范例制作。你吹过泡泡吗？下面老师用一个词吹成了一串泡泡，而且一个比一个大，你能发现这些泡泡变大的规律吗？你会吹吗？你能吹得比老师的更多、更大吗？快来试试吧！

弹琴

白雪在弹琴。

白雪在琴房弹琴。

白雪在琴房的窗前弹琴。

星期天，白雪在琴房的窗前弹琴。

星期天的早晨，白雪在琴房的窗前弹琴。

（2）作业题。仿照上面画一串泡泡，并给出几个学生较熟悉的动词或名词，如下棋、跳绳、宝石，让学生从中选一个喜欢的词语“吹泡泡”，要求写清人物、时间、地点、事件。（每吹一个泡泡得 25 分，上不封顶。）

作业实施

（1）范例呈现与讲解。要以直观的形式（挂图、黑板、多媒体等）直观地演示出怎样把一个词变成一句具体完整的话，并注意边演示边引导学生找出其中的变化规律，如加人物、加地点、加时间等。明白加地点句子更具体，加时间叙事更准确……同时将这些规律板书在每个泡泡后面。

（2）先口头练习，用找到的规律让学生说一说。教师同时板书，帮学生进一步理解规律。

（3）学生用印好泡泡的作业纸或自己在作业纸上画泡泡练习。

（4）经过一段时间的练习，学生已经基本掌握了概念与规则后，让学生直接用一个词写成一句具体完整的话。

（5）完全脱离前面的形式，让学生看图写话。但题目要求要与前面操练的规则相同：要把时间、地点、人物、事件写具体。

作业评价

（1）把人物、时间、地点、事件写清楚了即可得满分，每增加一合理的细节加 25 分，你甚至可以给学生评 300 分、500 分，以此激励学生不断挑战自己的极限。

（2）评改完后选择优秀的进行全班展示，对于写不具体的，可选出有代表性的，请全班同学来帮他找出问题，并“吹一吹”。

（3）后期作业多让学生来评价，从学生的评价中判断学生是否掌握了相关概念和规则。

案例 4　写作，让笔下的人物会说话

作业分析

中年级学生在学写人物、事件作文时，往往十分空洞，缺乏具体的人物对话、动作细节、心理活动等。其实学生并不缺乏这样的生活经验，只是这个阶段的学生往往关注更多的是过程性内容，即先做了什么，然后又做了什么，也就是我们平常所说的流水账。比如，他会写到老师批评了他，但老师具体批评了他什么，学生往往会忽略。通过人物对话来表现人物性格，推动情节发展是写作的重要手段。因此，有必要开展对话写作专项练习，让学生掌握人物对话的写作方法，使人物刻画得更加生动具体。

对话写作涉及的东西较多，学生学习这一规则要具备以下几个条件：

（1）阅读过大量通过对话来刻画人物或推动情节的示范文本。

（2）知道对话的几种基本形式。

（3）在真实的写作情境中练习用对话来刻画人物和推动情节。

（4）运用这一规则写作获得过成功体验。

作业设计

根据上面的分析，我们需要设计以下作业：

（1）在阅读教学时，选择有代表性的对话范文开展阅读教学，让学生知道对话写作的基本要素、作者为什么这样写以及这样写的好处。

（2）对话写作格式讲解与练习。连续的对话写作格式较丰富，在练习之初最好选择较为简单明了的对话范本，让学生先观察提示语和说话内容所处的不同位置关系、标点符号的使用方法等，再让学生抄写提示语在前、中、后以及没有提示语四种不同对话格式的示范文本，并仿写。通过这样的作业，掌握对话的几种基本格式、标点的使用方法等。

（3）专项对话写作示范与练习。通过示范、讲解，分析不同对话形式的不同表达效果，学习合理地运用对话来刻画人物与推进故事情节。

（4）在写作中运用对话。要求学生在日常写作中自觉地运用对话来刻画人物或推进故事情节。

作业开发

（1）发现并积累有精彩对话的范文，特别是课文中的对话。

（2）对话格式练习的训练。设计提示语在不同位置的对话抄写和仿写练习。

（3）专项对话写作练习。为了让学生理解对话的重要性，可以通过播放无声电影与有声电影，让学生直观感受对话的重要作用，然后以电影对话为原型，让学生尝试运用不同对话形式将电影对白转化为文字。

（4）在写作中运用对话。在布置整篇的写作作业时，要求学生自觉运用对话来刻画人物形象，推进故事情节的发展。

作业实施

（1）这组作业要作为一个系列来实施，并且注意前后的顺序。

（2）在实施过程中重视范型指导、实践练习、评价反馈三者的有机结合。

作业评价

（1）作业评价以面批为主，对于主要优点和存在的问题可集中点评。

（2）多呈现优秀范型，以正面评价为主。

（3）评价语言要生动、直观，尽量避免使用专业术语，如把没有人物对话或对话简单的称为“默默无闻”（管建刚，2010），把对话语言不精练的称为“唠叨大王”，把对话不流畅的称为“磕磕绊绊”等。

（4）对仍不能很好地掌握对话写作方法的学生，要分析原因出在哪一层面，然后进行精确指导。

（江西省南昌市南昌县家庭教育研习中心 万浪标）

参考文献

[1] 阿黛尔·法伯，伊莱恩·玛兹丽施. 如何说孩子才会听 怎么听孩子才肯说［M］. 安燕玲，译. 北京：中央编译出版社，2007.

[2] 安德森，等. 学习、教学和评估的分类学——布卢姆教育目标分类学修订版［M］. 皮连生，主译. 上海：华东师范大学出版社，2007.

[3] 崔允漷. 有效教学［M］. 上海：华东师范大学出版社，3010.

[4] 丹尼尔·科顿姆. 教育为何是无用的［M］. 仇蓓玲，卫鑫，译. 南京：江苏人民出版社，2005.

[5] 管建刚. 我的作文教学革命［M］. 福州：福建教育出版社，2010.

[6] 胡庆芳，等. 美国学生课外作业集锦［M］. 北京：教育科学出版社，2008.

[7] 胡燕青，等.《语文新天地（三上第二册）》教师用书［M］. 香港：启思出版社，2010.

[8] 霍华德·加德纳. 多元智能［M］. 沈致隆，译. 北京：新华出版社，2003.

[9] 加涅，等. 教学设计原理［M］. 5 版. 王小明，等，译. 上海：华东师范大学出版社，2007.

[10] 卡耐基. 卡耐基当众说话与说服技巧教程［M］. 李莹，编译. 北京：海潮出版社，2003.

[11] 朗·西韦尔. 核心竞争力［M］. 姜法奎，等，译. 北京：华夏出版社，2003.

[12] 雷夫·艾斯奎斯. 第 56 号教室的奇迹——让孩子变成爱学习的天使［M］. 卞娜娜，译. 北京：中国城市出版社，2008.

[13] 李渔. 笠翁对韵［M］. 北京：中国文史出版社，2015.

[14] 刘春生. 作业的革命［M］. 北京：世界图书出版公司，2007.

[15] 刘勰. 文心雕龙［M］. 孔祥丽，李金秋，何颖，注释. 北京：中国社会科学出版社，2005.

[16] 罗伯特·B. 西奥迪尼. 影响力 [M]. 张力慧，译. 北京：中国社会科学出版社，2001.

[17] 罗伯特·L. 索尔索. 认知心理学 [M]. 6 版. 何华，主译. 南京：江苏教育出版社，2010.

[18] 马玲. 手心里的光：新教育实验儿童课程“读写绘”项目用书 [M]. 天津：天津教育出版社，2009.

[19] 莫提默·J. 艾德勒，查尔斯·范多伦. 如何阅读一本书 [M]. 郝明义，朱衣，译. 北京：商务印书馆，2004.

[20] 帕丁. 教师课堂实用手册——新老教师教学与管理策略 [M]. 2 版. 徐富明，等，译. 北京：中国轻工业出版社，2006.

[21] 全惠星. 有奉献精神的父母培养大人物 [M]. 邵娟，译. 北京：中国城市出版社，2009.

[22] 苏霍姆林斯基. 给教师的一百条建议 [M]. 周蕖，等，译. 天津：天津人民出版社，1981.

[23] 苏霍姆林斯基. 和青年校长的谈话 [M]. 赵玮，等，译. 北京：教育科学出版社，2009.

[24] 泰勒·本-沙哈尔. 幸福的方法 [M]. 汪冰，等，译. 北京：当代中国出版社，2007.

[25] 陶继新. 她两周教完一本教材——韩兴娥老师的大胆批判精神与课堂教学重构 [J]. 山东教育（小学刊），2005（增刊 4）.

[26] 王月芬，张新宇. 透析作业：基于 30000 份数据的研究 [M]. 上海：华东师范大学出版社，2014.

[27] 魏国良. 现代语文学 [M]. 上海：上海教育出版社，2005.

[28] 吴忠豪. 小学语文课程与教学论 [M]. 北京：北京师范大学出版社，2004.

[29] 许慎. 说文解字 [M]. 北京：中国书店出版社，1989.

[30] 于永正. 个性化作业设计经验：语文卷 [M]. 北京：教育科学出版社，2007.

[31] 岳乃红. 班级读书会 ABC [M]. 北京：北京师范大学出版社，2007.

[32] 郑石岩. 觉：教导的智慧 [M]. 桂林：广西师范大学出版社，2004.

[33] 中华人民共和国教育部. 义务教育语文课程标准（2011 年版）[M]. 北京：北京师范大学出版社，2012.

[34] 周益民. 上读书课啦——班级读书会案例精选 [M]. 北京：北京师范大学出版社，2007.

[35] 朱仲敏. 美国中小学家庭作业目的定位研究 [J]. 外国中小学教育，2003（3）.

后　记

提笔写到这里，本次修订算是完成了。事实上，还有很多内容完全可以加入进来，也许会更加精彩。但是，总有一个时间节点吧，不妨留待今后，我们可以期待更美好的遇见。

想想这段时间，也挺让自己感动的。从年初开始，每天下班回家吃过晚饭、批改完作业、设计好第二天的教案，再填报完各种文件和报表后就开始整理书稿。半年多来，夜复一夜，是挺辛苦的。有时候，我不禁问自己：学生的小小一本作业本，真的要用几十万字来介绍吗？但是，我又一再回答自己：你觉得这些字数够吗？

这次修订，是《让学生爱上作业》这本著作的一次再成长。在原版基础上，删去了5篇文章，因为经过这些年，老师们已经在教育改革的路上成熟很多，删去的文章已经成为大家常态的看法和做法了；新增了近40篇文章，都是我和我的朋友们在最近几年的作业实践新案例，很多还是对过去版本中一些理论和实践的再验证和新创造，更加贴近老师们的实际教学工作情境和需要，您可以直接布置给学生。另外，对原版的3篇文章进行了位置调整，从而使您的阅读更具有循序渐进的效果。

最大的删改是关于行政手段推动作业改革的内容，首先是因为这本书突出教师业务的功用，更多阐述教师在作业管理和作业创新上的一些经验做法，区域层面的作业政策及改革需要另行研究。其次是因为本人并没有区域行政管理方面的经历，不好对这些妄加推断和议论。删掉这些，再新增了各层次老师可以有所作为的作业研究指南的内容，例如作业的研究领域、研究方法以及选题指导等。这样，本书将会给老师们更多直接的应用性指导，也切实为区域层面行政倡导作业改革提供助力，真正为学校和老师的作业改革创新做一些实事。

虽然我力求罗列出更多行之有效的作业实例，但是，我坚持认为，我们所能做的其实是沧海一粟。我们希望成为点点星火，来点燃大家教学创新的激情，把更鲜活灵动的思考空间和创造机会留给你们、留给你们的学生，去书写更灿烂的作业华章。

在修订过程中，我得到了很多好友的热心关注和大力支持。山东威海的孙华丽老师第一个响应我的“英雄帖”，一下就给我寄来两篇作业论文。浙江嘉兴的许晓颖老师也很快给我寄来文稿。北京通州区的王连胜老师是个男教师，教一年级的娃娃阅读却很有一套，他的课外指导案例值得借鉴。南京市石鼓路小学的宋锦慧老师把出差也做成作业课程，让孩子在“宋老师去哪儿了？”的快乐中开心学习。他们给我积极献稿，让这本书增色不少。大连的胡萍老师和南昌的万浪标老师都是我在作业改革道路上的挚友，他俩毫不吝啬地将自己最珍贵的研究成果交给了这本书，这是对我们莫大的支持和鼓舞。

朋友们，感谢你们！

同时，我仍然要真诚地说：谢谢亲爱的同学们、孩子们。书中所有的作业图文和创意表现，都来自你们聪慧的头脑和灵巧的双手，更来自你们对学习、对生活的热爱，你们才是这本书最大的贡献者。是你们真正造就了我们所能拥有的那点点教学智慧，是你们创造着无穷的学习乐趣和教学幸福，让我们这些老师感受到平凡工作中的伟大意义，体验着平淡人生里的无限快乐。

孩子们，感谢你们！

再一次感谢我家老刘先生。他退休多年，却一直关注我的研究。修订期间，他经常和我探讨作业的新理念、新思路，并不断提醒我注意眼睛、注意休息。他对教育、对学生的那份热爱，远远超过了我，超越了他的年龄。

我想说，你看，还是有很多人在关注作业、研究作业的。在这条道路上，我们并不孤单。

教学创造幸福，我们一起努力吧！

刘春生

2018 年 9 月于南京

万千教育

基础教育类书目

书号	书名	著、译者	定价(元)
班主任工作理念与方法			
2877	班主任工作的60个“鬼点子”	刘坚新　郑学志　编著	52.00
2879	班主任与家长沟通的艺术 ——创建优质家校关系的60个策略	郑学志　著	52.00
2204	做一个会“偷懒”的班主任（第二版）	郑学志　著	48.00
1708	怎样教授道德才有效 ——德育心理学家给教师的建议	杨韶刚　等　译	48.00
1709	学生特殊问题发现与应对 ——给普通教师的建议	昝　飞　等　著	48.00
7316	把班级还给学生 ——班集体建设与管理的创新艺术	郑立平　著	26.00
7344	遭遇问题学生 ——问题学生的教育与转化技巧	万　玮　编著	25.00
7317	魅力班会是怎样炼成的	杨　兵　著	25.00
8631	家校沟通，没有痛过你不会懂 ——知名班主任梅洪建的心路历程	梅洪建　著	32.00
0539	如何上好班级心理辅导活动课 ——钟志农答疑50问	钟志农　著	42.00
9902	德育主任新方略	丁如许　著	32.00
8611	班主任工作中的心理效应	刘儒德　主编	35.00
1135	班主任有效沟通的艺术与技巧	李进成　著	36.00

0541	班主任如何破解德育低效难题	赵　坡　著	35.00
9135	班主任，青春万岁——王君带班之道	王　君　著	34.00
8770	班主任如何带好差班	赵　坡　著	30.00
8309	扶年轻班主任上马	王　莉　著	38.00
7926	教师必须掌握的教育惩戒艺术	郑立平　等　著	28.00
7928	做一个聪明的班主任 ——对常见七类学生的教育艺术	郑立平　等　著	28.00
班主任工作理念与方法合计			694.00
中学生心理健康教育主题课程设计丛书			
0059	中学生心理课——生涯发展	廖丽娟　等　编著	28.00
0060	中学生心理课——情绪管理	杨红梅　等　编著	32.00
0185	中学生心理课——综合篇	中学生心理课综合篇教研组	52.00
中学生心理健康教育主题课程设计丛书合计			112.00
中小学学科教学系列			
9884	阅读教学设计的要诀 ——王荣生给语文教师的建议	王荣生　著	36.00
9573	名师课堂教学细节设计艺术	徐　杰　等　著	36.00
9114	中小学实用教学策略	宋秋前　著	26.00
9007	语文综合性学习教学设计方案40例	赵水英　王林发　编著	36.00

……